Determinanten des Terrorismus
Herausgegeben von Peter Waldmann

# Determinanten des Terrorismus

Herausgegeben von Peter Waldmann

**VELBRÜCK WISSENSCHAFT**

Zweite Auflage 2008
© Velbrück Wissenschaft, Weilerswist 2005
www.velbrueck-wissenschaft.de
Druck: dd ag, Birkach
Printed in Germany
ISBN 978-3-934730-01-4

*Bibliografische Information Der Deutschen Nationalbibliothek*
Die Deutsche Nationalbibliothek verzeichnet diese Publikation in der
Deutschen Nationalbibliografie; detaillierte bibliografische Daten
sind im Internet über http://dnb.ddb.de abrufbar.

Eine digitale Ausgabe dieses Titels in Form einer text- und
seitenidentischen PDF-Datei ist im Verlag Humanities Online
(www.humanities-online.de) erhältlich.

# Inhalt

Vorbemerkung .................................... 9

Peter Waldmann
Einleitung: Determinanten der Entstehung und
Entwicklung terroristischer Organisationen ................ 11
1. Irreführende Annahmen ............................ 12
2. Konzeptuelle und methodische Entscheidungen ............ 14
3. Präsentation der Einzelbeiträge ........................ 19
4. Antiterroristische Maßnahmen? ........................ 25

Heinrich-W. Krumwiede
Ursachen des Terrorismus .............................. 29
Problemstellung und Vorgehensweise ...................... 29
1. Analyseansatz ..................................... 32
   *a) Definition von »Terrorismus«* ..................... 32
   *b) Bedingungen der Entstehung und Entwicklung von Terrorismus* .... 34
2. Zur Ursachenanalyse des »reinen Terrorismus«:
Die RAF als Studienobjekt ........................... 40
3. Guerilla und Terrorismus ............................ 44
   *a) Zur »klassischen Guerilla«* ........................ 44
   *b) Die Tupamaros* ................................. 47
   *c) Der Sendero Luminoso* .......................... 52
4. Bürgerkriege und Terrorismus: Bemerkungen unter Bezug
auf den Libanon und das ehemalige Jugoslawien ........... 57
5. Moderne Revolutionen und Terrorismus: Algerien, Iran,
Nicaragua und die Philippinen im Vergleich ............... 60
6. Religion und Terrorismus ............................ 64
   *a) Der islamische Fundamentalismus: »Bedingungsfaktor«*
   *für Terrorismus?* ................................ 64
   *b) Fallanalysen (Iran und Algerien)* .................... 69
Resümee und Perspektiven ............................. 72

Stefan Malthaner
Terroristische Bewegungen und ihre Bezugsgruppen. Anvisierte
Sympathisanten und tatsächliche Unterstützer ............... 85
1. Terroristische Bewegungen und ihre Bezugsgruppen ......... 85
   *a) Die Perspektive der Akteure* ....................... 86

    b) *Bezugsgruppen und tatsächliche Unterstützung* .............. 88
    c) *Aufbau, Thesen und Fallauswahl* ........................ 91
2. Ethnisch-nationalistischer Terrorismus: Die Verteidigung der eigenen Gemeinschaft ............................. 92
    a) *Bezugsgruppen ethnisch-nationalistischer Terroristen* ............ 92
    b) *Interaktionsmuster* ..................................... 94
    c) *Resümee* ............................................ 98
3. Sozialrevolutionärer Terrorismus: Die Revolution im Namen einer »als interessiert unterstellten« Drittgruppe ............ 99
    a) *Bezugsgruppen sozialrevolutionärer Terroristen* ................ 99
    b) *Interaktionsmuster* ..................................... 101
    c) *Resümee* ............................................ 105
4. Religiöser Terrorismus: Die Verteidigung und Erneuerung der religiösen Gemeinschaft ......................... 106
    a) *Bezugsgruppen und Ziele religiöser Terroristen* ............... 107
    b) *Der Prozeß der Nationalisierung im Fall der libanesischen Hizbollah* ............................ 110
    c) *Die »religiös-revolutionäre« Variante im Fall des al-Djihad* ....... 113
    d) *Resümee* ............................................ 117
    e) *Der Ausnahmefall: militante Sekten* ....................... 118
5. Internationaler Terrorismus und seine Bezugsgruppen ....... 119
    a) *Internationaler Terrorismus der PLO und der Bezug auf die Weltöffentlichkeit* ................................ 120
    b) *Globaler Terrorismus: Al-Qaidas Bezug auf die Weltgemeinschaft der Muslime* ......................................... 123
6. Zusammenfassung ................................. 131

Peter Waldmann
Die zeitliche Dimension des Terrorismus ................... 139

Vorbemerkung ........................................ 139

1. Zeitpunkte, Zeitwellen, Zeitstrategien ................... 141
    a) *Schlüsselereignisse* ...................................... 141
    b) *Mobilisierungsschübe* ................................... 145
    c) *Die strategische Alternative: Verzögerung oder Beschleunigung* .... 149
2. Zielvision und Zeitverständnis der Hauptformen des Terrorismus ..................................... 153
    a) *Die Geschichte wiederholt sich* ............................ 154
    b) *Die Revolution erzwingen* ............................... 159
    c) *Außergewöhnliche Zeiten erfordern extreme Maßnahmen* ......... 164
3. Die terroristische Organisation in der Zeit ................ 171
    a) *Lebensdauer terroristischer Organisationen* ................... 171
    b) *Beendigung oder Transformation des Konflikts* ............... 176

Zusammenfassung ..................................... 182

Hamed Abdel-Samad
Radikalisierung in der Fremde. Muslime in Deutschland ....... 189
Vorbemerkung...................................... 189
1. Problemstellung, Hypothesen, Forschungsdesign
   und Vorgehensweise ............................... 191
2. Überprüfung von Attentäter-Biographien im Hinblick auf
   Faktoren, die möglicherweise zur Radikalisierung beitrugen .. 193
   *a) Persönlichkeitsstrukturen* .............................. 193
   *b) Empfänglichkeit für Radikalismus aufgrund der Bedingungen
   in der Heimat* ...................................... 196
   *c) Doppelte Entfremdung und Marginalisierung* ............... 197
   *d) Emotionale und soziale Isolierung* ....................... 200
   *e) Die Nähe zu einer radikalen Gruppe oder einem
   charismatischen Führer* .............................. 201
   *f) Anwerbung, Rekrutierung und Trainingslager* ............... 203
   *g) Die Rolle der Religion: Trifft die »Radikalisierungsthese« zu?* ..... 204
3. Ergebnisse der Interviews: Migrationsspezifische
   Identitätsprobleme und Radikalisierungsprozesse........... 206
   *a) Zur Situation der Befragten und ihrer auf den Westen und
   Deutschland bezogenen Deutungsmuster* .................... 206
   *b) Die Konfrontation mit der westlichen Moderne in der Heimat*..... 208
   *c) Kulturschock und Entfremdungsprobleme muslimischer
   Emigranten in Deutschland* ............................ 211
   *d) Zwischenfazit: Potentielle Implikationen für den
   politischen Radikalisierungsprozeß* ....................... 218
4. Annahmen auf dem Prüfstand ....................... 218
   *a) Die Rolle der Religion (Ergebnisse der Interviews)*............. 218
   *b) Islamische Gemeinden und Organisationen in Deutschland
   und das Problem der Gewaltrhetorik* ...................... 222
   *c) Die Generationenfrage* ............................... 229
   *d) Einschätzung der Terrorismusgefahr in der Bundesrepublik* ...... 232
Resümee und Vorschläge für integrationspolitische Maßnahmen
zur Vorbeugung des Radikalismus bei Muslimen ............ 234

Hinweise zu den Autoren ..............................

# Vorbemerkung

Mit dem vorliegenden Band wird eine Studie über »Determinanten der Entstehung und Entwicklung terroristischer Organisationen« veröffentlicht, die für das »Bundesministerium für wirtschaftliche Zusammenarbeit und Entwicklung« (BMZ) erstellt wurde. Wenngleich eine der Ausgangsfragen war, inwieweit Armut, soziale Ungleichheit und Analphabetismus in der Dritten Welt als mögliche Ursachen der Welle religiösen Terrorismus in Frage kämen, die in den Anschlägen vom 11. September 2001 gipfelte, wurden alsbald weitere Erklärungsfaktoren, insbesondere organisationsinterne Determinanten terroristischen Handelns in die Analyse mit einbezogen. Ein kleiner Arbeitskreis traf sich über ein gutes Jahr hinweg regelmäßig, um sowohl den Gesamtansatz des Gutachtens als auch die Anlage und Ausrichtung der Teilbeiträge gemeinsam zu diskutieren. An dieser Stelle sei den Herren Peter Guggemos und Yves Brehm, die regelmäßig an diesen Treffen teilnehmen und sie durch ihre kritischen Fragen und Kommentare bereicherten, aufs herzlichste gedankt. Unser Dank gilt ebenfalls dem BMZ – insbesondere Herrn Dr. Jochen Böhmer –, das uns bei der Anfertigung des Gutachtens freie Hand ließ und anschließend dessen Publikation unterstützte.

Peter Waldmann
Augsburg, Mai 2004

# Peter Waldmann
# Einleitung:
# Determinanten der Entstehung und Entwicklung terroristischer Organisationen

Es gibt eine breite, seit dem 11. September 2001 beschleunigt anschwellende Literatur zum Terrorismus. Dennoch sind unsere Kenntnisse der Hintergründe und Tiefenstrukturen des Phänomens weiterhin begrenzt. Dies hängt damit zusammen, daß das Thema starke Emotionen aufwühlt und zu wertbezogenen Stellungnahmen herausfordert – »one's man terrorist is another man's freedom fighter« ist eine häufig zitierte Formel –, wobei die nüchterne Beschreibung und Analyse häufig zu kurz kommt.

Der folgende Versuch, einen Überblick über die Determinanten der Entstehung und Entwicklung terroristischer Organisationen zu bieten, bezieht sich in erster Linie auf die Ergebnisse der Forschergruppe, welche die Beiträge für diesen Sammelband verfaßt hat. Daneben werden auch Referate und Diskussionen von internationalen Tagungen herangezogen, an denen der Verfasser teilgenommen hat.[1]

»Determinanten« darf dabei nicht zu eng verstanden werden. Mit Renate Mayntz ist davon auszugehen, daß für sozialwissenschaftliche Sachverhalte und ihre Erklärung ein Denken in streng naturwissenschaftlichen Kausalrelationen (»... immer wenn, dann ...«) ausscheidet, da bei ihnen der menschlichen Willensfreiheit Rechnung getragen werden muß, Multikausalität überwiegt, nicht vorhersehbare Interferenzen der Regelfall sind und Entwicklungen insgesamt selten linear verlaufen.[2] Anstatt von Determinanten sollte man vorsichtiger von Faktoren (struktureller oder prozessualer Natur) sprechen, welche das Aufkommen und Fortbestehen terroristischer Organisationen bzw. Gruppen tendenziell eher fördern oder verhindern.

Bei einem komplexen Phänomen wie dem Terrorismus fällt es im allgemeinen leichter zu sagen, welche Umstände und Faktoren *nicht* für

---

[1] Hervorzuheben ist vor allem eine Tagung vom 9. bis 11. Juni 2003 in Oslo, auf der rund zwanzig Terrorismus-Experten aus aller Welt zum Thema »Root causes of terrorism« Stellung bezogen. Sie wurde von der Forschergruppe um Prof. Tore Bjørgo zusammen mit dem norwegischen Außen- und Verteidigungsministerium organisiert.

[2] Mayntz, Renate: Historische Überraschungen und das Erklärungspotential der Sozialwissenschaften, in: dies.: Soziale Dynamik und politische Steuerung. Theoretische und methodologische Überlegungen, Frankfurt am Main/New York 1997: 328-342.

seine Erklärung in Frage kommen, als genau zu bestimmen, wodurch es zustande gekommen ist. Dieser Einsicht wird beim Aufbau der Einleitung Rechnung getragen: Zunächst werden gängige Thesen zur Erklärung des Terrorismus präsentiert, die nach allem, was wir wissen, nicht zutreffen und in die Irre führen. In einem zweiten Abschnitt werden einige konzeptuelle und methodische Probleme angesprochen, an denen sich derzeit die wissenschaftlichen Geister scheiden; es wird kurz erläutert, welcher Alternative im Rahmen des Bandes der Vorzug gegeben wird. Der dritte Abschnitt enthält einen Überblick über die wichtigsten Ergebnisse der Teilstudien, während im letzten Abschnitt noch kurz die Frage möglicher antiterroristischer Maßnahmen angeschnitten wird.

## 1. Irreführende Annahmen

Zu fünf gängigen, aber unzutreffenden Annahmen über die Entstehung und Entwicklung des Terrorismus soll hier kurz Stellung genommen werden:

Die *erste* These lautet, Terrorismus sei auf verbreitete Armut, vor allem in den Ländern der Dritten Welt, zurückzuführen. Dieser angebliche Kausalzusammenhang verkürzt die Komplexität der Prozesse, aus denen Terrorismus entsteht, indem er eine Monokausalität unterstellt, und führt vor allem inhaltlich in die Irre. Nach dem bisherigen Erkenntnisstand gibt es keine erwiesene positive Korrelation des Inhalts, je ärmer eine Bevölkerungsgruppe sei, desto eher neige sie zu politischer Gewalt allgemein, und speziell zu terroristischen Aktivitäten. Im Gegenteil, aufgrund der Untersuchungen, die zu dieser Frage durchgeführt wurden, wissen wir, daß sich Terroristen vorzugsweise aus den höheren und gebildeteren sozialen Schichten rekrutieren. Auch bei den Selbstmordattentätern der Hamas und anderer palästinensischer Gruppen, die vergleichsweise intensiv untersucht wurden, läßt sich keine Überpräsentation von Angehörigen der sozialen Unterschicht erkennen. Was nicht ausschließt, daß Armut und vor allem sozialer Ungleichheit eine indirekte Bedeutung insofern zukommt, als sie, von Mittelschichtintellektuellen als entwürdigend und empörend empfunden, für diese ein Motiv bildet, eine terroristische Vereinigung mit sozialrevolutionären Zielen zu gründen oder ihr beizutreten.

Die *zweite* irreführende Annahme lautet, Terrorismus sei eine Art von Ersatzkrieg, der von jenen Staaten gegen den Westen und insbesondere die USA geführt werde, die sich trotz ihrer feindlichen Gesinnung auf keine militärische Konfrontation mit den überlegenen westlichen Mächten einlassen könnten. Dieses Erklärungsmuster stammt aus der Zeit des Kalten Krieges, als hinter jedem lokalen Konflikt, jeder kleinen Erhebung innerhalb der Einflußzone der zwei Großmächte konspirative

## EINLEITUNG

Machenschaften der Geheimdienste der Gegenseite vermutet wurden. Schon damals wurde deren Bedeutung überschätzt, heute greift ein Interpretationsansatz, der hinter der Vielzahl terroristischer Organisationen und Netzwerke jeweils Staaten als deren eigentliche Anstifter und Steuerungsinstanzen sieht, eindeutig zu kurz. Gewiß verschmähen terroristische Gruppen nicht die finanzielle oder waffentechnische Hilfe von Regierungen, die sie bei ihrem Kampf nach dem Motto »der Feind unseres Feindes ist unser Freund« unterstützen, ihnen Schonräume und Rückzugsnischen anbieten. Aber käuflich sind Terroristen im allgemeinen nicht; ihre ideologisch überhöhten Ziele, seien sie ethnisch-nationalistischer, sozialrevolutionärer oder religiöser Natur, sind ihnen meist viel wichtiger als materielle Gratifikationen. Es gibt mehr als ein Beispiel dafür, daß ursprünglich vom nordamerikanischen Geheimdienst geförderte oder gar hochgepäppelte Gruppen nicht zögerten, sich gegen ihren ursprünglichen Protektor zu wenden, nachdem dieser sich als neue Bedrohung für das von ihnen verfochtene Anliegen erwies.

Eine *dritte* falsche These, und damit zugleich ein Ansatz zur Bekämpfung des Terrorismus, der in eine Sackgasse führte, lautet, Terroristen seien anomale, psychisch gestörte oder gar geistig kranke Persönlichkeiten, deren Zurechnungsfähigkeit folglich eingeschränkt sei. Gerade weil sich einige Psychologen emsig und lang um die empirische Untermauerung dieser These bemüht haben, wissen wir genau, daß sie unhaltbar ist. Der eigentliche Fehler besteht vermutlich darin, von einer bestimmten terroristischen Persönlichkeitsstruktur auszugehen, als ließen sich der Zahlmeister einer Gruppe und derjenige, der die Bomben legt, marxistische Studenten der deutschen RAF und der an eine Tradition des Sozialbanditentums anknüpfende korsische Freiheitskämpfer alle gewissermaßen in denselben Topf werfen. Forscher, die sich unvoreingenommen mit Terroristen beschäftigt, sie beobachtet und befragt haben, betonen regelmäßig zweierlei: wie unterschiedlich die Typen seien, die sich in diesen Untergrundverbänden zusammenfinden würden, und wie überaus »vernünftig«, »normal«, »rational« sie wirkten, wenn sie ihre Ansichten und die Motive ihres Handelns darlegten.

*Viertens* ist der These entgegenzutreten, Terrorismus korreliere mit dem politischen Entwicklungsstand eines Landes: Je demokratischer, rechtsstaatlicher, sozial gerechter ein Gemeinwesen sei, desto besser sei es gegen terroristische Angriffe aus der eigenen Gesellschaft gefeit, während undemokratische, korrupte, die Grundrechte mißachtende Staaten in besonderem Maße die Zielscheibe terroristischer Anschläge seien. Es ist zwar richtig, daß in sich gefestigte Demokratien, deren Justiz- und Sicherheitsapparat in hohem öffentlichen Ansehen stehen, weniger mit allgemeiner Unzufriedenheit und Protest zu rechnen haben, die sich zu terroristischen Aktionen zuspitzen können, als schwache, in sich zerrüttete Staaten, die unter akuten Legitimationsschwierigkeiten leiden.

Doch darf nicht übersehen werden, daß gerade totalitär regierte Staaten nicht mit einer terroristischen Kampagne rechnen müssen. Diese ist nicht nur ein Indiz für ungelöste gesellschaftliche Strukturprobleme, sondern setzt zugleich einen minimalen gesellschaftlich-politischen Bewegungsspielraum voraus, der das Auftreten und Agieren derartiger Gruppen überhaupt erst möglich macht. Am virulentesten äußert sich Terrorismus dort, wo die Lockerung autoritärer Kontrolle mit einem gesellschaftlichen Krisen- und Problemstau zusammentrifft.

Schließlich ist es auch ein Irrtum zu glauben, jene Kausalfaktoren, welche zur Entstehung terroristischer Verbände beitrügen, seien die nämlichen wie die, die sie anschließend am Leben erhielten. Im Regelfall, darin ist sich die Forschung inzwischen einig, entwickeln derartige Organisationen »emergente« Eigenschaften, das heißt neue Antriebskräfte, welche die Ausgangskonstellation überlagern und der Gewalt eine zusätzliche Eigendynamik verleihen. Die allen sozialen Gebilden eigene »Zählebigkeit«, die verhindert, daß sie sich nach Erreichung ihres Zieles (oder wenn dessen Realisierung in unerreichbare Ferne gerückt ist) wieder auflösen, zählt ebenso zu diesen Kräften, wie das Rache- und Vergeltungsmotiv (stets ist noch eine Rechnung offen, die beglichen werden muß) oder das öffentliche Geltungsbedürfnis der Führer, denen die Rückkehr in ein normales bürgerliches Leben verwehrt und deren Schicksal deshalb eng an jenes der Organisation gekoppelt ist. Auf jeden Fall ist es regelmäßig verfehlt, nach dem Ausräumen der ursprünglichen Probleme, welche für die Entstehung der Gewaltorganisation maßgeblich waren, auf deren baldiges automatisches Verschwinden zu hoffen. Vielmehr bedarf es zusätzlich der Berücksichtigung der Interessen der durch den terroristischen Prozeß hervorgebrachten Gewaltakteure. Wie überhaupt festzuhalten ist, daß die Gewalt als solche – womöglich in der modifizierten Form einfacher Gewaltkriminalität – oft noch lange anhält, nachdem dem Terrorismus in der einen oder anderen Form Einhalt geboten werden konnte.

## 2. Konzeptuelle und methodische Entscheidungen

Besteht in der Forschung weitgehende Einigkeit, was die Ablehnung der bisher genannten Annahmen betrifft, so scheiden sich in anderen Punkten die Geister. Dies gilt insbesondere für folgende Problemkomplexe:
– was unter Terrorismus genau zu verstehen, wie er zu definieren sei;
– ob man in wissenschaftlichen Untersuchungen eher bei den jeweiligen gesamtgesellschaftlichen Strukturen ansetzen oder die terroristischen Gruppen selbst und ihre Mitglieder als Ausgangspunkt wählen sollte (makrosoziologischer versus mikrosoziologischer Ansatz);
– ob man Terrorismus als eigenständiges Gewaltphänomen betrach-

ten oder im Kontext anderer Formen politischer Gewalt analysieren sollte.

Die drei Punkte werden der Reihe nach behandelt, um den Standpunkt darzulegen, der für die Orientierung der Beiträge des Bandes maßgeblich war.

Hinsichtlich der Definitionsproblematik ist bekannt, daß man sich bislang weder auf der wissenschaftlichen noch auf der politischen Ebene darüber verständigen konnte, was unter Terrorismus genau zu verstehen und wie der Begriff einzugrenzen sei. Einer der Hauptgründe für das Scheitern entsprechender Bemühungen bildet die starke emotionale und moralische Aufladung des Begriffs. Vor allem von Seiten der Entwicklungsländer gab es stets Bedenken dagegen, Gruppen von Gewaltaktivisten, die in ihren Augen einen legitimen antikolonialen Befreiungskampf gegen einen westlichen Industriestaat führen, durch das Negativetikett »Terroristen« oder »Terrorismus« ins politische Abseits zu drängen. Mittlerweile sind Stimmen zu vernehmen, eine allgemein anerkannte Definition dessen, was Terrorismus ist, sei nicht nur kaum erreichbar, sondern erübrige sich auch, da es bereits einige von der Völkergemeinschaft klar als terroristische Straftatbestände qualifizierte Anschlagsformen gebe und im übrigen ohnedies jeder wisse, was mit dem Begriff gemeint sei.

Dieser Auffassung ist, zumindest was den wissenschaftlichen Bereich angeht, energisch zu widersprechen. Eine wissenschaftliche Analyse setzt voraus, daß man sich über ihren Gegenstand, dessen Strukturen und Grenzen, klar und einig ist. Beim vorliegenden Bande diente die vom Verfasser (1998: 10) vorgeschlagene Terrorismus-Definition als Ausgangspunkt: »*Terrorismus sind planmäßig vorbereitete, schockierende Gewaltanschläge gegen eine politische Ordnung aus dem Untergrund. Sie sollen allgemeine Unsicherheit und Schrecken, daneben auch Sympathie und Unterstützungsbereitschaft erzeugen.*«

Es ist hier nicht der Ort, um die einzelnen Merkmale zu erläutern und insbesondere Terrorismus als gewaltsames Vorgehen gegen den Staat sowohl von staatlichem Terror als auch von verwandten Kampfesformen wie dem Guerillakrieg oder Partisanenkampf abzugrenzen. Wichtig erscheint jedoch, auf den funktionalen Gehalt der Definition hinzuweisen. Nimmt man sie ernst bzw. unterstellt man, daß sie den Kern des Phänomens erfaßt, so folgt daraus, daß nicht Gruppen beliebiger Größe und sozialer Zusammensetzung Terrorismus praktizieren können. Die planmäßige Vorbereitung gezielter Anschläge unter den schwierigen Bedingungen des Untergrunds, die Kalkulation des Schockeffekts – all dies setzt ein gewisses Maß an operativer Intelligenz voraus und grenzt das Spektrum möglicher Akteure ein. In Frage kommen vor allem relativ kleine Gruppen von hochmotivierten, meist von einer bestimmten Ideologie beseelten Individuen, die äußerst organisations- und handlungsfähig sind. Schon diese wenigen Merkmale reichen aus, um plausibel zu machen, warum terroristische Verbände sich meist aus jungen Menschen mit einem überdurchschnittlichen Bildungsniveau und entsprechenden intellektuellen Fähigkeiten zusammensetzen.

Aus der Definition läßt sich aber ebenfalls ableiten, daß Terrorismus eine Form politischer Gewalt darstellt, die an wenige strukturelle Voraussetzungen gebunden ist. Weder bedarf es dazu einer breiten Gefolgschaftsmasse von Unterstützern und Sympathisanten (wie etwa im Falle einer offenen Rebellion oder einer Protestbewegung), noch sind größere Rüstungsanstrengungen und ein geeignetes Gelände, etwa ein unzugängliches Bergland, vonnöten (Fall der Guerilla bzw. eines Partisanenkampfes). Im Grunde reicht es, wie die Vertreter der lateinamerikanischen Focus-Theorie in den 60er und 70er Jahren behauptet haben, daß eine kleine, aus leidlich intelligenten und hochmotivierten Individuen bestehende Gruppe zum äußersten entschlossen ist und losschlägt. Alle zusätzlichen Ressourcen, derer sie bedarf, um eine längerfristige Gewaltkampagne durchzustehen (Finanzmittel, Waffen, vor allem die Aufmerksamkeit der Medien), kann sie sich von der bekämpften Gegenseite, dem Staat bzw. ihrem gesellschaftlichen Umfeld, »borgen«. Insofern läßt sich Terrorismus als eine relativ kostengünstige (d. h. mit geringen Aufwendungen verbundene) und dementsprechend leicht verfügbare Form politischer Gewalt kennzeichnen.

Aus den herausgearbeiteten Charakteristika ergeben sich zugleich klare Optionen hinsichtlich der anderen beiden Scheidewege der Forschung, nämlich der Fragen, ob ein mikro- oder ein makrosoziologischer Ansatz vorzuziehen ist, und ob Terrorismus isoliert oder im Kontext anderer Formen gewaltsamen Konflikts zu untersuchen sei. Terroristische Gruppen von nur begrenztem Umfang können, müssen jedoch nicht repräsentativ für breitere soziale Segmente oder Schichten der betreffenden Gesellschaft sein. Sie können als relativ isolierte Gebilde durch eine charismatische Führerpersönlichkeit gegründet werden oder im Zuge einer internationalen Mode- und Ansteckungswelle durch »Import« von außen entstehen. Makrogesellschaftliche Kausaltheorien, die auf die Wirkung bestimmter struktureller »Push-Faktoren« (etwa: verbreitete soziale und politische Unzufriedenheit oder ethnische bzw. religiöse Cleavages) abstellen, greifen allein schon deshalb zu kurz, weil sie nicht erklären können, warum immer nur wenige auf die entsprechenden Spannungen und Frustrationen mit dem Anschluß an einen terroristischen Verband reagieren, während das Gros der Betroffenen inaktiv bleibt.

Will man erfahren, wie es zur Bildung terroristischer Verbände und zur ständigen Neurekrutierung von Mitgliedern für sie kommt, so bleibt einem nichts anderes übrig, als sich auf die Ebene dieser Verbände und der einzelnen Terroristen selbst zu begeben: zu versuchen herauszufinden, aus welchem sozialen Milieu diese stammen, welche sukzessiven Schritte sie zu der Gewaltorganisation führten, aus welchen Motiven sie die Konfrontation mit dem Staat und der Gesellschaft suchen, warum sie die Strapazen eines Lebens im Untergrund auf sich nehmen, sich nicht scheuen, gegebenenfalls auch Unschuldige zu töten oder mit in den Tod zu reißen usf. Kurzum, man ist auf den mikrosoziologischen Ansatz verwiesen, der es sich zum Anliegen macht, in die Vorstellungs- und Lebenswelt der terroristischen Akteure einzudringen.

Zwei zusätzliche Argumente legen diese für die hier versammelten Beiträge überwiegend gewählte Vorgehensweise nahe. Das ist zum einen der Umstand, daß hier die Hauptlücke in der Forschung klafft. Während wir über die meisten anderen Aspekte des Terrorismus, angefangen bei den Organisationsstrukturen über den möglichen Einsatz sog. ABC-Waffen bis hin zu den medialen Effekten terroristischer Anschläge, relativ gut unterrichtet sind, bleibt die Ideenwelt und Denkweise dieser radikalen gesellschaftlichen Außenseiter für uns weiterhin ein Dunkelfeld. Dieses zu erforschen ist vor allem dann ein dringendes Desiderat, wenn wir der These Herfried Münklers folgen, das Charakteristikum zeitgenössischer Gewaltkonflikte sei die asymmetrische Vorgehensweise der Konfliktparteien. Bedeutet dies doch, daß der jeweils schwächere Part – und Terrorismus ist die Extremform einer Strategie bzw. Taktik aus einer Position der Schwäche – eigene Mittel und Methoden entwickelt, um die Pläne des Stärkeren zu durchkreuzen und ihn dort zu treffen, wo er es am wenigsten erwartet. Nur wenn man sich mit der Denkweise terroristischer Führungsstäbe vertraut macht, hat man die Chance, ihnen bei ihren Anschlägen zuvorzukommen, ihren Einfluß zu konterkarieren.

Allerdings darf man bei der Postulierung einer spezifisch terroristischen Denk- und Vorgehensweise nicht zu weit gehen, sind die Fälle des »reinen« Terrorismus doch relativ selten. Verbreitet sind vielmehr Gewaltverbände, die, je nach Situation, Ressourcenlage und sozialem Klima, eher auf massive Protestdemonstrationen, auf einen ländlichen Guerillafeldzug oder auf eine Serie terroristischer Anschläge setzen. Es ist, mit anderen Worten, nicht sinnvoll, Terrorismus losgelöst von dem breiteren Konfliktkontext, in dem er praktiziert wird, zu betrachten und nach eigenständigen Wurzeln dieses Phänomens zu suchen. Vielmehr sollte man vor dem Hintergrund einer meistens zu konstatierenden allgemein gestiegenen Gewaltbereitschaft in einer Gesellschaft fragen, warum diese im Einzelfall jeweils die Form eines Partisanenkampfes, einer gewaltsamen kriminellen Bande, von Straßenkämpfen oder aber von terroristischen Anschlägen annimmt. Dabei wird man wiederholt darauf stoßen, daß der Rekurs auf Terrorismus als relativ »kostengünstige« Gewaltmethode stets dann naheliegt, wenn andere, anspruchsvollere Methoden nicht in Frage kommen.

Neben den drei erwähnten Optionen – Entscheidung für eine bestimmte Definition; mikrosoziologischer Ansatz; Terrorismus als eine von mehreren möglichen gewaltsamen Vorgehensweisen – teilen die hier versammelten Beiträge noch einige weitere Züge:
- prozessualen Aspekten wird der Vorrang vor einer statischen Analyse eingeräumt; das heißt, anstatt nach »tiefer liegenden« Ursachen zu suchen, wird der Akzent auf sukzessive Entscheidungen der Akteure und Gruppen in Schlüsselsituationen gelegt, die den Gewaltkurs intensivieren oder abschwächen können.
- Dabei wird dem terroristischen Handeln prinzipiell eine bestimmte Rationalität zugestanden. Selbstredend handelt es sich dabei nicht um jene Rationalität, die man von sozialen Akteuren allgemein in »normalen« Situationen erwartet; auch werden mit dieser Annahme emotionale Fehlreaktionen und Formen irrationalen Verhaltens keineswegs ausgeschlossen. Gerade um diese herauszuarbeiten, wird aber zunächst unterstellt, die Terroristen folgten in ihrem Vorgehen einer bestimmten Logik.
- Diese Rationalitätsprämisse findet auch ihren Niederschlag in der Behandlung des religiösen Terrorismus. Die Teilstudien sind von dem durchgehenden Bemühen geprägt, diesen zu demystifizieren und zu entdramatisieren. In Anlehnung an die bahnbrechenden Studien der Forschergruppe um Scott Appleby wird davon ausgegangen, daß selbst die Mehrzahl der gemeinhin als fundamentalistisch bezeichneten religiösen Bewegungen primär handfeste Interessen in dieser Welt verfolgt und keineswegs darauf abzielt, ein apokalyptisches Strafgericht über sie zu verhängen.

Abgesehen von dem mehr strukturell ausgerichteten Beitrag von Heinrich-W. Krumwiede konzentrieren sich alle Teilstudien auf die Gewaltakteure und ihr soziales Umfeld. Der Verfasser selbst geht auf das Zeitverständnis terroristischer Gruppen und generell die zeitliche Dimension des Terrorismus ein. Stefan Malthaner untersucht die Beziehung zwischen den Terroristen und ihren angeblichen und tatsächlichen Sympathisanten, ihrem »Unterstützungspotential«. Hamed Abdel-Samad schließlich befaßt sich mit einem Teilaspekt der räumlichen Dimension des Terrorismus, nämlich der Gefährlichkeit der islamischen Diaspora in der BRD. Sämtliche Beiträge ähneln sich im Aufbau und der Vorgehensweise: Sie differenzieren zwischen den Hauptformen des Terrorismus (sozialrevolutionär; ethnisch-nationalistisch; religiös) und arbeiten mit einer begrenzten Zahl von konkreten Beispielen terroristischer Organisationen (jeweils sieben bis zehn). Der sogenannte Rechtsterrorismus bleibt ebenso ausgeklammert wie Formen staatlichen Terrors (etwa unter Diktaturen).

EINLEITUNG

## 3. Präsentation der Einzelbeiträge

Der Beitrag von Heinrich-W. Krumwiede ist, wie gesagt, strukturell angelegt; er filtert in klassischer Manier jene Faktoren heraus, die Terrorismus erzeugen und am Leben erhalten. Dazu trifft er zunächst die Unterscheidung von »Rahmenbedingungen«, die terroristische Gruppen hervorbringen, und »Prozeßbedingungen«, die ihre weitere Entwicklung beeinflussen. Die Rahmenbedingungen unterteilt er wiederum in mehrere Kategorien: Push-Faktoren, Pull-Faktoren und Ermöglichungsfaktoren. Das Gewicht der sogenannten Push-Faktoren, wie verbreitete soziale Unzufriedenheit, ethnische Benachteiligung oder neokoloniale Abhängigkeit, wird keineswegs unterschätzt. Doch vermögen sie laut Krumwiede nur ein gewisses Gewaltpotential zu erzeugen. Ob und in welcher Form dieses Potential konkret umgesetzt wird, hängt von Pull-Faktoren wie den Zielen und den Nutzenkalkülen möglicher Gewaltakteure und ihres Anhangs ab, denen er ein entscheidendes Gewicht beimißt. Freilich reichen fester Wille und die Hoffnung auf entsprechende Belohnung von »Gewaltunternehmern« allein nicht aus, um eine terroristische Kampagne zu starten. Dazu bedarf es noch einer Reihe zusätzlicher logistischer Voraussetzungen (finanzielle Ressourcen; günstiger politischer Kontext; Schonräume), die unter dem Begriff »Ermöglichungsfaktoren« zusammengefaßt werden.

Besondere Erwähnung verdient der von Krumwiede unternommene, in der Literatur so gut wie nie anzutreffende Versuch, Terrorismus nicht nur abstrakt von anderen politischen Gewaltformen, wie Guerilla-Krieg, Bürgerkrieg und Revolution, abzugrenzen, sondern auch konkret dazu in Beziehung zu setzen. Dabei ist eine besondere Nähe zum Partisanen- oder Guerilla-Kampf kaum zu übersehen: Städtischer Terrorismus wird oft als flankierende Taktik zu einem ländlichen Guerillafeldzug eingesetzt, kann diesen aber phasenweise auch ganz ablösen. Nach Krumwiede läßt sich ein Guerilla-Krieg auch grundsätzlich in die Städte hinein verlagern (als Beispiel führt er die Sandinisten in Nicaragua an), läuft dort aber Gefahr, über kurz oder lang zu einer terroristischen Vorgehensweise zu entgleisen. Denn in städtischen Ballungsräumen würden Gewaltkonflikte rasch eskalieren und in wechselseitige Vergeltungsschläge münden, die im Zweifel mehr die Zivilbevölkerung als die eigentlichen Kombattanten träfen.

Eine ähnlich symbiotische Beziehung konstatiert Krumwiede auch zwischen Terrorismus und Bürgerkrieg. Besteht das Ziel bei derartigen massiven inneren Auseinandersetzungen doch nicht nur darin, die Gegenseite militärisch zu besiegen, sondern sie darüber hinaus mit allen erdenklichen Mitteln einzuschüchtern und das Gros ihrer Mitglieder zum Abwandern zu bewegen. Das demographische Übergewicht der

Sieger auf dem umstrittenen Territorium macht sich nicht zuletzt dadurch bezahlt, daß ihnen im Falle einer Befriedung der Situation und der Wiedereinführung demokratischer Wahlen der politische Sieg als Mehrheitspartei winkt. Hingegen ist das Verhältnis von Terrorismus und Revolution weniger eindeutig. Geht man von jüngeren Revolutionen wie jener im Iran oder in Nicaragua aus, so steht der Einsatz terroristischer Mittel einem Erfolg der Revolutionäre eher im Wege; denn er verprellt an sich für einen Regimewechsel durchaus aufgeschlossene Ober- und Mittelschichtgruppen, welche als Verbündete für die radikalen Kräfte unverzichtbar sind, soll der Machtwechsel gelingen.

Reiner Terrorismus, so die bedenkenswerte These Krumwiedes, ist auf die Erste Welt (samt ihren Ablegern in anderen Großregionen) beschränkt; dagegen überwiegen in den Transformations- und Entwicklungsländern die eben skizzierten kombinierten und vermischten Gewaltformen. Er begründet dies damit, daß nur in der Ersten Welt die erforderlichen Bedingungen vorlägen (Rechtsstaat; freie öffentliche Meinung), die einem überraschenden Gewaltanschlag eine maximale Schockwirkung und öffentliche Resonanz sicherten. Man könnte dieselbe These argumentativ auch damit untermauern, daß Guerillakampf, Bürgerkrieg oder eine Revolution in fest etablierten Demokratien aus einer Reihe von Gründen wenig wahrscheinlich und aussichtsreich sind, weshalb als einzige Möglichkeit radikaler gewaltsamer Systemopposition der Terrorismus verbleibe.

Wen Terroristen bekämpfen, zu ihrem absoluten Feind erkoren haben, ist im allgemeinen nicht schwer in Erfahrung zu bringen, sondern läßt sich aus ihren Anschlagszielen ersehen und geht aus ihren Pamphleten sowie den Bekennerschreiben, die auf die Anschläge folgen, hervor. Aber Terrorismus zielt nicht nur darauf ab, die Gegner in Furcht und Schrecken zu versetzen, sondern ist zugleich eine Werbebotschaft, die bei manchen Bevölkerungsgruppen Sympathie und Gefühle der Solidarität wecken soll. Um diese »positiven« Bezugsgruppen, die erreicht werden sollen, geht es in dem Beitrag von Stefan Malthaner.

Ihr Stellenwert im terroristischen Denken ist keineswegs leicht zu bestimmen. Anders als im ländlichen Raum operierende Guerillaverbände, die sich über einen längeren Zeitraum hinweg nur halten können, wenn sie auf die aktive Unterstützung eines Teils der Bevölkerung zählen können, ist eine terroristische Gruppe prinzipiell in der Lage loszuschlagen, ohne sich der solidarischen Einstellung ihres sozialen Umfeldes vergewissert zu haben. Andererseits fehlt im terroristischen Diskurs nie der intendierte Nutznießer, die zu beglückende Bevölkerungsgruppe, um derentwillen Gewalt angewendet wird, die verteidigt, befreit, mobilisiert werden soll. Die Fragen, die sich stellen, sind: wer in diese Bevölkerungsgruppe fällt, wie fiktiv oder real die Beziehung der Terroristen zu ihr ist; wie die Reaktion der zur positiven Bezugsgruppe

EINLEITUNG

ausgewählten Menschen auf das Werben der Terroristen ausfällt, ob sie für diese Partei ergreifen, indifferent bleiben oder sogar gegen die Gewaltaktivisten Position beziehen; schließlich wie die Gewaltverbände ihrerseits mit dieser Reaktion umgehen, ob sie sie akzeptieren oder zu brachialen Methoden greifen, um die Solidarität der angeblichen Unterstützungsbasis zu erzwingen.

Diese Fragen werden für die verschiedenen Typen von Terrorismus anhand konkreter Beispiele durchgespielt. Dabei erweist sich die Unterscheidung zwischen Fremdgruppe und Eigengruppe, für die der Anschlag durchgeführt wird, als zentral. Wenn die Terroristen nicht selbst der Bevölkerungsschicht oder -gruppe angehören, auf deren Verteidigung bzw. Befreiung die Gewaltakte abzielen, dann kommt es oft zu Mißverständnissen, einer Fehleinschätzung der wahren Bedürfnisse und Aspirationen der angeblich Interessierten. Die Terroristen antworten auf das Unverständnis für ihr Anliegen nicht selten mit Druck und erzieherischen Zwangsmaßnahmen, was ihre soziale Isolierung weiter verstärkt und zum Scheitern ihrer Gewaltkampagne führen kann. Anders stellt sich die Situation dar, wenn die Terroristen überwiegend selbst der Bezugsgruppe entstammen, die im Mittelpunkt ihrer kämpferischen Anstrengungen steht. In diesem Fall ist ein Mindestmaß an gegenseitiger Verständigung und gegenseitigem Einverständnis gesichert. Letzteres schließt nicht nur eine minimale Identifikation der betreffenden Bevölkerungsgruppe mit den Gewaltaktivisten ein, sondern kann auch (wie im Falle Nordirlands) den Anspruch einer gewissen Kontrolle derselben enthalten. Selbst im Falle einer allmählichen Entfremdung bleibt der Grundstock eines wechselseitigen Solidarpaktes erhalten, der in einer Notsituation jederzeit wieder aufleben kann.

Der sozialrevolutionäre Terrorismus entspricht im allgemeinen eher der ersten Variante, der ethnisch-nationalistische der zweiten. Marxistische terroristische Gruppen und Guerillaorganisationen wurden meist – es gibt Ausnahmen wie die kolumbianische FARC – von Mittelschichtintellektuellen gegründet und geleitet, welche die »ausgebeuteten Arbeiter und Campesinos«, für die sie sich einsetzten, kaum aus eigener Anschauung kannten. Selbst wenn sich diese Kampfverbände über einen längeren Zeitraum hinweg behaupten konnten, gelang es ihnen selten, in eine symbiotische Beziehung zu den sozialen Schichten zu treten, deren Befreiung aus sozialer Unterdrückung ihr angebliches Hauptanliegen war. Dagegen erklärt sich die außerordentliche Zählebigkeit, die etwa die baskische ETA und die nordirische IRA auszeichnet, nicht zuletzt daraus, daß sie sich nie gänzlich zumindest von einem Teilsegment der von ihnen vertretenen Ethnie abgelöst haben.

Der religiöse Terrorismus weist laut Malthaner einen Mischcharakter zwischen den beiden beschriebenen Idealtypen auf: Qua religiöse Gemeinschaft, die es zu verteidigen gilt, bezieht er sich auf die Eigengruppe; doch führen die militanten Aktivisten mit dem Anspruch auf religiöse Wiedergeburt oder Erneuerung auch ein bisher unbekanntes Element in die eigene Bezugsgruppe ein, das (vergleichbar der sozialrevolutionären Botschaft für Arbeiter und Bauern) in dieser Befremden auslösen und auf Ablehnung stoßen kann. Das Bezugsgruppenkonzept wird in dem Beitrag auch auf den internationalen Terrorismus und die jüngsten Formen des globalen Terrorismus ausgedehnt. Dabei stellt sich die Frage, inwieweit die internationale Öffentlichkeit oder globale Netzwerke von potentiellen Unterstützern bezugsgruppenähnliche Funktionen erfüllen.

Terroristen haben ihre eigenen Wahrnehmungsfilter für Zeit und Raum; sie setzen beide nach Möglichkeit als Ressource in dem asymmetrischen Konflikt mit einem hoch überlegenen Gegner ein. Der Beitrag des Verfassers hat das Zeitverständnis von Terroristen und generell die zeitliche Dimension des Terrorismus zum Gegenstand. Ausgangspunkt ist die Beobachtung, daß es eine offenkundige Diskrepanz zwischen dem Zeitverständnis westlicher Politiker und jenem der Führungsstäbe terroristischer Organisationen gibt. Politiker, die sich regelmäßig Wahlen stellen, denken in Perioden von vier bis sechs Jahren, eben jener Zeitspanne, die ihnen zur Verfügung steht, um sich an der Regierung zu bewähren oder in der Opposition zu profilieren. Dagegen erstreckt sich der Zeithorizont vieler terroristischer Gruppen und ihrer Anhängerschaft über Generationen oder noch länger. Das heißt, sie spielen auf Zeit, versuchen die Zeit für sich arbeiten zu lassen.

Dieser Grundgedanke wird in seinen verschiedenen Aspekten entfaltet. Dabei kommen »Schlüsselereignisse« des jeweiligen Konfliktgeschehens zur Sprache, die, mit einem besonderen Symbolwert ausgestattet, zielstrebig von den Terroristen eingesetzt werden, um den Kampfeseifer ihrer Anhängerschaft nicht erlahmen zu lassen. Es wird der auffällige Wechsel zwischen Phasen der Beschleunigung der Auseinandersetzung und Phasen, in denen diese gezielt gestreckt und verlangsamt wird, beschrieben. Und es werden vor allem die zeitlichen Implikationen der jeweiligen Heilsvision herausgearbeitet, die den verschiedenen Grundformen des Terrorismus zugrundeliegen: die Vergangenheitsfixierung der ethnisch-nationalistischen Gruppen; das fast blinde Vertrauen in eine bessere Zukunft, das sozial-revolutionäre Bewegungen auszeichnet; und der Versuch, durch einen Rückgriff auf traditionelle Wissens- und Wertbestände die Probleme der Gegenwart zu bewältigen, der für viele religiös-fundamentalistische Organisationen charakteristisch ist.

Die Analyse fördert auch Widersprüche zutage. So zeigt sich, daß sich Terroristen, geht man von ihrem Selbstverständnis aus, überwiegend als Guerilla- und Freiheitskämpfer betrachten, die es auf einen langfristigen Zermürbungskrieg angelegt hätten, während sie in der Praxis häufig genau das Gegenteil tun, nämlich durch ihre provokativen Anschläge eher eine Eskalierung des Konfliktes bewirken. Desgleichen erweist sich die Idee einer Langzeitstrategie im Falle sozial-revolutionärer Organisationen meist als inkompatibel mit der Ungeduld der führenden Mittelschichtintellektuellen, die es nicht erwarten können, loszuschlagen und mangels eines Bezugs zu den realen Machtverhältnissen dabei oft kläglich scheitern.

Ein eigener Abschnitt ist der Lebensdauer dieser Gruppen gewidmet sowie der Frage, wie sie enden. Dabei fällt zunächst die erstaunliche Persistenz terroristischer Organisationen ins Auge, von denen viele zwanzig Jahre lang und länger existieren. Darin kann ein Beweis für die mächtigen Selbstbehauptungskräfte gesehen werden, die sie, einmal entstanden, entwickeln. Werden sie nicht militärisch »besiegt«, von der Polizei aufgerieben oder finden ein Ende durch Selbstauflösung, so kommt es häufig zu einer gewissen Institutionalisierung ihrer politisch-militärischen Rolle. Dies kann nach mehr oder weniger langwierigen Verhandlungen durch einen förmlichen Vertrag geschehen. Es gibt aber auch Fälle, in denen diese Institutionalisierung die Form einer informellen Aufteilung des nationalen Territoriums zwischen dem Staat und den Rebellen annimmt (Kolumbien) oder jene einer inoffiziellen Doppelherrschaft (Baskenland). Bezeichnenderweise verändert sich mit der informellen Anerkennung ihrer Machtposition auch der Zeitbegriff dieser Organisationen. Nun setzen sie nicht mehr ausschließlich auf die Zukunft, sondern entwickeln ein Interesse an der Aufrechterhaltung des Status quo der Machtverteilung.

Der vierte Beitrag gilt der Frage, inwieweit von den in Deutschland residierenden Muslimen eine terroristische Gefahr für dieses Land ausgeht. Sein Verfasser, Hamed Abdel-Samad, selbst Ägypter, versucht sie durch eine Literaturauswertung (vor allem zu den in Deutschland ansässigen Terroristen vom 11. September 2001) und die empirischen Ergebnisse einer von ihm durchgeführten Befragung von 65 in Deutschland lebenden, meist jüngeren Arabern und Türken zu beantworten. Er entwirft ein Raster von Faktoren, welche die Radikalisierung in der Diaspora lebender Muslime begünstigen oder abschwächen, von denen einige im folgenden herausgegriffen seien.

Nicht zu unterschätzen ist nach Hamed Abdel-Samad der Kulturschock, den für viele der arabischen Migranten die Begegnung mit dem Westen darstellt. Allerdings ist dieser oft nicht erst das Ergebnis des Aufenthaltes in der Bundesrepublik, sondern wird bereits beim ersten Besuch der oft aus der Provinz stammenden Muslime in der Hauptstadt des eigenen Landes (Kairo, Algier) vorweggenommen. Man darf sich außerdem nicht täuschen: Hinter der vehement geäußerten Ablehnung westlicher Werte und Verhaltensmuster, wie sexuelle Freizügigkeit, Konsum- und Spaßorientierung, verbirgt sich oft eine insgeheime Bewunderung für die technischen und politischen Errungenschaften der westlichen Kultur. Letztlich, das gilt vor allem für die muslimischen Männer, ist es oft mehr die relative Rückständigkeit und Machtunterlegenheit der eigenen, einst dem Westen ebenbürtigen Kultur- und Religionsgemeinschaft, die sie als anstößig und verletzend empfinden, als die westlichen Werte und Orientierungen als solche. Viele dieser Migranten aus den arabischen Ländern und der Türkei leben gleichsam in einer Situation doppelter Marginalität: In die bundesrepublikanische Gesellschaft trotz zum Teil erheblicher Bemühungen nur unzureichend integriert, müssen sie bei gelegentlichen Heimatbesuchen zugleich feststellen, daß sie sich auch mit ihrer Herkunftsgesellschaft nicht mehr voll identifizieren können. Besonders in einer solchen Situation des doppelten Ausgesetztseins liegt es nahe, sich durch den Anschluß an eine radikal-islamische Gruppe den inneren Frieden wieder zu erkaufen.

Solche plötzlichen Rekonversionen haben aber wenig mit echter Religiosität zu tun. Eines der wichtigsten Ergebnisse der Untersuchung Hamed Abdel-Samads besteht darin, daß durch sie die islamischen Glaubensgemeinschaften vom Generalverdacht der Förderung von Radikalismus und Gewaltbereitschaft freigesprochen werden, der seit dem 11. September 2001 auf ihnen lastet. Wiederholt stellte er fest, daß diejenigen Befragten, die fest in ihrer Religion verankert seien und regelmäßig die Moschee besuchten, nicht nur selbstsicherer, ausgeglichener und beruflich erfolgreicher seien, sondern auch toleranter mit anderen Religionen umgingen und sich weniger abfällig über das Gastland äußerten als »Liberale«, die stolz auf ihre aufgeklärte, säkularisierte Haltung seien. Wenn überhaupt, dann seien es die letzteren, die, verbittert über die ihnen vorenthaltene Anerkennung durch die deutsche Gesellschaft, eine gewisse Genugtuung über die dem Westen durch die islamistischen Anschläge zugefügten Schäden zum Ausdruck brachten.

Weitere Thesen, die in dem Beitrag geprüft werden, beziehen sich darauf, ob islamistische Organisationen aufgrund der militanten Rhetorik, die sie pflegen, einen besonderen Gefahrenherd für die Sicherheit der BRD darstellen; ob die sog. Migranten der zweiten Generation besonders anfällig seien für den radikalen Islamismus; schließlich inwieweit Deutschland generell als Zielscheibe islamistischer Anschläge in Frage komme. Alle drei Thesen werden aufgrund der Befragungsergebnisse tendenziell zurückgewiesen. Eine Gefahr geht, laut Abdel Samad, kaum von etablierten islamistischen Organisationen, wie etwa Milli Görüs, aus, die ihren rechtlichen Status in der Bundesrepublik nicht gefährden wollen, vielmehr müsse man auf kleine Splittergruppen am Rande der großen Glaubensgemeinschaften achten, die sich unter der Leitung charismatischer Führer weitgehend von ihrer sozio-religiösen Umwelt isolierten und plötzlich ein radikales »Projekt« ins Auge faßten. Die Migranten der zweiten Generation hätten, ungeachtet all ihrer Kritik an der Bundesrepublik, bereits zu enge Bindungen an die Gesellschaft, in der sie groß geworden und zur Schule gegangen sind, als daß sie noch für einen terroristischen Frontalangriff auf diese Gesellschaft in Frage kämen. Was schließlich Deutschland insgesamt betrifft, so liefert es, nach Abdel Samad, nicht das Feindbild, das es für einen terroristischen Anschlag von islamistischer Seite interessant und »attraktiv« machen würde. Dies hänge sowohl mit seiner Geschichte (als ehemaliger Feind der ehemaligen Kolonialmächte des Nahen Ostens, England und Frankreich) als auch mit seiner aktuellen Rolle im Nahostkonflikt zusammen und werde sich voraussichtlich nicht ändern, wenn die Bundesrepublik nicht darauf bestehe, sich durch eine deutliche Parteinahme zugunsten der USA, Großbritanniens und Israels im Nahostkonflikt ein neues außenpolitisches Profil in dieser Region zuzulegen.

## 4. Antiterroristische Maßnahmen?

Am Schluß dieser Einleitung soll die Frage aufgeworfen werden: Läßt sich etwas gegen den Terrorismus unternehmen, und wenn ja, was?

Es sollte klar geworden sein, daß es in absehbarer Zeit kaum möglich sein wird, den Terrorismus auszulöschen, ihn zu »besiegen«, wie es im militärischen Jargon heißt. Dazu ist diese Form politischer Gewalt an zu wenige Voraussetzungen gebunden. Solange es Staaten oder staatsähnliche Institutionen gibt, die sich als plakative symbolische Ziele für schokkierende Angriffe eignen, und solange Massenmedien derartige Angriffe in Botschaften verwandeln, welche innerhalb kürzester Zeit Millionen von Menschen erreichen, ist schwerlich damit zu rechnen, daß Terrorismus als »Propaganda der Tat«, wie die Anarchisten des 19. Jahrhunderts ihre »Erfindung« nannten, aussterben wird. Schon die Eindämmung des Terrorismus, seine Begrenzung, um ein bescheideneres Ziel zu formulieren, stößt auf erhebliche Schwierigkeiten. Diese hängen zunächst mit der unaufhebbaren Ambivalenz zusammen, die dem Begriff anhaftet. Obwohl im öffentlichen Diskurs klar negativ besetzt, ist es doch nur eine sehr dünne Scheidewand, die den »Terroristen« vom »Freiheitskämpfer« trennt. Letztlich hängt es vom Erfolg einer Gewaltkampagne ab, ob ihre Urheber als das eine oder andere in die Geschichte eingehen. An Beispielen von Terroristen, die später zu international anerkannten Staatsmännern mutierten, fehlt es nicht (in jüngerer Zeit seien etwa erwähnt: G. Adams; Y. Arafat; M. Begin; N. Mandela). Damit wird jedoch dem Terrorismus unweigerlich etwas von seinem Odium genommen.

Das Vorgehen gegen terroristische Gruppen und Organisationen wird außerdem dadurch erschwert, daß antiterroristische Maßnahmen häufig kontraproduktiv sind, das heißt, die Gewaltkampagne zusätzlich schüren, anstatt zu ihrer Begrenzung beizutragen. Das terroristische

Provokationskalkül zielt ja genau darauf ab, den anvisierten Feind zu einer repressiven Überreaktion zu verleiten, die der aufständischen Avantgarde zu jener breiten Unterstützung verhelfen soll, die sie aus eigenen Stücken nicht zu mobilisieren vermag. Dieses Kalkül kann fehlschlagen, es lassen sich aber auch etliche Fälle nennen, in denen es funktionierte, den anfänglich isolierten Terroristen erst aus den breit streuenden staatlichen Unterdrückungsmaßnahmen der soziale Beistand erwuchs, der eine Fortführung und Intensivierung ihrer Anschlagsserie ermöglichte.

Generell liegt eine der Hauptschwierigkeiten, was den Umgang mit Terroristen betrifft, darin, daß die Unbeugsamen unter ihnen sich in ihrem Verhalten nicht mehr nach der zweiwertigen Logik richten. Gleichviel ob sie einen Erfolg verbuchen können oder einen Mißerfolg verkraften müssen, sie ziehen daraus immer den gleichen Schluß, es gelte unbeirrt auf dem eingeschlagenen Gewaltweg fortzufahren. Aus eben diesem Grund sind in starke Bedrängnis geratene terroristische Organisationen teilweise noch gefährlicher als fest etablierte. Werden sie doch um jeden Preis – auch den Preis eines schlecht vorbereiteten und deshalb viele am Konflikt Unbeteiligte in Mitleidenschaft ziehenden Anschlags – den Beweis zu erbringen suchen, daß sie weiterhin gefährlich sind, man mit ihnen rechnen muß.

Aus all diesen Gründen sollten die folgenden Vorschläge in ihrer Tragweite nicht überschätzt werden. Sie sind als Faustregeln zu verstehen, wie dem Phänomen partiell begegnet werden kann, ohne den Anspruch zu erheben, es aus der Welt zu schaffen. In diesem Sinn erscheint es ratsam:

– Gegen Gewaltbewegungen, die Ansätze zum Terrorismus zeigen, sollte möglichst zeitig vorgegangen werden. Wie die Erfahrung lehrt, standen terroristische Gruppen kurz nach ihrer Gründung wiederholt unmittelbar davor, aufgerieben und zerstört zu werden – eine Gefahr, die in dem Maße, in dem sie sich etablierten, merklich zurückging. »Vorgehen« ist allerdings nicht nur repressiv gemeint, sondern heißt zugleich, daß es gilt, die Terroristen durch konstruktive Maßnahmen von ihrer potenziellen Rekrutierungsbasis abzuschneiden.

– Für terroristische Organisationen, die per definitionem im Untergrund agieren und einem ständigen Sicherheitsrisiko ausgesetzt sind, bedeutet es einen enormen Vorteil, wenn ihnen ein Schon- und Freiraum zugestanden wird (etwa von einem Nachbarstaat) oder sie sich selbst einen solchen Raum schaffen können, wo sie nicht ständig auf der Hut sein müssen. Insbesondere erleichtert dies die Schulung neuer Mitglieder, die Vorbereitung von Anschlägen und die Koordination der Aktivitäten größerer Gruppen. Will man deren Entfaltung behindern, ist es deshalb ein dringendes Desiderat, die Entstehung derartiger Freizonen zu unterbinden. Auf der symbolischen Ebene sollte man die Bedeutung gewaltstimulierender Mythen, die an bestimmte Tage, Orte und Rituale geknüpft sind, nicht unterschätzen. Hier werden – vor allem beim ethnisch-nationalistischen und religiösen Terrorismus – Heldenverehrung und Märtyrerkult wachgehalten, der Pakt zwischen den Generationen, nicht aufzugeben, sondern weiterzukämpfen. Will man diesen Pakt sprengen, die »radikale Gemeinschaft« aufbrechen, ist es deshalb wichtig, die sybolische Bühne den Gewaltaktivisten streitig zu machen, Gegenzeichen zu setzen und Gegenmythen zu kreieren: durch Friedensversammlungen, Protestmärsche, Gedenktage an die Opfer des Terrorismus usf.

– Was die inhaftierten Terroristen betrifft – ein zentrales Thema bei all diesen Gruppen und Bewegungen, von denen häufig mehr Mitglieder in Haft als in Freiheit sind –, so bilden sie meist einen Hort reaktionären, am Gewaltkurs festhaltenden Denkens. Um dem entgegenzuwirken, ist es wichtig, Terroristen im Gefängnis keinen politischen Sonderstatus zuzugestehen, sie nach Möglichkeit getrennt (am besten, wie in Spanien, verteilt auf mehrere Gefängnisse) einzusperren und ihnen individuelle Möglichkeiten des Ausstiegs aus der Gewaltgemeinschaft zu eröffnen.

Noch ein Wort zum Terrorismus in der Dritten Welt und den Möglichkeiten, ihm effektiv zu begegnen. Soweit terroristische Gruppen Bestandteil der allgemeinen Gewaltszene in diesen Ländern sind, dürfte es schwierig, wenn nicht unmöglich sein, ihnen durch externe Intervention das Handwerk zu legen. Soweit ihre Anschläge sich aber gegen westliche Einrichtungen und Interessen richten, gibt es aus der Sicht des Verfassers, längerfristig betrachtet, nur ein Mittel, um diesen Organisationen den Wind aus den Segeln zu nehmen: Der Westen muß glaubwürdiger, stimmiger und konsequenter in seiner Politik gegenüber diesen Ländern werden. Terroristische Gruppen bestehen in der ganzen Welt vorwiegend aus Mittelschichtintellektuellen. Nichts ist aufreizender für Intellektuelle, bietet den Ressentiments von Akademikern und Studierenden aus schwachen, abhängigen Staaten mehr Nahrung, als wenn sich die Mächtigen dieser Welt selbst nicht an die von ihnen verkündeten Prinzipien halten: Für die weltweite Verbreitung des Rechtsstaates und den Schutz der Grundrechte eintreten, ohne diese ihrerseits zu respektieren; überall die Demokratie verwirklichen wollen, aber sich nicht scheuen, gegebenenfalls aus machtpolitischen Erwägungen mit autoritären Herrschern zu kooperieren; den Fundamentalismus in die Schranken zu weisen vorgeben und dabei selbst in quasi-fundamentalistischer Manier vorgehen. Man darf die Intelligenz und den taktischen Erfindungsreichtum jener, die weltpolitisch am kürzeren Hebel sitzen, nicht unterschätzen. Solange der Westen, insbesondere die USA, keine Anstalten trifft, diese auf der Hand liegenden Widersprüche auszuräumen, sehe ich wenige Chancen, dem antiwestlichen Terrorismus in der Dritten Welt wirksam entgegenzutreten.

## Literatur

Crenshaw, Martha: Thoughts on Relating Terrorism to Historical Contexts, in: dies. (Hg.): Terrorism in Context, Pensylvania 1995, S. 3-24.
Krueger, Alan B.; Maleckova, Jitka: Education, Poverty, Political Violence and Terrorism: Is there a causal Connection?, Manuskript, Princeton 2002.
Mayntz, Renate: Historische Überraschungen und das Erklärungspotential der Sozialwissenschaften, in: dies.: Soziale Dynamik und politische Steuerung. Theoretische und methodologische Überlegungen, Frankfurt/New York 1997, S. 328-342.
Münkler, Herfried: Die neuen Kriege, Hamburg 2002.
Taylor, Maxwell: The Terrorist, London 1988.
Waldmann, Peter: Terrorismus und Bürgerkrieg. Der Staat in Bedrängnis, München 2003.
Waldmann, Peter: Terrorismus. Provokation der Macht, München 1998.

# Heinrich-W. Krumwiede
# Ursachen des Terrorismus

## Problemstellung und Vorgehensweise

Zur hier interessierenden Schlüsselfrage, welches die Ursachen des Terrorismus sind, ob der Terrorismus eine eigene Kausalität hat, gibt die Literatur, die in allgemeiner Form nach den Ursachen gewaltsamen politischen Protestverhaltens fragt (z. B. Gurr 1969), keinen direkten Aufschluß. Denn sie konzentriert sich auf die Frage, unter welchen Bedingungen politischer Protest gewaltsame Formen annimmt, anstatt friedlich zu bleiben, und interessiert sich dabei nicht für die Unterscheidung von Gewaltarten (etwa terroristische vs. nicht-terroristische). Dieser Literatur lassen sich aber natürlich Anregungen entnehmen.[1] Die Literatur, die sich explizit mit dem Terrorismus-Phänomen beschäftigt, hat mit dem Problem zu kämpfen, daß Terrorismus nicht nur von (im engeren Sinne) als »terroristische Organisationen« bezeichneten politischen Gewaltorganisationen ausgeübt wird, sondern auch von anders etikettierten Gewaltorganisationen, die *auch* Terrorismus praktizieren. Vermutlich stellen im engeren Sinne »terroristische Organisationen« (wie die RAF) eher einen Sonderfall und eine Ausnahme im Universum der politischen Gewaltorganisationen mit terroristischen Zügen dar. So bezieht sich Martha Crenshaw in einem Artikel über »The Causes of Terrorism« neben der deutschen RAF unter anderem auf die irische IRA, den algerischen FLN, die palästinensische PLO und die uruguayischen Tupamaros (Crenshaw 1990: 113 f.). Angesichts dieser Problemlage ist die Frage nach den Entstehungs- und Entwicklungsbedingungen von »terroristischen Organisationen« (im engeren Sinne) von eher geringer Relevanz. Wichtiger dürfte es sein, die Frage nach den Ursachen des Terrorismus hauptsächlich als *Frage, unter welchen Bedingungen politische Gewaltorganisationen in größerem Umfang zu terroristischen Mitteln greifen*, zu behandeln.

Hier ist kein Literaturreport (in Form einer Literaturbesprechung) beabsichtigt, in dem über Strömungen und Moden der Gewalt- und Terrorismusforschung, ihrer Erkenntnisse, Methoden, Probleme und Aporien berichtet würde. Vielmehr wird zunächst ein Analyse*ansatz* zur Ursachenerforschung von Terrorismus präsentiert, der in Auseinandersetzung mit der relevanten Literatur und den Analysen konkreter Fälle entwickelt wurde. »Ansatz« ist hier in dem lockeren Sinn von *approach* gemeint. Das heißt, es wird kein strenges Analyse*modell* vor-

---

[1] Dies gilt insbesondere für die Schriften von Tilly. Vgl. z. B. Tilly 1975.

gestellt, sondern es werden als wichtig erachtete Gesichtspunkte aufgeführt, die bei der Ursachenanalyse beachtet werden sollten.

Begonnen wird mit einer Definition von »Terrorismus«. Daß jede Terrorismusdefinition problematisch ist, darf nicht Anlaß sein, von einem Definitionsversuch Abstand zu nehmen. Der Ansicht von Wieviorka (2001: 599), »its definition should be the outcome rather than the starting point of our analyses, the conclusion rather than a postulate«, wird ausdrücklich *nicht* zugestimmt. Auch der Versuchung zum »conceptual stretching« (Sartori 1970), zur Begriffsaufweichung, indem alle möglichen als »Terrorismus« bezeichneten Phänomene in den Begriff hineingenommen werden, soll widerstanden werden.[2]

Die Ausführungen über Rahmen- und Prozeßbedingungen der Entstehung und Entwicklung des Terrorismus (genauer: politischen Gewaltorganisationen mit unterschiedlich stark ausgeprägten und im Zeitablauf variierenden terroristischen Zügen) wird zumindest deutlich machen, wie fragwürdig alle Versuche sind, den Terrorismus unter Hinweis auf einige wenige, angeblich »tiefe« Ursachen in deterministischer Manier zu »erklären«.[3] Daß Gegenmaßnahmen ohne größeren Erfolg bleiben, wenn sie auf derartigen simplistischen Annahmen beruhen, vermag nicht zu erstaunen.

Auf das dem Analyseansatz gewidmete Kapitel folgt zunächst ein Kapitel, in dem am Beispiel der RAF über Probleme der Erforschung der Ursachen des »reinen Terrorismus« berichtet wird. Die nächsten

2 Es gibt aber zulässige Ausnahmen von dieser Regel. Lustick z. B. verfolgt eine besondere methodologische Absicht (Unterscheidung zwischen »solipsistic« und »other directed terrorism«), wenn er sich im Falle der gewaltsamen Auseinandersetzungen zwischen Arabern und Israelis für folgenden extrem breiten Terrorismusbegriff ausspricht (2001: 515): »Considering terrorism in the context of Arab-Zionist or Arab-Israeli relations, my response to this predicament is to accept as instances of terrorism anything that at least one party to the conflict would label as such. In the polarized lexicon of Middle Eastern politics this pushes virtually all violence of Arabs against Jews or Jews against Arabs, except perhaps that contained in the heat of battle between contending military units, into the terrorist category.«

3 Schlichten Gemütern gelten immer ökonomische »Ursachen« als besonders »tief«. Historiker neigen dazu, in der Ursachenkette immer weiter zurückzugehen. Ein Musterbeispiel ist Thomas 1971, der bei der Suche nach den Ursachen der kubanischen Revolution bis mindestens 1762 glaubte zurückgehen zu müssen. Wissenschaftstheoretiker bezeichnen ein solches Verfahren als »infiniten Regress« (Albert 1969: 13). Huntington (1991: 37) dürfte mit seiner saloppen Bemerkung recht haben: »An explanation, someone has observed, is the place at which the mind comes to rest.«

drei Kapitel befassen sich mit Gewaltformen (und ihren Entstehungs- und Entwicklungsbedingungen), die einerseits zwar klar vom Terrorismus abzugrenzen sind, andererseits aber in der Regel mehr oder minder starke terroristische Züge aufweisen. Behandelt wird insbesondere die Guerilla. Es wird aber auch kurz auf die Terrorproblematik bei modernen Revolutionen und Bürgerkriegen eingegangen. Die Kernfrage lautet jeweils, unter welchen Bedingungen sich die maßgeblichen politischen Gewaltorganisationen für terroristische Praktiken entscheiden. Im letzten Kapitel wird der Frage nachgegangen, inwieweit Religion, insbesondere der islamische Fundamentalismus, als eine Art »Bedingungsfaktor« für Terrorismus in Frage kommt.

Innerhalb der Kapitel werden ausgewählte konkrete Fälle behandelt, die als *Illustrationsbeispiele* und *Prüfgegenstände* für den Analyseansatz gelten können. So sollen etwa am Beispiel der uruguayischen Tupamaros, die als »Pioniere« der Stadtguerilla von der RAF als Vorbild genannt wurden, Zusammenhänge zwischen Stadtguerilla und Terrorismus diskutiert werden. Der peruanische Sendero Luminoso bietet sich als Untersuchungsgegenstand an, weil der relative Erfolg dieser antiquiert marxistisch und stark terroristischen Guerilla die Analytiker vor erhebliche Erklärungsprobleme stellt. Denn er vollzog sich in einem relativ demokratischen Umfeld in dem Jahrzehnt, in dem der Ost-West-Konflikt sein Ende fand. Auf die Revolutionen in Nicaragua und dem Iran sowie auf den Philippinen wird in einer vergleichenden Perspektive eingegangen, weil sich bei ihrem Studium die Frage aufdrängt, ob bei modernen Revolutionen (Revolutionen *nach* dem Zweiten Weltkrieg und *nach* den antikolonialen Unabhängigkeitsämpfen) nicht – zumindest in der Phase der revolutionären Machteroberung – für die maßgeblichen revolutionären Kräfte der bewußte Verzicht auf Terror eine wichtige Voraussetzung für den Revolutionserfolg ist. Als Gegenbeispiel, daß Terror sich unter bestimmten Bedingungen für revolutionäre Kräfte politisch auszahlt (*terror does pay*), kann der Unabhängigkeitskampf Algeriens gelten. Am Beispiel der Bürgerkriege im ehemaligen Jugoslawien und im Libanon läßt sich exemplarisch studieren, wie und warum ethnische Faktoren (vor allem, wenn sie zudem religiös aufgeladen sind) eine Gewalt- und Terrorwirkung entfalten können. Der Iran und Algerien nach 1992 bieten sich in besonderem Maße für eine Überprüfung der These an, daß dem islamischen Fundamentalismus eine systematische Neigung zum Terrorismus zu unterstellen sei. Schließlich wird versucht, in einem Resümee ein Fazit der Analyse zu ziehen und mögliche Entwicklungsperspektiven zu diskutieren.

Der Artikel behandelt drei Grundformen des modernen Terrorismus: linker bzw. sozialrevolutionärer, ethnischer und religiöser Terrorismus, wie sie zum Beispiel von Waldmann 1998 unterschieden werden. Nicht eingegangen wird auf rechtsorientierte Varianten des Terrorismus.

## 1. Analyseansatz

### a) Definition von »Terrorismus«

Terrorismus ist schon allein deshalb schwer »objektiv« zu definieren, weil es sich um einen wertgeladenen Begriff handelt und des einen »Terrorist« nicht selten des anderen »Freiheitskämpfer« ist.[4] Wenn auch Differenzen über eine umfassende Definition bestehen, so gibt es durchaus einen Konsens über die Kernmerkmale des Terrorismus im Sinne einer Minimaldefinition.[5] Als eine dem wissenschaftlichen Konsens entsprechende brauchbare Minimaldefinition des »Terrorismus von unten« (also nicht des »Staatsterrorismus«[6] als des »Terrorismus von oben«), von der im folgenden ausgegangen wird, kann die von Waldmann (1998: 10) gelten: »*Terrorismus sind planmäßig vorbereitete, schockierende Gewaltanschläge gegen eine politische Ordnung aus dem Untergrund. Sie sollen allgemeine Unsicherheit und Schrecken, daneben aber auch Sympathie und Unterstützungsbereitschaft erzeugen.*« Terrorismus stellt also im wesentlichen eine »Kommunikationsstrategie« (Waldmann 1998: 17) dar, die zum einen auf (vermeintliche) »Gegner«, zum anderen auf (vermutete) Sympathisanten gerichtet ist.[7] Innerhalb

---

4 Die Schwierigkeiten des Definierens werden aber wohl übertrieben, wenn man wie Bakonyi (2001: 5) behauptet: »Alle Versuche, Invarianten aus der empirischen Vielfalt der Gewalthandlungen herauszudestillieren, als Wesensmerkmale des Terrorismus zu fixieren und von anderen Gewaltphänomenen abzugrenzen, sind bislang gescheitert.« Auch Laqueur vertritt in seinen Schriften die Ansicht, daß jeder Definitionsversuch zum Scheitern verurteilt sei. Zu den Definitionsproblemen vgl. vor allem Schmid/Jongman 1988.

5 Warum man von Maximaldefinitionen Abstand nehmen und sich mit Minimaldefinitionen begnügen sollte, wird von Gadenne wissenschaftstheoretisch begründet. So stellt er (1984: 25) fest, »daß es aus methodologischen Gründen gar nicht wünschenswert wäre, die Bedeutung theoretischer Begriffe (HWK: »Terrorismus« wäre ein derartiger Begriff) *vollständig* auf die von gegebenen Beobachtungsbegriffen zu reduzieren. Eine der wichtigsten Funktionen von Theorien besteht darin, die Vorhersage neuartiger, bisher unbekannter Sachverhalte zu gestatten. Dies wäre ausgeschlossen, wenn ihre Begriffe durch gegebene empirische Verfahren vollständig bestimmt würden.«

6 Der »Staatsterrorismus« bzw. der »*Terror* als staatliche Schreckensherrschaft« (siehe zu diesem Begriff Waldmann 1998: 15) ist nicht Gegenstand der hier vorgenommen Analyse.

7 Die umfassende Definition von Schmid/Jongman 1988: lautet: »Terrorism is an anxiety-inspiring method of repeated violent action, employed

# EINLEITUNG

des Terrorismus ist zu unterscheiden, wie breit die Definition von »Gegner« ist und in welchem Ausmaß Konkurrenten im Oppositionslager und auch Unbeteiligte als potentielle Terroropfer in Frage kommen. Der *reine* bzw. *entartete* Terror zeichnet sich dadurch aus, daß Gewalt in einem hohen Maße *indiskriminiert* (unterschiedslos, wahllos) angewandt wird. Mit Hilfe der genannten Minimaldefinition lassen sich zwar in *idealtypischer* Manier terroristische Gewaltorganisationen (im engeren Sinne) von anderen Gewaltorganisationen, etwa der mit ihnen häufig gleichgesetzten Guerilla, klar unterscheiden. So kontrastiert Waldmann (1993: 71) Terrorismus und Guerilla *idealtypisch* nach den Merkmalen »*Funktion der Gewalt*« (Terrorismus: »vorwiegend symbolisch, kommunikativ«; Guerilla: »militärischer Zweck«), »*soziale Unterstützung*« (Terrorismus: »auf radikale intellektuelle Splittergruppen aus Mittelschichten beschränkt«; Guerilla: »Einbeziehung breiterer sozialer Schichten, insbesondere der Landbevölkerung«), »*territorialer Faktor*« (Terrorismus: »keine territoriale Basis«; Guerilla: »territoriale Basis«) und »*Dynamik*« (Terrorismus: »keine Chance militärpolitischer Machtübernahme, eher kontraproduktiv«; Guerilla: »eventuelle Chance militärischpolischer Machtübernahme«). Und in Anlehnung an Franz Wördemann verwendet er die Formel (1998: 17): »Der Guerillero will den Raum, der Terrorist will dagegen das Denken besetzen.« *Realiter* allerdings weisen die allermeisten Guerillagruppen in unterschiedlicher Intensität terroristische Charakteristiken auf. Zu fragen ist, welche Bedingungen vornehmlich zur Entstehung und Entwicklung dieser Charakteristiken beitragen.

by (semi-)clandestine individual, group, or state actors, for idiosyncratic, criminal, or political reasons, whereby – in contrast to assasination – the direct targets of violence are not the main targets. The immediate human victims of violence are generally chosen randomly (targets of opportunity) or selectively (representative or symbolic targets) from a target population, and serve as message generators. Threat- and violence-based communication processes between terrorist (organization), (imperiled) victims, and main targets are used to manipulate the main target (audience(s)), turning it into a target of terror, a target of demands, or a target of attention, depending on wether intimidation, coercion, or propaganda is primarily sought.«

## b) Bedingungen der Entstehung und Entwicklung von Terrorismus

Die Wunschvorstellung, daß sich dem naturwissenschaftlichen Theorieideal gemäß »Gesetze« des Terrorismus eruieren und seine »Determinanten« exakt bestimmen ließen, ist unrealistisch. Denn die Sozialwissenschaften entsprechen nicht dem naturwissenschaftlichen Theorieideal. Wie Renate Mayntz (1995: 330 f.) feststellt: »Im Bereich sozialen Verhaltens haben wir es dagegen praktisch niemals mit deterministischen Zusammenhängen der Art ›Immer wenn – und *nur* wenn – A, dann B‹ zu tun, also mit Ursachen, die zugleich notwendig und ausreichend sind. Das hängt wesentlich mit der Offenheit menschlichen Handelns für vielfältige und variable äußere Einflüsse zusammen.« Auch für den Terrorismus gilt, daß man von vielfältigen Ursachen (*Multikausalität*), nicht-kontinuierlichen Entwicklungsprozessen (*Nichtlinearität*), dem Phänomen der »ungeplanten und von den handelnden Menschen nicht einkalkulierten Wechselwirkungen verschiedener Teilprozesse« (334) (*Interferenz*) und der Tatsache, daß sich die sozialen Akteure jeweils in relativer Freiheit zwischen unterschiedlichen *alternativen* Handlungsmöglichkeiten entscheiden können, auszugehen hat. Dementsprechend ist davor zu warnen, apodiktische Aussagen über »notwendige« und »hinreichende« Bedingungen des Terrorismus zu treffen. Der Verfasser beschränkt sich darauf, *wichtige* Bedingungen zu nennen, ohne den Anspruch zu erheben, »notwendige« und »hinreichende« zu kennzeichnen.

Fragwürdig ist die populäre Vorstellung, man müsse nur die »tieferliegenden Ursachen« *(underlying causes)* des Terrorismus entdecken, und dann wisse man, wie man ihm wirksam begegnen könne. Denn hiermit wird eine bestimmte Abfolge einer Ursachenkette unterstellt, die nicht berücksichtigt, daß Entscheidungen für alternative Handlungsmöglichkeiten zu anderen Ergebnissen geführt hätten. Daß alternative Entscheidungen während unterschiedlicher »*Verzweigungspunkte*« (Mayntz) eines Ursachenpfades unterschiedliche Wege zur Folge haben, macht Dahl (1971: 95) am Beispiel eines hypothetischen Pfades von »objektiver Ungleichheit« zur »Forderung nach größerer Gleichheit« deutlich. Nur wenn Ungleichheit von der benachteiligten Gruppe »wahrgenommen« wird (Verzweigungspunkt 1), als »relevant für die eigene Situation beurteilt wird« (Verzweigungspunkt 2), als »illegitim eingeschätzt wird« (Verzweigungspunkt 3), sie »ihretwegen Ärger, Frustration und Groll empfindet« (Verzweigungspunkt 4), kann es zur Forderung nach mehr Gleichheit (Verzweigungspunkt 5) kommen. Wenn man diesen Pfad fortsetzt und fragt, wie er zum Terrorismus führen kann, dann sind zumindest an drei weiteren wichtigen Verzweigungspunkten *bestimmte*

Entscheidungen (statt anderer möglicher) notwendig: Politischer Protest muß für notwendig gehalten werden (Verzweigungspunkt 6), man muß sich für gewaltsamen statt friedlichen Protest entscheiden (Verzweigungspunkt 7) und unter den gewaltsamen Protestformen müssen terroristische bevorzugt werden (Verzweigungspunkt 8).

Unzutreffend ist die recht weit verbreitete Vorstellung, bei den Terroristen handele es sich um pathologische Persönlichkeiten, um blutrünstige, irrationale Fanatiker. Im Gegenteil: Unter Terrorismusforschern herrscht Einigkeit darüber, daß die Terroristen im allgemeinen keine abnorme Persönlichkeitsstruktur haben und deshalb die Suche nach Faktoren, die für psychische Pathologien verantwortlich sind, als »Erklärungsansatz« für Terrorismus in die Irre führt. Waldmann (1993) hat wohl aus diesem Grunde für ein von ihm herausgegebenes Buch den provozierenden Titel »Beruf: Terrorist.« gewählt und Bruce Hoffman (1998: 7) beginnt das Vorwort zu seinem Terrorismusbuch mit den Sätzen: »I have been studying terrorists and terrorism for more than twenty years. Yet I am still always struck by how disturbingly ›normal‹ most terrorists seem when one actually sits down and talks to them. Rather than the wild-eyed fanatics or crazed killers that we have been conditioned to expect, many are in fact highly articulate and extremely thoughtful individuals for whom terrorism is (or was) an entirely rational choice, often reluctantly embraced and then only after considerable reflection and debate. It is precisely this paradox, whereby otherwise apparently ›normal‹ persons have nonetheless deliberately chosen a path of bloodshed and destruction, that has long intrigued me and indeed prompted me to write this book.«

Die im folgenden getroffene Unterscheidung zwischen »Rahmenbedingungen« und »Prozeßbedingungen« entspricht unterschiedlichen Analyseperspektiven. »Rahmenbedingungen« sind auf eine eher statisch-strukturelle, »Prozeßbedingungen« auf eine eher dynamisch-prozessurale Analyseperspektive bezogen.

## Rahmenbedingungen

Bei den Rahmenbedingungen sollen unterschiedliche *Typen* von Bedingungen unterschieden werden. Vorgeschlagen wird hier, die Vielfalt der maßgeblichen Rahmenbedingungen unter drei Typen zu subsumieren: Push-Faktoren, Pull-Faktoren und Ermöglichungsfaktoren.[8]

---

[8] Zu einem Versuch, die Vielfalt von Bürgerkriegsursachen mit Hilfe der beiden Kategorien »atypically severe grievances« und »atypical opportunities« zu erfassen, vgl. Collier/Hoeffler 2001. Daran implizit anknüpfend Collier u. a. 2003, Kapitel 3. Dieser Ansatz wird auch von Reno 2004 verwandt. Immer noch methodologisch anregend ist Eckstein 1964.

*Push-Faktoren* – Zu den drei wichtigsten *Push-Faktoren*, die Terroristen zum Handeln antreiben, werden *soziale Unzufriedenheit/soziale Empörung, ethnisch-religiöse Benachteiligung* und *(Neo-)Kolonialismus* gerechnet.

Aus der obigen Diskussion (Stichwort: »Verzweigungspunkte«) ist schon deutlich geworden, daß es problematisch ist, einen einfachen Zusammenhang zwischen großer sozialer Ungleichheit, intensiver sozialer Unzufriedenheit (bzw. sozialer Frustration, relativer Deprivation) und politischer Gewalt (und gar Terrorismus) zu postulieren.[9] Zusätzlich sind zumindest[10] zwei weitere Gesichtspunkte zu bedenken. Zum einen existieren keine perfekten Zusammenhänge zwischen »objektiven« Zuständen und »subjektiven« Befindlichkeiten. So kann derjenige, dem es »objektiv« recht gut geht, intensivere soziale Unzufriedenheitsgefühle hegen als derjenige, dem es »objektiv« schlecht geht, denn er hat eine anspruchsvollere Erwartungshaltung und anspruchsvollere Vergleichsmaßstäbe. Zum anderen wurde die Vorstellung, daß sich die soziale Unzufriedenheit sozial Unterprivilegierter quasi-automatisch in eine (links)radikale Gesinnung verwandeln würde, durch empirische Studien (vgl. z. B. Portes 1971) widerlegt.

Der Hinweis auf die Komplexität der Materie sollte aber nicht die elementare Einsicht verschütten, daß tiefgreifende Unzufriedenheit erzeugende soziale Ungleichheit, die als sozial ungerecht gilt, nicht nur bei Unterprivilegierten, sondern auch bei relativ sozial Privilegierten (wie etwa Studenten) zur Ausbildung sozialrevolutionärer Neigungen und unter Umständen – wenn zusätzliche Bedingungen gegeben sind; vgl. dazu unten) – zu terroristischen Gewalttaten führen kann.[11] Soziale Unzufriedenheit/soziale Empörung ist zwar keine *Determinante* des Terrorismus. Aber es ist sinnvoll, sich soziale Unzufriedenheit/soziale Empörung als eine Art *Potential* vorzustellen, das unter bestimmten Voraussetzungen für den Terrorismus genutzt werden kann.

Einiges spricht dafür, daß ethnisch-religiöse Benachteiligung ein größeres *Nutzenpotential* für den Terrorismus hat als soziale Unzufriedenheit/soziale Empörung. Denn der sozialrevolutionäre Terrorismus hat

---

9 Für viele makrosoziologische bzw. makropolitische Konflikforschungsstudien, wie sie vor allem in den 60er und 70er Jahren dominierten, war der Grundgedanke bestimmt, daß Protest, Gewalt und politische Instabilität Folge sozialer Unzufriedenheit seien und man deren Ausmaß mit Hilfe sozio-ökonomischer Aggregatdaten (bzw. Gesamtdaten) messen könne. Zu einer frühen Kritik an diesem Forschungsprogramm vgl. Weede 1975.

10 Ich möchte es bei den beiden folgenden Gesichtspunkten belassen, obwohl mehrere angeführt werden könnten.

11 Zur Bedeutung von Ungerechtigkeitsvorstellungen vgl. Moore 1987.

im Vergleich zum ethnisch-religiösen schon Probleme, den »Gegner« klar zu bestimmen. So bleibt etwa bei der Definition des »Gegners« als »Klassengegner« zumeist unklar, inwieweit ihm auch der »Mittelstand« zuzuordnen ist. Probleme bereitet dem sozialrevolutionären Terrorismus auch die konkrete Zieldefinition. Im Gegensatz zu den sozialrevolutionären Terroristen verfügen die ethnisch-religiösen über eine polyklassistisch strukturierte Bezugsgruppe. Für materielle Unterstützung sind sie deshalb nicht auf auswärtige Hilfe angewiesen und können zudem auf erhebliche immaterielle Hilfsbereitschaft ihrer Gemeinschaften bauen. Auch ihre Möglichkeiten zur Anhängerrekrutierung dürften besser sein. Wenn man nach den gleichen Kriterien vorgeht, wird deutlich, daß Situationen des Kolonialismus bzw. des klaren Neo-Kolonialismus von allen Push-Faktoren die größten Nutzenspotentiale für den Terrorismus versprechen.

*Pull-Faktoren* – Als die drei wichtigsten Pull-Faktoren seien genannt: *angestrebte Ziele, erhoffte Gratifikationen, Nutzenkalküle.*
Die erklärten Zielsetzungen der Terroristen, ob sie sich auf eine Gesellschaft ohne soziale Diskriminierung, die Autonomie von ethnischen Gemeinschaften oder eine religiösen Geboten entsprechende Gesellschaftsordnung beziehen, sollten als ein wichtiger Bedingungsfaktor mitbeachtet werden. Denn es reicht nicht aus, zu fragen, *wogegen* sie kämpfen, sondern man hat auch zu untersuchen, *wofür* sie kämpfen. Es ist aber fragwürdig, die Zielsetzungen bzw. Ideologie als wichtigsten Erklärungsfaktor zu behandeln, und es wäre naiv, ideologischen Deklarationen von Terroristen ohne weiteres Glauben zu schenken. Ihre Verlautbarungen sollten vielmehr mit der gleichen Skepsis behandelt werden, die man Verlautbarungen von Politikern angedeihen läßt, die sich um Wahlämter bewerben.

Es ist nicht einzusehen, warum man Terroristen davon freisprechen sollte, auch nach Gratifikationen zu streben. Zu nennen sind zunächst die *immateriellen* Gratifikationen öffentlicher Bekanntheitsgrad und Prestige. Man stelle sich in diesem Zusammenhang einmal vor, welche Genugtuung es Bin Laden bereiten muß, vom amerikanischen Präsidenten zum wichtigsten Feind erklärt worden zu sein und von vielen Muslims als »Freiheitskämpfer« verehrt zu werden. Ohne die RAF wäre Andreas Baader vermutlich ein namenloser Playboy des Schwabinger Milieus geblieben. Wie später an mehreren konkreten Beispielen verdeutlicht wird, dürften für nicht wenige Terroristen auch *materielle* Gratifikationen von Bedeutung sein. Terrorismus ist auch als Methode zur ökonomischen Bereicherung in Betracht zu ziehen.

Es wurde schon darauf hingewiesen, daß es falsch ist, Terroristen blinden, irrationalen Fanatismus zu unterstellen. Martha Crenshaw hat in mehreren Schriften hervorgehoben, daß Terroristen in durchaus rationaler Manier (auch wenn ihre Art der »Rationalität« natürlich moralisch zu verurteilen ist) die Kosten und Nutzen von terroristischen Akten kalkulieren. Sie schreiten zur Aktion, wenn die Nutzenkalküle positiv sind: »Terrorism is an attractive strategy for small organizations that want to attract attention, provoke the government, intimidate opponents, appeal for sympathy, impress an audience, or maintain the adherence of the faithful« (Crenshaw 1990: 124).

*Ermöglichungsfaktoren* – Es wird hier zwischen *politischen*, *ökonomischen* und *geografischen* Ermöglichungsfaktoren unterschieden.

In totalitären Staaten gibt es keine terroristischen Organisationen, denn diese sind auf politische Rahmenbedingungen angewiesen, die ihnen durch die Konzedierung von Frei- und Schutzräumen das Überleben sichern. Solche politischen Frei- und Schutzräume existieren unter kontrollschwachen autoritären Regimen (insbesondere solchen relativ liberaler Couleur), vor allem aber wohl in rechtsstaatlichen Demokratien, in denen Pressefreiheit herrscht und die öffentliche Meinung wichtig ist. Gerade in einem solchen *ambiente* vermögen terroristische Gewaltakte zu schockieren[12] und stoßen Tendenzen der Staatsgewalt zur rechtsstaatlich unzulässigen »Repression« auf Kritik. Zugleich stellt ein solches *ambiente*, in dem der friedliche Protest normal ist, den gewaltsamen, terroristischen Protest in Frage. Diese Problematik soll später am Beispiel der Tupamaros erläutert werden.

Gewaltorganisationen benötigen regelmäßige finanzielle Einnahmen, nicht nur, um ihre zum Teil kostspieligen Aktionen und Waffen zu finanzieren, sondern auch, um ihre im Untergrund lebenden Kämpfer unterhalten zu können. Jean und Ruffin (1999) ist zuzustimmen, daß der in der Forschung lange sträflich vernachlässigten Frage, wie sich die Gewaltorganisationen die notwendigen ökonomischen Ressourcen verschaffen, von welchem Typ von »Kriegsökonomie« sie profitieren, besondere Aufmerksamkeit geschenkt werden muß. Dies gilt auch für die Untersuchung des Terrorismus.

Größere Beachtung haben in der einschlägigen Forschung zu politischen Gewaltorganisationen geografische Faktoren gefunden. Zu prüfen ist jeweils, in welchem Ausmaß Gewaltorganisationen geeignete geografische Schutz-, Sammlungs-, Rückzugs-, Ruhe- und Aufmarschräume im In- und Ausland finden. Stadtguerilleros gelten vor allem deshalb als (potentielle) Terroristen, weil sie über keine derartigen Räu-

---

12 Es ist unvorstellbar, daß in einem Land wie Kolumbien, wo ein allgemeines Klima der Gewalt herrscht und Militär, Guerilla und »Paras« terroristische Akte verüben, »rein terroristische« Organisationen reüssieren könnten, schon weil es ihnen unmöglich wäre, durch Gewalttaten zu *schockieren*.

me verfügen. Diese Frage und die damit zusammenhängende, ob Großstadtslums möglicherweise als Ersatz für derartige Räume dienen können, wird später diskutiert.

Prozeßbedingungen

*Trigger* – »Trigger«, die zur Entstehung von politischen Gewaltorganisationen führen oder größere Gewaltaktionen auslösen, sind Ereignisse, die wie der berühmte Tropfen das Faß zum Überlaufen bringen. Als solche können sie von unterschiedlichem Charakter sein. Bei ihnen nach besonderen Eigenschaften zu suchen, ist so vielversprechend wie bei dem Tropfen, der das Faß zum Überlaufen bringt, besondere Qualitäten zu vermuten. Gleichwohl sind bestimmte Typen von Ereignissen auszumachen, die häufig als »trigger« gedient haben. Zu nennen sind insbesondere gewaltsame Antworten der Staatsgewalt auf friedlichen Protest. Als Beispiel sei die Tötung Benno Ohnesorgs durch einen Polizisten erwähnt (Crenshaw 1990: 117).

*Veränderungen der Rahmenbedingungen* – Es versteht sich von selbst, daß in der Prozeßanalyse sorgfältig geprüft werden muß, wie sich die unterschiedlichen Rahmenbedingungen im Prozeßablauf entwickeln. Generell kann man vermuten, daß die Rahmenbedingungen, die für die Entstehung von politischen Gewaltorganisationen wichtig waren, im Prozeß selbst an Bedeutung verlieren, weil das initiierte Gewaltgeschehen eine Eigendynamik annimmt und organisatorische Faktoren an Gewicht gewinnen.

*Organisatorische Faktoren* – Insbesondere Martha Crenshaw hat sich um eine Analyse des Terrorismus in einer organisationssoziologischen Perspektive verdient gemacht. In dieser Perspektive wird Terrorismus nicht wie im »instrumental approach« als eine strategische Aktion zur Beinflussung des politischen Umfeldes, sondern als »outcome of the internal dynamics of the organization« (1988: 18) gesehen. Aus Gründen des Organisationserhaltes kann es zum Beispiel angebracht sein, den Umfang und die Intensität der politischen Gewalt zu steigern, obwohl dies aus instrumentell-politischer Sicht nicht ratsam ist. Beispiele wären etwa, daß man in Konkurrenz zu andereren, besonders militant auftretenden Gewaltorganisationen steht, oder innerorganisatorische Kämpfe drohen, wenn man den Wünschen besonders gewaltbereiter Fraktionen nicht nachkommt.

*Eigendynamik und zirkuläre Kausation* – Die Eigendynamik des Gewaltgeschehens ist ein derart bedeutsamer Bedingungsfaktor, daß ein renommierter Gewaltsoziologe wie Trutz von Trotha (1999) die Suche nach den Entstehungsursachen von politischer Gewalt im Vergleich zur Analyse von eigendynamischen und zirkulär verursachten Gewaltprozessen (Spirale von Gewalt und Gegengewalt) für wenig wichtig, ja nahezu bedeutungslos hält. Auch wenn man sich diese Sichtweise nicht zu eigen macht, sollte sie doch Anlaß sein, die vielfach arg überschätzte Bedeutung struktureller Faktoren in Frage zu stellen.

## 2. Zur Ursachenanalyse des »reinen Terrorismus«: Die RAF als Studienobjekt

Die RAF bezeichnete sich gerne als »Stadt-Guerilla«, konnte aber als – gewissermaßen idealtypische – Erscheinungsform einer »reinen Terrororganisation« gelten. Denn diese sich »Armee« nennende Kleinstgruppe entfaltete keinerlei Aktivitäten, die man – im Entferntesten – als »militärisch« oder zumindest als »quasimilitärisch« klassifizieren könnte. Auch betrieb sie keinerlei politische Organisationsarbeit. Sie beschränkte sich vielmehr im Sinne einer terroristischen Kommunikationsstrategie auf Gewaltakte, die öffentliche Aufmerksamkeit erregen sollten. Als »Ausfallsprodukt der vorwiegend studentischen Protestbewegung der sechziger Jahre« (Neidhardt 1981: 243) entstanden, handelte es sich bei der RAF um eine Außenseiterorganisation, die zuletzt selbst innerhalb ihres Herkunftsmilieus nahezu vollständig isoliert war.

Laqueur hat zu Terrororganisationen wie der RAF, die als »Ausfallprodukt« der »neuen Linken« in einigen westlichen Industrieländern in den 60er und 70er Jahren von sich reden machten, zutreffend bemerkt: »seldom in history has so much been written about so few and so little« (Laqueur 2002: 206). So hat die RAF-Erfahrung etwa das Bundesministerium des Inneren dazu stimuliert, ein viele Wissenschaftler beschäftigendes umfangreiches Forschungsprojekt in Auftrag zu geben, dessen Ergebnisse in nicht weniger als fünf Bänden publiziert wurden (Bundesministerium des Inneren 1981-1982). Wie Neidhardt, der an diesem Projekt mitarbeitete, später feststellte, wurde bei diesem ausdrücklich als »Ursachenforschung« deklarierten Unternehmen erwartet, »es müßten sich Faktoren finden lassen, die als ›unabhängige Variable‹ dem Erklärungsobjekt Terrorismus vorgelagert seien und ihn als ›abhängige Variable‹ bestimmten« (Neidhardt: 1981: 244). Ganz im Gegensatz zu dieser Erwartung habe aber die Erforschung des RAF-Phänomens nicht nur auf die Schlüsselrolle einzelner führender Personen und Zufälle, sondern generell auf die Bedeutung zirkulärer Kausation und Eigendynamik hingewiesen: »Das Entscheidende liegt offensichtlich nicht in individuellen und soziostrukturellen Prädispositionen, sondern in Prozeßabläufen, in denen zahlreiche Bedingungen ein Handlungssystem begründen und in ›zirkulären Interaktionen‹ aufeinander und auf sich selbst einwirken. Sie sind Ursache und Wirkung zugleich, und zwar in Abhängigkeit von den wechselnden Konstellationen, mit denen sie aufeinandertreffen. Ursachenforschung dreht sich gleichsam im Kreise. Das System ist dann seine eigene beste Erklärung‹ – und es kommt deshalb alles darauf an, es zu begreifen« (Neidhardt 1981: 244).

Versucht man eine Erklärung des RAF-Phänomens mit Hilfe des oben vorgestellten Analyseschemas, dann stellt man zunächst fest, daß die gängigen *Push*-Faktoren als »Ursache« weitestgehend ausgeschlossen werden können. In der ethnisch-kulturell homogenen, sozio-ökonomisch hochentwickelten, sozialstaatlich orientierten Bundesrepublik gab es bei den Arbeitern und sonstigen Unterschichtangehörigen kein größeres soziales Unzufriedenheits- bzw. Empörungspotential, das sich sozialrevolutionär hätte ausbeuten und instrumentalisieren lassen. Dies wußte auch die RAF.

Von Bedeutung als *Push*-Faktor scheint vielmehr eine *Zusatzbedingung* gewesen zu sein, die im Analyseschema gar nicht erfaßt ist: Ohne die studentische Protestbewegung, die sozialrevolutionäre Gewalt als eine legitime Protestform in abstrakt-prinzipieller Form diskutierte (ohne sie zu praktizieren), hätte es die RAF wahrscheinlich nicht gegeben.[13] Insofern könnte man sagen, daß die diffuse sozio-politische Unzufriedenheit der studentischen Protestbewegung der 60er Jahre Rahmenbedingung für die Entstehung der RAF war.

Zweifelsohne haben *Ermöglichungsfaktoren* eine ausschlaggebende Rolle für die Entstehung und Entwicklung der RAF gespielt. Zwar war die RAF schon wegen der demokratischen Staatsform der Bundesrepublik zu einer marginalen Existenz ohne größere Wachstumsmöglichkeiten verdammt. Denn indem diese Staatsform den Wandel durch Wahlen erlaubt, nimmt sie *gewaltsamem* Protest jegliche Rechtfertigung. Andererseits sichert diese Staatsform, vor allem wegen ihres *rechtsstaatlichen*

13 Aust (1998: 196) weist z. B. darauf hin, daß sich beim Vietnam-Kongreß an der Technischen Universität Berlin 1968 im Audimax ein Stirnband befand, auf dem das Zitat von Che Guevara stand: »Es ist die Pflicht eines Revolutionärs, die Revolution zu machen.« Und er zitiert aus einem Brief Peter Schneiders Mitte der 80er Jahre an Peter Jürgen Boock, einem Repräsentanten der zweiten Generation der RAF: »Die Idee von der Stadtguerilla und vom bewaffneten Kampf in den Metropolen ist keineswegs in den Hirnen von ein paar isolierten Einzelkämpfern entstanden. Sie schwamm von Anfang an mit im Gedanken- und Gefühlsstrom der 68er Generation und wurde mit einer heute unvorstellbaren Offenheit auf Teach-ins diskutiert, an denen Tausende teilnahmen. Allerdings wurden diese Diskussionen mit einer gewissen Unschuld geführt: sie hatten sich noch nicht zu einer Strategie des bewaffneten Kampfes gefestigt und mußten sich an der entsprechenden Praxis nicht messen lassen.«

Charakters, Gewaltorganisationen, wie der RAF, Freiheit vor willkürlicher Repression und bietet ihnen damit gewisse Entfaltungsmöglichkeiten. Und nur im Kontext einer der Pressefreiheit verpflichteten Mediengesellschaft können kleine Gewaltorganisationen, wie die RAF, die Medienaufmersamkeit finden, die sie suchen, kann der terroristischen Kommunikationsstrategie der angestrebte Erfolg sicher sein. Um nur ein Beispiel zu nennen: Die erfolgreiche Kampagne der im Gefängnis einsitzenden RAF-Führung gegen die »Isolationsfolter«, die große Medienaufmerksamkeit fand und der RAF neue Mitglieder und Sympathisanten bescherte, war nur unter rechtsstaatlich-demokratischen Rahmenbedingungen möglich.

Es fällt schwer zu glauben, daß ideologische Zielvorstellungen ein besonders wichtiger *Pull*-Faktor für die RAF waren, wenn auch vermutlich eine diffuse ideologische Protesthaltung eine nicht zu unterschätzende Rolle spielte. Laqueur ist sogar der Ansicht, daß man der RAF Unrecht tut, wenn man sie als ideologische Bewegung begreift, denn sie sei vollständig eklektisch verfahren und hätte immer wieder den »Primat der Praxis« betont (Laqueur 2002: 206 f.). Fetscher, Münkler und Ludwig kommen nach einer gründlichen Überprüfung der Ideologie der RAF zu dem Ergebnis: »Trotz aller Bezugnahmen und Hinweise auf verschiedene politische Theorien ist die Ideologie der ›RAF‹ doch zutiefst theoriefeindlich« (Fetscher/Münkler/Ludwig 1981: 179). Die Ideologie habe nicht zuletzt dazu gedient, die RAF gegenüber einer kritisch-nüchternen Realitätswahrnehmung, die ihre Strategie in Frage stellte, zu »immunisieren« (181). Kurios mutet es im Rückblick an, daß die RAF auf der Suche nach dem »revolutionären Subjekt« schließlich in der vom »Imperialismus« geknebelten Dritten Welt fündig wurde und ihren Terrorismus als Beitrag zum revolutionären antiimperialistischen Befreiungskampf rechtfertigte, bevor sie im vollständigen Voluntarismus diejenigen zu »revolutionären Subjekten« erklärte, die terroristische Kampfbereitschaft erkennen ließen (della Porta 1995: 131).

Nichts spricht dafür, daß materielle Gratifikationen (oder die Aussicht darauf) als *Pull*-Faktoren für den RAF gewirkt hätten. Es fragt sich aber, ob *immaterielle Gratifikationen* nicht eine gewisse Rolle als Pull-Faktoren gespielt haben. Denn die Terrorstrategie versprach schnelle Berühmtheit. Mit einfachen, brutalen Mitteln ließ sich größte Medienaufmerksamkeit und das damit verbundene Gefühl politischer Bedeutsamkeit erzeugen. Demgegenüber bot der »Marsch durch die Institutionen« langsame, mühsame, ungewisse und unspektakuläre Fortschritte. Ohne die RAF wäre Andreas Baader vermutlich ein namenloser Playboy der Schwabinger Szene geblieben. Eine Untersuchung der Entwicklung der RAF an Hand der *Prozeßbedingungen* des Analyseschemas würde die Diagnose von Neidhardt bestätigen, daß zirkuläre Kausation und Eigendynamik von größter Bedeutung waren.

Es wäre natürlich fragwürdig, wenn man aus dem Studium des besonders gelagerten RAF-Falles *universelle* Hypothesen über Ursachen und Erscheinungsformen des Terrorismus ableiten wollte. Hypothesen von begrenzter Reichweite dürften aber möglich sein, wenn man diesen Fall mit ähnlichen (auch in bezug auf den Kontext ähnlichen) vergleicht. In diesem Zusammenhang verdient eine vergleichende Untersuchung der deutschen RAF und der Roten Brigaden Italiens, die Donatella della Porta durchgeführt hat, Erwähnung (della Porta 1995). Gerade wegen der vielen Gemeinsamkeiten der beiden Fälle und ihrer Kontexte war es möglich, auch die Unterschiede zwischen ihnen herauszuarbeiten. So war etwa die positive Einschätzung der Arbeiterschaft als »revolutionäres Subjekt« durch die Roten Brigaden und ihr wesentlich größeres Rekrutierungspotential damit zu erklären, daß die studentischen Mitglieder der Roten Brigaden, ganz im Gegensatz zur RAF, über Kontakte zur Arbeiterschaft verfügten und, ganz im Gegensatz zu Deutschland, ein Teil der italienischen Arbeiterschaft linksradikal war. Für sinnvoll hielt della Porta in einem weiteren Untersuchungsschritt die Einbeziehung der USA in den Vergleich. Die Tatsache etwa, daß die studentische Protestbewegung in den USA, wie in anderen etablierten Demokratien, in geringerem Ausmaß Ausgangspunkt für gewaltsame politische Auseinandersetzungen war als in Italien und Deutschland, deren faschistische Vergangenheit nicht lange zurückliegt, stimulierte sie zu der Hypothese: »the more deep-rooted democracy is, the less widespread is political violence« (della Porta 1995: 215).

Ein Studium der RAF lohnt aber auch für den an allgemeineren Einsichten über den Terrorismus Interessierten. Es wurde schon darauf hingewiesen, daß sich die Eigendynamik von Gewaltprozessen und ihre zirkuläre Kausation gut am Beispiel der RAF analysieren lassen. Und die Entwicklungstendenz von Terrororganisationen zum fortschreitenden Wirklichkeitsverlust, zunehmender Isolierung und Selbstfixierung wird am Beispiel der RAF in gewissermaßen »idealtypischer Reinheit« sichtbar. Daß der Kampf für revolutionäre Ziele im Laufe der Zeit immer mehr in den Hintergrund tritt und der Kampf für die Befreiung von Gruppenangehörigen aus der Gefangenschaft immer mehr in den Vordergrund rückt, ist auch bei anderen Terrororganisationen zu beobachten. Und die Dominanz von aus der Mittelschicht stammenden Studenten (bzw. genereller: jungen Angehörigen der Intelligenzija) in Führungspositionen (nicht selten auch in der Mitgliedschaft) ist auch bei anderen Terrororganisationen sowie Guerilla-Gruppen festzustellen. Als Beispiele seien die urugayischen Tupamaros (Porzecanski 1973: 28ff.) und lateinamerikanische Landguerilla-Organisationen (Wickam Crowley 1992) erwähnt. Ähnlich war es im Falle des peruanischen Sendero Luminoso (vgl. unten). Die iranischen, marxistisch orientierten Feda'in, die das Sha-Regime gewaltsam bekämpften, stammten vorwiegend aus der säkularisierten, »modernen« (das heißt gehobenen) Mittelschicht des Landes und studierten hauptsächlich geistes- und sozialwissenschaftliche Fächer. Demgegenüber rekrutierten die links-islamischen Mujahedin ihre Mitglieder vorwiegend aus Studenten der Naturwissenschaften, die mehrheitlich aus provinziellen »traditionellen« Mittelschichtfamilien (*bazaaris*, Geistliche etc.) kamen (Abrahamian 1982: 492; Abrahamian 1989: 224 ff.). Auch ideologische Diffusität – wenn vielleicht auch nicht in dem krassen Ausmaß wie bei der RAF – läßt sich bei anderen Terrororganisationen und Guerilla-Organisationen konstatieren, wie unten am Beispiel der Tupamaros und des Sendero Luminoso deutlich gemacht werden soll.

## 3. Guerilla und Terrorismus

### a) Zur »klassischen Guerilla«

In Kapitel 1 wurde aufgezeigt, durch welche Merkmale sich Guerilla-Organisationen in *idealtypischer Manier* von (im engeren Sinne) terroristischen Organisationen abgrenzen lassen, und angesichts der Tatsache, daß die Guerilla *auch* Terrorismus praktiziert,[14] wurde darauf verwiesen, daß die Frage besondere Aufmerksamkeit verdient, welche Bedingungen vornehmlich zur Entstehung und Entwicklung terroristischer Tendenzen bei der Guerilla beitragen.

Es bedarf keiner längeren Erläuterung, daß die *klassische* Guerilla, so wie sie in den Schriften der Guerilla-Theoretiker Mao Tse Tung und Che Guevara beschrieben wird, nämlich die *Land-Guerilla*, sich normalerweise nur im geringen Maße durch terroristische Praktiken auszeichnet. Erwähnenswert sind in diesem Zusammenhang etwa Überfälle auf Polizeistationen (die der Regierung und der in der betreffenden Region wohnenden Bevölkerung signalisieren sollen, daß die Guerilla den Herrschaftsanspruch der Staatsgewalt über die Region in Frage stellt) oder die Tötung von Informanten der Regierung bzw. Kollaborateuren (die eine Abschreckungsfunktion erfüllen sollen). Im Gegensatz zur Stadt-Guerilla kann sie sich, weil sie über Rückzugs-, Schon- und Schutzräume verfügt, auf kriegerische Aktionen (wenn auch unkonventionelle) konzentrieren. Der Preis militärischer Sicherheit kann aber po-

---

14 Die Anwendung von Terror kann als *ein* (allerdings wesentliches) Merkmal des Guerillakampfes unter anderen gelten. So stellt Laqueur (1998: 400) etwa fest: »Organization, propaganda and terror have always been essential parts of guerila warfare«. »Terror is used as a deliberate strategy to demoralize the government by disrupting its control, to demonstrate one's own strength and to frighten collaborators« (401).

litische Einflußlosigkeit sein. Demgegenüber findet die Stadt-Guerilla mit ihren Gewaltaktionen zumindest Medienöffentlichkeit. So berichtet Laqueur, daß ein lateinamerikanischer Guerilla-Führer die Hinwendung zur »Stadt-Guerilla« folgendermaßen begründet habe: »If we put even a small bomb in a house in town, we could be certain of making the headlines in the press. But if the rural guerrilleros liquidated thirty soldiers in some village, there was just a small news item on the last page« (Laqueur 1999: 44).

Es ist aber problematisch, wenn man *die* Guerilla mit Land-Guerilla gleichsetzt und »Stadt-Guerilla« als bloßen »Public Relations-Begriff für Terrorismus« (Laqueur 2002: 217) betrachtet. Denn mit einer solchen Sichtweise wird man einer Guerilla wie dem nicaraguanischen FSLN nicht gerecht. Nur eine der »Tendenzen« (*tendencias*) des FSLN war als Land-Guerilla im klassischen Sinne tätig, während eine andere in den Städten – vor allem unter den Studenten – politische Organisationsarbeit betrieb und eine dritte – ebenfalls vornehmlich in den Städten – spektakuläre Aktionen plante und durchführte, die die Schwäche des Regimes offenlegen und zum »Volksaufstand« animieren sollten. Eine solche spektakuläre Aktion war zum Beispiel die Besetzung des Parlamentsgebäudes und die Geiselnahme der Parlamentarier durch ein Kommandounternehmen des FSLN im Jahre 1978. Diese Aktion wurde aus gewissermaßen »*kommunikationsstrategischen*« Erwägungen unternommen. Auch wenn es sich dabei um eine Gewaltaktion handelte, sollte man sie nicht als »terroristisch« klassifizieren, denn sie erregte zwar allergrößte Aufmerksamkeit, war aber nicht »schockierend«.[15] Im Nachhinein wurde die Spaltung des FSLN in verschiedene »Tendenzen« von der FSLN-Führung zu einer Art revolutionären Arbeitsteilung, die außerordentlich sinnvoll gewesen sei, verherrlicht: Die Existenz der verschiedenen »Tendenzen« und ihre Bereitschaft zur Zusammenarbeit habe den Erfolg der nicaraguanischen Revolution wesentlich mitbewirkt (Wheelock 1986).

Probleme treten auch auf, wenn man sich in seiner Guerilla-Definition weniger auf empirische Guerilla-Phänomene als auf die Konzeptionen von Guerilla-Theoretikern wie Mao und Che Guevara bezieht (so etwa Münkler 1992). Denn Mao und Guevara präsentierten ihre Guerilla-Konzeptionen als eine Art universell gültige »Erfolgsrezepte« revolutionären Kampfes, ohne die besonderen landesspezifischen Kontextbedingungen zu benennen, die für den Erfolg der Revolution wesentlich waren.

So fragt man sich im Falle Chinas, ob der Erfolg der Revolution ohne den Krieg mit Japan (seit 1937) möglich gewesen wäre, die Guerilla die Regierungsarmee ansonsten hätte besiegen können. Die »Lehre« Maos,

---

15 Vgl. die in Kapitel I genannte Terrorismusdefinition von Waldmann.

daß sich die Guerilla nach einer *hit and run*-Phase in eine Art reguläre Armee zu verwandeln habe, die der Regierungsarmee Paroli bieten und sie schließlich in offener Feldschlacht besiegen könne, ist deshalb mit einiger Skepsis zu betrachten. Und wenn Mao die Schaffung »befreiter Gebiete« zu einer unverzichtbaren Aufgabe der Guerilla erklärt, fragt sich, ob es vielleicht in China nur deshalb von der Guerilla dominierte »befreite Gebiete« geben konnte, weil die zentralstaatliche Durchdringung des Landes äußerst gering war, die Regierungs-Armee ihnen zunächst keine größere Beachtung schenkte und dann durch die Kämpfe mit dem externen Gegner gebunden war. Auch die Idee der »Einkreisung der Städte« vom Lande aus und die Entdeckung des *campesino* als wichtigstes »revolutionäres Subjekt« entsprechen dem ruralen Charakter Chinas und sind für stark urbanisierte Länder wenig tauglich.

Im Falle Che Guevaras kann man konstatieren, daß seine Guerilla-Theorie[16] in wesentlichen Teilen dem tatsächlichen »Erfolgsrezept« der kubanischen Revolution direkt widerspricht, obwohl sie beansprucht, dieses »Erfolgsrezept« zu präsentieren.[17] So trägt sie, wenn sie den Guerillakampf auf dem Lande für den Erfolg von Revolution verantwortlich macht (der in Kuba von Castro geleitet wurde), dem Faktum unzureichend Rechnung, daß in Kuba revolutionäre Kämpfe in den Städten (die nicht von Castro geleitet wurden) extrem wichtig waren und mehr Todesopfer als der Land-Guerilla-Kampf kosteten. Und wenn von dem *campesino* als unverzichtbarem »revolutionären Subjekt«, von den revolutionsbereiten »Massen«, die nur des Anstoßes durch die revolutionäre Avantgarde in Gestalt kleiner Guerilla-*foci* bedürften, von militärischen Kämpfen und Siegen der Guerilla die Rede ist, sollte man daran denken, daß die Guerilla in Kuba nur über einige hundert Kämpfer verfügte[18] und es wenige Gefechte gab. Der im Erfolg der Revolution mündende »Sieg« der Guerilla war vermutlich nur möglich, weil das Militär keine größere Kampfbereitschaft zeigte und das Batista-Regime regelrecht kollabierte. Die kubanische Revolution war nicht zuletzt das Ergebnis des großen Kommunikationstalentes Castros', der der nationalen und der internationalen Öffentlichkeit weiszumachen verstand, daß er über einen erheblichen Rückhalt verfüge und lediglich eine sozial gemäßigte, demokratische, politische Revolution anstrebe. Zu berücksichtigen ist auch, daß die kubanische Revolution weitere Elemente aufwies, die auch in anderen erfolgreichen modernen Revolutionen vorzufinden waren (vgl. das übernächste Kapitel).

16 Deutsche Ausgabe z. B. in Guevara 1986.
17 Vgl. zum folgenden Laqueur 1998: 337 f.; Domínguez 1978: 110 ff.
18 Hinzu kommt, daß es sich bei den *campesinos* der Sierra Maestra, wo Castro seinen Guerilla-*foco* errichtete, um sehr spezielle *campesinos* handelte, die nicht typisch für die kubanische Landbevölkerung waren. Vgl. Goldenberg 1971: 335.

Lateinamerika verwandelte sich nach der kubanischen Revolution (1959) in einen »Guerilla-Kontinent«. Es nimmt aber eigentlich nicht Wunder, daß die lateinamerikanische castristische Guerilla, die das Vorbild des kubanischen Revolutionserfolges in anderen Ländern wiederholen wollte und deshalb der Guerilla-Theorie Che Guevaras folgte, durchweg scheiterte (vgl. z. B. Allemann 1974; Lamberg 1971; Wickam-Crowley 1992). Nach dem Tod Che Guevaras in Auseindersetzung mit bolivianischen Militärs 1967, der das endgültige Scheitern seiner Theorie symbolisierte, kam es in Lateinamerika zur Hinwendung zur Stadt-Guerilla. Als Beispiel der Stadt-Guerilla, der generell eine besondere Nähe zum Terrorismus nachgesagt wird, sollen die urugayischen Tupamaros behandelt werden, auf die sich auch die RAF als Vorbild berief. Zum anderen wird auf den peruanischen Sendero Luminoso eingegangen, der sich auch in seiner Land-Guerilla-Phase durch einen außergewöhnlich ausgeprägten Hang zum Terrorismus auszeichnete.

## b) Die Tupamaros

Die uruguayischen Tupamaros galten der RAF als die innovative Guerilla eines zwar stark urbanisierten, aber ansonsten typischen *Dritte Welt*-Landes. Tatsächlich aber ähnelt Uruguay eher einem Erste-Welt- als einem typischen Dritte-Welt-Land. Es verfügt über ein relativ hohes sozio-ökonomisches Entwicklungsniveau sowie einen hohen Lebens- und Bildungsstandard und weist die ausgeglichenste Einkommensverteilung in Lateinamerika auf. Urugay gehörte zu den »Pionierländern« bei der Einführung des Sozialstaates in Lateinamerika und entspricht gängigen Kriterien der Sozialstaatlichkeit. Im Human Development Report (UNDP 2001: 141, 257) wird Uruguay wegen seines relativ hohen Human Development Index[19] der Ländergruppe (48 Länder) mit einem »high human development« zugerechnet. Sehr ähnliche Werte wie Uruguay haben etwa die beiden neuen EU-Mitglieder Polen und Ungarn (UNPD 2001: 141). Selbst in seinen demographischen Charakteristiken ähnelt Uruguay mehr einem Erste-Welt- als Dritte-Welt-Land: Die Bevölkerungszuwachsrate ist niedrig, der Anteil an Älteren relativ hoch. Kurzum: Wenn man zudem berücksichtigt, daß Uruguay sich durch ein hohes Maß an ethnischer und religiöser Homogenität auszeichnet, lassen sich, wenn man das Land in einer »makroskopischen« Vergleichsperspektive betrachtet, wie im Falle der Bundesrepublik keine ökomisch-gesellschaftlichen Rahmenbedingungen identifizieren, die als wirksame

---

19 Im Human Development Index werden neben ökonomischen (z. B. realem Pro-Kopf-Einkommen) soziale Indikatoren (wie Lebenserwartung, Ausbildungsstandard) berücksichtigt.

*Push*-Faktoren für die Bildung und Entwicklung einer politischen Gewaltorganisation in Frage kämen.[20] Wie bei der Analyse der deutschen RAF sind bei einer Analyse der uruguayischen Tupamaros vermutlich die *politischen Ermöglichungsbedingungen* besonders zu beachten. Uruguay galt nicht nur wegen seiner sozialen, sondern auch wegen seiner politischen Verhältnisse lange als eine Art »Schweiz Lateinamerikas«. So ist Uruguay das lateinamerikanische Land, in dem die Staatsform der rechtsstaatlichen Demokratie wohl noch stärker als in Chile traditionell verankert ist.[21] Nur unter den für das Land typischen demokratisch-rechtsstaatlichen Bedingungen konnte sich die Tupamaro-Guerilla entfalten. Es ist symptomatisch, daß die Tupamaros das Ende der genuinen Demokratie und die Etablierung eines autoritären Regimes (1972) in Uruguay, für das sie mitverantwortlich waren, nicht als Guerilla-Organisation überlebten. Vielmehr wurde diese in kürzester Zeit durch die ohne rechtsstaatliche Hemmnisse agierenden Militärs zerschlagen.

Im Rückblick erscheinen die Tupamaros als kleine (Stadt-)Guerilla-Bewegung ohne größeren Rückhalt, die nur wenige Jahre tätig war und dies ohne nachhaltigen Erfolg (wenn man vom publizistischen Erfolg, dessen sie sich einige Jahre erfreute, absieht). Die Tupamaro-Guerilla (auch Movimiento Nacional de Liberación genannt), entstand 1963, begann mit systematischen Guerillaaktivitäten 1966 und wurde, wie bemerkt, bereits 1972 von den Militärs zerschlagen, nachdem in Uruguay ein autoritäres Regime errichtet worden war. Auch in Spitzenzeiten umfaßten die Tupamaros bestenfalls einige hundert Kämpfer und die Anzahl ihrer aktiven Sympathisanten belief sich höchstens auf einige wenige tausend. Die Tupamaros waren ganz ausgeprägt – stärker noch als die RAF – eine Bewegung der jungen, universitär geprägten, linken Intelligenzija (von Oberschülern bis zu Jungprofessoren), die vornehmlich aus Mittelschichtfamilien (zum Teil auch aus der Oberschicht) stammten.[22] Es soll der Scherz kursiert haben, Eintrittsvoraussetzung

20 Man kann das Versagen einer »strukturellen Erklärung« nicht dadurch »retten«, indem man auf *konjunkturelle* ökonomische Krisenerscheinungen und auf Probleme bei der Praktizierung des traditionellen Entwicklungsmodells verweist. Wenn diese Argumentation richtig wäre, hätte die Guerilla in nahezu allen lateinamerikanischen Ländern stark sein müssen und sie ginge in Ländern wie Argentinien und Venezuela goldenen Zeiten entgegen.
21 Diese Aussage ist auch gerechtfertigt, wenn man berücksichtigt, daß die uruguayische Demokratie wegen ihres eigentümlichen parteipolitisch kartellhaft wirkenden Charakters in radikalen politischen Kreisen heftig kritisiert wurde. Die Tupamaros knüpften an diese politische Kritik-Tradition an.
22 Vgl. vor allem die Datenzusammenstellungen in Porzecanski 1973.

für die Mitgliedschaft sei der Dr. phil. (Laqueur 1998: 351). Allerdings ging ihrem Auftreten keine nennenswerte studentische Protestbewegung voraus (man sollte aber den unter Studenten damals herrschenden linken »Zeitgeist« nicht unterschätzen). Auch läßt sich kein »trigger«-Ereignis ähnlich dem Tode Benno Ohnesorgs ausmachen. Fritz René Allemann dürfte andererseits recht haben, wenn er schreibt: »Nie zuvor und nie nachher hielt eine so kleine Schar von Rebellen ein ganzes Staatswesen so sehr und so lange in Atem, spielte so souverän Katz und Maus mit den offiziellen Autoritäten und entwickelte einen so unerschöpflichen Einfallsreichtum« (Allemann 1974: 311). Aktionen der Tupamaros im *Robin Hood*-Stil fanden außerordentlich hohe publizitäre Aufmerksamkeit und nährten bei den Tupamaros Ende der 60er, Anfang der 70er Jahre die Illusion, in Uruguay herrsche bereits ein Zustand der Doppelherrschaft und ihre Organisation sei inzwischen »unzerstörbar« (Harari 1987: 345).[23]

Die Tupamaros unterschieden sich mit ihrem *Robin Hood*-Image deutlich von der RAF. Und wenn sie auch, wie der RAF, die revolutionäre Praxis favorisierten, so waren sie im Gegensatz zu ihr erklärte Gegner größerer theoretischer Debatten (Harari 1987: 261, 339, 386).[24] Die Verlautbarungen der Tupamaros waren nicht nur spärlich, auffällig an ihnen ist auch eine gewisse Lieblosigkeit. So kann der Leser aus den Verlautbarungen den Eindruck gewinnen, Debray sei der wichtigste Guerilla-Theoretiker gewesen.[25] Symptomatisch dürfte das »Regierungsprogramm« der Tupamaros vom März 1971 (vgl. Harari 1987: 356ff.) sein. In diesem Dokument, das doch – so hofft man – Aufschluß über die Zielvorstellungen der Tupamaros geben und plausibel machen sollte, was sie »bewegte«, finden sich nur altbekannte, konventionelle Forderungen (Agrarreform, Verstaatlichung von Großbetrieben, Einführung einer Planwirtschaft etc.). Auffällig ist, daß in diesem »Regierungsprogramm« keinerlei Aussage zur Staatsform enthalten ist. Und dies in Uruguay, dem Land, in dem die demokratische Staatsform traditionell stark verwurzelt ist und eine Art Linksdiktatur einen – erklärungsbedürftigen – Bruch mit der politischen Tradition bedeutet hätte. Ambivalente Äußerungen zu einer Justizreform mußten zudem den Verdacht nähren, die Tupamaros strebten die Beseitigung von Rechtsstaatlichkeit in Uruguay an.

23 Verlautbarungen der Tupamaros werden hier nach dem umfangreichen Dokumentenabdruck in Harari (1987) zitiert.
24 Allemann 1974: 350: »Die Überzeugung von der Fruchtlosigkeit programmatischer Debatten durchzieht vielmehr alle seine Erklärungen.«
25 Debray startete seine politische Karriere als Propagateur der Guerilla-Theorie Che Guevaras und beendete sie, sich jeweils dem gerade modischen linken »Zeitgeist« anpassend, als Berater des französischen Staatspräsidenten Mitterand.

Die hier interessierende Schlüsselfrage lautet, ob sich bei den Tupamaros die der »Stadtguerilla« gemeinhin zugeschrieben Terrorcharakteristiken ausmachen lassen, wie sie etwa bei der RAF deutlich hervortraten. Tatsächlich zögert man, die ein *Robin Hood*-Image pflegenden Tupamaros den Terrororganisationen zuzurechnen. So gab es keinen systematischen Ermordungsplan von Führungskräften bzw. Systemrepräsentanten und Objekte der sporadischen Ermordungsaktionen waren fast ausschließlich Unifomierte. Nach Lamberg (1971: 152) wurden von 1966 bis Mitte 1970 ein »knappes Dutzend Sicherheitsbeamte von den *guerilleros* getötet«, »übrigens größtenteils in Kampfaktionen«. Der systematischen Entführungspraxis der Tupamaros kann man gewisse Terrorqualitäten zuerkennen. Sie diente in der Regel der Beschaffung von Geld und sollte, indem neben Wohlhabenden bewußt Systemrepräsentanten und ausländische Diplomaten ausgewählt wurden, sowohl die relative Schwäche des »Systems« wie die relative Stärke der Tupamaros demonstrieren.

Kennzeichnend ist, daß die Ermordung des entführten amerikanischen Militärberaters und »Verhörspezialisten« Mitrione durch die Tupamaros (1970), der schwere Sympathieverluste für die Tupamaros – auch unter Sympathisanten und Wohlmeinenden – hervorrief, ein von vielen Tupamaros als »Irrtum« bedauerter Einzelfall blieb.[26]

Wenn man fragt, warum sich die Tupamaros eines nur partiellen Terrorismus befleißigten und vor politischen Gewalttaten zurückschreckten, die als »terroristisch« (im Sinne indiskriminierter Gewalt) galten, ist auf ein Phänomen zu verweisen, das in einem anderen Beitrag dieses Bandes (Malthaner) unter dem Stichwort »positive Bezugsgruppen« diskutiert wird. Ganz im Gegensatz zu der RAF waren die Tupamaros innerhalb des linken politischen Lagers keineswegs isoliert und legten sich schon mit Rücksicht auf dieses Lager Zurückhaltung beim Gewalteinsatz auf und beschränkten sich auf bestimmte Formen der Gewaltausübung. Anders als unter den deutschen Linken galt der Weg der bewaffneten Machteroberung zur Durchsetzung des Sozialismus innerhalb des linken Lagers Uruguays als durchaus legitim.[27] In einiger

26 Man denke daran, daß die Todesstrafe seit langem in Urugay abgeschafft war.
27 In diesem Zusammenhang sei daran erinnert, daß die Sozialistische Partei Chile (PS), deren Präsidentschaftskandidat Allende 1969 durch Wahlen an die Macht gelangte und mit seiner Unidad Popular versuchte, den Sozialismus in Chile mit friedlich-demokratischen Mitteln durchzusetzen, noch auf dem Parteitag von 1967 für die revolutionäre bewaffnete Machteroberung mit der Begründung ausgesprochen hatte, daß sich der Sozialismus nicht auf friedlichen Wege in Chile durchsetzen lasse und erst die »Diktatur des Proletariats« den Sozialismus »irreversibel« mache.

Übertreibung: Die Tupamaros setzten lediglich in die Tat um, was die meisten, dem – folgenlosen – Verbalradikalismus zugetanen urugayischen Linken verbal befürworteten. Anders als die RAF-Mitglieder waren die Tupamaros über den schulisch-universitären Bereich hinaus durch ein enges Beziehungsnetz mit dem *gesamten* linken Lager, unter Einschluß der Parteien (etwa die Kommunistische und die Sozialistische Partei) und der Gewerkschaften eng verbunden. Mit dem deutschen Fall kontrastiert besonders, in welch respekvoller Weise Verlautbarungen der Tupamaros eine Solidarität gegenüber der Gewerkschaftsbewegung (die allerdings erheblich linker als die deutsche ist) erkennen ließen. Und wenn die Tupamaros auch den Weg des Machtgewinns über Wahlen als Voraussetzung zur Durchsetzung des Sozialismus negativ beurteilten, sprachen sie sich doch öffentlich für die Wahl des linken Wahlbündnisses *Frente Amplio* bei den Wahlen von 1971 aus und verzichteten während des Wahlkampfes offiziell auf jede »Kampfhandlung« (sie erklärten den »Waffenstillstand«). Insofern ist es nicht so sensationell, daß sich die Tupamaros (bzw. der MLN) nach der Rückkehr Uruguays zur Demokratie (1985) in eine Partei verwandelten und einen Teil des *Frente Amplio* (des Linksbündnisses, das inzwischen ca. ein Drittel der Wähler auf sich zieht) bilden. Während der Guerillaphase war es für die Tupamaros, die mit ihren Aktionen zum »Volksaufstand« stimulieren wollten, ein unlösbares Dilemma gewesen, den Erfordernissen einer für den Stadt-Guerilla-Kampf notwendigen geheimen Kaderorganisation und denen der für die Gewinnung der »Massen« geeigneten, relativ offenen Quasi-Massenorganisation gleichzeitig gerecht zu werden. Nach der Rückkehr des Landes zur Demokratie ist dieses Dilemma eindeutig zu Gunsten der Strategie der Gewinnung der »Massen« entschieden worden.

Es fragt sich, ob die Tupamaros, wenn die Demokratie in Uruguay nicht autoritär unterbrochen und wenn sie nicht sie zerschlagen worden wären, stärker terroristische Züge angenommen hätten. Man kann dies nicht ausschließen. Denn man könnte ja argumentieren, daß eine *Stadt-Guerilla* aus Gründen *immanenter Eskalationsdynamik* dazu tendiert, die Charakteristiken terroristischer Organisationen zu entwickeln. Denn Gewaltdrohungen müssen, wenn sie glaubhaft sein sollen, in die Tat umgesetzt werden. Da die Aktionen der Guerilla auf engem urbanem Raum stattfinden, werden auch Unschuldige Opfer der Gewalt. Dies läßt die (potentielle) Unterstützungsbasis der Guerilla in der Bevölkerung schrumpfen und trägt zu ihrer Isolierung bei.

Zu denken gibt einem jedenfalls, wenn etwa das frühere Führungsmitglied der Tupamaros und Mitglied im Zentralkomitee des MLN nach 1985, Eleuterio Fernández Huidobro, Ende der 80er Jahre in einem Interview im Rückblick zum Kidnapping von Mitrione und dem Versuch, gefangene Tupamaros (Fernández gehörte selbst dazu) freizupressen, feststellt: »Der ursprüngliche Plan, wie wir ihn im Gefängnis von Punta Carretas erarbeitet hatten, sah völlig anders aus, nicht so, wie er später umgesetzt wurde. Es war ein langfristiger Plan. Wir gingen davon aus, daß das Thema der Befreiung der politischen Gefangenen von der Organisation in einen langfristigen Plan umgesetzt werden müßte, der – zusammen mit den Volkskämpfen – die Pacheco-Regierung destabilisieren und besiegen sollte. Unserer Meinung nach hätte zunächst *im ganzen Land eine Infrastruktur der Volksgefängnisse* (Hervorhebung HWK) entstehen müssen, danach hätten wir mit der Entführung von Richtern und Politikern beginnen müssen. Wenn die Sicherheitskräfte ihre Kraft auf den Schutz dieser Leute verwenden würden, dann müßten wir mit den Diplomaten weitermachen. Und wenn die Diplomaten massiven Polizeischutz bekommen würden, dann gingen wir wieder auf die Politiker über« (Fernández Huidrobo 1992: 60f.).

## c) Der Sendero Luminoso

Hier wird nicht über die Entstehungs- und Entwicklungsgeschichte des peruanischen Sendero Luminoso informiert, der zunächst über Jahre ein auf die von Indigenas geprägte Hochlandprovinz Ayacucho begrenzte »regionalistische Guerilla« zu sein schien (dort trat er zuerst 1980 mit Guerillaaktionen auf), bevor er Ende der 80er Jahre zu einer national operierenden Guerilla aufstieg.[28] Vielmehr ist es das Ziel dieses Kapitelabschnittes, auf ein sich im Zusammenhang mit dem Sendero Luminoso stellendes Erklärungsproblem hinzuweisen. Das *Erklärungsproblem* lautet: Warum kam es in Peru zu der Entwicklung einer enorm starken Guerilla, während im restlichen Lateinamerika (wenn man vom Sonderfall Kolumbien absieht), die Guerilla eine Sache der Vergangenheit ist? Das Erklärungsproblem vergrößert sich, wenn man sich fragt, warum ausgerechnet eine Guerilla besonderen Typs, nämlich eine mit stark terroristischen Zügen und einer antiquiert-kommunistischen Ideologie derart zu reüssieren vermochte. Für diese Probleme gibt es, wie die folgenden Ausführungen zeigen, keine einfachen Antworten.

Wenn man die *Rahmenbedingungen* in Makroperspektive auf mögliche besondere *Push*-Faktoren überprüft, findet man keine überzeugende Antwort. Denn in Peru ist die soziale Ungleichheit zwar groß, es herrscht Massenarmut und ökonomische Krisensituationen treten häufig auf. Aber mit diesen Merkmalen unterscheidet sich Peru nicht von den meisten anderen Ländern Lateinamerikas, sondern kann in bezug auf seine sozio-ökonomischen Strukturen und Prozesse sowie sein so-

---

28 Der Sendero ist Gegenstand von zwei Bibliographien geworden: Bennett 1998; Stern 1995.

zio-ökonomisches Entwicklungsniveau als durchschnittliches lateinamerikanisches Land gelten. Man könnte sogar sagen, daß in Peru geringerer Anlaß zur Artikulation sozialer Empörung bestand, weil es – im Gegensatz zu den meisten anderen Ländern Lateinamerikas – in den 70er Jahren nicht von sozialkonservativen, repressiven Militärs, sondern von einem Miltärregime mit anfänglich stark sozialreformistischen Tendenzen regiert wurde.[29] So kam es etwa zu einer veritablen Agrarreform, und man muß den Militärs bescheinigen, daß es ihnen gelang, die Macht der »Oligarchie« entscheidend zu schwächen.

Möglicherweise haben die Ressentiments des Hinterlandes gegenüber der als »Ausbeuterzentrale« begriffenen Hauptstadt eine Rolle beim Aufstieg des Sendero Luminoso gespielt und als *Push*-Faktor gewirkt. Generell kann man Peru auch prinzipiell gute Rahmenbedingungen für das Entstehen einer *ethnisch* orientierten, links ausgerichteten Guerilla bescheinigen. Denn etwa die Hälfte der Bevölkerung zählt zu den *Indigenas* und bei diesem Bevölkerungssegment kumulieren sich soziale Benachteiligungen. Gerade dieses Potential wurde aber vom Sendero Luminoso nur unzureichend genutzt. So unterließ es der Sendero-Vorsitzende Guzmán in seinem berühmten achtstündigen Interview von 1988, den bewaffneten Kampf auch nur an einer Stelle in ethnischen Begriffen zu interpretieren (Palmers 1995: 283). Für ihn als – selbsternannten – Maoisten gab es lediglich »Klassenkämpfe« in einem von »campesinos« dominierten Land. Das Verhalten des Sendero gegenüber den Indigenas ist von Anthropologen sorgfältig untersucht worden (Degregori/Coronel/del Pino/Starn 1996). Es war derart, daß nicht zu erstaunen vermag, daß sich die Indigenas nach anfänglicher Sympathie schließlich aktiv gegen den Sendero wandten.

Das Auftreten des Sendero Luminoso fiel mit der Rückkehr des Landes zur Demokratie (1980) zusammen. Man könnte argumentieren, daß diese Staatsform (sowie das vorher im Erosionsprozeß befindliche autoritäre Regime), günstige *Ermöglichungsbedingungen* für die Entwicklung der Guerilla boten. Hierzu muß man aber anmerken, daß in den 80er Jahren im *gesamten* Lateinamerika (wenn auch in den meisten Ländern einige Jahre später als in Peru) ein (Re-)Demokratisierungspro-

29 Der Sozialreformismus der Militärs erklärt sich nicht zuletzt aus ihrer Erfahrung, daß eine auf militärische Maßnahmen beschränkte Counterinsurgency wenig geeignet war zur Bekämpfung der Guerilla und zur Verhinderung sozialer Revolten (Stepan 1978: 135). Laqueur (1998: 316) nahm z. B. (*vor* der Entstehung des Sendero Luminoso) an, daß die Entfaltungschancen von Guerilla-Bewegungen in Peru durch die Agrarreform geringer geworden seien. Zu den nicht vorhergesehenen Konsequenzen der Agrarreform, die den Sendero Luminoso begünstigten, vgl. Palmers 1995: 261 ff. Gegenevidenz findet sich bei Degregori 1996: 201.

zeß zu verzeichnen war und inzwischen nur noch Kuba autoritär regiert wird. Die *Ermöglichungsbedingungen* Perus für die *Entwicklung*[30] einer Guerillabewegung können also in einer lateinamerikanischen Vergleichsperspektive nicht als singulär günstig bezeichnet werden.
Der Sendero war eine Guerilla von beeindruckender Kampfkraft, die über mehrere tausend Kämpfer verfügte. Ende der 80er Jahre versuchte sie sich auch in den Städten, vor allem der Hauptstadt Lima, in der ca. ein Drittel aller Peruaner wohnen, festzusetzen. 1991 erklärte der Sendero die Phase des »strategischen Gleichgewichts« mit den militärischen Kräften des Staates für erreicht, ging zu Anschägen gegen Infrastruktureinrichtungen sowie Bomenattentaten über und wagte im Juli 1992 eine Offensive in der Hauptstadt, die dazu beitrug, dem Sendero das »Image der Unbesiegbarkeit (Palmers 1995: 300) zu verleihen. Wie McClintock (1998: 293) feststellt: »One of Sendero's greatest strategic achievements was that, for many Peruvians by 1991 and 1992, their march to power appeared inexorable«. Der Niedergang des Sendero begann mit der Festnahme seines »Führers« Guzmán im September 1992, der sich in der Gefangenschaft in einer für die Senderistas enttäuschenden Weise verhielt. Man fragt sich, welches Schicksal der Sendero genommen hätte, wenn es nicht zu dieser Verhaftung gekommen wäre, die, weil sich der Sendero zum Stadtkampf entschied, zwar im Bereich des Wahrscheinlichen lag,[31] aber keineswegs unvermeidlich war. Eine revolutionäre Machteroberung kann aus Erwägungen, die im übernächsten Kapitel präsentiert werden, zwar als gänzlich unwahrscheinlich gelten, aber Entwicklungen wie im Nachbarland Kolumbien wären gut vorstellbar gewesen.
Die Ideologie des Sendero wurde als antiquiert-kommunistisch charakterisiert. Tatsächlich erstaunt, daß in Peru, obwohl der orthodoxe Kommunismus sich weltweit in einem Selbstkritik- und Erosionsprozeß befand und der »Ostblock« Ende der 80er Jahre zusammenbrach, eine Variante des Kommunismus Vitalität bewies, die von Journalisten als »Steinzeitkommunismus« bezeichnet wird. Nicht zufällig sahen sich Beobachter an den Khmer Rouge erinnert (McClintock 1998: 63). Auffällig war zum einen der an den Stalinismus erinnernde Personenkult, der um »presidente Gonzalo«, den Sendero-Gründer, und »Führer« Abimael Guzmán, betrieben wurde. Zum anderen zeichnen sich die als »Lösung« offerierten gesellschaftlichen Ordnungsmodelle durch eine realitätsfremde Simplizität aus. Drittens läßt die Ideologie eine schon

---

30 Gleichzeitig bietet ein demokratisches System schlechte *Erfolgsbedingungen* für eine Guerilla, wie im Kapitel über die RAF hervorgehoben wurde.
31 In der Stadt erhöht sich das Risiko der Festnahme, was gegen eine Konzentration auf *Stadt-Guerilla*-Aktivitäten spricht.

als blutrünstig zu kennzeichnende Gewaltorientierung erkennen. Die Mitglieder wurden auf den Blutzoll (*quota*) (Gorriti 1995), der für die Revolution zu errichten sei, eingestimmt und Terror galt nicht nur als (moralisch fragwürdiges, aber im gewissen Sinne) »rationales« Kampfmittel, sondern als eine Art »Reinigungsgewalt«. Guzmán verkündete, daß die Revolution eine Million Tote kosten werde (Degregorio 1996: 207). Der Sendero ist häufig mit einer Sekte verglichen worden (z. B. Degregorio 1996: 192: »secta armada«), und dies nicht zu Unrecht. Wie McClintock (1998: 306) feststellt: »The Shining Path sought to present itself as a group of virtually ›born again‹ Peruvians: honest, dedicated, and effective, fighting against a hopelessly corrupt state. In Shining Path's interpretation of political violence and its formulation of the ›quota‹ (the expectations that Senderistas would sacrifice their lives in the revolutionary struggle), the movement was engaging its militants' faith, not their reason.«

Der Sendero setzte von Beginn seiner Aktivitäten an ganz systematisch im größeren Umfang Terror ein. War der Terror anfänglich noch recht selektiv, scheint er im Verlauf der Jahre immer mehr eine Eigendynamik gewonnen zu haben. Der Terror wurde faktisch zunehmend indiskriminierend, denn die »Gegner«-Definition wurde immer breiter, als Agenten des Staates galten schließlich selbst »Staatsangestellte« wie Bürgermeister, Agronomen, Lehrer und Gesundheitsarbeiter (McClintock 1998: 294). Auch tatsächliche und vermeintliche Konkurrenten im linken Lager, unter Einschluß von »grass roots«- Führern in Slumgebieten, wurden systematisch getötet. Degregori (1998: 211) hat für den Zeitraum von Dezember 1987 bis Februar 1992 sechzehn Massaker (definiert als Tötungen von zumindest zwölf Personen) des Sendero gezählt, nach Palmers (1995: 308) fanden in den Slumgebieten von Lima 1992 nicht weniger als 115 Morde von »local political authorities« statt. Nach Ron (2002: 570) war der Sendero im Zeitraum von 1980 bis 1996 für den Tod von 300 Aktivisten linker Parteien und Bewegungen verantwortlich. Nach Tapia (1997: 43) fanden ca. 800 Mitglieder und Funktionäre der populistisch-sozialdemokratischen Partei APRA, die zum Teil politische Ämter auf Gemeindeebene bekleideten, durch den Sendero den Tod.

Anthropologen haben sorgfältig untersucht, auf welche Trägergruppe sich der Sendero in seiner regionalistischen Phase stützte. Sie konnten eindeutig nachweisen (Degregori/Coronel/ del Pino/Starn 1996), daß der Sendero insbesondere unter Jugendlichen reüssierte, die als erste ihrer Familien höhere Bildungsabschlüsse anstrebten oder erworben hatten und mit der frustrierenden Realität konfrontiert wurden, daß höhere Bildung nicht den erhofften sozialen Aufstieg mit sich brachte, sondern in der Regel nur schlecht bezahlte Jobs oder Arbeitslosigkeit auf sie warteten. Oder wie McClintock (1998: 185) lakonisch feststellt:

»The Shining Path's expansion was due in large part to its appeal not to peasants but to relatively well-educated young people whose professional aspirations had been frustrated.« In einiger Vereinfachung: der Sendero war vor allem für in ihren Aufstiegsaspirationen enttäuschte Jugendliche aus provinziellen unteren Mittelschichten attraktiv, die »Bildungspioniere« ihrer Familien waren. Zum Teil handelte es sich um extrem junge Leute. So berichtet Palmers (1995: 277), daß die »militants« in ländlichen Gebieten häufig nicht älter als vierzehn oder fünfzehn Jahre alt gewesen seien. Es ist anzunehmen, daß sich der Sendero auch in seiner nach-regionalistischen Entwicklungsphase hauptsächlich auf diese soziale Trägergruppe gestützt hat.[32]

Für den Entschluß dieser Jugendlichen, sich dem Sendero anzuschließen, ihn zumindest zu unterstützen, war vermutlich ein Bündel von Motiven maßgeblich. Nicht ausschließen kann man, daß gerade die Simplizität der Ideologie und der sektenähnlicher Charakter des Sendero für manche anziehend war. Wichtig dürfte vor allem ein Faktor gewesen sein, der im Analyseschema (vgl. Kapitel 1) nicht aufgeführt ist, nämlich der *Erfolgsglaube*. Oben wurde schon darauf hingewiesen, daß der (baldige) Sieg des Sendero vielen – nicht nur schlichten Gemütern – als ausgemachte Sache galt. Für viele Jugendliche schien sich »die reale Möglichkeit des sozialen Aufstiegs durch den (neuen) Staat des Sendero« (Degregori 1998: 190f.) aufzutun. Später kamen auch materielle Anreize[33] hinzu. Nach dem Vordringen des Sendero in das für die Drogenproduktion und den Drogenhandel wichtige Huallaga-Tal um 1988 (Labrousse 1999: 331) verwandelte sich der Sendero von einer armen in eine finanziell üppig ausgestatte Guerilla und konnte seinen Kämpfern regelrechte Gehälter bezahlen. Das Durchschnittsgehalt von 250 bis 500 Dollar betrug das drei- bis achtfache der Gehälter der meisten Lehrer (McClintock 1998: 292). Nur bei Kenntnis dieser Relationen dürfte erklärbar sein, daß Anfang der 90er Jahre »vielleicht« (»perhaps«) 30.000 Lehrer (15 Prozent aller peruanischen Lehrer) mit dem Sendero sympathisierten (McCintock 1998: 273). Ein im Gefängnis einsitzender Senderista (ein ehemaliger Architekt) berichtete einem Interviewteam 1990, daß der Sendero in den Dschungelgebieten Monats-Gehälter bis 1000 Dollar gezahlt habe (McClintock 1998: 292).

Welche Rolle diese »Gehälter« als Motivationsfaktoren auch immer gespielt haben, fest steht, daß der Sendero seine Strategie zur »Erobe-

---

32 Burt (1998: 281) berichtet, daß der Sendero sich um die Rekrutierung von Aktivisten unter den Studenten der technischen Akademien Limas bemühte, die – bei ohnehin schlechten Berufsaussichten – nur geringe Chancen besaßen, einen Studienplatz an einer Universität zu erhalten.
33 Vgl. die Bemerkungen zu *materiellen Gratifikationen* als *Pull*-Faktor in Kapitel 1.

rung« der Hauptstadt ohne die Drogengelder gar nicht in die Tat hätte umsetzen können. Und es ist nicht auszuschließen, daß er letztlich Opfer seines finanziellen Erfolgs wurde, weil dieser zu etwas führte, was man »revolutionäre Überdehnung« nennen könnte.[34]

Man kommt um die unangenehme Feststellung nicht herum, daß der Terrorismus und der Gewaltkult des Sendero nicht sonderlich abschreckend auf seine jugendliche Trägergruppe gewirkt haben. Dies gilt auch für die jungen Frauen innerhalb dieser Trägergruppe (der Frauenanteil unter den Mitgliedern des Sendero soll vergleichsweise hoch gewesen sein).[35]

Meines Erachtens wäre es wenig sinnvoll, sich durch die Suche nach spezifisch peruanischen Ursachen des Sendero-Phänomens analytisch absorbieren zu lassen. Für den Sozialwissenschaftler ist es zwar faszinierend, daß hier eine Guerilla vermutlich nicht trotz, sondern gerade *wegen* ihres zunächst stark regionalistischen Charakters und eines sehr einfachen »Erfolgsrezepts«[36] zu reüssieren vermochte. In genereller Sicht bietet das Sendero-Phänomen aber Anlaß zur »lesson«, die Guerilla nicht vorschnell totzusagen. Die Trägergruppe, der der Sendero seinen Aufstieg verdankte, ist auch in anderen Ländern der Dritten Welt vorhanden. Ein mahnendes Beispiel ist Kolumbien, wo eine reiche und zunehmend kriminell werdende Guerilla, die ihren Kämpfern einen höheren Sold zahlen kann als der Staat seinen Soldaten, realiter vom Ziel der sozialrevolutionären Machteroberung Abschied genommen und sich in einem für sie lukrativen System von faktischer »Doppelherrschaft« eingerichtet hat.

## 4. Bürgerkriege und Terrorismus: Bemerkungen unter Bezug auf den Libanon und das ehemalige Jugoslawien

Wenn Martin van Creveld Recht hat, ist die Epoche der großen zwischenstaatlichen Kriege an ihr Ende gelangt und die Kriege der Zukunft werden eher Bürgerkriege sein oder weit zurückliegenden Kriegen wie

34 Masterson (1999: 184) sieht das Scheitern des Sendero durch seinen Strategiewechsel zum Stadtkampf hin vorprogrammiert.
35 Nach Zirakzadeh (2002: 79) gab es innerhalb des Sendero bis zur Festnahme Guzmans keine größeren Auseinandersetzungen über »wether and when to use violence«.
36 In einiger Vereinfachung: Senderistische Dozenten der Erziehungswissenschaftlichen Fakultät der *Regional*universität Ayacucho (an ihrere Spitze Abimael Guzmán) rekrutierten Studenten, diese wiederum Schüler. Auf diese Weise entstand ein die ganze Provinz Ayacucho umspannendes Beziehungsnetz.

dem Dreißigjährigen Krieg ähneln.[37] »In the future, war will not be waged by armies but by groups we today call terrorists, guerrillas, bandits, and robbers, but who will undoubtely hit on more formal titles to describe themselves« (van Creveld 1991: 197). (Diese These dürfte zwar kaum für die Erste Welt, wohl aber für bestimmte Entwicklungsregionen, z. B. afrikanische, zutreffend sein.) Schon heute fällt es schwer, »Kriege« von *internationalisierten* Bürgerkriegen[38] klar zu unterscheiden. Auch innerhalb der Kategorie »Bürgerkriege« zeichnen sich neue Entwicklungen ab. So dürfte es sinnvoll sein, »staatsbezogene« Bürgerkriege von solchen zu unterscheiden, »bei denen ethnische, religiöse oder ökonomische Gründe im Vordergrund stehen« (Waldmann 2002: 1).

Es bedarf keiner näheren Erläuterung, daß in Bürgerkriegen oder bürgerkriegsartigen Kriegen auch *terroristische* Gewalt eine erhebliche Rolle spielt. Das Kapitel kann sich deshalb auf einige wenige Bemerkungen beschränken. Bezugspunkte sind dabei die Bürgerkriege bzw. Kriege im Libanon und im ehemaligen Jugoslawien, in denen *ethnischer Terrorismus* von Bedeutung war. Bevor auf die Terrorismusproblematik eingegangen wird, soll auf zwei Sachverhalte, die bei der Analyse ethnischer Konflikte zu berücksichtigen sind,[39] hingewiesen werden:

– Es ist ungerechtfertigt, den Libanon und das ehemalige Jugoslawien wegen ihrer ethnischen Diversität von vorneherein als »kritische Fälle« zu betrachten. Denn ethnische Diversität ist ein normales Schicksal von Staaten. Die allermeisten Staaten sind Vielvölkerstaaten, ethnische Homogenität ist der Ausnahmefall (Hanf 1990: 25). Ethnische Identitäten (und Animositäten) sind nicht als »naturgegeben« (Przeworski 1995: 20 »primordially given«), sondern als »manipulierbar und sich wandelnd« (ebd.) zu begreifen. Dies machen sich politische Unternehmer, auch »Gewaltunternehmer« (Elwert 1999), zunutze, auf die ethnische Unterschiede wegen ihrer großen politischen Mobilisierungspotentiale eine besondere Anziehungskraft ausüben. Die Vorstellung, daß Konflikte zwischen Ethnien um so massiver und gewaltträchtiger seien, je größere Unterschiede zwischen ihnen bestehen (bzw. um so geringer und weniger gewaltträchtig, je kleinere Unterschiede zwischen ihnen herrschen) ist unzutreffend. Dies zeigt eine Analyse der Bürgerkriege in Ruanda (Neubert 1999) und Soma-

---

37 Der Irak-Krieg widerspricht dieser These nicht grundsätzlich. Er könnte als Kriegstyp mit den Kolonialkriegen des 19. Jahrhunderts verglichen werden. Vgl. zum neuen Kriegstyp auch Münkler 2002, insbesondere Kapitel 5 über den internationalen Terrorismus.
38 Als solche konnten z. B. die zentralamerikanischen gelten. Vgl. Krennerich 1996.
39 Zu einer komparativen Analyse der Ursachen und Folgen ethnischer Konflikte vgl. Waldmann 1989.

lia (Przeworski 1995: 20), wo die ethnischen Unterschiede zwischen den Kriegsparteien eher gering waren.
- Auch das ehemalige Jugoslawien und der Libanon belegen die These, daß man die Heftigkeit zwischenethnischer Auseinandersetzungen nicht ohne weiteres auf tiefgreifende ethnische Unterschiede und seit langem bestehende feindselige Spannungen, zurückführen kann. So kann man etwa durchaus der Behauptung von Przeworski (1995: 20 f.) zustimmen, daß die »objektiven« Unterschiede zwischen Serben und Kroaten nicht größer sind als die zwischen Bayern und Rheinländern. Und Calic (1995: 57) berichtet von einer Umfrage in Bosnien-Herzegowina von 1990 nach der über 90 Prozent der Befragten die ethnischen Beziehungen an ihrem Wohnort und über 80 Prozent diejenigen am Arbeitsplatz als gut oder sehr gut bezeichneten. Umfragen von Hanf (1990: 671) haben ergeben, daß die überwältigende Mehrheit der Libanesen selbst während des Bürgerkriegs an die Möglichkeit der friedlichen Koexistenz mit den anderen Religionsgemeinschaften glaubte. Und 1981, 1984, 1986 und 1987 stimmten über 90 Prozent der Aussage zu: »Ein guter Freund ist ein guter Freund, ob Georges oder Mohamed« (Hanf 1990: 672). Verfehlt wäre es, wenn man in ethnischen Spannungen die Hauptursache für den Ausbruch des libanesischen Bürgerkrieges sähe. Nach Hanf (1990: 20) war der libanesische Bürgerkrieg *in erster Linie ein Ersatzkrieg um Palästina*«. Perthes (1998) weist darauf hin, daß die Konfliktlösungsformel, nach der der Bürgerkrieg schließlich beendet wurde, nicht neu war, sondern bereits kurz nach Ausbruch des Bürgerkrieges diskutiert wurde. Vor allem externe Faktoren und Akteure waren nach Perthes dafür verantwortlich, daß der Bürgerkrieg fünfzehn Jahre lang anhielt.

Es entspricht der Logik eines ethnischen Bürgerkrieges, daß die fremde Ethnie ganz gezielt zum Objekt terroristischer Gewaltakte ausgewählt wird. Typisch waren etwa Gewaltakte, die in Bosnien-Herzegowina mit dem Ziel der »ethnischen Säuberung« unternommen wurden: »Durch Angriffe auf Hab und Gut, durch Deportationen, Internierungen, Vergewaltigungen, Folter, Verstümmlungen, Mord und andere Gewalttaten sollten die unerwünschten Bevölkerungsgruppen in den beanspruchten Regionen demoralisiert und zur Abwanderung bewegt werden. Waren ethnische Vertreibungen das *Ziel*, gehörten Mord, Gewalt, Raub und Niederbrennen von Häusern zu den *Methoden* dieses Kriegs. Das eigentlich Erschütternde schien also weniger die beispiellose Brutalität und die hohe Zahl der zivilen Opfer zu sein, als die Tatsache, daß Verbrechen gegen die Menschlichkeit strategischen Zwecken dienten« (Calic 1995; 127 f.).[40] Von ähnlichen strategischen Kalkülen beim Ein-

---

40 Vgl. Münkler (2002: 145): »Die Massenvergewaltigungen und Verge-

satz von bestimmten Gewaltakten im Libanon, etwa Massakern, die selten spontan erfolgt seien, berichtet Hanf (1990: 439).

Kennzeichnend für die Eigendynamik der entfesselten Gewalt ist es, daß, wie Hanf für den Bürgerkrieg im Libanon feststellt, die Morde nach dem Kriterium der Gemeinschaftszugehörigkeit[41] mit zunehmender ethnischer Homogenisierung zwar abnahmen, dafür aber die innerethnischen »Bruderkämpfe«, die besonders heftig ausgetragen wurden, zunahmen (Hanf 1990: 432).

Als eine besondere Variante des Gewaltkalküls kann das »bewußte Eingehen des Risikos massiver Repressalien des Gegners gegen die eigene Zielgruppe« gelten, wie sie von der UCK im Kosovo praktiziert wurde (Troebst 2002: 245). Ziel dabei ist es, die Weltöffentlichkeit gegen den Gegner aufzubringen. Es handelt sich also um eine »Instrumentalisierung« der »Resource Weltöffentlichkeit«. Nach Troebst (ebd.) haben »mindestens 10 000 Kosovoalbaner ... die Hochrisikostrategie der UCK mit dem Leben bezahlt«. Meines Erachtens ist es gerechtfertigt, eine solche »Hochrisikostrategie« als terroristisch, zumindest als *quasi-terroristisch* zu qualifizieren.

## 5. Moderne Revolutionen und Terrorismus: Algerien, Iran, Nicaragua und die Philippinen im Vergleich

Dieses Kapitel kann ebenfalls relativ knapp ausfallen. Denn für revolutionäre Bewegungen, die ernsthaft das Ziel der revolutionären Machteroberung anstreben, ist, wie am Beispiel der iranischen, nicaraguanischen und philippinischen Revolution gezeigt wird, der Gewaltgebrauch nicht unbedingt selbstverständlich und der Rekurs auf terroristische Gewaltmittel kann für sie direkt kontraproduktiv sein.

Die algerische Revolutionserfahrung (1954-1962) steht im krassen Gegensatz zu dieser Aussage. Denn zum Revolutionserfolg kam es vermutlich nicht *trotz*, sondern *wegen* des massiven Terrors, den der FLN ausübte. Martha Crenshaw (1978, 2001), deren Untersuchungsergebnisse hier nicht referiert werden können, hat die verschiedenen Formen

> waltigungslager in Bosnien oder Ost-Timor sind dann, neben der Zerstörung von Kulturgütern und den Massakern an einem Teil der männlichen Bevölkerung, das dritte Element einer politisch-militärischen Strategie, die großräumig auf ›ethnische Säuberungen‹ abzielt.«

41 Als solche erlangten die »Personalausweismorde«, die zum Tod an den Kämpfen gänzlich Unbeteiligter führten, traurige Berühmtheit. (In den libanesischen Personalpapieren war die Gemeinschaftszugehörigkeit vermerkt.).

dieses Terrors analysiert und katalogisiert. Sie hat dabei auch die *inneralgerische* Dimension des Terrors des FLN herausgearbeitet, der zum Aufstand mobilisieren und dem FLN die Hegemonie im Oppositionslager durch Ausschaltung von aktuellen oder potentiellen Mitkonkurrenten verschaffen sollte. Zum anderen hat sie die Eigenart des gegen die Franzosen gerichteten Terrors analysiert, der, indem er auch an den Auseinandersetzungen gänzlich Unbeteiligte (etwa Disco- und Badestrandbesucher) zu Opfern auswählte, signalisieren wollte, daß kein Franzose in Algerien seines Lebens sicher sein konnte, solange Algerien nicht unabhängig war. Zeitweilig trat der FLN selbst in Frankreich, in Paris, durch Terrorakte in Erscheinung. Als kriegsähnlicher Kampf endete die berühmte »Schlacht von Algier« (1956/57), in der sich der FLN vornehmlich auf terroristische Kampfmittel verlegte, zwar mit einem klaren Sieg des französischen Militärs und der eindeutigen Niederlage des FLN. Gleichwohl kann sie als *politischer* Erfolg des FLN gewertet werden, weil sie eine Wende im Unabhängigkeitskampf einleitete. Denn die »Schlacht um Algier« trug dazu bei, innerhalb der französischen Öffentlichkeit der Vorstellung von einer Unabhängigkeit Algeriens Akzeptanz zu verschaffen. In Frankreich war man entsetzt darüber, wie dieser »Sieg« errungen wurde, nämlich mit repressiven und staatsterroristischen Mitteln (u. a. systematischer Einsatz von Folter). Und man war zunehmend davon überzeugt, daß Algerien nur mit derartigen moralisch verwerflichen Mitteln zu »halten« war.

Bei einer um *lessons* bemühten Analyse der algerischen Revolution hat man also zu berücksichtigen, daß es sich um einen *antikolonialen Unabhängigkeitskampf* handelte und die *Konialmacht Hauptadressat des Terrors* war. Man kann spekulieren, daß bei einem derartigen Kampf Terrorakte gegenüber der eigenen Bevölkerung eher toleriert werden als es bei Revolutionsversuchen gegen einheimische Regime der Fall ist.

Anders als in Algerien waren die Revolutionen im Iran und Nicaragua (beide 1979) und auf den Philippinen (1984)[42] gegen einheimische Regime gerichtet.[43] In allen drei Fällen spielten als Guerillabewegungen

42 Es bleibt natürlich strittig, ob es im Falle der Philippinen wirklich gerechtfertigt ist, von einer »Revolution« zu sprechen. Denn es kam nur zu einem radikalen Wechsel des politischen Regimes, nicht aber der sozioökonomischen Strukturen.

43 Laqueur (1998: 405) hat darauf hingewiesen, daß mit einer Ausnahme (Kuba) Guerillas nur während oder unmittelbar nach einem generellen Krieg (der zum Zusammenbruch der Staatsmacht führte) bei der revolutionären Machteroberung gegen *einheimische* Regimes erfolgreich waren. Nach dem erstmaligen Erscheinen seines Buches vollzog sich mit der sandinistischen Revolution in Nicaragua die zweite Ausnahme von der von ihm formulierten generellen Regel.

auftretende Gewaltorganisationen eine Rolle im Revolutionsprozeß, aber nur in einem Falle, in Nicaragua, vermochte die Guerilla bei der revolutionären Machteroberung zu dominieren.

In einem sehr interessanten Buch hat Parsa (2000) grundlegende Gemeinsamkeiten und Unterschiede zwischen diesen drei Fällen herausgearbeitet, was ihm erlaubte, so etwas wie ein »Erfolgsrezept« von moderner Revolution (gegen ein einheimisches Regime in zwischenstaatlichen Friedenszeiten) zu eruieren. Als wesentliche Gemeinsamkeiten sind zu erwähnen: In allen drei Ländern herrschten sozial isolierte Regime, die man typologisch als »neo-patrimonial« oder mit Linz (1975) als »sultanistisch« charakterisieren könnte. Anders als »Klassenregime« eröffneten sie – für Krisenzeiten – die Möglichkeit der Bildung einer *alle* Klassen (unter Einschluß der Oberschicht und der Unternehmerschaft) umfassenden äußerst breiten Antiregimekoalition. Die Bildung einer solchen Koalition war unabdingbare Voraussetzung des Revolutionserfolges. Für revolutionäre Bewegungen verbot es sich schon aus Koalitionsgesichtspunkten, um die gemäßigte Opposition nicht zu verprellen, terroristische Mittel einzusetzen. Selbst der nicht-terroristische Gewaltgebrauch war problematisch, denn angesichts der militärischen Kräfteverhältnisse mußte es ein Hauptziel der revolutionären Bewegung sein, einen gewissermaßen »freiwilligen« Zusammenbruch des Regimes zu erreichen, das Militär nicht zu aktiver Gegenwehr zu provozieren. So wurde die Revolution nicht nur auf den Philippinen, sondern auch im Iran mit friedlichen Mitteln, durch Massendemonstrationen und -proteste erreicht.[44] Nur in Nicaragua waren größere Kämpfe gegen das Militär notwendig. Aber auch hier war der Regimeverfall für den Revolutionserfolg wichtiger als die revolutionären Antiregimekämpfe.

Auffällig war, in welchem Maße sich die jeweiligen Hauptgewinner der Revolution, der shiitische Klerus im Iran, die Sandinistische Front in Nicaragua und die Bewegung Corazon Aquinos auf den Philippinen durch die Kunst der Schmiedung und Beherrschung breiter Oppositionsallianzen hervortaten. Die Sandisten präsentierten sich der nationalen und internationalen Öffentlichkeit nicht als marxistisch orientierte Guerilla, sondern als besonders entschiedener Teil der demokratischen Oppositionsbewegung (Krumwiede 1984: 503).[45] Khomeini zeigte ich als wahrer Meister ausgefeilter Koalitionsstrategie. *Vor der Revolution*

44 Arjomand 1988: 191: »The Shah's regime collapsed despite the fact that his army was intact, despite the fact that there was no defeat in war, and let me add, despite the fact that the state faced no financial crisis and no peasant insurrections.«

45 Das sandinistische »revolutionäre Erfolgsrezept« ähnelte dem von Castro bei der kubanischen Revolution verwandten. Zu einem Vergleich der Ähnlichkeiten zwischen nicaraguanischer und kubanischer Revolution vgl. Krumwiede/Trummer 1997: 81 f.

(so auch in all den langen Jahren des Exils) vermied er es sorgfältig, seine Vorstellungen von einem vom Klerus beherrschten »Gottesstaat«, die sein Handeln *nach* der revolutionären Machteroberung bestimmten, offenkundig werden zu lassen. Stattdessen propagierte er in generell-abstrakter Form demokratische und soziale Zielvorstellungen für ein Iran nach dem Schah, mit dem sich auch säkularisierte Angehörige der neuen Mittelschichten und emanzipierte Frauen identifizieren konnten (Abrahamian 1982: 532 ff.). Parsa (2000: 247) berichtet, daß selbst einige seiner engsten Berater im Pariser Exil nicht in seine tatsächlichen konkreten Zukunftspläne eingeweiht gewesen seien.

Welche Gruppierung die Dominanz innerhalb des Lagers der Regimeopposition erlangte, war nicht zuletzt von der Politik des Regimes abhängig. So vermochte der shiitische Klerus auch deshalb innerhalb der iranischen Oppositionsallianz zu dominieren, weil der Schah die den säkularisierten neuen Mittelschichten verpflichtete parteipolitische Opposition brutal unterdrückt und die (ohnehin recht schwache) Guerillabewegung weitgehend zerschlagen hatte. In Nicaragua gelang es den Sandinisten wahrscheinlich nur deshalb, sich im Oppositionslager gegenüber der gemäßigten Opposition durchzusetzen, weil sich Somoza, obwohl von den USA gedrängt, weigerte, ein Plebiszit über sein Verbleiben an der Macht zuzulassen. Damit verblieb nur die Option des gewaltsamen Regimesturzes, für den die Sandinistische Front eintrat. Hätte ein derartiges Plebiszit stattgefunden, dann hätte sich die Aufmerksamkeit der Massen wahrscheinlich auf diesen Wahlakt konzentriert und die parteipolitisch organisierte gemäßigte Opposition hätte die Hegemonie im Anti-Somoza-Bündnis errungen.[46] Die Sandinistische Front wäre geblieben, was sie bis wenige Monate vor der Machteroberung war: eine kleine, eher unbedeutende Guerillabewegung ohne realistische Erfolgsaussichten.

Für dieses kontrafaktische Szenario sprechen auch die Vorgänge auf den Philippinen. Anders als in Nicaragua gelang es hier den USA, den Präsidenten zu vorgezogenen Neuwahlen zu drängen. Indem es hiermit möglich wurde, mittels Wahlen das Schicksal des Marcos-Regimes zu bestimmen, war eine Gabelungsentscheidung gefällt, die den Aufstieg der »Wahlbewegung« um Corazon Aquino zur hegemonialen Kraft im Oppositionslager und die politische Marginalisierung der Guerillabewegung NPA begünstigte. Die Chancen der NPA, die Macht zu erringen, wurden ursprünglich – wegen ihrer zahlreichen Kämpfer und Anhänger[47] – von vielen Beobachtern als günstig eingeschätzt und man

---

46 Bei dem späteren sandinistischen Vizepräsidenten des Landes, Sergio Ramírez, finden sich Andeutungen, die diese Interpretation stützen. Vgl. Arias 1980: 170).

47 Nach Hansen (1991: 45) soll die Anzahl der Kämpfer des NPA 1983 20 000 betragen haben. Parsa (2000: 270) berichtet von geschätzten

rechnete mit ihr als Hauptgewinner einer Revolution. Die NPA trug aber auch durch Fehlentscheidungen selbst zu ihrer Marginalisierung im Revolutionsprozeß bei. So faßte sie den verhängnisvollen Beschluß, sich nicht an den Wahlen zu beteiligen, sondern sie zu boykottieren. Zuvor hatte sie sich koalitionsstrategisch ungeschickt verhalten, indem sie für sich eine dominante Rolle im Oppositionsbündnis forderte, womit sie gemäßigte Oppositionskräfte verprellte. Zudem lehnte sie ein auf die Städte zentriertes Aufstandskonzept, wie es erfolgreich in Nicaragua praktiziert worden war, ab und beschloß, am traditionellen maoistischen Konzept des lang auszuhaltenden Volkskrieges und der Einkreisung der Städte vom Lande aus festzuhalten.

Es sei noch einmal betont: wenn man von neo-kolonialen Situationen wie in Algerien vor seiner Unabhängigkeit absieht, isolieren sich revolutionäre Kräfte, die gegen einheimische Regime kämpfen, wenn sie Terrorismus praktizieren. Es mag sein, daß sie, wenn sie zu Terrormaßnahmen greifen, unter Umständen den revolutionären Regimesturz erleichtern und zum Revolutionserfolg beitragen. Sie verspielen hiermit aber die Chance, an der revolutionären Machteroberungs*koalition* teilnehmen zu können.[48]

## 6. Religion und Terrorismus

### a) Der islamische Fundamentalismus: »Bedingungsfaktor« für Terrorismus?

Innerhalb des Terrorismus dominiert gegenwärtig international die als »religiöser Terrorismus« apostrophierte Variante (Hoffman 1998: 87). Als wichtigste Erscheinungsform des »religiösen Terrorismus« gilt zur Zeit der ins Gewalttätige gewandte islamische Fundamentalismus bzw. Islamismus.

Bei der Auseinandersetzung mit dem islamischen Fundamentalismus und einer ihm angeblich eigenen Tendenz zum »religiösen Terrorismus« ist eine Neigung zu einer alarmistischen, von einer nüchternen Analyse weit entfernten Betrachtungsweise verbreitet, die (islamischen) »religiösen Terrorismus« als rational nicht faßbares, »apokalyptisches«, keiner weltlichen Bezugsgruppe und Rücksichtnahme verpflichtetes, beson-

Anhängerzahl (»backers«) von mehr als einer Million (zumeist Landwirte).

[48] In diesem Zusammenhang fällt einem das Attentat der ETA vom Dezember 1973 gegen Carrero Blanco, den Nachfolger Francos als Regierungschef, ein. Dieses Attentat erleichterte objektiv die Demokratisierung Spaniens, auch wenn die Zielsetzung der ETA eine völlig andere war.

ders gefährliches Gewaltphänomen deutet. Nicht zuletzt weil auch Terrorismusexperten unter den Wissenschaftlern mitverantwortlich sind für diese Betrachtungsweise, ist es ein wesentliches Ziel des Kapitels zu einer *Entmythologisierung* und *Entexotisierung* der Islamismusdeutung beizutragen, weil ohne sie eine *nüchterne sozialwissenschaftliche Analyse* gar nicht möglich erscheint. Auch die Behandlung zweier konkreter Fälle (Iran, Algerien) dient diesem Ziel.

Als Beispiel für eine mythologisierende Sichtweise sei die einflußreiche, auch ins Deutsche übersetzte, Terrorismus-Analyse von Bruce Hoffman erwähnt. So behauptet er (1998: 94) unter anderem, für die religiösen Terroristen sei Gewalt ein »sakramentaler Akt« bzw. eine »göttliche Pflicht« von »transzendentaler Dimension«. Deshalb agiere der religiöse Terrorist im Gegensatz zum normalen weltlichen ohne jede »politischen, moralischen oder praktischen Hemmungen« und für ihn sei typisch, daß er massive, indiskriminierende Gewalt zur Vernichtung seiner (umfassend definierten) »Feinde« für moralisch gerechtfertigt und notwendig halte.[49] Als konkretes Beispiel für einen derartigen religiösen Terrorismus erwähnt er in seinem 1998 erschienenen Buch das »bloodletting by Islamic extremists in Algeria«, das für den Tod von ca. 75 000 Personen seit 1992 verantwortlich gewesen sei (93).

Eine Tendenz zur Mythologisierung statt nüchterner Analyse ist vor allem hinsichtlich des Bin Laden-/al-Qaida-Phänomens zu erkennen, das vielfach als »apokalytischer«, also dem rationalen Verständnis nicht faßbarer Gewaltexzeß einer fanatischen islamistischen Außenseitergruppe interpretiert wird.[50] Für den Islam-Experten Scheffler verrät eine solche Sichtweise »mehr über die apokalyptischen Ängste des Westens

49 Ausführlich im Wortlaut: »For the religious terrorist, violence is first and foremost a sacramental act or divine duty executed in direct response to some theological demand or imperative. Terrorism thus assumes a transcendental dimension, and its perpetrators are consequently unconstrained by the political, moral or practical constraints that may affect other terrorists. Whereas secular terrorists, even if they have the capacity to do so, rarely attempt indiscriminate killing on a massive scale because such tactics are not consonant with their political aims and therefore are regarded as counterproductive, if not immoral, religious terrorists often seek the elimination of broadly defined categories of enemies and accordingly regard such large-scale violence not only as morally justified but as a necessary expedient for the attainment of their goals« (Hoffman 1998: 94). Auch Juergensmeyer, Spezialist für »religiösen Terrorismus«, scheint einer solchen Sichtweise zuzuneigen, Denn nach ihm »provides (HWK: religion) images of cosmic war that allow activists to believe that they are waging spiritual scenarios« (2001: xi).

50 Demgegenüber finden sich nüchterne Analysen in Bendel 2003; Schluchter 2003.

als die apokalyptischen Intentionen des Ostens« (2002: 4). Denn mit seiner Forderung, eine »gerechte Weltordnung hier auf Erden« zu errichten, entspreche Bin Laden der »innerweltlichen Eschatologie« des »Sunni mainstream Islam« (ebd.). Nach Scheffler stimmen viele (»many«) Muslime der Problemdiagnose Bin Ladens zu. Ein erheblicher Teil von ihnen (»a considerable part of them«) teile seine Neigung, den Westen, insbesondere die USA und Israel, für die meisten gegenwärtigen Probleme der muslimischen Welt verantwortlich zu machen. Eine beträchtliche Anzahl (»a substantial number«) stimme ihm darin zu, daß der bewaffnete Kampf gegen ausländische »invadors« legitim sei. Sehr viel weniger jedoch (»far less, however«) betrachteten einen bewaffneten Djihad als persönliche Pflicht, sich von ihrem normalen Leben zu trennen und sich dem Terrorismus zu verschreiben, oder glaubten (»let alone believe«), daß Gott das »larg-scale slaughter of civilians« billige (2002: 13).

Wenn man den Islam und den Islamismus *sozialwissenschaftlich-nüchtern* analysieren will, dürfte es sinnvoll sein, von folgenden Annahmen auszugehen:
- Man sollte von der durch den europäischen Entwicklungsweg geprägten Vorstellung Abschied nehmen, daß Modernisierung und Säkularisierung stets Hand in Hand gehen. Wie Gellner richtig feststellt, trifft die »Säkularisierungsthese« für den islamischen Kulturraum weitgehend nicht zu: »Secularization simply has not taken place within the Islam. The hold of Islam over both the masses and the elite in Muslim countries is as strong now as it was a hundred years ago, and in some ways it is stronger« (1995: 278). (Nebenbei bemerkt: Auch die ungebrochene Bedeutung von Frömmigkeit in den USA widerspricht – zumindest partiell – der »Säkularisierungsthese«.)
- Alle Religionen, so auch der Islam, zeichnen sich durch die fundamentale *Ambivalenz* (Appleby 2000) aus, daß ihre »heiligen Texte« sich *gleichermaßen* als Rechtfertigung kriegerischer, gewaltsamer, zutiefst intoleranter Haltungen und als Botschaften, die zum Frieden und zur Toleranz aufrufen, interpretieren lassen. Diese Ambivalenz kennzeichnet auch den islamischen Fundamentalismus, der realiter ein heterogenes Phänomen darstellt. Der Beitrag von Abdel-Samad in diesem Band gibt Anlaß zu der Vermutung, daß es nicht die herkömmlichen Streng-Gläubigen, sondern die kleine Minderheit der »Konvertiten« (vom kruden Säkularismus zum kruden Islamismus) sind, die zu Intoleranz und gewalttätigem Extremismus neigen.
- Der islamische Fundamentalismus kann als psycho-soziale Begleiterscheinung des sozio-ökonomischen Modernisierungsprozesses gedeutet werden. Zwar übt er auch auf herkömmliche Mittelschichtgruppen wie die *bazaaris* Anziehungskraft aus (nicht aber auf dezidiert »traditionalistische« Sozialgruppen wie die ländlichen Unterschichten). Attraktiv ist er aber, gerade in seiner politischen Form, nicht

zuletzt für »moderne« Sozialgruppen, die im Verlauf des sozio-ökonomischen Modernisierungsprozesses (charakterisiert durch Landflucht, Urbanisierung, Bildungsexpansion, Umwandlung der Agrargesellschaft in eine vom industriellen und Dienstleistungssektior geprägte Gesellschaft) neu entstanden sind. Nach Huntington (1996: 112 ff.) basieren islamistische Bewegungen vor allem auf folgenden Sozialgruppen: (1.) Studenten und andere junge Mitglieder der Intelligentzija bilden den harten Kern. Sie entstammen überwiegend der unteren Mittelschicht (»modest, but not poor backgrounds«), haben häufig als erste ihrer Familie eine höhere Ausbildung absolviert und sind häufig in Kleinstädten oder auf dem Lande aufgewachsen.[51] (2.) Neben Angehörigen der herkömmlichen Mittelschichten, wie zum Beispiel den *bazaaris*, bilden vor allem junge Angehörige der »modernen« Sektoren der Mittelschichten (unter denen gut ausgebildete Berufsgruppen wie Ärzte, Anwälte, Ingenieure, Wissenschaftler, Lehrer und Verwaltungsangestellte überproportional vertreten sind) das Gros der aktiven Mitglieder. (3.) Als Rekrutierungsmasse für Aktionen dienen vor allem die »recent migrants to the cities«, die die großstädtischen Slumgebiete bevölkern.

- Der Islamismus scheint diesen verunsicherten, häufig in ihren Aspirationen enttäuschten »Neuankömmlingen« des Modernisierungsprozesses die Möglichkeit zu bieten, eine *Identität* zu finden. Wichtig ist es, sich zu verdeutlichen, daß man die Hinwendung zum Islamismus nicht als reaktionären, einseitig der Verangenheit zugewandten antimodernistischen Protest, sondern als Artikulation des Wunsches nach einer auch für die »Neuankömmlinge« befriedigenden, sozial gerechten Modernisierung deuten sollte.[52]

51 Vgl. Arjomand 1995: 187 f.: »It is not the lower-middle-class-background but the *combination* of higher education and social mobility – typically from small towns, and in the more integrated societies as Egypt from villages, into major cities – that explains their ideological position. The evidence for the urban character of political fundamentalism and the social mobility of its ideologues is overwhelming.«
52 Vgl. Nazih Ayubi, Political Islam: Religion and Politics in the Arab World, London (Routledge) 1991: 176 f. (zitiert bei Valerie J. Hoffman 1995: 208): »These movements have emerged not really as an expression of moral outrage against a modernisation that was going ›too fast‹, but rather as a reaction to a develoment process that was not going fast enough ... The Islamists are not angry because the aeroplane has replaced the camel; they are angry because they could not get on to the aeroplane. There is little doubt in my mind that had Nasserism (and other similar develomental projects) ›delivered‹ in the sixties, we would not be witnessing the same political revival of Islam that we see today.«

– Experten (Kepel 2002) vertreten die Ansicht, der Islamismus habe seinen Zenit überschritten und verliere an Attraktivität. Dazu habe unter anderem sein wenig inspirierendes und zum Teil direkt abstoßendes Erscheinungsbild (bzw. das ihm zugeschriebene Erscheinungsbild) im Iran und in Algerien beigetragen. Anders formuliert: Durch die Realität seiner Machtausübung wurde der Islamismus entzaubert.[53]

Es ist nicht die Aufgabe des Sozialwissenschaftlers (auch besitzt er nicht die Kompetenz), der Frage nachzugehen, was den »wahren« Islam ausmache. Ohne prinzipiell ausschließen zu können, daß der *ursprüngliche* Islam, bevor er innerhalb konservativer historischer Kontexte verformt wurde, ausgesprochen modernisierungsfreundlich war (Bellah 1970) und es durchaus einen wiedererweckbaren (von historischen Verfälschungen befreiten) Islam gibt, der den Normen einer freiheitlichen Demokratie entspricht (Filali-Ansary 2001),[54] bleibt dem Sozialwissenschaftler nichts anderes übrig, als zu konstatieren, daß sich der Islam, wie alle Religionen, durch *Ambivalenz* und *Heterogenität* auszeichnet.[55] Sowohl die liberal-demokratische Islam-Interpretation als auch die fundamentalistische[56] stellen Interpretationsvarianten dar, deren »Richtigkeit« der Sozialwissenschaftler nicht zu beurteilen vermag. Er kann nur versuchen zu erforschen, welche sich zu welchen Zeitpunkten wo (und unter Umständen warum) einer Mehrheit unter den Gläubigen erfreuen.

Zu einer nüchternen Betrachtung des islamischen Fundamentalismus kann nicht zuletzt der *Religionsvergleich* beitragen. So sollte man zum Beispiel berücksichtigen, daß die katholische Kirche erst mit dem Zweiten Vatikanischen Konzil (1962-1965) offiziell Frieden mit der von den Ideen der Aufklärung bestimmten modernen Welt geschlossen und ihre Präferenz für die demokratische Staatsform verkündet hat. Bis dahin hatte sich die katholische Kirche nicht offiziell von der von Papst Leo XIII. in der Enzyklika »Libertas« (1888) vertretenen Lehrmeinung distanziert, daß Religions-, Meinungs-, Lehr- und Gewissensfreiheit als

53 Valerie J. Hoffman (1995: 225) formulierte nicht zu Unrecht vor einigen Jahren die Hypothese: »Given the acuteness of the anxiety evoked by the problems of modern urban society, as long as Muslim fundamentalists are not allowed to test their solutions by actual application, it is unlikely these movements will die out.«

54 Vgl. demgegenüber Merkel 2003.

55 Vgl. generell zum heterogenen Charakter des Islam Krämer 2003.

56 Zu beachten ist dabei, daß der islamische Fundamentalismus seinerseits ein heterogenes, durch Ambivalenz gekennzeichnetes Phänomen darstellt. So dürfte nur eine Minderheit der Fundamentalisten eine militant-gewaltsame Islam-Interpretation befürworten und nur eine kleine Minderheit dieser Minderheit eine terroristische.

staatlich konzedierte Freiheiten zum »Irrtum« begriffen werden könnten, nämlich als Freiheiten gegen die allein wahren kirchlich-katholischen Glaubenssätze und Normen verstoßen zu dürfen, ohne staatliche Sanktionen befürchten zu müssen. Vergessen sollte man nicht, daß die vorkonziliare katholische Kirche *gleichwohl* eine bemerkenswerte Fähigkeit entwickelte, sich in der *konkreten Realität* mit der modernen, von den Ideen der Aufklärung geprägten demokratisch-liberalen Welt zu *arrangieren*. Warum sollte es beim Islam, auch dem fundamentalistisch geprägten, prinzipiell anders sein?

Im *Religionsvergleich* zeichnet sich der Islam zum einen dadurch aus, daß Religiosität – im Gegensatz zum im Westen dominanten individualistisch-privatistischem Religionsverständnis – als gesellschafts- und politikrelevante, gewissermaßen öffentliche Tugend definiert wird.[57] Im Religionsvergleich erweist sich deshalb der Islam als ausgesprochen politische Religion. Gleiche Beachtung verdient zum anderen im Religionsvergleich, daß der Islam zu den Religionssystemen mit einem geringen Grad an Klerikalismus zählt. Anders als etwa im Katholizismus existiert kein Klerus, dem von den Gläubigen das Monopol auf Deutung der »heiligen Texte« zuerkannt wird und der für autoritative Deutungen Unfehlbarkeit beansprucht. Vielmehr existiert eine Vielzahl von Interpreten (Geistliche und Nichtgeistliche),[58] die alle für sich beanspruchen, den »wahren« Islam authentisch auszulegen. *Eine* dieser Interpretationen ist gewaltsam-terroristischer Couleur. Es gibt keinen islamischen Papst, der sie als häretisch verwerfen könnte. Oder plastischer: zu jedem Khomeini gibt es einen Gegen-Khomeini, zu jeder *fatwa* gibt es eine Gegen-*fatwa*.[59]

### b) Fallanalysen (Iran und Algerien)

*Iran* – Mit Khomeini setzte sich im Iran eine neuartige, revolutionäre Uminterpretation des shiitischen Islam durch (Arjomand 1988: Kap. 9), die an die lateinamerikanische »Theologie der Revolution« erinnert (Abrahamian 1989: 1) und im Gegensatz zum traditionellen im shiiti-

---

57 »The message calls individuals to faith and obedience as the way of salvation, but obedience means the building of an Islamic social order on earth and in time (history)« (Smith 1970: 265).
58 Der shiitische Islam zeichnet sich durch einen höheren Grad an Klerikalismus aus als der sunnitische. Deshalb ist es aufschlureich, daß Dabashi (1993), der das Idearium der zentralen Vordenker der iranischen islamischen Ideologie nachzeichnet, unter acht Personen vier Nicht-Geistliche behandelt.
59 »Jeder Ajatollah ist sein eigener Papst, hat seine eigenen Pfründe und bisweilen sogar seine eigene Schweizer Garde« (Kermani 2001: 177).

schen Islam verbreiteten politischen Quietismus steht. Neu ist auch die Idee eines von Klerikern gelenkten »Gotteststaates«, wie sie von der iranischen Revolution verwirklicht wurde.[60] Khomeini war niemals ein Gandhi (Green 1995: 574). *Nach* der revolutionären Machteroberung befleißigte er sich aber einer Gewaltpraxis, die in den vier Jahren nach 1981 in »a reign of terror unprecedented in modern Iranian history« (Abrahamian 1989: 219) ausartete. In diesen vier Jahren fanden nicht weniger als 12 250 politische Dissidenten bei Kämpfen mit Sicherheitskräften und durch Exekutionen den Tod (Abrahamian 1989: 223). Es wird geschätzt, daß davon drei Viertel Mitglieder oder Symapthisanten der Mojahedin, einer links-islamischen Guerillabewegung waren, die *vor* der Revolution *für* Khomeini, *nach* der Etablierung des neuen Regimes *gegen* ihn kämpfte (ebd.). Bekanntlich hat das theokratische iranische Regime während der ersten Jahre seiner Existenz auch außenpolitisch nicht vor der Praktizierung oder Unterstützung von Terror zurückgeschreckt.

Unsinnig wäre es aber, eine systematische, gewissermaße »natürliche« »Wahlverwandschaft« zwischen revolutionärem schiitischen Islamismus und politischer Gewaltneigung terroristischer Provenienz im Sinne des Hoffmanschen »religiösen Terrorismus« unterstellen zu wollen. Auffällig ist zum Beispiel der kühl kalkulierende Gebrauch und Nichtgebrauch von Gewalt. So rief Khomeini ganz bewußt *nicht* zum »heiligen Krieg« und Gewaltgebrauch gegen das Schah-Regime auf, sondern trat dezidiert für eine friedliche Revolution ein (Keddie/Monian 1993: 519). Der islamistischen Mojahedin-Guerilla wurde im Dezember 1978 ausdrücklich der Gewaltgebrauch ohne Autorisierung von Seiten Khomeinis untersagt (Abrahamian 1989: 171). Das Kalkül Khomeinis war eindeutig: Er wollte nicht den Widerstand des Militärs gegen einen revolutionären Umsturz provozieren und dem Radikalismus abholde potentielle Koalitionspartner verprellen. Er wußte, daß die Revolution nur als *Koalitionsprojekt* Zukunftsaussichten hatte (vgl. das vorangegangene Kapitel).

Ein Bericht von Kermani (2001)[61] über den heutigen Iran erinnert an Schilderungen der von Apathie geprägten sowjetischen Gesellschaft unter Breschnew. Es ist von einem Regime die Rede, dem »die Gesellschaft abhanden gekommen ist« (95) und gegen das es inwischen auch aktiven Widerstand (innerhalb der Studentschaft) gibt. Die These Kepels, daß

---

60 »Die Islamische Republik, die die Trennung von ›Kirche‹ und Staat aufgehoben hat, ist ... innerhalb der schiitischen Geschichte eine Staatsform ohne Vorläufer, daher führt es in die Irre, sie als mittelalterlich zu charakterisieren« (Kermani 2001: 49).
61 Vgl. auch den Bericht von Naipaul (1998: 143 ff.), der sich auf einen Aufenthalt im Jahr 1995 bezieht.

der fundamentalistische Islam seinen Zenit überschritten hat, wird durch diesen Bericht eindrücklich bestätigt.

*Algerien* – Ausgangspunkt des zweiten algerischen Bürgerkrieges (1992-1997/98) war ein Militärputsch, der 1992 verhinderte, daß die islamistische Partei FIS friedlich, mittels Wahlen an die Regierung gelangte. Der Putsch fand nach der ersten Runde der Parlamentswahlen statt, deren Ergebnisse einen Sieg des FIS als sehr wahrscheinlich erscheinen ließen. Die Interpretation, die Islamisten hätten daraufhin versucht, mit gewaltsamen Mitteln die Macht zu erlangen, um einen Gottesstaat zu errichten, und seien dabei – schon aus Rachegelüsten – nicht vor blutigem Terror gegen tatsächliche und vermeintliche Gegner zurückgeschreckt, ist zwar naheliegend – sie drängt sich einem gewissermaßen auf –, aber in ihrer Undifferenziertheit falsch.

Unzutreffend ist zunächst einmal die Vorstellung, die Mehrheit der Algerier hätte in diesen Wahlen für den »Gottesstaat« votiert. Zum einen ist gegen diese Argumentation einzuwenden, daß der FIS zwar in der ersten Runde der Parlamentswahlen die Mehrheit der abgegeben Stimmen erhielt, diese aber, wegen der hohen Wahlenthaltung, nicht mehr als 25 Prozent der Wahlberechtigten entsprach. Zum anderen hat es sich um eine Art »Denkzettelwahl« gegenüber dem FLN gehandelt, und der FIS wurde aus einer Vielzahl unterschiedlicher Motive gewählt (Martinez 2000: 21, 23, 51). So erwarteten Händler vom FIS vor allem eine Zurückdrängung des Staates aus dem Wirtschaftsgeschehen. Arbeitslose Jugendliche wollten mit ihrer Stimme für den FIS die Regimepartei FLN bestrafen, die sie für die blutige Repression der Massendemonstrationen von 1988 verantwortlich machten. Lediglich Arabisch sprechende, das heißt, des Französischen nicht mächtige Studenten und unterbeschäftigte oder arbeitslose junge Universitätsgraduierte, die den harten Kern militanter Muslims bildeten, verbanden mit der Wahl des FIS ideologische Aspirationen. Sie hatten aber auch ökonomische Motive. Denn sie erhofften sich von einem islamischen Staat Berücksichtigung auf dem Arbeitsmarkt.

Auch die These, wer für den FIS gestimmt habe, sei nach 1992 Befürworter einer gewaltsamen Machteroberung gewesen, ist in dieser Pauschalität nicht haltbar. Gänzlich unzutreffend ist schließlich die Vorstellung, fromme Islamisten seien für die scheußlichen Terrorakte in Algerien verantwortlich gewesen, der algerische Bürgerkrieg der 90er Jahre sei als Manifestation »religiösen Terrorismus« im Hoffmanschen Sinne zu begreifen. Dies wird ganz eindeutig durch die kenntnisreiche Studie von Martinez (2001)[62] belegt.

62 Bei dem Namen handelt es sich um ein Pseudonym eines französisch-algerischen jungen Wissenschaftlers, der »vor Ort« in jahrelanger Arbeit das empirische Material für seine Studie gesammelt hat.

Martinez ist davon überzeugt, daß der durch den Wahlabbruch ausgelöste Bürgerkrieg nicht als politische Auseinandersetzung um Islamismus und »Gottesstaat« begriffen werden dürfe, sondern daß ihm *realiter* ein »kriegsorientiertes *imaginaire*« zugrundegelegen habe, für das Gewalt »*eine Form der Akkumulation von Reichtum und Prestige*« sei (Martinez 2001: 1). »Briefly, the civil war destroyed political machinery that ensured social control, and thus opened new ways for social progress through violence« (ebd.). Diese These vermag er vor allem durch eine Analyse der GIA belegen, der sich offiziell auf den Islamismus berufenden Guerilla, die ein Schreckensregiment in den Vorstädten von Algier praktizierte und mit spektakulären Morden (z. B. an Ausländern, Intellektuellen, Journalisten, Künstlern) die Medienaufmerksamkeit auf sich zog. Im Vergleich zur GIA fanden die anderen, vornehmlich in den Bergregionen des Landes aktiven islamistischen Guerilla-Organisationen MIA, MEI und AIS verhältnismäßig wenig Medienbeachtung. Der GIA gehörten neben fanatischen jungen islamistischen Intellektuellen vor allem sozial frustrierte unterbeschäftigte oder arbeitslose Jugendliche in den Vorstädten und Slumvierteln von Algier an. Diese spezielle soziale Konstellation vermag Umfang und Scheußlichkeit des von der GIA verübten Terrors mit zu erklären. Zum anderen entwickelte das Gewaltgeschehen eine grausige Eigendynamik (Martinez 2001: 246). Auch der algerische Staat trug dazu bei, die Gewaltspirale am Leben zu erhalten (Souaidia 2001). In dem von beiden Seiten als »totalen Krieg« erklärten Bürgerkrieg wurde Neutralität nicht respektiert (Martinez 2001: 118).

Es besteht kein Zweifel daran, daß die Terrorpraxis der GIA, die sich der internationalen Öffentlichkeit als treibende Kraft des Djihad in Algerien darstellte,[63] der islamistischen Bewegung allgemein schweren Schaden zugefügt hat (Kepel 2002: 309).

## Resümee und Perspektiven

Angesichts der Diversität des Phänomens »Terrorismus« und der Vielfalt und des jeweils unterschiedlichen Gewichts der für die konkreten Fälle maßgeblichen Bedingungen ist es unmöglich, gehaltvolle generelle Hypothesen mit einem breiten Geltungsbereich zu formulieren, also Hypothesen, die für alle Fälle oder doch zumindest die allermeisten gültig sind. Allgemein ist noch einmal vor übertriebenen Erwartungen an die Erklärungsfähigkeit der Sozialwissenschaft zu warnen. Zwar sei

---

63 Es ist bezeichnend, daß der erste »Emir« der GIA, Layada, alle Führungskräfte des FIS, die sich gegen den bewaffneten Kampf ausgesprochen hatte, zu »Ungläubigen« erklärte. Kepel 2002: 313.

sie – so Renate Mayntz – bei Kausalinterpretationen historischer Vorgänge in der Lage, »einzelne verallgemeinerungsfähige Kausalzusammenhänge, prozessurale Mechanismen oder Konstellationen (HWK: zu) identifizieren, die am Zustandekommen eines bestimmten historischen Ereignisses beteiligt waren« (337). Ihre Prognosefähigkeit sei aber »radikal und objektiv beschränkt« (ebd.). Sie könne nicht mehr, als »den Rahmen des künftig Möglichen abzustecken: nicht (...) sagen, was geschehen wird, aber doch, was unter diesen oder jenen Umständen geschehen könnte« (339).[64] Und Renate Mayntz ist der Meinung: »Mehr, denke ich, kann und sollte man von den Sozialwissenschaften nicht erwarten, und es sollte genügen, menschliches Handeln zu instruieren« (ebd.).

Möglich erscheint es aber hinsichtlich des Terrorismus, eine Art *analytischer Faustregeln* zu formulieren, die bei dem Studium des Phänomens generell zu beachten sind. Als Beispiele derartiger analytischer Faustregeln, zu deren Formulierung dieser Beitrag angeregt hat, seien erwähnt:

- Bei Versuchen der Erklärung des Terrorismus sollten immer eine *Vielzahl und von Widersprüchen nicht freie Vielfalt von Bedingungsfaktoren* berücksichtigt werden. Die Suche nach einfachen Erklärungen führt in die Irre.
- Auch die Suche nach den »eigentlichen« bzw. »tiefen« Ursachen führt häufig in die Irre, da es sich zumeist letzlich um die Suche nach einfachen Erklärungen handelt.
- Auch Terroristen lassen sich durchaus von rationalen Kosten- und Nutzenkalkülen leiten – wenn auch ihre »Rationalität« normalen moralischen Erwägungen nicht entspricht. Es wäre ein Fehler, sie als irrationale Psychopaten zu begreifen und bei Erklärungsversuchen vornehmlich nach Faktoren zu suchen, die für psychische Deformationen verantwortlich sind.
- Gerade weil bisher die Analyse von Push-Faktoren große, ja vielleicht übergroße Beachtung in der Terrorismusforschung gefunden hat, sollte man bei der Analyse der Rahmenbedingungen den häufig gleich wichtigen, vielleicht oft sogar wichtigeren Ermöglichungs- und Pull-Faktoren besondere Aufmerksamkeit schenken.
- Es ist davon auszugehen, daß Rahmenbedingungen relativ an Bedeutung verlieren, wenn der Gewaltprozeß in Gang gesetzt worden ist, und dann die Bedeutung von Eigendynamik, zirkulärer Kausation und Organisationsfaktoren wächst.

---

64 Mit »Raum des Möglichen« ist wohl »Raum des Wahrscheinlichen« gemeint, ohne daß Aussagen über Wahrscheinlichkeits*grade* getroffen werden.

Nur für terroristische Prozesse, die sich in vielfacher Hinsicht ähneln und unter weitgehend ähnlichen Kontextbedingungen[65] ablaufen, scheint es möglich zu sein, gehaltvolle Hypothesen zu formulieren. In dieser Hinsicht sei das methodologisch überzeugende Buch von della Porta erwähnt, in dem die deutsche RAF und die italienischen Roten Brigaden miteinander verglichen werden. Anstatt die mehr oder minder als »sicher« erscheinenden »Ergebnisse« des vorliegenden Beitrages zu resümieren, wird das Schlußkapitel zum Anlaß für einige eher spekulative Überlegungen genommen, die ganz bewußt – um die Diskussion anzuregen – in zugespitzter Form präsentiert werden.

Die Vermutung drängt sich auf, daß der Terrorismus in erster Linie ein auf die Erste Welt bezogenes Phänomen ist. Damit soll nicht etwa gesagt werden, daß politische Gewalt ein Erste-Welt-Phänomen sei. Im Gegenteil: politische Gewalt ist – wenn man zum Beispiel an die außerordentlich verlustreichen Bürgerkriege denkt – vor allem ein Dritte-Welt-Phänomen.[66] Aber die *spezielle* Form politischer Gewaltausübung, die man in der wissenschaftlichen Literatur als »terroristisch« bezeichnet, dürfte vornehmlich einen Erste-Welt-Bezug haben.

Symptomatisch ist es wohl, daß Martha Crenshaw in ihrem Artikel über »The Causes of Terrorism« sich bei der Erwähnung von neueren Referenzfällen für ihre Theoriebildung ausschließlich auf Gewaltorganisationen bezieht (1990: 113 f.), die wie die RAF und die Bewegung 2. Juni sowie die IRA in der Ersten Welt tätig waren bzw. sind, oder deren Aktionen vornehmlich auf die öffentliche Meinung innerhalb der Ersten Welt abzielten bzw. abzielen, wie Irgun, PLO und der algerische FLN. Unter den Referenzfällen erwähnt Crenshaw zudem die urugayischen Tupamaros. Wie herausgearbeitet wurde, ähnelt aber Urugay eher einem Erste-Welt-Land als einem Dritte-Welt-Land.

Einen deutlichen Erste-Welt-Bezug weisen auch der »internationale Terrorismus« und »internationalisierte Bürgerkriege« auf. Primäre, zumindest wichtige Bezugsgröße der Aktionen ist bei ihnen die öffentliche Meinung in der Ersten Welt. Einen Erste-Welt-Bezug haben auch Attentate gegen Botschaften der Ersten Welt in der Dritten Welt und gegen Erste-Welt-Touristen und Geschäftsleute in Dritte-Welt-Regionen.

Meines Erachtens kann der Terrorismus als *rationale Kommunikationsstrategie*, die mit *ausgewählten, begrenzten, kalkulierten Gewaltaktionen* »Unsicherheit und Schrecken, daneben aber auch Sympathie und Unterstützungsbereitschaft erzeugen« will (Waldmann 1998: 10), nur

---

65 Es sind Länder gemeint, die sich sowohl in bezug auf ihre Rahmen- als auch Prozeßbedingungen weitgehend ähnlich sind.
66 Obwohl die Terminologie »Erste Welt – Dritte Welt« seit dem Zusammenbruch des »Ostblocks« der Realität nicht mehr angemessen ist, wird sie hier wegen ihrer Allgemeinverständlichkeit benutzt.

unter *soliden demokratisch-rechtsstaatlichen Kontextbedingungen mit der für sie typischen Bedeutung der öffentlichen Meinung* funktionieren. Nur unter diesen Bedingungen ist eine *effiziente Ziel-Mittel-Relation*, für die eine gewisse *Gewalt-»Sparsamkeit«* typisch ist,[67] zu erreichen. Insbesondere der »reine Terrorismus« des RAF-Typus, der die terroristische Logik in gewissermaßen idealtypischer »Reinheit« verkörpert, kann nur unter diesen Bedingungen gedeihen.

In der Dritten Welt dominieren ineffiziente autoritäre Regime oder mehr oder minder defekte Demokratien. Damit herrschen hier Rahmenbedingungen (insbesondere Ermöglichungsbedingungen) vor, die Organisationen mehr oder minder »reinen Terrorismus'« wenig Chancen bieten zu reüssieren. Die Analyse hat sich deshalb auf Gewaltorganisationen zu konzentrieren, die *auch* Terrorismus praktizieren. Zu fragen ist, unter welchen Umständen terroristische Züge bei ihnen an Bedeutung gewinnen.

Wenn man das Problem politischer Gewalt in der Dritten Welt analysiert, ist zunächst darauf hinzuweisen, daß die Probleme der Abgrenzung zwischen verschiedenen Gewaltarten, etwa Banditen- und Gangstertum, Guerilla, Bürgerkrieg und Terrorismus, zunehmend größer werden. Bei dem Bemühen um Unterscheidung und Abgrenzung sollte man die Gemeinsamkeiten der *mixta composita* nicht mißachten und unterschlagen.

Sodann hat man sich zu fragen, ob nicht im Verlauf des Modernisierungsprozesses traditionalistischer Gesellschaften ein neues *soziales Potential* für Gewaltorganisationen entsteht. So ist etwa auffällig, daß sowohl beim peruanischen Sendero Luminoso als auch den iranischen Mojahedin in ihren Statuserwartungen enttäuschte soziale Aufsteiger, die als erste ihrer Familie eine höhere Ausbildung absolviert haben oder absolvieren, den harten Kern der Mitgliedschaft bilden. Die ideologischen Unterschiede zwischen Sendero Luminoso und Mojahedin sind zwar krass. Aber es fragt sich, wenn man auch die Forschungsergebnisse über den Bürgerkrieg der 90er Jahre in Algerien berücksichtigt, ob die ideologische Motivation nicht doch recht häufig eher zweitrangig und Kontext- und »Zeitgeist«-bedingt ist. Gibt nicht letztlich die Bereitschaft den Ausschlag, als taugliches Mittel zur Erreichung sozialen Aufstiegs und ökonomischen Wohlergehens auch Gewalt in Betracht zu ziehen?

Nach dem Ende des Ost-West-Konflikts bieten sich vor allem Ethnie und Religion als *ideologische Potentiale* für die Mobilisierungs- und Rekrutierungsbemühungen politischer Unternehmer, auch der »Gewaltunternehmer«, an. Warum dies so ist, wurde begründet. Und es

---

67 In dem Beitrag von Waldmann wird eingehend auf diese Chakteristiken terroristischer Gewalt eingegangen.

wurde am Beispiel des Islam aufgezeigt, in welcher Weise die Sozialwissenschaft Deutungen zu widersprechen hat, die einer nüchternen Prüfung nicht standhalten. Es bedurfte keiner prophetischen Fähigkeiten, um voraussagen zu können, daß »Gewaltunternehmer« durch den Irak-Krieg der USA eine zusätzliche Chance erhalten haben, den Islam für Zwecke des »internationalen Terrorismus«, auch im Namen des antikolonialen Freiheitskampfes, auszubeuten.

Wenn man sich die Erfolgsvoraussetzungen von modernen Revolutionen (gegen einheimische Regime in zwischenstaatlichen Friedenszeiten) vor Augen führt, dann kann man daran zweifeln, daß die revolutionäre Machteroberung allein mit den Mitteln des Guerilla*kampfes* je zu erreichen ist. Vielleicht ist es ratsam, sich mit dem Guerillaphänomen (wenn man von Sezessionsbewegungen absieht) nicht mehr unter dem Kriterium der revolutionären Machteroberung, sondern dem der »Doppelherrschaft« auseinanderzusetzen und nach den Ressourcen zu fragen, die die Guerilla zur Teilnahme an der Doppelherrschaft in Stand setzen. Ein Beispiel (vielleicht nicht einmal ein extremes) wäre die kolumbianische FARC, die *realiter* weder eine revolutionäre Machteroberung noch ein Friedensabkommen anstrebt (Krumwiede 2000: 186 ff.), sondern sich mit der lukrativen Kontrolle von Gebieten, die ihr Kontrollmöglichkeiten des Drogenanbaus und der Drogenvermarktung sowie »Revolutionssteuern« verschaffen, zufrieden gibt. Daneben finanziert sie sich mit einem umfangreichen »Entführungsgeschäft« (Waldmann 1997: 144). Es besteht kein Zeifel, daß »als wichtigster Erklärungsgrund für den anhaltenden Erfolg der Guerilla ... die spektakuläre Aufbesserung der finanziellen Ressourcen« (Fischer 1998: 312) genannt werden muß, die es der Guerilla erlaubt, ihre Kämpfer besser zu entlohnen als der Staat seine Soldaten. Die FARC weist durchaus terroristische Züge auf. Es handelt sich aber um einen Terrorismus, der Ähnlichkeiten mit dem *Staatsterror* hat, weil sein Hauptziel die Kontrolle eines Herrschaftsbereiches ist.

Daß die Stadt-Guerilla die Guerilla der Zukunft ist, wie manche glauben, und die großstädtischen Slums geeignete Substitute für Dschungel und Berge sein könnten, erscheint als wenig wahrscheinlich. Denn die Slums sind, schon weil hier die Verratsrisiken groß sind, als Rückzugs- und Schonräume wenig geeignet. Auch sind sie von Polizei und Militär relativ leicht zu erobern und kommen deshalb weniger als »befreite Zonen« in Betracht als schwer zugängliche Regionen auf dem Lande.[68] Zusätzlich weisen sie gegenüber »befreiten Zonen« auf dem Lande den Nachteil auf, daß die Zahl der Opfer unter den Nicht-Kombattanten

---

68 Es dürfte aber lediglich eine Frage der Zeit sein, bis das Militär auch »befreiten Zonen« in schwer zugänglichen Landregionen den Garaus macht.

bei Militärangriffen wesentlich höher ist. Zu berücksichtigen wäre auch – wenn man vom algerischen Beispiel ausgeht –, daß sehr arme Stadtviertel, die nur geringe »Revolutionssteuererträge« erbringen, für die Guerilla ökonomisch wenig attraktiv sind (Martinez 2000: 107). Einiges (vgl. oben) spricht dafür, daß als Stadt-Guerilla gegründete Gewaltorganisationen längerfristig zu vorwiegend terroristisch tätigen Gewaltorganisationen degenerieren.

Es wurde darauf hingewiesen, daß in Bürgerkriegen, die sezessionistische Zielsetzungen verfolgen, die öffentliche Meinung im Ausland ein wichtiger Adressat (wenn nicht der wichtigste) von (ausgeübten oder provozierten) Terrormaßnahmen ist. Für diese Art von Bürgerkriegen gilt: »terror does pay«. Im Gegensatz dazu empfiehlt es sich bei Revolutionsversuchen gegen einheimische Regime für Gewaltorganisationen nicht, zu terroristischen Mitteln zu greifen, wenn sie eine bedeutsame Rolle in der revolutionären Machteroberungskoalition spielen wollen. Ein besonderes Problem stellen die nicht staatsbezogenen Bürgerkriege dar, in denen unter Ausnutzung ethnischer und religiöser Faktoren zunehmend ökonomische Motive eine Rolle spielen. In ihnen ist das Ausmaß an Gewalt besonders groß. Es fragt sich, ob man für Gewaltprozesse in Ländern wie Ruanda, Liberia und dem Kongo, wo – einmal abgesehen von der Eigendynamik von Gewaltprozessen – »blinde« Gewalt, die bis zum Genozid-Versuch reicht, zu beobachten ist und keine klaren Adressaten der Gewalt, die im Sinne einer rationalen »Kommunikatiosstrategie« beeinflußt werden sollen, erkennbar sind, überhaupt in sinnvoller Manier »Terrorismus« als wissenschaftlichen Begriff verwenden kann.

Man sollte nicht vorschnell Revolutionen zu einer Sache der Vergangenheit erklären. Es ist vielmehr prinzipiell nicht auszuschließen, daß auch noch zukünftig in bestimmten Ländern Revolutionen stattfinden. Denn es gibt noch einige Länder mit sozial isolierten (»sultanistischen«) Regimen, die günstige Möglichkeiten für das Koalitionsereignis »Revolution« bieten, wenn sie in eine Krise geraten. Als möglicher Kandidat für eine Revolution fällt einem Saudi-Arabien ein. Durch seine Haltung im Irak-Krieg dürfte das Regime zusätzlich an Legitimation verloren haben.

## Literatur

Abrahamian, Ervand: Iran Between Two Revolutions, Princeton 1982.
Abrahamian, Ervand: The Iranian Mojahedin, New Haven/London 1989.
Albert, Hans: Traktat über kritische Vernunft, Tübingen 1969 (2. Aufl.).
Allemann, Fritz René: Macht und Ohnmacht der Guerilla, München 1974.
Appleby, R. Scott: The Ambivalence of the Sacred. Religion, Violence, and Reconciliation, Lanham u. a. 2000.
Arias, Pilar: Nicaragua: Revolución. Relatos de combatientes del Frente Sandinista, Mexico 1980.
Arjomand, Said Amir: The Turban for the Crown. The Islamic Revolution in Iran, New York/London 1988.
Arjomand, Said Amir: Unity and Diversity in Islamic Fundamentalism, in: M. E. Marty/R. S. Appleby (ed.): Fundamentalism Comprehended (The Fundamentalism Project Vol. 5), Chicago/London 1995, S. 179-198.
Aust, Stefan: Der Baader Meinhof Komplex, München 1998.
Bakonyi, Jutta: Terrorismus, Krieg und andere Gewaltphänomene der Moderne, in: J. Bakonyi (Hrsg.), Terrorismus und Krieg. Bedeutung und Konsequenzen des 11. September 2001 (Arbeitspapier Nr. 4/2001 Forschungsstelle Kriege, Rüstung und Entwicklung – Universität Hamburg – IPW), S. 5-20.
Bellah, Robert N.: Islamic Tradition and the Problem of Modernization, in: Internationales Jahrbuch für Religionssoziologie, Bd. IV: Religionen im sozialen Wandel, Köln/Opladen 1970, S. 65-82.
Bendel, Petra/Hildebrandt, Mathias (Hrsg.): Im Schatten des Terrorismus. Hintergründe, Strukturen, Konsequenzen des 11. September 2001, Wiesbaden 2002.
Bennett, John M.: Sendero Luminoso in Context. An Annotated Bibliography, Lanham/London 1998.
Bundesministerium des Inneren (Hrsg.): Analysen zum Terrorismus, 5 Bd., Opladen 1981-1982.
Burt, Jo-Marie: Shining Path and the »Decisive Battle« in Lima's *Barriadas*: The Case of Villa El Salvador, in: S. J. Stern (ed.): Shining and Other Paths. War and Society in Peru, 1980-1995, Durham/London 1998, S. 267-306..
Calic, Marie-Janine: Der Krieg in Bosnien-Herzegowina. Ursachen – Konfliktstrukturen – Internationale Lösungsversuche, Frankfurt am Main 1995.
Collier, Paul u. a.: Breaking the Conflict Trap. Civil War and Development Policy, Washington D.C. 2003.
Collier, Paul/ Hoeffler, Anke, Greed and Grievance in Civil War (World Bank Working Paper), Washington D.C. 2001.
Cragin, Kim/Chalk, Peter: Terrorism & Development. Using Social and Economic Development to Inhibit a Resurgence of Terrorism, Santa Monica (Rand) 2003.
Crenshaw Hutchinson, Martha: Revolutionary Terrorism: The FLN in Algeria, 1954-1962, Stanford 1978.

Crenshaw, Martha: Theories of Terrorism: Instrumental and Organizational Approaches, in: D.C. Rapoport (ed.): Inside Terrorist Organizations, New York 1988, S. 13-31.

Crenshaw, Martha: The Causes of Terrorism, in: C. W. Kegley (ed.): International Terrorism: Characteristics, Causes, Controls, New York 1990, S. 113-126.

Crenshaw, Martha: The Logic of Terrorism: Terrorist Behavior as a Product of Strategic Choice, in: W. Reich (ed.): Origins of Terrorism: Psychologies, Ideologies, States of Mind, Cambridge 1990, S. 7- 24.

Crenshaw, Martha: The Effectiveness of Terrorism in the Algerian War, in: M. Crenshaw (ed.): Terrorism in Context, University Park, Penns. 2001 (2. Aufl.), S. 473- 513.

Creveld, Martin van: On Future War, London/Washington/New York 1991.

Dabashi, Hamid: Theology of Discontent. The Ideological Foundations of the Islamic Revolution in Iran, New York/London 1993.

Dahl, Robert A.: Polyarchy. Participation and Opposition, New Haven/London 1971.

Degregori, Carlos Iván: Ayacucho, después de la victoria, in: C. I. Degregori/ J. Coronel/P. del Pino/O. Starn: Las rondas campesinas y la derrota de Sendero Luminoso, Lima 1996, S. 15-28.

Degregori, Carlos Iván: Cosechando tempestades: Las rondas campesinas y la derrota de Sendero Luminoso en Ayacucho, in: C. I. Degregori/J. Coronel/P. del Pino/O. Starn: Las rondas campesinas y la derrota de Sendero Luminoso, Lima 1996, S. 189-225.

Degregori, Carlos Iván/Coronel, José/Pino, Ponciano del/Starn, Orin: La rondas campesinas y la derrota de Sendero Luminoso, Lima 1996.

Domínguez, Jorge I.: Cuba. Order and Revolution, Cambridge/London 1978.

Eckstein, Harry: On the Etiology of Internal Wars, in: History and Theory, Vol. IV (1964) No. 1, S. 133-163.

Elwert, Georg: Markets of Violence, in: G. Elwert/S. Feuchtwang/D. Neubert (ed.), Dynamics of Violence. Processes of Escalation and De-Escalation in Violent Group Conflicts (Beiheft 1 zum »Sociologus«), Berlin 1999, S. 85-102.

Fernández Huidobro, Eleuterio: Mit neuen Augen. Reden, Gedanken, Interviews, Hamburg 1992.

Fetscher, Iring/Münkler, Herfried/Ludwig, Hannelore: Ideologien der Terroristen in der Bundesrepublik Deutschland, in: I. Fetscher/G. Rohrmoser u. a. (Hrsg.): Ideologien und Strategien, Bd. 1 Analysen zum Terrorismus hrsgg. vom Bundesministerium des Inneren, Opladen 1981, S. 16- 271.

Filali-Ansary, Abdou: Muslims and Democracy, in: L. Diamond/M. F. Plattner (Hrsg.): The Global Divergence of Democracies, Baltimore/London 2001, S,. 37-51.

Fischer, Thomas: Krieg und Frieden in Kolumbien, in: H.-W. Krumwiede/P. Waldmann (Hrsg.): Bürgerkriege: Folgen und Regulierungsmöglichkeiten, Baden-Baden 1998, S. 294-323.

Gadenne, Volker: Theorie und Erfahrung in der psychologischen Forschung, Tübingen 1984.

Gellner, Ernest: Fundamentalism as a Comprehensive System: Soviet Marxism and Islamic Fundamentalism Compared, in: M. E. Marty/R. S. Appleby (ed.): Fundamentalism Comprehended (The Fundamentalism Project Vol. 5), Chicago/London 1995, S. 277-287.

Goldenberg, Boris: Kommunismus in Lateinamerika, Stuttgart u. a. 1971.

Gorriti, Gustavo: The Quota, in: O. Starn/C. I. Degregori/R. Krik (ed.): The Peru Reader. History, Culture, Politics, Durham/London 1995, S. 316-327.

Green, Jerold D.: Terrorism and Politics in Iran, in: M. Crenshaw (ed.): Terrorism in Context, University Park, Penns. 2001 (2.Aufl.), S. 553- 594.

Guevara, Ernesto Che: Der Partisanenkrieg: eine Methode, München 1968.

Gurr, Ted: Why Men Rebel, Princeton 1969.

Hanf, Theodor: Koexistenz im Krieg. Staatszerfall und das Entstehen einer Nation im Libanon, Baden-Baden 1990.

Hansen, Sven: Philippinen. Guerilla und Revolution. Ursprünge, Entwicklungen und Krise der NDF, Münster 1991.

Harari, José: Contribución a la historia del MLN Tupamaros, Montevideo 1987.

Hoffman, Bruce: Inside Terrorism, New York 1998.

Hoffman, Valerie J.: Muslim Fundamentalists: Psychosocial Profiles, in: M. E. Marty/R. S. Appleby (ed.): Fundamentalism Comprehended (The Fundamentalism Project Vol. 5), Chicago/London 1995, S.199-230.

Huntington, Samuel P.: The Third Wave. Democratization in the Late Twentieth Century, Norman/London 1991.

Huntington, Samuel P.: The Clash of Civilizations and the Remaking of World Order, New York 1996.

Jean, Francois Jean/Rufin, Christophe (Hrsg.), Ökonomie der Bürgerkriege, Hamburg 1999 (aus dem Französischen).

Juergensmeyer, Mark: Terror in the Mind of God. The Global Rise of Religious Violence, Berkeley/Los Angeles/London 2000.

Keddie, Nikki R./Monian, Farah: Militancy and Religion in Contemporary Iran, in: M. E. Marty/R. S. Appleby (ed.): Fundamentalism and the State. Remaking Polities, Economies, and Militance (The Fundamentalism Project Vol. 3), Chicago/London 1993, S.511-538.

Kepel, Gilles: Das Schwarzbuch des Djihad. Aufstieg und Niedergang des Islamismus, München/Zürich 2002 (aus dem Französischen).

Kermani, Navid, Iran: Die Revolution der Kinder, München 2001.

Krämer, Gundrun: »Der Islam ist Religion und Staat«: Zum Verhältnis von Religion, Recht und Politik im Islam, in: W. Schluchter (Hrsg.): Fundamentalismus, Terrorismus, Krieg, Weilerswist 2003, S. 45-60.

Krennerich, Michael: Wahlen und Antiregimekriege in Zentralamerika. Eine vergleichende Studie, Opladen 1996.

Krumwiede, Heinrich-W.: Zur vergleichenden Analyse sozialrevolutionärer

Prozesse: Zentralamerika, in: Ibero-Amerikanisches Archiv, Jg. 10 (1984) Nr. 4, S. 449-512.

Krumwiede, Heinrich-W.: Demokratie, Friedensprozesse und politische Gewalt. Der Fall Kolumbien aus einer zentralamerikanischen Vergleichsperspektive, in: T. Fischer/M. Krennerich (Hrsg.): Politische Gewalt in Lateinamerika, Frankfurt am Main 2000, S. 179-195.

Krumwiede, Heinrich-W./Trummer, Peter I.: Befreiungsbewegungen/Guerilla, in: D. Nohlen/P. Waldmann/K. Ziemer (Hrsg.): Lexikon der Politik (hrsgg. von Dieter Nohlen), Band 4: Die östlichen und südlichen Länder, München 1997, S. 75-84.

Labrousse, Alain: Kolumbien und Peru: politische Gewalt und Kriminalität, in: F. Jean/ J.-C. Rufin (Hrsg.): Ökonomie der Bürgerkriege, Hamburg 1999, S. 313 – 343.

Lamberg, Robert F.: Die castristische Guerilla in Lateinamerika, Hannover 1971.

Laqueur, Walter: Guerilla Warfare. A Historical and Critical Study, New Brunswick/London 1998 (Zuerst 1976 bei Little, Brown & Co.).

Laquer, Walter: The New Terrorism. Fanatism and the Arms of Mass Destruction, Oxford u. a. 1999.

Laqueur, Walter: A History of Terrorism, New Brunswick, N. J. 2002 (2.Aufl.) (Zuerst 1977 bei Little, Brown &Co.).

Linz, Juan J.: Totalitarian and Autoritarian Regimes, in: F. I. Greenstein/N. W. Polsby (ed.): Macropolitical Theory (Handbook of Political Science Vol. 3), Reading, u. a. 1975, S. 175-411.

Lustick, Ian S.: Terrorism in the Arab-Israeli Conflict: Targets and Audiences, in: M. Crenshaw (ed.): Terrorism in Context, University Park, Penns. 2001 (2. Aufl.), S. 514- 552.

Martinez, Luis: The Algerian Civil War 1990-1998, New York 2000 (aus dem Französischen).

Masterson, Daniel: In the Shining Path of Mariátegui, Mao Tse-tung, or Presidente Gonzalo? Peru's Sendero Luminoso in Historical Perspective, in: D. Castro (ed.): Revolution and Revolutionaries. Guerrilla Movements in Latin America, Wilmington 1999, S.171-189.

Mayntz, Renate: Historischer Überraschungen und das Erklärungspotential der Sozialwissenschaft (1995), in: Soziale Dynamik und politische Steuerung. Theoretische und methodologische Überlegungen, Frankfurt/New York 1995, S. 328- 340.

McClintock: Revolutionary Movements in Latin America. El Salvador's FMNL and Peru's Shining Path, Washington, D.C. 1998.

Merkel, Wolfgang: Religion, Fundamentalismus und Demokratie, in: W. Schluchter (Hrsg.): Fundamentalismus, Terrorismus, Krieg, Weilerswist 2003, S. 61-85.

Moore, Barrington: Injustice. The Social Bases of Obedience and Revolt, White Plains, 1978.

Münkler, Herfried: Guerillakrieg und Terrorismus, in: Gewalt und Ordnung. Das Bild des Krieges im politischen Denken, Frankfurt am Main 1992, S. 143-175, 224-230.

Münkler, Herfried: Die neuen Kriege, Reinbeck bei Hamburg 2002.

Naipaul, V.S.: Beyond Belief. Islamic Excursions Among the Converted Peoples, London 1999.

Neidhardt, Friedhelm: Über Zufall, Eigendynamik und Institutionalisierbarkeit absurder Prozesse. Notizen am Beispiel einer terroristischen Gruppe, in: H. v. Alemann/H. P. Thurn (Hrsg.), Soziologie in weltbürgerlicher Absicht. Festschrift für René König, Opladen 1981, S. 243-257.

Neubert, Dieter: Dynamics of Escalating Violence, in: G. Elwert/S. Feuchtwang/D. Neubert (ed.): Dynamics of Violence. Processes of Escalation and De-Escalation in Violent Group Conflicts (Beiheft 1 zum »Sociologus«), Berlin 1999, 153- 174.

Parsa, Misagh: States, Ideologies, and Social Revolutions. A Comparative Analysis of Iran, Nicaragua, and the Philippines, Cambridge 2000.

Perthes, Volker: Libanon: »Regulierungsreife« und Nachbürgerkriegskonflikte, in: H.-W. Krumwiede/P. Waldmann (Hrsg.): Bürgerkriege: Folgen und Regulierungsmöglichkeiten, Baden-Baden 1998, S. 157-169.

Porta, Donatella della: Social Movements, Political Violence, and the State. A Comparative Analysis of Italy and Germany, Cambridge/New York/Melbourne 1995.

Portes, Alejandro: On the Logic of Post-Factum Explanations: The Hypothesis of Lower-Class Frustration as the Cause of Leftist Radicalism, in: Social Forces, Vol. 50 (1970), S. 26-44.

Porzecanski, Arturo C.: Urugay's Tupamaros. The Urban Guerilla, New York/Washington/London 1973.

Przeworski, Adam et al.: Sustainable Democracy, Cambridge/New York/Melbourne 1995.

Reno, William: Greed or Grievance: Why Armed Groups Care and why They Do not, Paper für Workshop »Micropolitics of Armed Groups«, Humboldt Universität Berlin, 18.-19. Juni 2004.

Ron, James: Ideology in Context: Explaining Sendero Luminoso's Tactical Escalation, in: Journal of Peace Research, Vol. 38 (2001) No. 5, S. 569-592.

Sartori, Giovanni: Concept Misformation in Comparative Politics, in: The American Political Science Review, Vol. LXIV (1970) No.4, S. 1033-1053.

Scheffler, Thomas: Apocalypticism, Innerworldly Eschatology, and Islamic Extremism, Paper prepared for the conference »In Multiple Voices: Challenges and Opportunities for Islamic Peacebuilding After September 11«, Joan B. Kroc Institute for International Peace Studies, University of Notre Dame, Indiana April 12-13, 2002.

Schluchter, Wolfgang (Hrsg.): Fundamentalismus, Terrorismus, Krieg, Weilerswist 2003.

Schmid, Axel P./Jongmann, Albert J.: Political Terrorism. A New Guide to

Actors, Authors, Concepts, Data Bases, Theories and Literature, Amsterdam/Oxford/New York 1988 (revised, expanded and updated edition).
Smith, Donald Eugene: Religion and Political Development, Boston 1970.
Souaidia, Habib: Schmutziger Krieg in Algerien. Bericht eines Ex-Offiziers der Spezialkräfte der Armee (1992 – 2000), Zürich 2001 (aus dem Französischen).
Stepan, Alfred: The State and Society. Peru in Comparative Perspective, Princeton, 1978.
Stern, Peter A.: An Annoteded Bibliography of the Shining Path Guerilla Movement, 1980-1993, Austin 1995.
Tapia, Carlos: Las Fuerzas Armadas y Sendero Luminoso: Dos estrategias y un final, Lima 1997.
Thomas, Hugh: Cuba: The Pursuit of Freedom, New York 1971.
Tilly, Charles: Revolutions and Collective Violence, in: F. J. Greenstein/N. W. Polsby (ed.), Handbook of Political Science, Vol. 3: Macropolitical Theory, Reading, 1975, S. 485-555.
Troebst, Stefan: Von den Fanarioten zur UCK: Nationalrevolutionäre Bewegungen auf dem Balkan und die »Ressource Weltöffentlichkeit«, in: J. Requate/M. Schulze Wessel (Hrsg.): Europäische Öffentlichkeit. Transnationale Kommunikation seit dem 18. Jahrhundert, Frankfurt/New York 2002, S. 231-249.
Trotha, Trutz von: Forms of Martial Power: Total Wars, Wars of Pacification, and Raid. Some Observations on the Typology of Violence, in: G. Elwert/S. Feuchtwang/D. Neubert (ed.), Dynamics of Violence. Processes of Escalation and De-Escalation in Violent Group Conflicts (Beiheft 1 zum »Sociologus«), Berlin 1999, S. 35-60.
UNDP (United Nations Development Programme), Human Development Report 2001, New York/Oxford 2001.
Waldmann, Peter: Etnischer Radikalismus. Ursachen und Folgen gewaltsamer Minderheitenkonflikte am Beispiel des Baskenlandes, Nordirlands und Quebecs, Opladen 1989.
Waldmann, Peter: Terrorismus und Guerilla: Ein Vergleich organisierter antistaatlicher Gewalt in Europa und Lateinamerika, in: U. Backes/E. Jesse (Hrsg.): Jahrbuch Extremismus & Demokratie (5. Jahrgang), Bonn 1993, S. 69-103.
Waldmann, Peter (Hrsg.): Beruf: Terrorist. Lebensläufe im Untergrund, München 1993.
Waldmann, Peter: Veralltäglichung von Gewalt: Das Beispiel Kolumbien, in: T. v. Throtha (Hrsg.): Soziologie der Gewalt, Opladen (Sonderheft 37 der Kölner Zeitschrift für Soziologie und Sozialpsychologie) 1997, S. 141-160.
Waldmann, Peter: Terrorismus. Provokation der Macht, München 1998.
Waldmann, Peter: Bürgerkriege, Manuskript 2002.
Weede, Erich: Unzufriedenheit, Protest und Gewalt: Kritik an einem makropolitischen Forschungsprogramm, in: Politische Vierteljahresschrift, Vol. 16(1975), S. 409-428.

Wheelock Roman, Jaime: Vanguardia y revolución en las sociedades periféricas (entrevista de Marta Harnecker), Mexico 1986.
Wickam-Crowley, Timothy P.: Guerrillas and Revolution in Latin America. A Comparative Study of Insurgents and Regimes Since 1956, Princeton, 1992.
Wieviorka, Michel: Terrorism in the Context of Academic Research, in: M. Crenshaw (ed.): Terrorism in Context, University Park, Penns. 2001 (2. Aufl.), S. 597-606.
Zirakzadeh, Cyrus Ernesto: From Revolutionary Dreams to Organizational Fragmentation: Disputes over Violence within ETA and Sendero Luminoso, in: Terrorism and Political Violence, Vol. 14 (2002) No. 4, S. 66-92.

# Stefan Malthaner
# Terroristische Bewegungen und ihre Bezugsgruppen
## Anvisierte Sympathisanten und tatsächliche Unterstützer

## 1. Terroristische Bewegungen und ihre Bezugsgruppen

Der Frage nach den Bezugsgruppen terroristischer Bewegungen liegt die Beobachtung einer Zweigleisigkeit ihrer Motivation und Zielsetzung zugrunde. Ist das Ziel einer terroristischen Gewaltkampagne einerseits die Verbreitung von Angst und Schrecken, die Einschüchterung bestimmter Personengruppen, so richtet sie sich zugleich an andere Teile der Bevölkerung mit einer »positiven« Absicht und Botschaft: Terroristische Gewaltanschläge sollen, wie Waldmann hervorhebt, »*allgemeine Unsicherheit und Schrecken, daneben aber auch Sympathie und Unterstützungsbereitschaft erzeugen*« (1998: 10). So drohte die RAF in dem Bekennerschreiben zu einem Bombenanschlag im Mai 1972 einerseits dem »US-Imperialismus«, von nun an in der BRD nicht mehr sicher zu sein, richtete an andere Kreise jedoch zugleich den Aufruf, den Kampf zu wagen und »zwei, drei, viele Vietnam« zu schaffen. Ganz ähnlich verband der al-Qaida Sprecher Abu Gaith in einer Erklärung nach den Anschlägen des 11. September 2001 die Androhung weiterer Attentate mit dem Appell an alle Muslime, ihre »Verantwortung« wahrzunehmen und den Djihad gegen die »Ungläubigen« und »Kreuzzügler«, welche die islamische Nation bedrohten, zu beginnen.[1]

In den Vorstellungen und Zielen terroristischer Bewegungen findet sich neben ihren Feinden und Gegnern stets ein Bezug auf Gruppen, für die sie den Kampf zu führen glauben, mit denen sie sich identifizieren und aus deren Reihen sie auf Unterstützung für ihre Kampagne hoffen. Diesen *positiven Bezugsgruppen* der Terroristen gilt das Interesse dieser Untersuchung.

In der Analyse der Entwicklung terroristischer Bewegungen wird oftmals dem Vorgehen und den Reaktionen der angegriffenen Staatsgewalt große Bedeutung zugemessen: Brachte deren Vorgehen den Terrorismus hervor oder trug es zu einer Eskalation bei? Während Terroristen je-

---

[1] RAF-Bekennerschreiben abgedruckt in ID-Verlag (Hrsg.) 1997: 145. al-Qaida-Erklärung nach AP, 9. Oktober 2001.

doch zumeist recht gut in der Lage sind, das Verhalten ihrer Widersacher einzuschätzen und diese im Sinne ihres strategischen Kalküls zu provozieren, entwickelt sich im Gegensatz dazu die Reaktion ihrer angeblichen Sympathisanten und Unterstützer in vielen Fällen ganz entgegen ihren Erwartungen und Vorhersagen. Gerade das Verhältnis zu dem von ihnen als »*interessiert unterstellten Dritten*« (Münkler 1980: 317) ist jedoch von großer Bedeutung für den Verlauf terroristischer Gewaltkampagnen und kann letztlich über deren Erfolg und Mißerfolg entscheiden.[2]

Die Frage nach der Bedeutung der positiven Bezugsgruppen stellt sich in zweifacher Hinsicht: Zum einen in der Perspektive der Terroristen selbst – mit welchen Gruppen identifizieren sie sich und in welcher Weise? Zum andern ist nach der Haltung der in dieser Weise anvisierten Bevölkerungsgruppen zu fragen: Wie reagieren sie, welche tatsächliche Unterstützung besteht für die Terroristen und welche Rückwirkungen hat dies auf die terroristische Gewaltkampagne?

### a) Die Perspektive der Akteure

Die soziologische Bezugsgruppentheorie[3] unterscheidet negative und positive Bezugsgruppen. Als »negativ« werden Bezugsgruppen bezeichnet, von denen sich ein kollektiver oder individueller Akteur distanziert, die er ablehnt oder gar bekämpft. Positive Bezugsgruppen sind dagegen solche, mit denen sich ein Akteur identifiziert und an denen er sein Denken und Handeln ausrichtet. Spricht man von positiven Bezugsgruppen terroristischer Bewegungen,[4] so handelt es sich um eine Kategorie aus der Perspektive der Akteure, das heißt, es geht um deren subjektive (mehr oder weniger realistische) Vorstellung von bestimmten Gruppen, zu denen sie sich und ihr Tun in Beziehung setzen. Positive Bezugsgruppen sind somit nicht – dies gilt es zu betonen – mit tatsächlichen Sympathisanten und Unterstützergruppen der Terroristen gleichzusetzen.

2 Vor allem Münkler (1980) hat bereits früh auf die entscheidende Bedeutung der positiven Bezugsgruppen hingewiesen. Vgl. auch Waldmann (1992/1998).
3 Zur Bezugsgruppentheorie siehe insbesondere Merton (1959).
4 Die hier in erster Linie betrachteten Akteure sind die terroristischen Organisationen, das heißt, im Vordergrund stehen Bezugsgruppen, an welchen sich die Bewegungen im Ganzen orientieren. Einzelne Aktivisten können sich mitunter mit anderen Gruppen identifizieren oder diesen unterschiedliches Gewicht beimessen; so bestehen zuweilen Unterschiede zwischen den Prioritäten der Organisationsführung und denen ihrer »Fußsoldaten«.

## TERRORISTISCHE BEWEGUNGEN UND IHRE BEZUGSGRUPPEN

In welcher Hinsicht orientieren sich die Gewaltorganisationen an diesen Gruppen? Im folgenden werden zwei Aspekte der »Bezugnahme« unterschieden. Zum einen die *Identifizierung* terroristischer Bewegungen mit einer Bevölkerungsgruppe, für die und in deren Namen sie ihren Kampf zu führen beanspruchen. Die Terroristen sehen sich selbst als Vertreter der »Sache« dieser Gruppe, deren Schicksal sie teilen oder sich zu eigen gemacht haben. Sie sind, in den Worten Münklers (1980: 317), überzeugt, ihre Gewalttaten im »objektiven Interesse« dieser Bevölkerungsgruppen zu verüben.

Zum anderen beziehen sich terroristische Bewegungen in *strategischer* Hinsicht auf Teile einer Bevölkerung, das heißt, sie betrachten sie als potentielle Unterstützer und »revolutionäres Subjekt«. Die Strategie der Terroristen zielt darauf ab, diese Gruppen zu aktivieren und zu mobilisieren, um so die notwendige Unterstützung zur Fortführung ihrer Gewaltkampagne zu erhalten oder um einen breiteren Aufstand und eine revolutionäre Erhebung herbeizuführen.

In vielen Fällen richten sich beide Aspekte auf ein und dieselbe Gruppe, unter Umständen aber auch auf unterschiedliche Bevölkerungsgruppen. Die RAF beispielsweise identifizierte sich mit dem Kampf des Vietkong ebenso wie mit den »proletarischen« Schichten der BRD, erhoffte Unterstützung für ihre Kampagne jedoch vor allem bei bestimmten Teilen der politischen Linken zu finden.

Wer sind die positiven Bezugsgruppen terroristischer Bewegungen? Selbst bei einer kursorischen Durchsicht wird schnell deutlich, daß es sich um sehr verschiedene Arten von »Gruppen« handeln kann. So beziehen sich einige terroristische Organisationen auf soziale Schichten einer Gesellschaft wie »das Proletariat«, andere dagegen auf eine ethnische oder religiöse Minderheit, eine Nation, eine weltweite Religionsgemeinschaft oder die Bevölkerung anderer Länder. Um das Verhältnis der Terroristen zu den von ihnen anvisierten Unterstützer- und Sympathisantengruppen näher zu bestimmen, gilt es zwei Unterscheidungen hervorzuheben. Zum einen ist zwischen Eigengruppen und Fremdgruppen als Bezugsgruppen zu differenzieren.[5] Terroristen können sich mit einer Bevölkerungsgruppe identifizieren, der sie selbst angehören, zumeist einer ethnischen oder nationalen Minderheit, oder aber mit sozialen Gruppen bzw. sozialen Kategorien, zu denen sie nicht selbst gehören und in manchen Fällen kaum direkte Kontakte haben. Im letzteren Fall handelt es sich oftmals um eine soziale Schicht, der die Terroristen nicht

---

5 So bereits Münkler 1980: 321 ff., der Formen von Terrorismus, bei denen die Terroristen dem »als interessiert unterstellten Dritten« selbst angehören, von solchen Formen unterscheidet, in denen sie dies nicht tun. Zur grundsätzlichen Unterscheidung von Eigengruppen und Fremdgruppen als Bezugsgruppen siehe auch Merton 1959.

selbst entstammen, wie etwa »das Proletariat«, während die Aktivisten selbst eher Mittelschichtsangehörige sind, oder gar um Bevölkerungsgruppen anderer Kontinente, wie die »unterdrückten Völker« der Dritten Welt.

Das letztgenannte Beispiel weist auf ein zweites Unterscheidungsmerkmal hin: Handelt es sich in einigen Fällen, etwa bei nationalen oder ethnischen Minderheiten, um klar abgrenzbare Gemeinschaften mit einem eigenen Identitätsgefühl, so beziehen sich die Terroristen in anderen Fällen eher auf abstrakte Kategorien als auf tatsächliche soziale Gruppen.

Diese Unterschiede bleiben nicht ohne Auswirkungen auf die Art und Weise der Bezugnahme durch die Terroristen. Im Fall fremder und relativ abstrakter Gruppen, bzw. sozialer Kategorien ist die Orientierung oft auch inhaltlich vage; das heißt, die Terroristen identifizieren sich letztlich mit einer imaginierten Gruppe und unterstellen dieser zum Teil Haltungen, die mit jenen der realen Personengruppe nicht viel zu tun haben. Die Bezugnahme auf soziale Entitäten wie »das Proletariat«, »die Nation«, oder auch eine weltweite »Glaubensgemeinschaft« trägt, im Gegensatz zur Berufung nationaler Separatisten auf eine bestimmte Minderheit, eher den Charakter eines Appells. In diesen Fällen wird die Schaffung einer Einheit und eines gemeinsamen Bewußtseins der so anvisierten Gruppe gerade auch zum Ziel der terroristischen Kampagne.

Insgesamt kennzeichnet die Sichtweise der Terroristen hinsichtlich ihrer positiven und negativen Bezugsgruppen eine besondere Übersteigerung und Verabsolutierung, eine dichotomische Einteilung der Welt in Kategorien von Gut und Böse, Freund und Feind, die differenziertere Positionen nicht zuläßt. »Opportunist oder Revolutionär«, so äußerte sich Ulrike Meinhof, an die politische Linke gewandt, dazwischen gäbe es keine Alternativen.[6] Der Überidentifikation der Terroristen mit ihrer positiven Bezugsgruppe entspricht die apodiktische Ablehnung und Verdammung der negativen Bezugsgruppen, das heißt, ihrer Feinde. Diese Polarisierung findet oft eine Entsprechung in der Strategie der Terroristen. Ziel ihrer Gewaltkampagne ist in vielen Fällen, eine Situation herbeizuführen, in der sich jeder für die Seite der Terroristen oder die ihrer Gegner entscheiden muß.

### b) Bezugsgruppen und tatsächliche Unterstützung

Richtet man den Blick auf die tatsächliche Haltung der betreffenden Bevölkerungsgruppen, so fällt häufig eine Diskrepanz zwischen anvisierter und tatsächlicher Unterstützung auf. Während die Terroristen

---

6 Vgl. Fetscher 1980: 53 ff.

unter Umständen beanspruchen, im Namen einer ganzen Gesellschaft oder Kontinente übergreifender Schichten und Gemeinschaften zu handeln, ist der Kreis ihrer tatsächlichen Anhänger möglicherweise recht begrenzt. Auch wenn terroristische Bewegungen in anderen Fällen größeren Rückhalt in Teilen einer Bevölkerung finden, handelt es sich bei Terrorismus doch grundsätzlich um eine Strategie von relativ schwachen Gruppen, die nicht (oder noch nicht) über eine ausreichend große Unterstützung verfügen, um sich auf anspruchsvollere Gewaltstrategien wie einen Guerilla-Krieg oder eine Revolution einlassen zu können.[7] So setzt die militärischen Vorgehensweise der Guerilla,[8] soll sie nicht innerhalb kürzester Zeit scheitern, bereits eine Unterstützung durch die Bevölkerung als notwendige Bedingung voraus (Münkler 1980: 314); der Guerillero sollte sich in ihr, nach Mao Tse Tungs bekanntem Leitspruch, wie ein Fisch im Wasser bewegen können. Terroristische Bewegungen sind für ihre Strategie der Gewaltanschläge aus dem Untergrund nicht zwangsläufig auf einen vergleichbar großen Rückhalt angewiesen. Das Ziel von Terrorismus ist vielmehr, breitere Unterstützung durch eine Gewaltkampagne erst zu gewinnen. In diesem Sinne ist Münklers Formel des »als interessiert unterstellten Dritten« (1980: 313) zu verstehen; dieser soll durch den Kampf überzeugt und mobilisiert werden.

Terrorismus geht es also ebenso um die Gewinnung der positiven Bezugsgruppen wie um die Bekämpfung des Feindes, und gerade der »Kampf um die Bevölkerung«, das heißt, die Erzeugung und der Erhalt von Unterstützung in bestimmten Gruppen, ist ein zentraler und prägender Bestandteil der terroristischen Strategie.

Auf welchem Weg suchen die Terroristen Unterstützung zu gewinnen? Ein generelles Kennzeichen der Vorgehensweise terroristischer Bewegungen gegenüber den von ihnen anvisierten Bevölkerungsgruppen ist die Ambivalenz von Werbung und Drohung. Wie Crenshaw (1978) am Beispiel des algerischen FLN herausgearbeitet hat, verfolgt Terrorismus im Hinblick auf die »positiven« Bezugsgruppen einerseits das Ziel, Sympathie und genuine Unterstützung zu erzeugen, andererseits jedoch auch, ein Minimum an sozialer und materieller Unterstützung zu erlan-

---

7 Die Wahl einer terroristischen Strategie wird allerdings auch durch Faktoren wie die rein militärische Stärke einer Organisation und des gegnerischen Staates sowie die Geographie eines Landes beeinflußt. Vgl. den Beitrag von Krumwiede in diesem Band.
8 Grundsätzlich werden Guerilla und Terrorismus anhand ihrer Vorgehensweise unterschieden. Während die Strategie der Guerilla eine militärische ist und sich auf die Besetzung des Raumes richtet (und über eine gewisse territoriale Basis verfügt), kalkuliert Terrorismus mit der psychologischen und kommunikativen Wirkung der Gewalt. Sein Ziel ist es, das Denken zu besetzen; Wördemann 1977: 145. Siehe auch Münkler 1980, Waldmann 1993, sowie den Beitrag von Krumwiede in diesem Band.

gen, und sei es durch die Androhung von Gewalt: »*That is terrorism may coerce support or it may inspire it*« (1978: 40; 47). Im einzelnen versuchen terroristische Bewegungen zunächst, um Sympathien zu werben, indem sie diejenigen angreifen, von denen sie annehmen, die anvisierte Bevölkerung stünde ihnen ablehnend bis feindlich gegenüber, und indem sie versuchen, die betreffende Staatsmacht bloßzustellen und mit ihren Gewaltanschlägen den Eindruck eigener Stärke zu erwecken. Eine zweite Strategie ist die Provokation der staatlichen Gegenseite zu einer Überreaktion, welche diese in den Augen der Bevölkerung delegitimieren und so Unterstützung für die Terroristen erzeugen soll (Waldmann 1998: 32 ff.). Das Provokationskalkül beinhaltet dabei immer auch ein Element des »auf die eigene Seite-Zwingens«: Es wird bewußt eine Ausuferung staatlicher Repression angestrebt, welche die Bevölkerung zwingt, die Realität der Unterdrückung und die Unausweichlichkeit des Kampfes zu erkennen, und ihr keine andere Wahl läßt, als sich für die Terroristen zu entscheiden. In manchen Fällen schließlich nimmt das Vorgehen der Terroristen die Form einer direkten Einschüchterung der Bevölkerung durch Drohungen und Gewalttaten an, um ein Minimum an Unterstützung zu erzwingen, bzw. ihre Kooperation mit den staatlichen Sicherheitskräften zu verhindern.[9]

Auf der Seite der auf diese Weise teils umworbenen, teils erpreßten Bevölkerungsgruppen findet sich ein breites Spektrum von Reaktionen. Es reicht von Sympathie und aktiver Unterstützung in bestimmten Kreisen bis hin zu offener Ablehnung und erbittertem Widerstand. Beeinflußt werden diese Reaktionen nicht zuletzt durch das Wechselspiel von staatlichen und terroristischen Vorgehensweisen.

Gewaltmaßnahmen der Sicherheitskräfte ebenso wie jene der Terroristen können, werden sie als grausam und ungerechtfertigt empfunden, die Bevölkerung der jeweiligen Gegenseite in die Hände treiben. So führen rücksichtslose Verfolgungsmaßnahmen des Staates, vor allem, wenn sie sich auch gegen Unschuldige richten, in vielen Fällen dazu, daß sich die Betroffenen mit den terroristischen Bewegungen solidarisieren. Die Terroristen ihrerseits verspielen mit abscheuerregenden Gewaltanschlägen oftmals einen Großteil ihrer Unterstützung. Staatliche Verfolgung und Repressionsmaßnahmen, aber auch Morde und Drohungen der Terroristen, können eine Bevölkerungsgruppe unter Umständen

---

9 Siehe Crenshaw 1978: 40-60. Crenshaw unterscheidet zwischen Terrorismus, der vorrangig um Sympathie und genuine Unterstützung für die Ziele der Bewegung werben soll (*endorsement terrorism*) und Terrorismus mit der Funktion, Fügsamkeit und Unterstützung zu erzwingen (*compliance terrorism*), sowie schließlich der Strategie der Provokation einer staatlichen Überreaktion (*provocation terrorism*) um sich durch eigene Vergeltungsmaßnahmen Sympathien zu verschaffen.

soweit einschüchtern, daß sie von jeder Kooperation mit der gegnerischen Seite absieht. Welche Reaktionen insbesondere staatliche Vorgehensweisen hervorrufen, ist nicht zuletzt eine Frage des Ausmaßes der Gewalt; die Terrormaßnahmen diktatorischer Regime sind meist imstande, Unterstützung für aufständische Bewegungen im Keim zu ersticken. Von großer Bedeutung ist (neben fallspezifischen Umständen) darüber hinaus, wie die Akteure von der Bevölkerung grundsätzlich eingeordnet werden, das heißt etwa, ob der betreffende Staat von vornherein als fremd betrachtet wird. So werden Maßnahmen eines Besatzungsstaates oder einer als Besatzungsmacht angesehenen Zentralregierung gegenüber bestimmten Minderheiten mit großer Wahrscheinlichkeit als feindlich und gegen die gesamte Bevölkerung gerichtet wahrgenommen.

*c) Aufbau, Thesen und Fallauswahl*

Im folgenden sollen die positiven Bezugsgruppen für drei Grundformen von Terrorismus[10] – ethnisch-nationalistischer Terrorismus, sozialrevolutionärer Terrorismus und religiöser Terrorismus – herausgearbeitet werden. Das Interesse gilt dabei den Orientierungen der Terroristen ebenso wie den Reaktionen der anvisierten Bevölkerung und deren Auswirkungen auf die Gewaltkampagne.

Den beiden erstgenannten Formen von Terrorismus werden hier idealtypisch zwei Arten von Bezugsgruppen zugeordnet: Während sich ethnisch-nationalistische Terroristen zuallererst mit der eigenen (ethnischen oder nationalen) Bevölkerungsgruppe identifizieren, die gegen einen äußeren Feind verteidigt werden soll, ist das Ziel sozialrevolutionärer Bewegungen die Umgestaltung einer Gesellschaft im Namen einer abstrakten sozialen Kategorie.

Ein dritter Abschnitt beschäftigt sich mit dem religiösen Terrorismus, der sich, so die hier vertretene These, zugleich auf die religiöse Glaubenslehre und die religiöse Gemeinschaft bezieht. Dem entspricht eine zweifache Zielsetzung religiöser Terroristen, denen es einerseits um die Verteidigung der Glaubensgemeinschaft, andererseits um deren religiöse und soziale Erneuerung geht; beide Elemente können unterschiedlich stark ausgeprägt sein.

10 Siehe insbesondere Waldmann 1992; ders. 1998. Elemente oder abgewandelte Formen dieser weitgehend anerkannten Unterscheidung finden sich auch bei einer Vielzahl anderer Autoren, so etwa bei Fetscher 1981: 21 oder Schmid und de Graaf 1982: 60. Für eine ausführliche Diskussion verschiedener Typologien von Terrorismus siehe Schmid und Jongman 1988: 39 ff.

Der letzte Abschnitt wendet den Bezugsgruppen-Ansatz auf Fälle des internationalen Terrorismus an, wobei zum einen die Bedeutung der Weltöffentlichkeit als Bezugsgruppe, zum anderen die Orientierung an einer grenzüberschreitenden Gemeinschaft im Fall des globalen Terrorismus herausgearbeitet wird. Grundlage der Ausführungen bildet eine Reihe von Fallbeispielen, deren Auswahl sich an den genannten Grundformen orientiert:[11] Die Irisch Republikanische Armee (IRA) und die baskische ETA werden als Beispiele des ethnisch-nationalistischen Terrorismus herangezogen; die deutsche RAF und der Leuchtende Pfad Perus für den sozialrevolutionären Terrorismus; für den religiösen Terrorismus schließlich die Hizbollah Bewegung des Libanon, die ägyptische Gruppe al-Djihad und die japanische Aum-Sekte. Die Rolle von Bezugsgruppen im Fall des internationalen Terrorismus wird anhand palästinensischer Terrorgruppen und der Organisation al-Qaida untersucht. Ergänzend finden gelegentlich einige weitere terroristische Bewegungen Erwähnung, darunter die Hamas und die algerische GIA.

## 2. Ethnisch-nationalistischer Terrorismus: Die Verteidigung der eigenen Gemeinschaft

*a) Bezugsgruppen ethnisch-nationalistischer Terroristen*

Als »ethnisch-nationalistisch« werden terroristische Bewegungen bezeichnet, deren Ziel die Befreiung einer (ethnischen oder nationalen) Bevölkerungsgruppe von Fremdherrschaft und Unterdrückung ist. Ihre positive Bezugsgruppe ist, wie bereits Waldmann (1992: 244, 1998: 85 f.) hervorhebt, die eigene Volksgruppe. Die Terroristen betrachten sich dabei selbst als Repräsentanten der eigenen nationalen Gemeinschaft, die sie verteidigen und für deren Rechte sie kämpfen.

Untersucht man Äußerungen von Mitgliedern dieser Bewegungen, so fällt – im Vergleich etwa zu den Postulaten sozialrevolutionärer Gruppen – die Selbstverständlichkeit und Eindeutigkeit des Bezuges auf die eigene Bevölkerungsgruppe auf. So enthielt das »Grüne Buch« der IRA,

11 Die Auswahl richtet sich auch nach Kriterien aktueller politischer Relevanz und pragmatischen Notwendigkeiten. Die Zahl der Fallbeispiele, zumal mit sehr unterschiedlichen kulturellen und historischen Hintergründen, die im Rahmen einer solchen Untersuchung bearbeitet werden können ist zwangsläufig begrenzt; Andere aus theoretischer oder entwicklungspolitischer Sicht interessante Beispiele wie etwa die Tamil Tigers oder Gruppierungen in Kaschmir mußten daher unberücksichtigt bleiben. Islamistischen Gewaltbewegungen wurde ein besonderer Platz eingeräumt.

eine Schrift für neue Rekruten, die nüchterne Feststellung: »*The Irish Republican Army, as the legal representatives of the Irish people, are morally justified in carrying out a campaign of resistance against foreign occupation forces*«.[12] Die Aktivisten der IRA sahen sich als »Freiwillige« oder »Soldaten« (*Volunteers*) im Kampf für »ihr Land« und für »ihr Volk«, wobei sie sich auf das irische Volk, vor allem jedoch auf die katholische Bevölkerung Nordirlands bezogen. Die IRA, in den 1960er Jahren als aufständische Bewegung praktisch bedeutungslos geworden, erfuhr im Verlauf der nordirischen Unruhen von 1969 eine Reaktivierung vor allem in ihrer Rolle als Verteidigerin der katholischen Gemeinden gegen gewaltsame Übergriffe protestantischer Banden. Nach einer ersten, defensiven Phase sollte der Kampf stufenweise in einer Offensive zur Befreiung der Insel von »britischer Kolonialherrschaft« weitergeführt werden.[13] Die katholische Bevölkerung Nordirlands war dabei auch in strategischer Hinsicht die positive Bezugsgruppe der IRA; aus ihren Reihen erwartete sie Sympathie und Rückhalt für den Kampf »ihrer Armee«. Dabei sahen die Pläne der IRA-Führung mit wachsender Stärke und Unterstützung eine allmähliche Ausweitung ihrer Gewaltkampagne vor, nicht aber eine umfassende Mobilisierung der Bevölkerung (etwa zu einem »Volkskrieg«). Nachdem in den späten 1970er Jahren die Hoffnung auf einen schnellen Abzug der Briten aufgegeben wurde, formulierte sie ihre Strategie explizit als »*war of attrition*«, einen langfristigen, aber letztlich begrenzten Abnützungskrieg gegen die britische Besatzung (Bishop/Mallie 1987: 106 ff., Smith 1997: 123 ff., 152).

Im Ganzen war die Bewegung sowohl in ihren Wertvorstellungen als auch in ihrer Weltsicht in die katholischen Bevölkerungsgruppen integriert (Burton 1978: 68 ff.). Vor allem für das Selbstverständnis des einzelnen IRA-Mitgliedes als »Volunteer« schien die Wertschätzung seines Tuns durch diese Gemeinschaft große persönliche Bedeutung zu haben (Burton 1978: 125).

In ähnlicher Weise stellte die baskische Bevölkerung für die ETA, die aus der massiven Unterdrückung der Basken und ihrer Kultur durch das Franco-Regime nach dem spanischen Bürgerkrieg entstanden war, die

12 Wiedergegeben in Coogan 2000: 545. Ähnlich erklärte Ruairi O'Bradaigh, Führungsmitglied zu Beginn der 1970er Jahre, lapidar, »*The IRA bases itself on Ireland's National rights, and the right of the Irish people to the ownership of Ireland.*« Zitiert in Smith 1997: 94.

13 Die hier in erster Linie betrachtete »Provisional« IRA bildete sich als Abspaltung im Verlauf der nordirischen Unruhen von 1969, als sich die in Dublin ansässige IRA-Führung, die sich im Verlauf der 1960er Jahre zunehmend »politisch« und eher links orientiert hatte, weder willens noch in der Lage zeigte, zum Schutz der Katholiken in die Auseinandersetzungen einzugreifen.

maßgebliche Bezugsgruppe dar. Wie Aussagen ehemaliger Mitglieder deutlich machen, betrachteten viele Etarras ihren Kampf gegen Spanien als die Erfüllung einer Pflicht gegenüber dem Baskenland und dem baskischen Volk. Auch für sie war die Anerkennung durch diese Bevölkerung von ausschlaggebender Bedeutung (vgl. Reinares/Herzog 1993: 23, 28, 32 ff.; Waldmann 2003).

### b) Interaktionsmuster

Welche Beziehungen bestanden zwischen den terroristischen Bewegungen und der Bevölkerung, wie reagierte diese auf die Gewaltkampagne der Terroristen? Bei beiden hier betrachteten Bewegungen fällt, insbesondere zu Beginn ihres Bestehens, ihre enge Einbindung in die jeweiligen Bevölkerungsgruppen und deren soziale Netzwerke auf. In den Jahren nach den Unruhen von 1969 war in vielen Nachbarschaften bekannt, wer der IRA angehörte (Burton 1978: 110 ff.). Die »Volunteers« der IRA brachen den Kontakt zu ihrem Familien- und Freundeskreis keineswegs ab, sondern traten mit ihrem Anschluß an die IRA oftmals in die Fußstapfen älterer Brüder, Väter oder Großväter.[14] Erst Ende der 1970er Jahre sah sich die IRA aufgrund zunehmender Fahndungserfolge der Sicherheitskräfte zu einer Reorganisation in Form einer geschlossenen Zellen-Struktur gezwungen, die eine größere Distanz zur Bevölkerung mit sich brachte.

Auch die ETA-Mitglieder blieben in die baskische Bevölkerung eingebunden, wenngleich in diesem Fall aufgrund des massiven staatlichen Verfolgungsdrucks von Beginn an größere Geheimhaltung geboten war (Waldmann 1981: 58). Von besonderer Bedeutung waren im Fall der ETA neben der Familie die Vielzahl gesellschaftlicher Vereine, etwa Berg- und baskische Kulturvereine, sowie Freundeskreise, die hinter den Aktivisten standen und sie, auch im französischen »Exil« oder im Gefängnis, unterstützten (vgl. Reinares/Herzog 1993: 28 ff., 40).

Wie hieraus deutlich wird, war sowohl von seiten der Basken als auch der katholischen Bevölkerung in Nordirland eine gewisse Akzeptanz und Identifizierung mit den Terroristen feststellbar: Die Bevölkerung betrachtete die Aktivisten grundsätzlich als Teil der eigenen Gemeinschaft und viele teilten ihre Ziele. Vor allem zu Beginn ihrer Kampagne unterstützte ein nicht unerheblicher Anteil der Basken und der katholischen Gemeinden Nordirlands die Terroristen. So schätzt Burton (1978: 85), daß nahezu jeder Dritte in dem von ihm zu Beginn der 1970er Jahre untersuchten Stadtviertel hinter der IRA stand, was sich in späteren Jahren auf etwa 10-15 Prozent der Bevölkerung reduzierte (vgl. Waldmann 1998: 89). Zwar gab es durchaus Kritik an ihren Ge-

---

14 Siehe hierzu Bishop/Mallie 1987: 3 sowie Waldmann 1998: 89.

waltaktionen, doch in weiten Teilen betrachtete man die Mitglieder der
IRA ebenso wie die Etarras mit einer gewissen Anerkennung und Bewunderung (Reinares/Herzog 1993: 28,32; Burton 1978: 110). Selbst
Personen, die ihnen ablehnend gegenüberstanden, sahen in ihnen keine
gewöhnlichen Kriminellen. Repressive Maßnahmen der Sicherheitsbehörden gegen die Terroristen hatten in der Regel eine Solidarisierung
der Bevölkerung mit diesen zur Folge. So wurden Durchsuchungsaktionen britischer Fallschirmjäger in dem von Burton untersuchten katholischen Viertel als ein »Angriff auf die Gemeinschaft« wahrgenommen
und brachten kritische Stimmen gegenüber der IRA zum Verstummen
(1978: 86). In ähnlicher Weise löste der Hungerstreik von 1980/81 eine
riesige Welle der Solidarisierung der katholischen Bevölkerung mit den
IRA-Häftlingen und der Bewegung insgesamt aus. Auch im Fall der
ETA berichtet Waldmann von Sympathie-Schüben für die Terroristen
als Folge repressiver Regierungsmaßnahmen (1981: 61 ff.).

Die Unterstützungshaltung der Bevölkerung ließ jedoch deutliche
Ambivalenzen und zeitliche Schwankungen erkennen. Außerhalb der
Kreise überzeugter »Republikaner« konnte die IRA mit Zustimmung
und Akzeptanz in erster Linie für ihre Aktionen zur Verteidigung der
katholischen Viertel rechnen; dagegen waren »offensive« Maßnahmen
im Rahmen ihrer Strategie zur Befreiung der Insel von britischer »Besatzung« weit stärker umstritten. Die IRA hätte, wie einige Anwohner
gegenüber Burton erklärten, lediglich ein »Mandat« für defensive Aktionen (1978: 83). Diese Rolle als Verteidiger der katholischen Bevölkerung wurde von dieser allerdings auch eingefordert: Daß die IRA-Führung in den Unruhen von 1969 zunächst untätig blieb, hatte
katastrophale Folgen für ihr Ansehen in den katholischen Vierteln, in
denen die Wandschrift auftauchte: »*IRA = I Ran Away!*« (Bishop/Mallie 1987: 88). Andererseits trafen besonders abscheuerregende Anschläge, wie der Bombenanschlag von Enniskillen im Jahr 1987, bei dem
viele Zivilisten getötet und verletzt wurden, auf fast einhellige Ablehnung in der katholischen Bevölkerung.

Die Orientierung der IRA an der eigenen Bevölkerung als Bezugsgruppe, welche ihrerseits die Terroristen nur mit gewissen Vorbehalten
unterstützte, hatte ein Rechtfertigungsbedürfnis der Terroristen für ihre
Gewaltakte zur Folge, woraus ein steter Diskurs um die Legitimität
ihres Vorgehens zwischen der IRA und Kreisen der katholischen Bevölkerung entstand. Auch wenn die IRA öffentliche Kritik in der Regel
kategorisch zurückwies und ihren Kritikern jede Legitimität und jeden
Rückhalt in der katholischen Bevölkerung absprach,[15] ließen ihre Äußerungen ebenso wie ihr Vorgehen dennoch Aufmerksamkeit gegen-

---

15 Siehe etwa Burton 1978: 94 ff. sowie die Darstellung der »Peace People«
bei Adams 1996: 311.

über der Stimmung in den katholischen Gemeinden erkennen. Beispielsweise verwandte sie große Mühen darauf, Vorgehensweisen und die Auswahl von Anschlagszielen zu rechtfertigen, gegen die sie Kritik und Ablehnung wahrnahm oder vorhersah (vgl. Darby 1994: 62). Zweifellos enthielt die Haltung der Gewaltorganisation gegenüber ihrer Bezugsgruppe auch autoritäre Elemente – resultierend aus ihrer Überzeugung, den einzig richtigen Weg zu verfolgen[16] – und nicht selten hielt sie auch gegen Widerstand an bestimmten Vorgehensweisen fest. Gleichwohl stellten die Maßstäbe des zumindest in den republikanischen Teilen der Bevölkerung als akzeptabel und zulässig Erachteten eine wirksame Beschränkung ihres Handelns dar. Diese Grenzen war die IRA, wie Eamon Collins, selbst ehemals hochrangiges Mitglied der IRA erklärte, bemüht und auch genötigt einzuhalten: »*The IRA – regardless of their public utterances dismissing the condemnations of their behaviour from church and community leaders – tried to act in a way that would avoid severe censure from within the nationalist community; they knew they were operating within a sophisticated set of informal restrictions on their behaviour, no less powerful for being largely unspoken*« (1997: 295). Beispielsweise sorgte bis Anfang 1972 die Erwartung massiver Proteste für eine gewisse Zurückhaltung der IRA gegenüber britischen Soldaten, die bis dahin in der katholischen Bevölkerung noch nicht als Feinde betrachtet wurden.[17] Die Respektierung dieser Grenzen beruhte zunächst auf konkreten Abhängigkeiten der IRA von der Unterstützung durch die katholische Bevölkerung als ihrer strategischen Bezugsgruppe. Den Aktivisten der IRA war durchaus bewußt, daß sie im Fall wiederholter Verstöße gegen die von der Bevölkerung für akzeptabel gehaltenen Formen gewaltsamen Widerstandes mit dem Wegfall von Unterstützung und einer Zunahme der Kooperation mit den Sicherheitskräften zu rechnen hätten (Burton 1978: 109; Collins 1997: 192). In einem grundlegenderen Sinn war diese Rücksichtnahme jedoch eine Folge der Tatsache, daß die IRA und ihre Mitglieder sich mit der katholischen Bevölkerung als ihrer Bezugsgruppe identifizierten und sich auch in ihrer Selbstsicht an ihr orientierten. Ein möglicher Wegfall der Unterstützung und Akzeptanz dieser Bezugsgruppe hätte nicht nur die Legitimität der Gewaltanschläge untergraben, sondern die Existenzberechtigung der Bewegung als solche in Frage gestellt.

16 Ebenso wie aus der schlichten Machtarroganz einer Gewaltorganisation. Collins etwa beschrieb die Haltung mancher seiner Kollegen in der IRA wie folgt: »*Effectively, any of ›the people‹ who refused to support the Provisional republican movement ceased to be regarded as people whose views mattered.*« (1997: 213)
17 »*They couldn't have sold it. The reaction of the people would have been ›God Almighty, did we produce people who are capable of doing that?‹*« IRA-Aktivist, zitiert in Bishop/Mallie 1987: 134.

Bestimmte Teile der katholischen Bevölkerung waren für die IRA allerdings wichtiger als andere. Während die Billigung ihrer Gewaltkampagne durch ein Kernsegment überzeugter Republikaner offenbar eine conditio sine qua non für deren Durchführung darstellte, setzte sich die IRA über Vorbehalte der nationalistischen Bevölkerung des öfteren hinweg. So reduzierte sich aufgrund der schwindenden Unterstützung für ihr Vorgehen ihre Anhängerschaft im Laufe der 1970er Jahre auf einen immer engeren Kreis der republikanischen Bewegung – die erwähnte Reorganisation in eine klandestine Zellen-Struktur kann auch als Eingeständnis dieses Umstandes gewertet werden.

Der Hungerstreik der IRA-Häftlinge von 1981 hatte allerdings einen erneuten Popularitätszuwachs der Bewegung zur Folge. Der Aufstieg der Partei Sinn Fein und deren Teilnahme an Wahlen kam auch der IRA zugute, die jedoch fortan nicht mehr unabhängig operieren konnte, sondern an die Partei gekoppelt blieb. Aufgrund der negativen Auswirkungen von Anschlägen, bei denen Unschuldige getötet wurden, auf die Wahlergebnisse Sinn Feins kam von der Seite des »politischen Flügels« die stete Mahnung an die IRA, Opfer unter der Bevölkerung zu vermeiden. So richtete Gerry Adams, der mittlerweile zum anerkannten Führer der republikanischen Bewegung aufgestiegen war, auf einer Versammlung den eindringlichen Aufruf an die Aktivisten der IRA: »*You have a massive responsibility. [...] You have to be careful and careful again.*«[18]

Insgesamt verhinderte der bemerkenswerte Einfluß der politischen Führer auch in militanten Kreisen in diesem Fall eine Radikalisierung der Bewegung und bewirkte eine Isolierung der »hardliner«. Die militanten Abspaltungen der 1990er Jahre fanden sowohl in der IRA als auch in republikanischen Kreisen nur bei einer Minderheit Unterstützung.

Die Entwicklung der ETA bot demgegenüber ein etwas anderes Bild. Nachdem sich im Laufe der 1980er Jahre weite Teile der baskischen Bevölkerung den Terroristen entfremdet und von ihnen abgewandt hatten, zeichnete sich in den späten 1980er und den 1990er Jahren eine zunehmende Polarisierung der baskischen Bevölkerung ab: Einem kleinen Teil der Unterstützer stand eine Mehrheit der Gegner der Gewaltkampagne der ETA – in wachsender Feindschaft – gegenüber. Mit dieser Entwicklung war ein Schrumpfungsprozeß der ETA auf den militanteren Teil ihrer Mitglieder verbunden (Sabad/Llera Ramo 1995: 462 ff.). Die Gewalt der Terroristen richtete sich schließlich vermehrt gegen ihre baskischen politischen Gegner, was in der zweiten Hälfte der 1990er Jahre zu einer massiven Kampagne der Einschüchterung gegen die baskische Bevölkerung ausartete (Iribarren 2002). Dabei kann sich die ETA nichtsdestotrotz auf die Unterstützung und die Sympathie eines

18 Rede 1989, zitiert in Smith 1997: 176 f.

kleinen Sektors der Basken berufen, einer Minderheit, die jedoch für die Terroristen ausreicht, so ein Journalist, »*to feel themselves supported in their actions.* [...].«[19] Und eine Minderheit, welche die ETA in ihrer Gewaltkampagne desto uneingeschränkter und radikaler unterstützt – auch nach abscheuerregenden Anschlägen waren in diesen Kreisen keine Anzeichen von Dissens erkennbar (Waldmann 2003).

### c) Resümee

Fassen wir die charakteristischen Züge des ethnisch-nationalistischen Terrorismus und seiner Bezugsgruppen kurz zusammen. Die positive Bezugsgruppe der terroristischen Bewegungen dieses Typus ist die eigene Bevölkerungsgruppe, als deren Repräsentanten im Kampf gegen einen äußeren Feind sie sich begreifen und von der sie die notwendige Unterstützung für ihre Gewaltkampagen gegen die »Besatzungsmacht« erwarten. Auf der anderen Seite identifizieren sich einige Teile der Bevölkerung ihrerseits mit den Terroristen, die als Teil der eigenen Gemeinschaft angesehen werden. Diese Identifikation und Unterstützung bezieht sich auf ihre Zielsetzung ebenso wie (allerdings vorbehaltlich und mit zeitlichen Schwankungen) auf ihre Gewaltkampagne. Repressive Maßnahmen führen vor diesem Hintergrund stets zu einer weitreichenden Solidarisierung mit den Terroristen. In beiden hier betrachteten Bewegungen bildeten weniger die aufsehenerregenden Erfolge der Terroristen als vielmehr Fälle staatlicher Reaktion und Repression[20] zentrale Schlüsselereignisse und Kulminationspunkte der Mobilisierung der Bevölkerung.

Die Auswirkungen dieser Zusammenhänge auf die terroristische Gewaltkampagne sind zwiespältig. Zum einen stellt die Einbindung der terroristischen Bewegungen in »ihre« Bevölkerungsgruppe eine zentrale Ressource der Legitimation und Mobilisierung dar. Sie verleiht diesen Bewegungen eine beachtliche Dauerhaftigkeit und ermöglicht es ihnen, Rückschläge und Gegenmaßnahmen zu überstehen. Hiermit verbunden ist jedoch andererseits, wie gezeigt wurde, eine deutliche Rückbindung der Gewaltbewegungen an einen grundlegenden Konsens der ethnischen oder nationalen Gemeinschaft – als Resultat der Selbstbindung der Terroristen wie auch durch die faktische »Macht der Unterstützer«, woraus wirksame Beschränkungen ihrer Gewaltstrategie resultieren können.

19 Cambio 16, Juli 1985, zitiert in Sabad/Llera Ramo 1995: 458.
20 Man betrachte nur die Hinrichtung der Anführer des Osteraufstandes von 1916, den Burgos-Prozeß gegen Mitglieder der ETA oder die Hungerstreiks der IRA-Häftlinge von 1980.

## 3. Sozialrevolutionärer Terrorismus: Die Revolution im Namen einer »als interessiert unterstellten« Drittgruppe

### a) Bezugsgruppen sozialrevolutionärer Terroristen

Zielsetzung sozialrevolutionärer terroristischer Bewegungen ist die grundlegende politische und soziale Neuordnung einer Gesellschaft, nach zumeist marxistischem Vorbild. Ihre strategischen Vorstellungen zielen in der Regel darauf ab, mit ihrer terroristischen Gewaltkampagne eine Revolution des Volkes, bzw. einen »Volkskrieg«, zu initiieren und in Gang zu bringen, das heißt, sie richten sich an breite Teile einer Bevölkerung als ihr »revolutionäres Subjekt«, an ihre positive Bezugsgruppe, die in einem umfassenden Sinne mobilisiert werden soll. Im Gegensatz zu ethnisch-nationalistischen Terroristen, die sich mit ihrer eigenen Bevölkerungsgruppe identifizieren, kennzeichnet sozialrevolutionär orientierte Terroristen dabei eine tendenzielle Distanzierung von der eigenen Herkunftsgruppe und der Bezug auf eine Drittgruppe, in deren Namen sie ihren Kampf zu führen beanspruchen (Waldmann 1998: 85 f., 1992: 244, vgl. auch Münkler 1980: 320 f.).

Der Fall der deutschen Roten Armee Fraktion (RAF) macht diesen Unterschied deutlich. Handelte es sich bei der überwiegenden Anzahl der Terroristen um Mittelschichtsangehörige, so richteten sie sich in ihren zahlreichen, aufwendigen Erklärungen zum einen an »das Volk« und die »proletarischen Massen« der Bundesrepublik sowie zum anderen an die »unterdrückten Völker« oder Befreiungsbewegungen der Dritten Welt, an deren Seite sie – so ihre Vorstellung – gegen den Imperialismus der USA und des Westens kämpften.[21] Zugleich sollten die Gewaltanschläge der RAF schließlich ein Signal an die radikale Linke in Deutschland sein, von der sie sich, wie aus Berichten ehemaliger RAF-Mitglieder hervorgeht, zunächst am ehesten Sympathie und Unterstützung für ihre Aktivitäten erwartet hatte (vgl. Neidhardt 1982: 342).

Die Bezugsgruppe in unserem zweiten Beispiel, dem peruanischen Leuchtenden Pfade (*Sendero Luminoso*), waren die »Massen« Perus, die durch den Volkskrieg mobilisiert werden sollten, wobei die Führer der maoistisch ausgerichteten Bewegung vor allem die Landbevölkerung des Andenhochlandes im Auge hatten. Eine mit der RAF vergleichbare internationale Orientierung findet sich in diesem Fall nur am Rande. Hinsichtlich der Zusammensetzung ihrer Mitglieder ergibt sich

---

21 Vgl. etwa die Programmschrift der RAF »Dem Volke dienen. Stadtguerilla und Klassenkampf«, April 1972, sowie RAF-Bekennerschreiben vom Mai/Juni 1972, in ID-Verlag (Hrsg.) 1997: 112 ff., 14 ff.

beim Leuchtenden Pfad ein etwas anderes Bild als im Fall der RAF. Während die Führungselite des Leuchtenden Pfades aus Mittelschichtsintellektuellen bestand, zumeist Angehörigen der Provinzelite Südperus, handelte es sich bei den einfachen Mitgliedern um Studenten oder Jugendliche, die selbst dieser Landbevölkerung entstammten, ihr gegenüber allerdings als in sozialer und kultureller Hinsicht entfremdet und distanziert beschrieben werden.[22]

Zwei Kennzeichen der Bezugsgruppen sozialrevolutionärer Terroristen lassen sich an diesen Beispielen hervorheben. Zum einen fällt auf, daß es sich um relativ abstrakte Bezugsgruppen handelt, die *im Rahmen einer Ideologie* diesen Status gewinnen. Daß sich die RAF mit den Befreiungsbewegungen der Dritten Welt identifizierte, wird nur im Rahmen ihrer Imperialismustheorie verständlich; und auch der Leuchtende Pfad hob bemerkenswerterweise nicht auf die im Fall Perus dominante ethnische Konfliktlinie zwischen der indigenen Bevölkerung des Hochlands und den urbanen, mestizisch-weißen Oberschichten ab, sondern ausschließlich auf die marxistisch-maoistischen Kategorien der »Masse« und des »Volkes« (vgl. Palmer 1995: 283). Sozialrevolutionäre Terroristen orientieren sich, so die hier vertretene These, in erster Linie an ihrer Ideologie als einem abstrakten Bezugssystem, welches den Sinn und das Ziel ihres Tuns bestimmt und zugleich definiert, in »wessen Namen« sie ihren Kampf führen und welches »revolutionäre Subjekt« zu mobilisieren ist.

Zweitens wird in den Verlautbarungen und Schriften der beiden Bewegungen ein ausgeprägtes Selbstverständnis der Terroristen als Avantgarde des revolutionären Kampfes deutlich. Die Terroristen sind zutiefst überzeugt, über die »*allein adäquate Wirklichkeitserkenntnis*« zu verfügen, wie Münkler (1981: 91) für die RAF feststellt, und betrachten sich zugleich als die Initiatoren der Revolution. Erst der Kampf dieser Avantgarde, so die RAF, würde in den Massen ein Bewußtsein ihrer Unterdrückung erzeugen und sie mobilisieren: »*Wir behaupten, daß es ohne revolutionäre Initiative, ohne die praktische revolutionäre Intervention der Avantgarde [...] keinen Vereinheitlichungsprozeß gibt.*«[23] Ebenso sahen sich die Aktivisten des Leuchtenden Pfades als die Initiatoren[24] des Volkskrieges, die allein die Massen unter dem Banner des Marxismus-Leninismus-Maoismus vereinigen könnten.

---

22 Vgl. Degregori 1991: 397, Smith 1994: 38, deWit/Gianotten 1994: 70; eingeschränkter Berg 1994: 117.
23 RAF: »Das Konzept der Stadtguerilla«, April 1971, in in ID-Verlag (Hrsg.), 1997: 37. Vgl. auch Münkler 1981: 67 ff., 106 ff.
24 »*Wir sind die Initiatoren*«, so der Anführer des Leuchtenden Pfades, Abimael Guzmán, 1980 zu seinen Anhängern, »das müssen wir uns tief in unsere Seele einprägen«. Rede »Somos los Iniciadores« (Übers. des

## b) Interaktionsmuster

Wenden wir uns den tatsächlichen Beziehungen der Terroristen zu den in dieser Weise anvisierten Bevölkerungsgruppen zu. Wie reagierten diese auf die Gewaltkampagne? Und welche Auswirkungen hatten diese Reaktionen auf die Haltung der Terroristen? Die hier untersuchten Fälle weisen in mancher Hinsicht deutliche Unterschiede auf. Während die RAF eine kleine, stark isolierte Gruppe blieb, gelang es dem Leuchtenden Pfad, zeitweise eine recht große Anhängerschaft zu gewinnen. In beiden Fällen läßt sich jedoch feststellen, daß die Gewalttaten und die revolutionäre Agenda der Terroristen bei den von ihnen umworbenen Bevölkerungsgruppen letztlich auf deutliche Ablehnung stießen.

Die Rote-Armee-Fraktion isolierte sich bald nach ihrer Gründung im Mai 1970 gegenüber der Protestbewegung und der Berliner linken Szene, aus der sie entstanden war, und führte eine vollständig klandestine Existenz. Die einzelnen Mitglieder der Gruppe brachen mit dem Schritt in den Untergrund sämtliche Kontakte zu ihrem Familien- und Freundeskreis ab. Unterstützung erhielt die Gruppe zunächst vor allem von einzelnen Personen, die oft keineswegs aus politischen, sondern aus humanitären Gründen oder persönlicher Zuneigung handelten (Merkl 1995: 208; Neidhardt 1982: 345 f.). Nach der Festnahme der Führungsmitglieder 1972 bildete sich aus Gefangenenhilfe-Komitees eine gesonderte Sympathisanten-Szene, die der RAF jedoch weitgehend untergeordnet blieb und keinerlei Einfluß auf in der Gruppe stattfindende Diskussionen hatte (Neidhardt 1982: 343 ff.; Wunschik 1997: 377 ff.). Durch ihre Untergrundexistenz von der sozialen Realität abgeschnitten, konnte sich die RAF an ihre angeblichen Sympathisanten und Unterstützer nur noch indirekt über Schlagzeilen und ausführliche Bekennerschreiben und Erklärungen wenden. Sie war, wie Baumann, selbst ehemals Mitglied einer militanten Gruppierung, erklärte, weder in die Linke noch in andere Bevölkerungsgruppen eingebunden: »*Da schwimmt es nur noch, da ist keine Verwurzelung mehr, zu nichts mehr, nicht mal mehr zu den Leuten, mit denen sie noch Kontakt hatten*« (1975: 129).

Während die Protestbewegung der späten 1960er Jahre in Teilen der Bevölkerung beachtliche Sympathien und Unterstützung für ihre Anliegen fand, traf die Rote Armee Fraktion mit ihrer terroristischen Gewaltkampagne auf Entsetzten und Unverständnis. Zwar bestanden in den ersten Monaten nach ihrer Gründung gewisse Sympathien für die RAF, diese galten jedoch allem Anschein nach weniger den Taten und politischen Ideen der Gruppe, sondern beruhten mehr auf einer humanitä-

Verf.), zugänglich unter http://www.blythe.org/peru-pcp/docs_sp/iniciad.htm.

ren Hilfsbereitschaft und der Ablehnung der massiven staatlichen Reaktion auf die bis zu diesem Zeitpunkt vergleichsweise begrenzte Gewaltkampagne der Gruppe.[25] Spätestens nach der Serie von Bombenanschlägen im Mai 1972 reagierte die deutsche Bevölkerung mit einhelliger Empörung und Ablehnung. Wie sich zeigte, fand die RAF nicht den geringsten Anklang bei der deutschen Arbeiterschaft und ihren Organisationen (Steinert 1982: 560); selbst die radikale Linke distanzierte sich scharf von den Terroristen. Gegen die RAF gerichtete Maßnahmen der Sicherheitskräfte dagegen schien zu diesem Zeitpunkt eine große Mehrheit der Bevölkerung zu billigen, die Festnahme der RAF-Führungsmitglieder im Jahr 1972 erfolgte überwiegend aufgrund von Hinweisen aus der Bevölkerung.[26]

Der Leuchtende Pfad war in den späten sechziger Jahren als maoistische und innerhalb der Linken weitgehend isolierte Splittergruppe um den Philosophieprofessor Abimael Guzmán an der Universität von Ayacucho, der Hauptstadt einer abgelegenen Provinz im peruanischen Hochland, entstanden (Gorriti 1994: 169). Bis 1980, als die Gruppe den Beginn ihres Gewaltfeldzugs ausrief, hatte sie über mehrere Jahre hinweg eine dominierende Position an der Universität von Ayacucho inne; Studenten und Lehrer bildeten den Kern ihrer Mitglieder. Die größtenteils auf dem Rücken der bäuerlichen Bevölkerung ausgetragenen Auseinandersetzungen zwischen dem Leuchtenden Pfad und den peruanischen Sicherheitskräften waren auf beiden Seiten von äußerster Grausamkeit geprägt. Erst die Festnahme Guzmáns Ende 1992 leitete einen allmählichen Rückgang der Gewalt ein, die neueren Schätzungen zufolge mehr als 50.000 Todesopfer kostete.[27]

Durch jahrelange Basisarbeit vor dem eigentlichen Beginn ihrer Gewaltkampagne war es der Bewegung gelungen, über Ayacucho hinaus in einer Reihe von indigenen Dorfgemeinden eine beachtliche Anhän-

25 Das Allensbach Institute veröffentlichte im Sommer 1971, kurze Zeit nach der Tötung des RAF-Mitglieds Petra Schelm durch Polizeikräfte und bevor die Gruppe begann, Bombenanschläge durchzuführen, eine Umfrage, in der ein Viertel der Bevölkerung unter 30 Jahren »gewisse Sympathien« für die Terroristen angab und etwa 6 Prozent erklärten, sie würden verfolgte Mitglieder der Gruppe für eine Nacht beherbergen. Diese Sympathien streuten über sämtliche Bildungs- und Einkommensschichten. Vgl. Neidhardt 1982: 344 f. und Merkel 1982: 208.
26 So erklärte der BK Präsident Horst Herold: »Ich habe nie wieder einen so hohen Grad der Identifikation zwischen Bürger und Polizei erlebt. [...] Man kann sich heute gar nicht mehr vorstellen, wie tief der Schock über die Attentate gesessen hat.« Zitiert in Aust 1997: 250. Vgl. auch Münkler 1981: 99 und Neidhardt 1982: 342.
27 Siehe Palmer 1995: 270 ff.; Neuere Schätzungen der sog. Wahrheitskommission nach Washington Post 21. Juni 2003.

gerschaft zu gewinnen, oftmals mit Hilfe von an der Universität ausgebildeten Dorflehrern. Bis 1982 konnte der Leuchtende Pfad beachtliche Teile der zentralen und südlichen Provinzen des Landes zumindest teilweise unter seine Kontrolle bringen.

Die Haltung der indigenen Gemeinden des Hochlandes gegenüber dem Leuchtenden Pfad wies regionale Unterschiede auf, entwickelte sich jedoch insgesamt in recht ähnlicher Weise. Das zu Beginn auf lokale Ressentiments und Konflikte abgestimmte Vorgehen der Terroristen, die vermeintliche Verbrecher bestraften und von der Dorfbevölkerung gehaßte Personen, etwa despotische Verwalter, einschüchterten und ermordeten, stieß in den Gemeinden zunächst auf eine gewisse Zustimmung (Isbell 1994: 79 f., Berg 1994: 113 ff.). Diese anfänglichen Sympathien gingen jedoch in den meisten Fällen bald zurück. Die äußerst grausamen Hinrichtungen riefen zunehmend Abscheu und Unverständnis hervor, außerdem stellten die Aktivisten immer höhere Forderungen an die Gemeinden. Ging das Militär zur Gegenoffensive über, ließen die Terroristen die Dorfbevölkerung oftmals im Stich, worauf sich viele von ihnen abwandten. Insbesondere scheiterte der Leuchtende Pfad, als er den Kommunen eine neue Ordnung nach maoistischem Muster aufzwingen wollte, was bis hin zum Verbot religiöser und traditioneller Feste reichte, die durch »revolutionäre Gedenktage« ersetzt werden sollten. Von einer anfänglichen Haltung »widerwilliger Anpassung« und passiven Widerstandes entwickelte sich schließlich offener und gewaltsamer Widerstand gegen die Senderistas in Form von bewaffneten Selbstverteidigungskomitees der Dorfgemeinden (del Pino 1994: 175 ff.; Isbell 1994: 84 ff.; Degregori 1998: 133 f., Starn 1998).

In der Wahrnehmung der indigenen Gemeinden blieb der Leuchtende Pfad ein weitgehend fremder Akteur. Er wurde nicht als Teil der eigenen Gemeinschaft perzipiert; selbst dann nicht, wenn sich junge Leute aus dem Dorf der Organisation angeschlossen hatten (Degregori 1998: 142, Manrique 1998: 211, Isbell 1994: 92 ff.). Die Dorfgemeinden sahen sich zwei prinzipiell fremden, feindlichen Akteuren gegenüber: dem Leuchtenden Pfad und dem Militär. Die Abkehr von den Terroristen in dieser Situation bedeutete auch eine pragmatische Entscheidung zugunsten der letztlich als stärker erkannten Sicherheitskräfte, die jedoch erst mit der wachsenden Rücksichtnahme des Militärs gegenüber der Landbevölkerung möglich wurde (Degregori 1998: 142).

Konfrontiert mit der Ablehnung durch die von ihnen als Sympathisanten und Unterstützer anvisierten Bevölkerungsgruppen reagierten die terroristischen Bewegungen in unterschiedlicher Art und Weise.

In der RAF trat in Reaktion auf das Ausbleiben der erhofften Unterstützung eine schrittweise Abwendung von der deutschen Bevölkerung als Bezugsgruppe ein. Ähnlich wie von »Haßreaktionen« der Gruppe auf ihre Ablehnung durch die Linke berichtet wurde (Neidhardt 1982:

342), zeigte sich in in ihren Äußerungen auch eine zunehmende »Verachtung der Massen« (Münkler 1981: 69). Das Industrieproletariat wurde als »revolutionäres Subjekt« verworfen, an seine Stelle traten in den Erklärungen und Texten der RAF zunächst Jugendliche und Intellektuelle als »revolutionäre Substitute« oder die unterdrückten Massen der Dritten Welt. Schließlich avancierte die Befreiung inhaftierter Mitglieder der Gruppe zum Hauptziel, womit sich die RAF selbst zum Hauptadressaten ihrer Aktivitäten machte (Münkler 1981: 91). Gleichzeitig setzte in den strategischen Reflexionen der RAF ein Wandel ein. Nach dem Ausbleiben der erhofften spontanen Unterstützung ging sie zunehmend zu einer expliziten Strategie der Provokation staatlicher Repression über, um auf diese Weise die Massen auf die eigene Seite zu zwingen: *»... daß durch die defensive, die reaktion des systems, die eskalation der konterrevolution, [...] der feind sich kenntlich macht, sichtbar – und so, durch seinen eigenen terror, die massen gegen sich aufbringt, die widersprüche verschärft, den revolutionären kampf zwingend macht.«*[28]

Auch der Leuchtende Pfad sah sich mit zunehmenden Vorbehalten und dem Widerstand der Landbevölkerung gegenüber seinen revolutionären Plänen konfrontiert. Anders als die RAF reagierte er nicht mit einer Abkehr von seiner Bezugsgruppe, sondern mit dem Projekt einer gewaltsamen Umerziehung der in überkommenen Traditionen verhafteten Bevölkerung. Als eine Dorfgemeinschaft um die Verschonung einiger Personen vor der Hinrichtung durch die Terroristen bat, antworteten diese: *»Ach, ihr alle habt immer noch eure archaischen Ideen [...]. Von nun an werden wir euch nicht mehr fragen [...]. Wir müssen ihnen die Köpfe abschlagen, denn das Unkraut muß vollständig ausgelöscht werden«*[29]. Die in vorrevolutionärem Denken befangene Bevölkerung sollte im Volkskrieg, wie Guzmán erklärte, »erzogen«, ihm so die revolutionäre Idee »eingebleut« werden (Degregori 1994: 58). Um die neue Gesellschaft zu schaffen, so die sich in der Führung des Leuchtenden Pfades immer stärker durchsetzende Ansicht, müßten zunächst alle bestehenden sozialen Strukturen und Institutionen zerstört werden (Degregori 1998: 133 ff., Gorriti 1995: 283). Je stärker sich die Gemeinden dem Leuchtenden Pfad widersetzten, um so mehr gewannen autoritäre und repressive Tendenzen die Oberhand. In Reaktion auf den Widerstand der Gemeinden richtete sich die Gewalt des Leuchtenden Pfades zunehmend direkt gegen die Landbevölkerung. Dies führte zu einer Eskalation von Terrormaßnahmen, die ihren traurigen Höhepunkt zu Beginn der 1990er Jahre in einer Reihe von Massakern an ganzen Dorfgemeinden fand.

28 Rede Ulrike Mainhofs während eines Gerichtsprozesses in Berlin am 13.9.1974, zitiert in Münkler 1981: 121.
29 Bericht eines Dorflehrers wiedergegeben in Degregori 1998: 137.

Die Unterschiede im Ausmaß der Gewalt zwischen beiden Fällen müssen im Kontext des sehr viel höheren Gewaltniveaus in Peru gesehen werden. Darüber hinaus wird jedoch ein ganz unterschiedliches Maß der Selbstbeschränkung aufgrund ideologisch bedingter, normativer Prämissen erkennbar. Verlautbarungen der RAF ebenso wie interne Diskussionen und die Planung ihrer Anschläge waren stark geprägt von Fragen nach der Rechtfertigung von Gewalt, der Frage ihrer legitimen Ziele. Ihr alternatives ideologisches Bezugssystem schien hier moralische Grenzen zu setzen (Neidhardt 1982: 359). In der Theorie des Leuchtenden Pfades dagegen war die Gewalt prinzipiell von jeder moralischen Schranke befreit. Die Revolution war danach notwendigerweise mit einem Gewaltexzeß verbunden, Gewalt wurde zu einer reinigenden Kraft. Seine Anhänger, so Guzmán in seiner Rede im Jahr 1981, müßten bereit sein, »den Strom des Blutes« der Revolution zu durchqueren (Degregori 1998: 136).

Sowohl beim Leuchtenden Pfad als auch bei der RAF spielte die Ideologie eine zentrale, wenn auch nicht allein entscheidende Rolle. Eine Reihe anderer sozialrevolutionärer Gewaltbewegungen zeigte sich demgegenüber weniger dogmatisch und verfolgte einen pragmatischeren, an ihrer »sozialen Basis« und dem Erhalt ihrer Unterstützung orientierten Kurs. Die »Bewegung 2. Juni« etwa, die zu Beginn der 1970er Jahre in Berlin aktiv war, grenzte sich nachdrücklich von der in ihren Augen elitären RAF ab und betonte die Bedeutung ihrer »Verwurzelung« an der Basis. Bemerkenswerterweise fand jedoch auch in diesem Fall mit dem Beginn ernster terroristischer Gewaltanschläge ein ganz ähnlicher Isolationsprozeß der Gruppe wie im Fall der RAF statt.[30]

### c) Resümee

Im Gegensatz zur Verteidigung der eigenen Gemeinschaft beim ethnisch-nationalistischen Terrorismus kennzeichnet sozialrevolutionäre Terroristen ein ausgeprägtes Selbstverständnis als Avantgarde einer revolutionären Neuordnung. In den hier untersuchten Fällen war das Denken der Terroristen dabei letztlich durch den Bezug auf ein ideologisches Konstrukt bestimmt – die Ideologie definierte ihre revolutionäre Zielsetzung ebenso wie den Stellenwert, der einer Bevölkerungsgruppe als »revolutionärem Subjekt« zugemessen wurde. Die Bewegungen

---

30 Nach ihrer Rückkehr aus dem Nahen Osten waren Mitglieder der Gruppe, so Baumann (1975: 66): *»nur noch für ein paar Leute zu sprechen. Sie hatten kurze Haare, falsche Pässe und waren eben quasi als Fremde wiedergekommen.«* Auch ihre Verbundenheit mit der »Szene« ließ nach: *»Die hatten auch keinen Bezug mehr zur Basis.«* Baumann 1975: 117.

scheinen in ihrem Selbstbild und der Bewertung ihrer Taten in geringerem Maße an ihre Bezugsgruppe rückgebunden zu sein, was auch ein »Umschwenken« auf andere Bezugsgruppen ermöglicht. Vergleicht man die Reaktionen der betreffenden Bevölkerungsgruppen mit Fällen des ethnisch-nationalistischen Terrorismus, so läßt sich feststellen, daß sozialrevolutionäre Terroristen nicht in ähnlicher Weise als Teil der eigenen Gemeinschaft und ihre Ziele nicht selbstverständlich als die eigenen betrachtet werden. Zwar finden manche ihrer Ziele Zuspruch oder es kann aufgrund partieller Interessenübereinstimmung zu einer gewissen Unterstützung für die Terroristen kommen, doch erweist sich diese als fragiler und weniger dauerhaft. Es fehlt an dem solidarischen Pakt, dem Grundkonsens, der gegeben ist, wenn Terroristen und ihre positive Bezugsgruppe derselben Gemeinschaft angehören. Repressive staatliche Gegenmaßnahmen führen vor diesem Hintergrund nicht zwangsläufig zu einer Solidarisierung der Bevölkerung mit den Gewaltbewegungen – im Gegenteil kann gerade an diesem Punkt die fragile Koalition auseinanderbrechen –, wenngleich sich auch hier eine deutlich kontraproduktive Wirkung unverhältnismäßig harten staatlichen Vorgehens beobachten läßt.

Die Unterstützung breiterer Bevölkerungsschichten zu gewinnen erweist sich als die zentrale Herausforderung sozialrevolutionärer Terroristen. Eine pragmatische und an ihrer »Basis« orientierte Kampagne kann zwar zu Erfolgen führen, eine genuine Unterstützung jedoch nicht ersetzen. Die Gewalttaten sozialrevolutionärer Terroristen und ihr Bezug auf eine innovative Ideologie, entfremdet sie von traditionalistischen Unter- und Mittelschichten, auf deren Unterstützung sie angewiesen sind. Der mangelnde soziale Halt der Gewaltbewegungen dürfte letztlich eine kürzere Lebensdauer ihrer Kampagne zur Folge haben, insbesondere eine geringere Fähigkeit, Rückschläge und staatliche Gegenmaßnahmen zu überdauern.

## 4. Religiöser Terrorismus: Die Verteidigung und Erneuerung der religiösen Gemeinschaft

Bei religiösen Terroristen stoßen wir auf eine dritte Form des Selbstverständnisses und der Bezugsgruppen: Ihr Ziel ist die Verteidigung der eigenen Glaubensgemeinschaft gegen einen äußeren Feind und zugleich deren grundlegende religiöse und soziale Erneuerung (unter Rückbezug auf die religiöse Tradition), wobei jeweils der eine oder andere Schwerpunkt stärker betont werden kann. Grundstrukturen und Ausprägungen des religiösen Terrorismus werden im folgenden Abschnitt zunächst allgemein erläutert und anschließend an mehreren Fallbeispielen dargestellt.

## a) Bezugsgruppen und Ziele religiöser Terroristen

In Texten und Verlautbarungen der hier untersuchten islamistischen Terroristen werden stets zwei Bezugspunkte deutlich: Die Gewaltbewegungen orientieren sich zum einen an religiösen Glaubensvorstellungen bzw. einer Glaubenslehre als ihrem Bezugssystem. Zum anderen identifizieren sie sich mit der religiösen Gemeinschaft als ihrer Bezugsgruppe. So betont die Charta der Hamas, der Islam sei ihr Ziel und ihre Richtschnur: »*[Hamas is] inspired by it in whatever step it takes*«[31]; zugleich bezieht sie sich stets auf die muslimische Gemeinschaft, für die der Kampf geführt wird und an die sich ihre Appelle richten.

Hintergrund der engen Verbindung beider Elemente ist der doppelte Charakter von Religion: Im Konzept von Religion ist die (abstrakte) religiöse Glaubensvorstellung ebenso wie die Glaubensgemeinschaft als das personale Substrat der Religion enthalten und vorausgesetzt; das heißt, eine Religion besteht immer auch aus der religiösen Gemeinschaft. Bereits die Herkunft des Begriffes, vom lateinischen *religare* – »zusammenbinden«, deutet, wie Appleby (2000: 9) hervorhebt, auf diesen kommunalen Aspekt von Religion hin.

Als Bezugssystem terroristischer Bewegungen unterscheiden sich religiöse Glaubensvorstellungen von säkularen Ideologien zunächst dadurch, daß sie sich auf die Vorstellung von einem Jenseits und einer Göttlichkeit richten, welche in einem letzten Sinn die Handlungen und das Leben der Gläubigen bestimmt. Diese »außerweltliche« Dimension, die sich in den Überzeugungen religiöser Terroristen findet, führte zu der Ansicht, die Gruppen orientierten sich allein an einer – letztlich idiosynkratischen und nach »weltlichen« Maßstäben irrationalen – Vorstellung des Jenseits und verübten ihre Taten im Glauben an einen göttlichen Befehl oder an eine heilige Notwendigkeit (s. Hoffman 1995: 272 ff., 1998: 94 f.). Aus diesem Grund existierten Rücksichtnahmen auf »weltliche« Bezugsgruppen, wie im Fall säkularer Bewegungen, beim religiösen Terrorismus nicht, was eine Entgrenzung der Gewalt zur Folge hätte. Mit der Ausnahme bestimmter Formen religiöser Sekten (siehe unten), ist dies nach der hier vertretenen Auffassung jedoch eine zugleich verkürzte und überzeichnete Sichtweise. Die ganz überwiegende Mehrzahl religiöser Terroristen identifiziert sich vielmehr vor allem mit ihrer religiösen Gemeinschaft und kämpft für eine Verbesserung ihrer Situation in dieser Welt. Die Vorstellung eines Jenseits an sich beeinflußt ihre Ziele und ihr Handeln nur am Rande (und in Ausnahmesituationen) und ist in

---

31 Charta der HAMAS, Übersetzung von Raphael Israeli, Harry Truman Research Institute, Jerusalem gopher://israel-info.gov.il/oo/terror/8808, 18. Dez. 1998.

der Regel eng mit dem Bezug auf die religiöse Gemeinschaft verbunden. So erklärte ein Attentäter der Hamas, er wolle »für Gott und das palästinensische Volk« sterben und dafür, daß »der Islam für immer in Palästina herrsche«.[32]

Ausgangspunkt der Motivation und Zielsetzung der hier betrachteten islamistischen Bewegungen und, wie eine Reihe von Untersuchungen belegen, religiöser Terroristen allgemein, ist eine wahrgenommene Bedrohung des Glaubens und der religiösen Gemeinschaft, und zwar von zwei Seiten (vgl. Appleby 2000: 86 ff., Rapoport 1993: 429 f., Juergensmeyer 1988: 176). Zum einen, so die Sichtweise der Terroristen, wird die Religion und Glaubensgemeinschaft durch äußere Feinde angegriffen, oftmals in Form einer umfassenden Verschwörung feindlicher Mächte. So sahen die Hizbollah ebenso wie die Hamas und radikale Bewegungen in Ägypten in ganz ähnlicher Weise den Islam und die Muslime einer Aggression des »Welt-Zionismus« im Bund mit dem »Imperialismus des kapitalistischen Westens« ausgesetzt.[33] Die zweite Dimension der Bedrohung ist eine interne: Die religiöse Gemeinschaft wende sich, beeinflußt durch verderbliche Einflüsse von außen, zunehmend vom wahren Glauben ab, es fehle eine Ordnung und Führung der Gläubigen im Sinne der Religion; auch aus diesem Grund herrsche Unterdrückung und Unfreiheit.

Um dieser doppelten Bedrohung zu begegnen, so die Überzeugung der Terroristen, müssen sie an zwei Fronten kämpfen. Ihr Ziel ist zum einen die Verteidigung der religiösen Gemeinschaft gegen den äußeren Feind sowie gegebenenfalls ihre Befreiung von Unterdrückung. Sie treten jedoch stets auch als religiöse Erneuerungsbewegungen an, das heißt, ihr Ziel ist zugleich, die Gemeinschaft zum »wahren« Glauben zurückzuführen, das Gemeinwesen nach religiösen Prinzipien zu ordnen.[34] Religiöse Terroristen kennzeichnet, in anderen Worten, ein zweifaches Selbstverständnis gegenüber ihrer Bezugsgruppe: Sie betrachten sich als Verteidiger der eigenen Glaubensgemeinschaft und zugleich als Avantgarde der »Rückkehr zur Religion«, einer grundlegenden Neuordnung unter Bezugnahme auf die religiöse Tradition (wie sie sie interpretieren). In ihrer Rhetorik einer »einzig wahren« Glaubenslehre ver-

---

32 Wiedergegeben in Juergensmeyer 2000: 70.
33 Siehe Charta der Hamas, Übersetzung von Raphael Israeli, Harry Truman Research Institute, Jerusalem (gopher://israel-info.gov.il/oo/terror/880818.ter, Dez. 1998); Und den »Offenen Brief der Hizbollah« von 1985, Übersetzung in Norton 1987: 167 ff.
34 Z. B. die Charta der Hamas: »As to the objectives: discarding the evil, crushing it and defeating it, so that truth may prevail, homelands revert [to their owners], calls for prayer be heard from their mosques, announcing the reinstitution of the Muslim state.« Übers. von Raphael Israeli.

mischen sich traditionelle mit neuen, »revolutionären« Elementen; Sie berufen sich, so Appleby, auf heilige Schriften und historische Vorbilder, um ein gegen Teile der etablierten Orthodoxie und Tradition gewandtes, innovatives Programm zu legitimieren (Appleby 2000: 87).

Die ambivalente Haltung der Terroristen – sie identifizieren sich mit einer religiösen Gemeinschaft und berufen sich auf die religiöse Tradition, betrachten sich jedoch zugleich als die Avantgarde ihrer Erneuerung – prägt auch ihr Verhältnis zu den anvisierten Bevölkerungsgruppen und religiösen Institutionen. So fühlen sich islamistische Terroristen ungeachtet ihrer revolutionären Ziele oftmals an religiöse Normen und anerkannte religiöse Autoritäten gebunden. Mitgliedern der Hizbollah beispielsweise war es ein besonderes Anliegen, daß die Legitimität ihres Vorgehens nach islamischem Recht bestätigt wurde, was nur durch einen Geistlichen auf der Grundlage seiner religiösen Autorität erfolgen konnte (Kramer 1993: 549).[35] In dieser Funktion stellen religiöse Führer oder Geistliche für die Terroristen in gewisser Weise eine eigene Bezugsgruppe dar: als autoritative Interpreten der Glaubenslehre, auf die sie sich beziehen.

Gegenüber der Bevölkerung wenden sich religiöse Terroristen häufig gegen traditionelle Glaubensinhalte und Gebräuche, was in vielen Fällen Ressentiments hervorruft, berufen sich aber zugleich auf Werte, Symbole und historische Vorbilder, die in der Kultur der religiösen Gemeinde verankert sind. Diese »authentische Sprache« der Terroristen ist der Bevölkerung zugänglich und kann an vertraute Vorstellungen anknüpfen. Durch die *fest verwurzelten Konnotationen des religiösen Diskurses* erreichten die Appelle der Terroristen in der Bevölkerung, wie Rosiny (1996: 297 ff.) für den Fall der Hizbollah darlegt, trotz neuer Inhalte eine sehr viel größere Breiten- und Tiefenwirkung, als dies säkulare Ideologien vermocht hätten (vgl. Rapoport 1993: 433).

Die grundsätzlich doppelte Zielsetzung religiöser Terroristen kann sich allerdings, wie die folgenden Fallbeispiele zeigen, in unterschiedlicher Weise ausprägen, was auch ihr Verhältnis zu anvisierten Bevölkerungsgruppen maßgeblich beeinflußt.

Den Gewaltbewegungen liegen bei genauerer Betrachtung zwei unterschiedliche Konfliktstrukturen zugrunde. Handelt es sich in Fällen wie der Hizbollah oder der Hamas um eine Bevölkerungsgruppe, die sich einer direkten äußeren Bedrohung in Form eines Besatzungsstaates gegenübersieht, so steht etwa hinter den Djihad-Gruppen in Ägypten in erste Linie ein sozialer und politischer Konflikt innerhalb eines Landes und einer Gesellschaft. In anderen Worten: Es lassen sich Konflikt-

---

35 Eine ähnliche Rolle religiöser Führer kann bei ägyptischen, aber z. B. auch bei jüdischen Gruppen beobachtet werden vgl. Kepel 1987: 207, Abu-Amr 1997, Kramer 1997 und Sprinzak 1993: 476.

strukturen ausmachen, die mit denen des sozialrevolutionären, andere, die mit denen des ethnisch-nationalistischen Terrorismus vergleichbar sind.

Diese politischen Kontexte prägen die Agenda, und die Orientierung der terroristischen Bewegungen und ihre zunächst doppelte Zielsetzung verlagern sich deutlich in die eine oder andere Richtung: Im einen Fall rückt der Kampf gegen den konkreten äußeren Feind in den Vordergrund ihrer Gewaltkampagne, im anderen das Ziel einer politischen und religiösen Neuordnung des Staates und der Gesellschaft. Dabei finden sich unterschiedliche Beziehungen und Interaktionsmuster zwischen den Terroristen und der Bevölkerung – und auch hier sind Ähnlichkeiten mit Fällen des sozialrevolutionären und des ethnisch-nationalistischen Terrorismus erkennbar: Richten sich ihre Gewaltaktionen gegen einen Besatzungsstaat (bzw. bei religiösen Minderheiten gegen eine repressive Zentralregierung), treffen sie auch im Fall religiöser Bewegungen in der Regel auf größere Sympathie und Unterstützung. Dagegen reagieren die betreffenden Bevölkerungsgruppen auf Versuche der Terroristen, mit Gewalt eine politische und religiöse Neuordnung des Staates durchzusetzen (auch wenn friedliche politisch-religiöse Oppositionsbewegungen oft Zuspruch finden), mit weit größerer Zurückhaltung. Ein grundlegender solidarischer Pakt zwischen den Terroristen und der Bevölkerung, wie er durch das Gefühl der selbstverständlichen Zugehörigkeit zu einer Gemeinschaft entsteht, scheint in diesen Fällen nicht wirksam zu sein. Auch die Entwicklung der terroristischen Bewegungen verläuft unterschiedlich: Gibt es im ersten Fall Hinweise für eine stärkere Rückbindung der Terroristen an die Bevölkerung, so findet sich im zweiten Fall ein Prozeß der zunehmenden Isolierung und Radikalisierung der terroristischen Bewegungen.

### b) Der Prozeß der Nationalisierung im Fall der libanesischen Hizbollah

Die Hizbollah (»Partei Gottes«) entstand im Schatten des libanesischen Bürgerkrieges und der islamischen Revolution im Iran; der Auslöser ihrer Gründung war jedoch vor allem die Invasion und Besetzung des Südlibanon durch Israel im Jahr 1982. Ein großer Teil ihrer Führung bestand aus radikalen schiitischen Geistlichen, die teils enge politische und persönliche Kontakte zur iranischen Regierung unterhielten, welche die Bewegung in vielfacher Hinsicht unterstützte (Rosiny 1996: 100 ff., Ranstorp 1997: 25 ff.).

Das Ziel der Hizbollah war zunächst die Verteidigung der Muslime ebenso wie deren religiöse Erneuerung. Ihre Gewaltanschläge richteten sich zum einen gegen die israelische Besatzung und den Einfluß westlicher Staaten, insbesondere der USA, im Libanon; zugleich kämpfte sie, in erklärter Gefolgschaft gegenüber Khomeinis Revolution im Iran, für einen religiösen und politischen Bewußtseinswandel in der schiitischen Gemeinde und die Errichtung einer islamischen Ordnung. Die Bewegung identifizierte sich dabei nicht nur mit der schiitischen Bevölkerung des Libanon, sondern mit der weltweiten Gemeinschaft der Muslime, deren Vereinigung sie als ihre Aufgabe betrachtete (vgl. Kramer 1993: 544 f., Ranstorp 1997: 47 ff., Rosiny 1996: 194 ff.). Den Elementen dieser Agenda wurde jedoch zunehmend unterschiedliche Bedeutung beigemessen. Bereits der »Offene Brief« der Hizbollah von 1985 formulierte das Ziel, im Libanon eine islamische Ordnung zu errichten, recht zurückhaltend: Diese sei zwar angestrebt, solle aber nicht mit Gewalt durchgesetzt werden (Norton 1987: 174 f.); seit 1989 schließlich fand es in offiziellen Erklärungen der Bewegung keine Erwähnung mehr. Dagegen trat der Kampf gegen die israelische Besatzung deutlich in den Vordergrund. Anschläge gegen die israelische Armee bildeten den größten Teil ihrer Gewaltkampagne und viele Mitglieder und »Fußsoldaten« der Hizbollah sahen sich vor allem als Widerstandskämpfer gegen die Besatzer (Ranstorp 1997: 57, Zisser 1997: 105, Jaber 1997: 20), auch wenn, wie ein Anführer erklärte, ihr »nationales Pflichtgefühl« niemals ihre »religiöse Verantwortung« verdrängen konnte.[36] Seit Ende der 1980er Jahre relativierte die Hizbollah auch ihre panislamischen Ziele und richtete sich stärker an die schiitische Bevölkerung des Libanon als ihre Bezugsgruppe, was auch durch ihre Teilnahme an den libanesischen Parlamentswahlen im Jahr 1992 deutlich wurde (vgl. Norton 1998: 155, Jaber 1997: 49).

Auf der Seite der Bevölkerung trafen die Aktionen des »islamischen Widerstandes« gegen die israelische Besatzung (insbesondere seit dem Herbst 1983) zumeist auf breite Unterstützung und Sympathien; so führte beispielsweise die Festnahme eines bekannten Geistlichen, der zum Kampf gegen die israelischen Truppen aufgerufen hatte, zu wütenden Protesten der Bevölkerung und Demonstrationen im gesamten Libanon (Rosiny 1996: 151). Das israelische Militär antwortete auf die Attentate der Hizbollah mit massiven Verfolgungsmaßnahmen und Gegenschlägen, die jedoch nicht zu einer Entfremdung der Bevölkerung von den Terroristen führten, sondern vielmehr zu wachsendem Widerstandswillen und zu einer Solidarisierung mit der Bewegung (Jaber 1997: 25). Dagegen reagierte die schiitische Bevölkerung auf Versuche der gewaltsamen Durchsetzung einer »islamischen« Ordnung, wie etwa

---

36 »When the resistance was launched, it was primarily triggered by our religious obligations as well as our national duty. But the national duty could never overtake the fervour of our religious responsibility.« Sheik Qaouq, zitiert in Jaber 1997: 42.

Übergriffe gegen unverschleierte Frauen oder Morde an Intellektuellen, mit deutlicher Ablehnung. Vor allem auch Gewalttaten dieser Art führten ab Mitte der 1980er Jahre dazu, daß sich viele Schiiten von der Bewegung abwandten und die Hizbollah in eine Unterstützungskrise geriet, wie ein Beobachter erklärte: »When they tried to take over people's lives, Hezbullah lost their support«[37] (s. a. Rosiny 1996: 238 f., 289).

Ende der 1980er Jahre, nachdem sie »grünen Terror« dieser Art weitgehend eingestellt hatte, gelang es der Bewegung, Unterstützung zurückzugewinnen, nicht zuletzt infolge einer »hearts and minds-Kampagne«, die (finanziert durch iranische Gelder) großzügige soziale Dienste anbot. Vor allem ihr Widerstand gegen israelische Militäroffensiven im Südlibanon in den Jahren 1993 und 1996 führte zu großen Popularitätsgewinnen für die Hizbollah (Jaber 1997: 25, Norton 1998: 154, 169 ff.). Schätzungen ihres Rückhaltes in der ersten Hälfte der 1990er Jahre beliefen sich auf etwa 20 Prozent der schiitischen Bevölkerung, womit sie nahe an den Konkurrenten Amal heranreichte (Rosiny 1996: 159, Norton 1998: 151 f.).

Der Prozeß der »Nationalisierung« der Hizbollah fand, wie hier deutlich wird, vor dem Hintergrund der Reaktionen der schiitischen Bevölkerung statt, auf deren Beistand die Terroristen angewiesen waren und an deren Haltung sie sich bis zu einem gewissen Grad orientierten. Die Bevölkerung identifizierte sich durchaus mit dem Widerstand gegen Israel, widersetzte sich aber Versuchen der erzwungenen Durchsetzung einer islamistischen Ordnung. Darauf stellte die Bewegung diese ein und versuchte, mit einer Propagandakampagne und sozialen Einrichtungen Sympathien für ihre Vision einer neuen Ordnung zu gewinnen.

Als Ausdruck der Orientierung an religiösen Normen, aber auch einer gewissen Rückbindung an den Kreis der sie grundsätzlich unterstützenden schiitischen Bevölkerung kann im Fall der Hizbollah auch der ausgeprägte Diskurs um die Legitimität ihrer Gewaltanschläge betrachtet werden, der vor allem von einer Reihe schiitischer Geistlicher getragen wurde (s. Kramer 1990: 134 ff., 1993: 549 ff., 1997: 83 ff.). Insbesondere Sheik Fadlallah, der gegenüber der Hizbollah eine gewisse Unabhängigkeit wahrte und in der schiitischen Bevölkerung großes Ansehen genoß, wurde von Mitgliedern der Bewegung zu vielen Fragen um sein Urteil ersucht, welches relevante, aber nicht immer zwingende Grenzen setzte.[38] Heftige Kontroversen entbrannten vor allem um die Methode der Selbstmordattentate und die Entführung westlicher Ausländer. Wäh-

---

37 Kommentar des ehemaligen UN Kommandeurs Timur Goksel, zitiert in Jaber 1996: 30.
38 »We can say [...] that he was a cardinal stopping point for us. Having said that I must stress [...] that Sayyed Fadlallah's opinions were not always binding or obligatory.« Subhi Tufeili, zitiert in Jaber 1997: 68.

rend Selbstmordanschläge nicht grundsätzlich verurteilt wurden, traf deren inflationäre und ineffektive Durchführung in der ersten Hälfte der 1980er Jahre auf zunehmende Ablehnung in der Bevölkerung und wurde auch von Fadlallah deutlich verurteilt. Dies führte zu ihrer Reduzierung durch die Bewegung (Kramer 1990: 139 ff., Jaber 1997: 160 f.). Die Freilassung westlicher Geiseln konnte allerdings auch die nachdrückliche Verurteilung der Taten durch Fadlallah nicht bewirken (Kramer 1990: 155 f., 1997: 136 f.).

Ein ähnlicher Prozeß der Nationalisierung vollzog sich im Fall der Hamas, die im Laufe der ersten Intifada von 1987/88 aus dem palästinensischen Flügel der ägyptischen Muslimbruderschaft entstanden war. Zwar ging es der Hamas zu Beginn ebenso um die Errichtung einer islamischen Ordnung, wie darum, die Palästinenser von israelischer Besatzung zu befreien. Doch mit dem Beginn der 1990er Jahren dominierte eindeutig die nationalistische Seite ihrer Agenda (vgl. Klein: 1995: 112 f., Philipp 2002: 64). Der Grund hierfür war unter anderem, daß die von der Hamas angestrebte, fundamentalistische Ordnung bei der Bevölkerung auf Ablehnung stieß, und die Bewegung dadurch an Unterstützung verlor (Klein 1995: 121). Ihre Anschläge gegen israelische Ziele wurden dagegen von vielen Palästinensern befürwortet.[39] Die Hamas schien grundsätzlich bemüht, wie Philipp hervorhebt, »innerhalb eines Mindestkonsenses der Palästinenser zu bleiben« (Philipp 2002: 65). Auch die einzelnen Aktivisten der Hamas bezogen sich in ihrem Selbstverständnis maßgeblich auf die palästinensische Bevölkerung: Sie führten ihren Kampf »für Allah und das palästinensische Volk« und legten großen Wert auf die Anerkennung ihrer Rolle als Kämpfer für die palästinensische Sache durch die Bevölkerung (vgl. Juergensmeyer 2001: 70, Post/Sprinzak/Denny 2003).

### c) Die »religiös-revolutionäre« Variante im Fall des ägyptischen al-Djihad

Den Hintergrund der Entstehung terroristischer Gruppierungen in Ägypten bildete die Radikalisierung eines Teils der Muslimbruderschaft in Konfrontation mit dem ägyptischen Staat. Der von Hassan al-Banna im Jahr 1928 gegründeten Bewegung der Muslimbrüder, die eine sehr große Anhängerschaft gewinnen konnte, ging es zunächst um den Kampf gegen den äußeren ebenso wie gegen den inneren Feind. Ihre

---

39 So befürworteten am Tiefpunkt der Unterstützung für die Hamas (im März 1996) immer noch 20 Prozent der palästinensischen Bevölkerung die Gewaltanschläge, zu anderen Zeiten teilweise mehr als die Hälfte (Shiqaqi 2001: 153).

Mitglieder führten in den späten 1940er Jahren unter anderem Gewaltanschläge gegen die britische Herrschaft in Ägypten durch, ihr Ziel war aber auch die Abwehr kultureller Einflüsse des Westens, die Rückkehr der Muslime zum Islam sowie letztlich die Einigung aller Muslime unter islamischer Herrschaft. In Reaktion auf mehrere Wellen staatlicher Verfolgung und Unterdrückung bildete sich in den 1960er Jahren ein radikaler Flügel, angeführt von ihrem 1966 hingerichteten Vordenker Sayyid Qutb (siehe Kepel 1984: 26 ff., Gomaa 1983: 148 ff.). Qutbs Schriften lassen eine scharfe Distanzierung von der ägyptischen Staatsführung und Gesellschaft erkennen, die er als unislamisch betrachtete; er betonte die Notwendigkeit einer umfassenden religiösen Neuordnung. Ebenso wie die restliche Welt, so Qutb, befänden sich auch die arabischen Staaten in einem Zustand des Unglaubens und der Ignoranz. Verändert werden könne diese Situation nur durch den gewaltsamen Kampf einer Avantgarde, welche die Zeichen der Zeit erkannt habe; diese müsse zunächst damit beginnen, ihr Bewußtsein von den Einflüssen des Unglaubens zu reinigen.[40]

In den 1970er Jahren bildeten sich aus Mitgliedern radikaler Kreise der islamistischen Bewegung mehrere terroristische Gruppen, darunter der al-Djihad um Abd al-Salam Faraj, der 1981 mit der Ermordung des ägyptischen Präsidenten Sadat für Aufsehen sorgte. Während für andere, breitere, militante Bewegungen, wie die ebenfalls im Laufe der 1907er Jahre an Universitäten vor allem in Mittelägypten entstandenen *Gama'at Islamiyya* (Islamischen Gruppen), neben religiös-politischen Forderungen die »Islamisierung von unten«, die Durchsetzung einer islamistischen Sozialmoral und der Konflikt mit der christlichen Minderheit im Vordergrund stand, zielte al-Djihad allein auf einen gewaltsamen Umsturz der Regierung und die Errichtung eines islamischen Staates (vgl. Voll 1991: 389, Kepel 1984: 206 f.). Faraj selbst verfaßte eine Schrift mit dem Titel »Die vernachlässigte Glaubenspflicht«, in der er viele Ansichten Qutbs übernahm, insbesondere die Betrachtung der gegenwärtigen Zeit als unislamisch und die Notwendigkeit ihrer gewaltsamen politisch-religiösen Neuordnung. Er betonte allerdings stärker die Verantwortung des apostatischen Herrschers. Den äußeren Feind in Form des westlichen Imperialismus sah Faraj zwar als Bedrohung, der Kampf gegen diesen könne jedoch erst nach der Beseitigung der unislamischen Ordnung beginnen.[41]

Die in Kairo aktive Djihad-Gruppe um Faraj (ebenso wie einige an-

---

40 So erklärt Qutb: »*Our first task is to change society in deed, to alter the jahiliyya [etwa: Unglauben, Ignoranz, Anm.] reality from top to bottom. [...] we must abandon its values and ideology.*« Übersetzung in Kepel 1984: 53; siehe auch Kepel 1984: 43 ff. und Sagiv 1995: 38 ff.
41 Siehe die Übersetzung von Jansen 1986. Dazu auch Sagiv 1995: 55 ff.

dere terroristische Gruppen)[42] kennzeichnete, in anderen Worten, eine Distanzierung von der ägyptischen Gesellschaft und das Hauptziel einer revolutionären politischen Neuordnung des Staates. Sie verstanden sich als Avantgarde im Kampf gegen den Unglauben und die Ignoranz und für einen genuin islamischen Staat. Während die (friedliche) islamistische Oppositionsbewegung viele Anhänger hatte und auch Aktionen mittelägyptischer Gruppen gegen Sicherheitskräfte oder Christen in einigen Fällen auf Sympathien stießen, reagierte die Bevölkerung auf die gewaltsamen Umsturzversuche des Djihad und ähnlicher terroristischer Gruppen mit großer Zurückhaltung. Die *Gama'at* waren, auch dank ihrer sozialen Gemeindearbeit, in einigen Ortschaften stärker mit den muslimischen Gemeinden verbunden. Dagegen wird die Djihad-Gruppe in Kairo als isolierte, klandestine Zelle beschrieben (Fandy 1994: 609), die auf keinerlei soziale Unterstützer-Netzwerke in der Bevölkerung zurückgreifen konnte (Kepel 1984: 210). Auch nach dem Attentat auf den ägyptischen Präsidenten, für das sich der Djihad mit einer Gruppe aus dem Kreis der *Gama'at* zusammengetan hatte, blieb Kairo weitgehend ruhig, das heißt, die von den Terroristen erhoffte Solidarisierung der Massen fand nicht statt. In Mittelägypten dagegen brachen in einigen Städten Unruhen aus, die erst nach mehreren Tagen niedergeschlagen werden konnten.

Die zweite Welle terroristischer Gewalt in Ägypten zwischen 1989 und 1997 entstand vor allem aus der Eskalation der Konflikte zwischen den *Gama'at Islamiyya* und den Sicherheitsbehörden in Mittelägypten und einigen Stadtteilen von Kairo.[43] Der Djihad, unter seinem neuen

42 Ähnliche Merkmale finden sich unter anderem bei der 1977 aufgelösten Gruppe der »Muslimischen Gemeinschaft« um Shukri Mustafa und der »Islamischen Befreiungsbewegung« Abdullah Sirijyyas; vgl. Kepel 1984: 70 f., Sagiv 1995, S: 45 ff. Al-Djihad bestand neben Farajs Gruppen aus Kairo auch aus einigen mittelägyptischen Gruppen, die von Karam Zuhdi angeführt wurden, welche in ihrer Orientierung und ihren sozialen Beziehungen Ähnlichkeiten mit den Gama'at aufwiesen; vgl. Kepel 1984: 194, 204 ff.

43 Vgl. etwa Toth 2003. Aufgrund ihrer intensiven Gemeindearbeit und teilweise bestehenden Verwandtschaftsbeziehungen zwischen Aktivisten und einflußreichen Familien genossen die Gama'at Islamiyya zu Beginn dieses Konfliktes durchaus Sympathien und Unterstützung in manchen mittelägyptischen Ortschaften oder Kairoer Stadtteilen wie Imbaba oder Ain Shams. Zunehmend brutale Anschläge und repressive Maßnahmen der Sicherheitsbehörden entfremdeten die Gruppen jedoch von der Bevölkerung – vollständig isoliert war die Bewegung nach dem Massaker in Luxor im November 1997. Im Sommer 1997 starteten Teile der Gama'at Führung schließlich eine Initiative zur Beendigung der Gewalt. Vgl: Murphy 2002: 70 ff., 88 ff.

Anführer Ayman al-Zawahiri, spielte darin nur eine untergeordnete Rolle. Die Gruppe verübte einige Attentate auf hochrangige Regierungsmitglieder, verlagerte ihre Aktivitäten und schließlich auch ihre Zielsetzung jedoch zunehmend auf eine internationale Ebene und schloß sich in den späten 1990er Jahren vollständig Usama bin Ladens internationaler Terrororganisation an (vgl. al-Zayat 2004: 60 ff.; siehe auch das folgende Kapitel). Dieser Schritt bedeutete in gewisser Hinsicht eine Abkehr von der ägyptischen Bevölkerung als ihrer Bezugsgruppe, welche auch als Reaktion auf die Ablehnung ihrer Taten und Ziele und das Scheitern ihrer Umsturzversuche in Ägypten interpretiert werden kann.[44]

Eine »revolutionäre« Ausprägung des religiösen Terrorismus findet sich auch im Fall der algerischen GIA, deren Entwicklung einen anderen Verlauf nahm: den einer Eskalation der Gewalt zu einer Terrorkampagne gegen die Bevölkerung.

Die GIA (Groupes Islamiques Armées) entstanden aus der Konfrontation der islamistischen Oppositionsbewegung mit dem algerischen Staat. Nachdem ein sich abzeichnender Wahlsieg islamistischer Parteien durch einen Staatsstreich des algerischen Militärs verhindert worden war, bildeten sich mehrere militante Gruppierungen, die mit gewaltsamen Protesten und Anschlägen für ihr Ziel eines islamischen Staates kämpften (vgl. Stone 1997: 180 ff.). Unter diesen Gruppierungen zeichnete sich die GIA durch eine besondere Radikalität und Kompromißlosigkeit aus; ihre Attentate und Bombenanschläge richteten sich zunächst gegen Repräsentanten des Staates, bald jedoch auch gegen »unislamische« Zivilisten, etwa Intellektuelle oder Journalisten, und ab Mitte der 1990er Jahre betrieben die Gruppen eine Terrorkampagne von Massakern und Anschlägen gegen weite Teile der Bevölkerung (vgl. UN-Bericht 1998, Stone 1997: 193 f.). Diese Eskalation ihrer Gewaltkampagne gegen die eigene Bevölkerung kann auch als Reaktion auf die (ungeachtet der zu Beginn verbreiteten Unterstützung für die islamistische Opposition) Ablehnung ihrer Gewaltkampagne und ihres Versuchs der gewaltsamen Durchsetzung einer islamistischen Sozialordnung interpretiert werden. Si Zoubir (1995) beschreibt die Haltung der algerischen Bevölkerung als eine Distanzierung sowohl gegenüber den militanten Islamisten als auch gegenüber der algerischen Führung und hebt einen Geist des passiven Widerstands und der trotzigen Fortführung des öffentlichen Lebens angesichts der Drohungen durch die Terroristen hervor. In vielen abgelegenen Gebieten bilden sich, ähnlich wie in Peru, lokale Selbstverteidigungsgruppen gegen den Terror der GIA, wel-

---

44 Al-Zayat führt, neben dem Scheitern ihrer Kampagne, den Verfolgungsdruck der Sicherheitskräfte und die organisatorische und logistische Schwäche des Djihad in Ägypten als Gründe an (2004: 64 ff.).

che, nach der Einschätzung eines UN-Berichtes[45] von 1998, maßgeblich dazu beitrugen, die Terroristen zurückzudrängen.

## d) Resümee

Im Rahmen der zunächst doppelten Zielsetzung religiöser Terroristen finden sich, wie die dargestellten Fallbeispiele erkennen lassen, unterschiedliche Schwerpunktsetzungen. Während sich die Gewaltkampagen der Hizbollah und der Hamas zunehmend auf die Verteidigung einer konkreten Bevölkerungsgruppe und den Kampf gegen einen Besatzungsstaat konzentrierten, ging es dem al-Djihad und der GIA in erster Linie um die Errichtung eines islamischen Staates und die religiöse Neuordnung der Gesellschaft.

Wie sind diese Unterschiede zu bewerten? Der Vergleich mit Strukturmerkmalen des sozialrevolutionären und ethnisch-nationalistischen Terrorismus kann hier eine Orientierungshilfe bieten. So zeigen sich insbesondere in den Reaktionen der Bevölkerung auf die Gewaltkampagne der Terroristen vertraute Interaktionsmuster: Eine tendenziell größere Zurückhaltung der Bevölkerung gegenüber der Gewaltkampagne »revolutionär« geprägter religiöser Terroristen und deren mit der Eskalation des Konfliktes zunehmende Isolierung, dagegen weiter verbreitete Unterstützung und eine gewisse Rückbindung im Fall »nationalistischer« religiöser Bewegungen. Hiermit im Einklang stehen auch die Reaktionen der Bevölkerung auf staatliche Gegenmaßnahmen. Im Fall der Hizbollah und der Hamas lösten diese stets Wellen der Solidarisierung mit den Gewaltbewegungen aus, während diese etwa im Fall des al-Djihad ausblieben.

Gleichwohl ist davor zu warnen, den Vergleich mit säkularen Gewaltbewegungen überzubewerten und die Motivation und Ziele religiöser Terroristen auf diese Dimension allein zu reduzieren. Wie fortbestehende radikal-fundamentalistische und international ausgerichtete Strömungen innerhalb der Hizbollah oder Überschneidungen des al-Djihad mit den Gama'at Islamiyya, deutlich machen, bleiben der grundsätzliche Doppelcharakter und die Ambivalenzen in der Haltung religiöser Terroristen bestehen und beeinflussen weiterhin die Ziele der Gewaltbewegungen ebenso wie das Verhältnis zu ihren Bezugsgruppen.

---

45 Bericht der vom UN-Generalsekretär berufenen Expertenkommission zu Algerien, Juli-August 1998 (einsehbar unter: http://www.un.org/New Links/dpi2007/contents.htm).

## e) Der Ausnahmefall: militante Sekten

Einen Ausnahmefall des religiösen Terrorismus bildet die Ausübung von Gewalt durch religiöse Sekten.[46] Diese Gruppen kennzeichnet, daß sie sich nicht auf eine etablierte religiöse Tradition beziehen und nicht im Kontext einer umfassenderen Religionsgemeinschaft stehen. Die Gefolgschaft ihrer Mitglieder gilt in der Regel einem charismatischen und teilweise gottgleich verehrten Führer und dessen Lehre, wobei es sich zumeist um religiöse »Neugründungen« auf der Grundlage von Versatzstücken verschiedener Religionen handelt (Appleby 2000: 103). Die japanische Aum-Sekte, als bekanntestes Beispiel, oder Gruppen wie die amerikanische Davidianer-Sekte können hierzu gezählt werden.

Gewalttaten durch religiöse Sekten stellen jedoch, wie betont werden muß, eine Ausnahme dar. Die ganz überwiegende Zahl religiöser Gruppierungen dieser Art ist keineswegs gewalttätig, sondern sucht vielmehr den quietistischen Rückzug von der diesseitigen Welt. Tritt Gewalt auf, so findet diese häufiger innerhalb der Gruppen statt, das heißt, sie richtet sich eher gegen einzelne Mitglieder als gegen Außenstehende oder manifestiert sich in Form kollektiver Selbstmorde.

Vorstellungen und Ziele religiöser Sekten werden in der Regel durch die »Lehre« ihres charismatischen Führers definiert, dem häufig ein phantastischer und herostratischer Charakter eigen ist. Aufgrund seiner Losgelöstheit von jeder religiösen Tradition sind den theologischen Improvisationen eines solchen »floating guru«, wie Lifton (1999: 12) darlegt, kaum Grenzen gesetzt.

Mitglieder religiöser Sekten scheinen sich in der Tat in der von Hoffman (1995: 272 f.) beschriebenen Weise vor allem an der Vorstellung eines Jenseits und einer transzendenten Dimension zu orientieren. Ihre Handlungen richten sich auf die Beeinflussung eines »außerweltlichen«, imaginierten Zusammenhangs, was nach »weltlichen« Maßstäben als irrational erscheint. Bezugspunkt dieser Gruppen ist ein vorgestelltes Jenseits, und sie beziehen sich in ihrem Tun auf keine »diesseitige« Gruppe, außer auf sich selbst.

Den Deutungsrahmen der Aum-Sekte bildete das von Asahara mit wachsender Dringlichkeit prophezeite Armageddon, welches es zunächst zu verhindern, später herbeizuführen galt, sowie seine paranoide Obsession einer Verschwörung unterschiedlichster Mächte gegen die Sekte. Zur Rechtfertigung einer Reihe von Gewalttaten bezog sich Asahara auf seine Neuinterpretation des Konzeptes des *poa* – eine Art

---

46 Vergleichbare Merkmale finden sich mitunter auch bei kleinen, extremen Splittergruppen religiöser Bewegungen. Vgl. u. a. Rapoport 1988 und Hoffman 1998: 105 ff.

»altruistischer Mord« –, wonach ein Erleuchteter, tötet er einen ansonsten spirituell verlorenen Menschen, diesem einen großen Dienst erweist (Wanatabe 1998: 84 ff.).

In sozialer Hinsicht isolieren sich religiöse Sekten in vielen Fällen vollständig von der in ihren Augen »verlorenen« Gesellschaft und ziehen sich in abgeschlossene »heilige Gemeinschaften« zurück. Gewalttaten gegen Außenstehende sind häufig Resultat eskalierender Konflikte mit einer als feindlich wahrgenommenen Umwelt, die jedoch maßgeblich durch die weltfremden und oftmals paranoiden Vorstellungen der Sekten bestimmt werden. So ist die Art und Weise, in der Aum ihre Umwelt als existentielle Bedrohung wahrnahm, sowie die Dimension ihrer Gewalttaten – die Gruppe führte 1994 und 1995 mehrere Giftgasanschläge durch – nur innerhalb des apokalyptischen und zunehmend weltfremden Deutungsrahmens Asaharas erklärbar (Reader 1996: 208 f.). Der Fall Aums, betrachtet man die wiederholten Anschläge und Anschlagsversuche mit Massenvernichtungswaffen,[47] scheint in der Tat Hoffmans These (1995: 279 f.) einer durch die »außerweltliche« Orientierung und das Fehlen von Bezugsgruppen bewirkten Entgrenzung der Gewalt zu bestätigen.

## 5. Internationaler Terrorismus und seine Bezugsgruppen

Definiert man »internationalen Terrorismus« anhand des grenzüberschreitenden Charakters terroristischer Anschläge und Strukturen, so lassen sich ihm eine Vielzahl von Bewegungen in der einen oder anderen Form zurechnen. Dies bedeutet jedoch nicht notwendigerweise, daß auch die Ziele und die Bezugsgruppen der Gewaltorganisationen auf einer internationalen Ebene angesiedelt sind. So erhielt auch die IRA lange Zeit finanzielle Unterstützung und Waffen durch Teile der irischen Einwanderungskolonien in Nordamerika (später auch durch Libyen), nutzte die Republik Irland als »sicheren Hafen« für Aktivisten, die sich auf der Flucht befanden, und verübte Bombenanschläge gegen Angehörige der britischen Streitkräfte in Deutschland; diese Aktivitäten dienten jedoch allein ihrem Kampf für die »Befreiung« Irlands.

Das Interesse der folgenden beiden Abschnitte gilt einer anderen Gruppe terroristischer Bewegungen: jenen, in deren Motivation und Bezugsgruppen eine internationale oder globale Dimension maßgeblich in den Vordergrund tritt. Dies sind zum einen Gewaltorganisationen wie die palästinensische PLO und PFLP, die mit ihren Anschlägen eine weltweite Öffentlichkeit beeinflussen und Aufmerksamkeit und Sympa-

---

47 Beziehungsweise mit Substanzen, welche die Täter für solche hielten.

thie für die eigene Sache erzeugen wollten. Bin Ladens al-Qaida dagegen stellt einen Typus dar, der als globaler Terrorismus bezeichnet werden kann: In ihren international weit verzweigten Aktivitäten verfolgt sie eine in globalen Kategorien entworfene Agenda, die sich an eine transnationale Bezugsgruppe richtet.

### a) Internationaler Terrorismus der PLO und der Bezug auf die Weltöffentlichkeit

Diejenigen Gruppen, welche erstmals spektakuläre internationale Gewaltanschläge systematisch als Instrument einsetzten, um eine internationale (insbesondere westliche) Öffentlickeit zu beeinflussen, waren die palästinensische PLO und die PFLP (*Popular Front for the Liberation of Palestine*). Einen ersten Kulminationspunkt erreichte diese Entwicklung im September 1970, als Terroristen der PFLP in einer aufsehenerregenden Aktion vier Verkehrsflugzeuge entführten, eines davon in Kairo in die Luft sprengten und die verbleibenden drei Maschinen mit ihren Passagieren in Dawson's Field, einem abgelegenen Flugfeld in Jordanien, zur Landung brachten. Eine Schar von Reportern reiste an, die Geiselnahme und die Verhandlungen mit den Entführern gerieten in den folgenden sechs Tagen zu einem weltweiten Medienereignis, unmittelbar verfolgt von Millionen von Fernsehzuschauern. Die Terroristen forderten die Freilassung einer Reihe inhaftierter Kampfgenossen, was sie teilweise auch durchsetzen konnten. Das Hauptziel der Aktion war jedoch, wie ihr Anführer später erklärte, die Erzeugung weltweiter Aufmerksamkeit: »*What mattered most to us was that one pays attention to us.*«[48]

Betrachtet man die Motivation und Zielsetzung der Terroristen, so wird deutlich, daß die Weltöffentlichkeit in diesen Fällen keine Bezugsgruppe im bisher besprochenen Sinn darstellt. Die terroristischen Bewegungen bezogen sich auf die Weltöffentlichkeit, insbesondere der westlichen Staaten, vielmehr als eine einflußreiche dritte Partei, die zugunsten der eigenen Seite in einem regionalen Konflikt aktiv werden sollte. Ihr Ziel war die Mobilisierung der, in dem Begriff Schefflers (2002: 223), »*Ressource Weltöffentlichkeit*«[49] für die eigene Sache, gewissermaßen als eine Art sekundäre strategische Bezugsgruppe.

48 Bassam Abu Sherif, zitiert in Schmid 1982: 28.
49 Vgl. hierzu auch Troebst 2002: 231 ff., 243 ff., der anhand der Befreiungsbewegung UCK eine weitere Form des Bezuges auf die Weltöffentlichkeit hervorhebt: Im Rahmen einer nationalen Terrorkampagne wird eine Überreaktion des betreffenden Staates insbesondere gegen die Bevölkerung provoziert, um dadurch ein Eingreifen dritter Staaten herbeizuführen.

## TERRORISTISCHE BEWEGUNGEN UND IHRE BEZUGSGRUPPEN

Das Ziel aufsehenerregender Flugzeugentführungen der PFLP oder von Terroraktionen wie der Geiselnahme israelischer Sportler bei den Olympischen Spielen von 1972 in München war zunächst, weltweite Aufmerksamkeit zu erregen bzw. *zu erzwingen*. Die Welt, welche die Palästinenser jahrelang ignoriert hatte, sollte genötigt werden, den Konflikt wahrzunehmen. So erklärte Abu Ijad, Mitbegründer der Fatah, die Geiselnahme in München sei durchgeführt worden, »... *to make the world pay attention to us. [...] From Munich onwards nobody could ignore the Palestinians or their cause.*«[50]

Die Terroristen erwarteten dabei nicht, daß ihre Gewalttaten in der internationalen bzw. der westlichen Öffentlichkeit auf Sympathie stoßen würden (anders unter der palästinensischen Bevölkerung selbst oder in manchen arabischen Staaten), sondern erhofften Sympathie und eine Solidarisierung der aufmerksam gewordenen Weltöffentlichkeit, in gewisser Weise »an den Terroristen vorbei«, mit dem Schicksal der palästinensischen Bevölkerung, welche sie zu vertreten beanspruchten. Wadi Haddad, ein Anführer der PFLP, beschrieb die erhoffte Wirkung internationaler Gewaltaktionen wie folgt: »*Die Welt wird fragen: Was ist das Problem in Palästina? Wer sind die Palästinenser? Warum tun sie so etwas? [...] Am Ende wird die Welt das Problem satt haben. Sie wird zu dem Schluß kommen, daß mit Palästina etwas geschehen muß. Sie wird uns Gerechtigkeit geben müssen.*«[51]

Das Kalkül der Terroristen im Hinblick auf die westliche Öffentlichkeit war ein doppeltes: Das Bestreben, um Sympathie für die Sache der Palästinenser zu werben, war eng mit dem Ziel verbunden, eine Parteinahme und ein Eingreifen der Staatengemeinschaft notfalls *zu erzwingen*. Die Gewaltanschläge in europäischen Staaten sollten deutlich machen, daß diese das Schicksal der Palästinenser nicht länger ignorieren durften; andernfalls würde der Konflikt auch zum unmittelbaren Problem der westlichen Welt werden. Einigen terroristischen (Splitter-) Gruppen aus diesem Kreis ging es aber um mehr als um Sympathiewerbung. Nach dem Massaker durch ein japanisches Kommando im Auftrag palästinensischer Terroristen am Flughafen von Lod im Jahr 1972 erklärte ein Sprecher der PFLP, Ziel der Aktion sei es gewesen, die »Temperatur« im Mittleren Osten zu erhöhen und die Öffentlichkeit in anderen Ländern einzuschüchtern: »*This operation does affect the ordinary Englishman. He will be shocked. What horrible cold-blooded murders. But he will think three times before coming to Israel.*«[52]

---

50 Zitiert in Schmid 1982: 31. Ganz ähnlich erklärte der Gründer der PFLP, George Habash, 1970 in einem Interview: »*For decades world opinion has been neither for nor against the Palestinians [...]. It simply ignored us. At least the world is talking about us now.*« Zitiert in Hoffman 1998: 70 f.

51 Zitiert in Schröm 2002: 17.   52 Zitiert in Schmid 1982: 29.

Wie reagierte die in dieser Weise anvisierte Weltöffentlichkeit? Und welche Erfolgsaussichten hatte die Strategie der Terroristen? In verschiedenen Fällen des internationalen Terrorismus lassen sich sehr unterschiedliche Entwicklungen beobachten, allen gemeinsam ist jedoch die begierige Aufmerksamkeit, welche die internationale Öffentlichkeit – vermittelt durch den gewaltigen und immer aktueller berichtenden Apparat moderner Massenmedien – spektakulären terroristischen Anschlägen stets entgegenbrachte. Insbesondere palästinensischen Terroristen gelang es immer wieder, terroristische Anschläge zu einem weltweiten Medienereignis werden zu lassen. Die Geiselnahme bei den Olympischen Spielen von 1972 beispielsweise wurde Schätzungen zufolge von mehr als 900 Millionen Menschen am Fernsehbildschirm verfolgt und erreichte als Nachricht gut ein Viertel der Weltbevölkerung (Hoffman 1998: 74).[53]

Während es den Terroristen also zumeist problemlos gelang, internationale Aufmerksamkeit auf sich zu ziehen, erwies es sich als weit schwieriger, die Einstellung der Öffentlichkeit zu beeinflussen und maßgebliche Entscheidungsträger zu mobilisieren. Erfolgreich war das Kalkül der Terroristen hauptsächlich im Fall der PLO. Zwar trafen die Attentate und Geiselnahmen palästinensischer Gruppen stets auf einhelliges Entsetzen und Empörung, doch weniger als zwei Jahre nach der Aktion des Schwarzen September in München wurde Arafat zu einer Rede vor der Generalversammlung der Vereinten Nationen eingeladen, und Ende der 1970er Jahre unterhielt die PLO diplomatische Beziehungen zu mehr Ländern als der Staat Israel. Diese politischen Erfolge waren, wie ein Vertreter der PLO erklärte, vor allem ein Resultat ihrer terroristischen Kampagne: »*The first of several hijackings aroused the consciousness of the world and awakened the media and world opinion much more – and more effectively – than 20 years of pleading to the United Nations.*«[54]

Der Erfolg der PLO beruhte jedoch auch, wie der Vergleich mit anderen Fällen des internationalen Terrorismus deutlich macht, auf der besonderen historischen und politischen Relevanz des Nahost-Konfliktes für die westliche Staatenwelt. Diese konnte in anderen Fällen auch durch eine internationale Gewaltkampagne nicht erzwungen werden. Angespornt durch den Erfolg palästinensischer Gruppen, versuchte in

---

53 Eine Erklärung der Gruppe nach der Geiselnahme feierte den in dieser Hinsicht überwältigenden Erfolg der in ihren Forderungen ansonsten fehlgeschlagenen Operation: »*The choice of the Olympics, from the purely propagandistic view-point, was 100 percent successful. It was like painting the name of Palestine on a mountain that can be seen from four corners of the earth.*« Zitiert in Hoffman 1998: 74.
54 Zitiert in Schmid 1982: 32; s. a. Hoffman 1998: 74.

den späteren 1970er und den 1980er Jahren eine Reihe terroristischer Bewegungen durch Gewaltanschläge in den westlichen Staaten Aufmerksamkeit und Unterstützung für ihr Anliegen zu erreichen, darunter die armenische Organisation ASALA (Armenische Geheimarmee für die Befreiung Armeniens) oder eine Gruppe exilierter Süd-Molukken, die in den Niederlanden aktiv war. Auch diesen Bewegungen gelang es durchaus, weltweit Schlagzeilen zu machen, woraus jedoch kaum dauerhaftere Sympathie oder politische Unterstützung entstand (Hoffman 1998: 75 ff.). In der breiteren Öffentlichkeit lösten die brutalen Anschläge der ASALA, wie eine Umfrage in der US-Bevölkerung ergab, ausschließlich Entsetzen und Abscheu aus, während ihr politisches Anliegen weitgehend unbekannt blieb (Hoffman 1998: 78, 141 ff.). Nach dem Anschlag eines ASALA Kommandos auf dem Flughafen von Orly im Jahr 1983, bei dem wahllos Menschen erschossen wurden, begann die Gruppe jegliche Unterstützung auch unter Armeniern zu verlieren, und in der zweiten Hälfte der 1980er Jahre gingen die Aktivitäten armenischer Terroristen weitgehend zurück.

Die Rückwirkungen der Strategie der Internationalisierung auf die Gewaltkampagne der Terroristen sind keineswegs eindeutig. Erfolge bei dem Versuch, möglichst große Schockeffekte und Aufmerksamkeit zu erzeugen, können zu einer Eskalation in der Brutalität der Anschläge und einer Ausweitung der Ziele führen, jedoch wie der Fall der palästinensischen Gruppen lehrt, auch eine gewisse Selbstbeschränkung bewirken. So stellte etwa die PLO in der zweiten Hälfte der 70er Jahre bestimmte Formen von Anschlägen ein und drängte verbündete Gruppen, den geographischen Rahmen ihrer Aktivitäten zu begrenzen. Ebenso führte der neue politische Status der PLO-Führung dazu, daß sie sich von terroristischen Anschlägen zu distanzieren begann und sie »Elementen« der palästinensischen Bewegung zuschrieb, die angeblich nicht unter ihrer Kontrolle standen (Hoffman 1998: 85 f., Schmid 1982: 32).

### b) Globaler Terrorismus: Al-Qaidas Bezug auf die Weltgemeinschaft der Muslime

Abschließend soll auf eine Form von Terrorismus eingegangen werden, die – in Abgrenzung zum internationalen Terrorismus – als *globaler* oder *transnationaler Terrorismus* bezeichnet werden kann (vgl. Schnekkener 2002). Im Gegensatz etwa zu den palästinensischen Terrorgruppen, deren Zielsetzung sich ungeachtet ihrer grenzüberschreitenden Kampagne auf einen nationalen Konflikt und die Bevölkerung eines Landes als Bezugsgruppe richtete, treten beim globalen Terrorismus lokale Bezugspunkte dieser Art in den Hintergrund; globale Terroristen sind, so Schneckener (2002: 19): »*ohne Heimat und lokale Verortung*«.

Die Ziele und die Ideologie der Terroristen ebenso wie ihre Strategie bewegen sich vielmehr auf einer globalen Ebene. Sie sind zum Kampf gegen die bestehende internationale Ordnung angetreten, für den sie weltweite Organisationsstrukturen errichtet haben und den sie in verschiedenen Teilen der Welt zugleich führen. Angesichts dieser »Heimatlosigkeit« globaler Terroristen stellt sich um so mehr die Frage: Wer sind ihre Bezugsgruppen? Für wen führen sie ihren Kampf? Und wie reagieren die anvisierten Gruppen? Anhand der al-Qaida-Bewegung Osama bin Ladens soll im folgenden eine Antwort auf diese Fragen versucht werden.

Al-Qaida ist der prototypische und in dieser Ausprägung bisher einzige Fall eines globalen Terrorismus. Zwar finden sich auch bei einigen anderen terroristischen Bewegungen Elemente einer globalen Orientierung, jedoch zumeist in Verbindung mit einer (dominanten) lokalen Agenda, keine der Gruppen entwickelte eine globale Struktur und Strategie. So traten im Fall der Hizbollah panislamische Ziele angesichts ihrer zunehmenden Orientierung am nationalen Rahmen des Libanon in den Hintergrund, und die internationalen Aktivitäten der RAF, die sich selbst als Teil des weltweiten Kampfes gegen den Imperialismus betrachtete, waren begrenzt auf eine gewisse Kooperation mit palästinensischen Terroristen und den kurzlebigen Versuch einer »westeuropäischen antiimperialistischen Front«.[55]

Den Hintergrund der Entstehung von al-Qaida Ende der 1980er Jahre bildete die Bewegung der »Arabischen Afghanen«, der muslimischen Freiwilligen für den Kampf gegen die sowjetische Besatzung Afghanistans. Der palästinensische Gelehrte und islamistische Aktivist Abdallah Azzam errichtete 1984 zusammen mit dem saudischen Millionärssohn Osama Bin Laden ein Rekrutierungsbüro für den Djihad in Afghanistan und fand regen Zulauf in Kreisen einer jungen, radikalen Generation von Muslimen in Ländern wie Saudi-Arabien, Algerien und Ägypten. Diese hatte sich von dem Wertkonservativismus ihrer Eltern abgewandt und mit dem Kampf ihrer muslimischen Brüder gegen die sowjetische Besatzung solidarisiert (Schulze 2002: 362 f.). Im Ganzen gelangten auf diesem Weg mehrere zehntausend Freiwillige nach Afghanistan und erhielten eine ideologische und militärische Schulung.[56] Ende der 1980er Jahre entwickelte Osama Bin Laden und eine Gruppe vorwiegend ägyptischer Aktivisten, darunter der Anführer des al-Djihad, Ayman al-Zawahiri, Pläne, aus den Reihen der »Arabischen Af-

---

55 Einige Aktivisten deutscher Terrorgruppen wandten sich allerdings stärker einem internationalen Kampf an der Seite palästinensischer Gruppen zu. Vgl. Hoffman 1998: 82, Wunschik 1997: 387 ff., 404 ff.
56 Zur Entstehung al-Qaidas siehe u. a. Gunaratna 2002: 16 ff., Bergen 2001 und Schneckener 2002.

ghanen« den Kern einer internationalen Kampftruppe für die Sache des Islam aufzubauen: Al-Qaida (»Die Basis«) sollte die Grundlage für einen Feldzug gegen die »korrupten« und »unislamischen« Regime in der arabischen Welt und für die Vereinigung aller Muslime bilden (Gunaratna 2002: 21 ff.). In den folgenden Jahren errichtete al-Qaida international verzweigte Organisationsstrukturen und trat mit einer Reihe islamistischer Terrorgruppen in Kontakt, darunter pakistanische Gruppen, die *Hizbollah* und die algerischen GIA. Zu einer Mobilisierung der Bewegung gegen die USA trug vor allem der Golfkrieg von 1990/91 bei. Die Entscheidung der saudischen Führung, zur Verteidigung gegen die Truppen Saddam Husseins amerikanische Truppen ins Land zu lassen, wurde als Verrat an den Muslimen betrachtet und die Anwesenheit der Ungläubigen als Besatzung des Heiligen Landes, welche mit allen Mitteln bekämpft werden müsse. Zunächst allerdings schienen sich die Ziele und Aktivitäten al-Qaidas, auch wenn sie bereits seit 1993 an direkten Anschlägen gegen die USA beteiligt gewesen war, noch stärker auf den Kampf gegen die »korrupten« Regime in Saudi-Arabien und Ägypten selbst zu richten. So führte Osama Bin Laden eine politische Kampagne gegen die saudische Führung und knüpfte Kontakte zur dortigen islamistischen Opposition, worauf ihm seine Staatsbürgerschaft entzogen wurde; Ayman al-Zawahiri und seine al-Djihad-Gruppe verübten unterdessen eine Reihe von Anschlägen gegen ägyptische Politiker und Einrichtungen.[57] In der zweiten Hälfte der 1990er Jahre, insbesondere nach der Rückkehr der al-Qaida Führung nach Afghanistan im Jahr 1996, rückte der Kampf gegen die USA und Israel schließlich eindeutig in den Vordergrund (vgl. Raphaeli 2002, Gunaratna 2002: 44 ff., al-Zayat 2004: 64). Es seien letztlich die USA und Israel, so Bin Laden in einer Erklärung vom August 1996, welche die verräterischen arabischen Regime kontrollierten und steuerten, daher sei es ausschlaggebend, diesen Hauptfeind zu bekämpfen: Der Schatten könne nicht begradigt werden, wenn der Stab, der ihn wirft, nicht gerade sei.[58]

Die Übernahme einer globalen terroristischen Agenda stellt sich hier als Resultat einer Entwicklung dar, welche als Reaktion der terroristi-

57 Vgl. Raphaeli 2002: 11f, Gunaratna 2002: 28 ff., al-Zayat 2004: 60 ff.
58 »*Therefore every one agreed that the situation can not be rectified (the shadow cannot be straighten when it's source, the rod, is not straight either) unless the root of the problem is tackled. Hence it is essential to hit the main enemy.*« Erklärung Bin Ladens vom August 1996 nach der Washington Post. Die Erklärung von 1996 enthielt bemerkenswerterweise im Vergleich zu späteren Texten noch ausgesprochen umfangreiche Ausführungen zur Situation in Saudi-Arabien und Anschuldigungen gegen das dortige Regime, und richtete sich in ihrem Untertitel im besonderen an die Muslime der arabischen Halbinsel.

schen Bewegungen auf die Erfolglosigkeit ihrer Kampagne zum Umsturz eines nationalen Regimes interpretiert werden kann. So konzentrierte sich Ayman al-Zawahiri in der zweiten Hälfte der 1990er Jahre auf den »entfernten Feind« USA, so der islamistische Aktivist Montasser al-Zayat, nachdem die Gewaltkampagne des Djihad in Ägypten gescheitert war (2004: 64 ff.). Auffallend ist jedenfalls, daß ihrer Herkunft nach stärker »revolutionär« geprägte religiöse Terroristen (Ägypten, Algerien, etc.) in der Führung und Mitgliederschaft al-Qaidas dominierten, während sich weit weniger Mitglieder »nationalistisch« geprägter Terrorgruppen der Bewegung anschlossen.

Die Zielsetzung und Strategie al-Qaidas basiert auf der Vorstellung einer globalen Konfrontation. Auf der einen Seite steht die Allianz der »Zionisten und Kreuzzügler« (Israel und die USA), welche die Länder der Muslime besetzen, sie unterdrücken, ausbeuten und zu vernichten suchen; auf der anderen Seite al-Qaida und die mit ihr verbundenen islamistischen Bewegungen als die Speerspitze der »muslimischen Nation«. Regionale Konflikte, sei es in Somalia oder in Tschetschenien, sind danach sämtlich Teil dieses umfassenden Kreuzzuges des Westens gegen den Islam.[59] Die Antwort al-Qaidas auf diese vorgestellte weltweite Bedrohung und Unterdrückung ist – im Gegensatz zum dargestellten Fall palästinensischer Terroristen, die sich an die Weltöffentlichkeit als eine letztlich positive Bezugsgruppe richteten – eine terroristische Strategie auf einer ihrerseits globalen Ebene. Diese zielt zum einen auf die Einschüchterung und Zermürbung der Vereinigten Staaten und des Westens ab, ein weltweiter »war of attrition«. Mit Attentaten wie 1996 in Saudi-Arabien und 1998 in Afrika, und später mit dem Angriff gegen die USA selbst sollten die »Kreuzzügler« gezwungen werden, sich aus der arabischen Halbinsel und der gesamten islamischen Welt zurückzuziehen. Hoffnung schöpfte Bin Laden aus dem schnellen Truppenabzug der USA nach den Anschlägen der Hizbollah 1983 im Libanon und aus Somalia im Jahr 1993.[60] Die Bezugsgruppe al-Qaidas ist die weltweite Gemeinschaft der Muslime, die islamische *Umma*. Sie ist, wie aus einer Vielzahl von Verlautbarungen der Bewegung hervorgeht, Identifikationsgruppe und unterstellter Nutznießer ihres Kampfes; in ihrem Namen beansprucht al-Qaida ihren Kampf zu führen, daraus bezieht sie

---

59 Vgl. die Erklärungen Bin Ladens und al-Qaidas vom August 1996, nach Washington Post 2001, und nach den Attentaten des 11. September 2001, nach BBC, Nov. 3/10 2001 sowie der als die Memoiren Ayman al Zawahiris bezeichnete Text: »Ritter unter dem Banner des Propheten«, in Auszügen zugänglich unter: http://www.fas.org/irp/world/para/ayman_bk.html, dazu Raphaeli 2002.

60 Vgl. u. a. Erklärungen Bin Ladens und al-Qaidas vom August 1996, nach Washington Post 2001.

ihre Motivation und Legitimität.⁶¹ Bin Laden und seine Anhänger sehen sich in ihrer Vorstellung als Avantgarde und Speersitze dieser »Islamischen Nation« im Kampf gegen deren Unterdrückung und Ausbeutung, und die Einigung und Neuordnung dieser Gemeinschaft ist ihr Ziel.⁶² Die Botschaft ihrer Taten richtet sich auch an diese positive Bezugsgruppe; sie soll von der Bedrohung durch den Westen überzeugt und mobilisiert werden. Insbesondere Erklärungen Bin Ladens nach den Anschlägen auf New York und Washington im September 2001 appellierten »an die gesamte islamische Nation«.⁶³ Sie lassen ein letztlich klassisches terroristisches Provokationskalkül erkennen: Die bewußte Herbeiführung eines umfassenden Gegenschlages der USA. Dieser sollte allen Muslimen die Absichten der »Kreuzzügler« vor Augen führen und sie dazu bewegen, sich auf die Seite al-Qaidas schlagen: »*After this has become clear, the Muslim must know, and learn where he is standing vis-a-vis this war.*«⁶⁴ Die Ereignisse seien, so ein Sprecher al-Qaidas, der Beginn der entscheidenden Schlacht zwischen der Seite der Muslime und den Ungläubigen.⁶⁵

61 Die hier vertretene Position unterscheidet sich insofern von der Münklers (2004: 34 ff.), der annimmt, die Anschläge terroristischer Gruppen wie al-Qaida richteten sich »*nicht mehr appellativ an einen ›als interessiert unterstellten Dritten‹, der für eine nachhaltige Unterstützung der terroristischen Akteure gewonnen werden soll, sondern der Adressat der terroristischen Botschaft sind etwa die Touristen aus westlichen Ländern, denen von einem Urlaub in den von Terroranschlägen betroffenen Gebieten nachdrücklich ›abgeraten‹ wird*« (2004: 38). Zur Einschränkung der Rückwirkungen und Relevanz der positiven Bezugsgruppen siehe unten.
62 Vgl. z. B. die Erklärung Bin Ladens vom August 1996, nach Washington Post, Okt. 2001, Zawahiri: »Knights under the Prohpet's banner« (s. Fn. 45). Im Gegensatz zur stärker religiös-revolutionären Zielsetzung der ägyptischen Gruppen (in bezug auf Ägypten) scheint sich das Selbstverständnis al-Qaidas stärker auf die Verteidigung der Umma gegen einen äußeren Feind zu beziehen.
63 Vgl. z. B. die Videobotschaft Bin Ladens vom 9. Oktober 2001, nach AP, 9. Okt. 2001.
64 Auf Video aufgezeichnete Erklärung Osama Bin Ladens vom November 2001, nach BBC, 3. Nov. 2001. Die Verlautbarungen al-Qaidas sind weitgehend als Beschreibung der Auswirkungen des 11. September formuliert, weniger als strategische Absichtserklärungen, lassen aber dennoch das Kalkül hinter den Anschlägen erkennen. Siehe auch die Erklärungen vom Oktober 2001, nach AP, 7./9. Oktober 2001.
65 »*[The Muslims] are being subjected to a full crusade with the objective of getting rid of the Islamic nation. The nation must take up its response and in the end I thank God for allowing us to start this jihad. This is a*

Bin Laden selbst zeigte sich von dem Erfolg seiner Kampagne in dieser Hinsicht überzeugt: Die überwältigende Mehrheit der Muslime sei glücklich über die Anschläge in New York und unterstütze seine Aktivitäten.[66] Inwieweit entspricht dies den Tatsachen? Als soziales Gebilde scheint die muslimische Umma zwischen der engen sozialen Gemeinschaft der Volksgruppe ethnisch-nationalistischer Terroristen einerseits und den abstrakten Konzeptionen der »ausgebeuteten Massen« sozialrevolutionärer Terroristen andererseits angesiedelt zu sein. Auch wenn viele Muslime zweifellos ein Gefühl grenzüberschreitender Zusammengehörigkeit und Solidarität empfinden, ist die Umma als Weltgemeinschaft gleichwohl sehr heterogen und diffus. Die religiöse Identität und Solidarität ist oftmals überlagert von nationalen und ethnischen Gruppenzugehörigkeiten und Prioritäten (vgl. Schulze 2002: 347 ff.). Eine gewisse Einheit der islamischen, vor allem aber der arabischen Welt (und dort auch christlicher Araber) entsteht aus der gemeinsamen Frontstellung gegen die Politik Israels sowie dem tiefen Mißtrauen und einem Gefühl der Demütigung angesichts der westlichen, insbesondere der US-amerikanischen Politik im Nahen Osten.[67] Teile der Bevölkerung empfanden aus diesem Antiamerikanismus heraus zweifellos »klammheimliche Freude« angesichts der Anschläge des 11. September oder waren der Ansicht, die USA hätten sich das Geschehen letztlich selbst zuzuschreiben (vgl. Arsuzi-Elamir 2002). Offene Sympathie und Unterstützung für Bin Laden und den Anschlag schienen dennoch auf eine kleine Minderheit begrenzt.[68] Die Bevölkerung in den islamischen Staaten reagierte auch nach der US-Militärkampagne in Afghanistan insgesamt verhalten und war, wie Schulze (2002: 370) hervorhebt, weit entfernt beispielsweise von dem

*decisive battle between faithlessness and faith. And I ask God to give us victory.« Erklärung Abu Ghaiths, nach AP 9. Oktober 2001.*
66 Video-Ansprache Bin Ladens vom 3. November 2001 nach BBC, 3. Nov. 2001.
67 Dieser Antiamerikanismus ist allerdings in weiten Kreisen sehr ambivalent. Insbesondere in der jüngeren Generation arabischer Staaten ist die Ablehnung der amerikanischen Politik mit einer Befürwortung westlicher Werte und dem Wunsch nach Anerkennung verbunden. Siehe die Ergebnisse einer Umfrage in arabischen Ländern in The Economist, 19. Oktober 2002.
68 Bezeichnend ist hierbei die nach dem 11. September 2001 in der arabischen Welt verbreitete Auffassung, Bin Laden und al-Qaida seien nicht verantwortlich für die Anschläge in New York und Washington, was einer deutlichen Ablehnung der Anschläge gleichkommt; siehe Washington Post 30. Nov. 2001. Vgl. auch Conor Gearty, in Dawn, 28. Juli 2003, die marokkaische Soziologin Fatima Mernissi, Interview in Der Spiegel, 22/2003 oder Washington Post 13. Mai 2003.

Sturm der Erregung, welche die Debatte um Salman Rushdie Ende der 1980er Jahre ausgelöst hatte.

Die islamische Umma bleibt eine abstrakte Bezugsgruppe; Ihre gemeinsame Identität und Einheit ist letztlich weit mehr ein Appell und eine Hoffnung Bin Ladens und anderer islamistischer Bewegungen als eine soziale Realität, auf die sie sich tatsächlich beziehen könnten. Insofern ist das im Zusammenhang des 11. September deutlich werdende Provokationskalkül al-Qaidas enthüllend: Die von Bin Laden beschworene Zweiteilung der Welt in die Seite der Gläubigen und die Seite der Ungläubigen infolge der Anschläge ist zugleich ein Eingeständnis, daß eben diese Einheit bislang nicht existiert – sie sollte durch die provozierte Eskalation vielmehr erst hergestellt werden.

Diese Abstraktheit der Bezugsgruppe al-Qaidas scheint auszuschließen, daß von ihr eine direkte, wirksame Rückbindung der Terroristen ausgeht. Gleichwohl kann Münklers Feststellung, daß für diese Form des Terrorismus »*die Gestalt des ›als interessiert unterstellten Dritten‹ eine politisch wie strategisch deutlich verminderte Relevanz besitzt*« (2004: 34), aus der hier dargestellten Perspektive nur begrenzt zugestimmt werden. Die *Umma* als Bezugsgruppe stellt sich trotz allem als Angelpunkt der Motivation und Zielsetzung al-Qaidas dar; ihre Botschaften und Appelle richten sich stets an sie. Allerdings, ihre primäre strategische Bezugsgruppe stellt die Weltgemeinschaft der Muslime – zumindest in einem praktisch relevanten Sinne – nicht dar.

Neben dem allgemeinen und grundsätzlichen Bezug auf die Umma richtet sich al-Qaida zugleich an eine speziellere Gruppe: die islamistische Bewegung selbst, das heißt, die Szene sympathisierender Islamisten, andere islamistische Terrgruppen und fundamentalistische Organisationen. Bin Laden etwa wendet sich mehrfach an »*meine Brüder, die Mujahidin, die Söhne der [islamischen] Nation*«, und Ayman al-Zawahiri bezieht sich in seinen strategischen Ausführungen auf die Koalition der Djihad-Gruppen und die weitere islamistische Bewegung.[69] Zawahiri appelliert an die anderen fundamentalistischen Gruppen, sich dem gemeinsamen Kampf gegen die globale Allianz der Kreuzzügler und Zionisten anzuschließen: Der Sieg könne allein durch Einheit erreicht werden.[70] Die weltweite Szene ideologisch Gleichgesinnter bildet hier einen eigenständigen Bezugsraum und stellt eine zweite – und weit konkretere – strategische Bezugsgruppe dar.

Die Formierung dieser islamistischen Allianz sieht Zawahiri bereits weit fortgeschritten, und tatsächlich gelang es al-Qaida im Laufe der

---

69 Erklärung Bin Ladens vom August 1996, nach Washington Post Okt. 2001 und Zawahiri: »Knights under the Prohpet's banner« (s. Fn. 45) (Übers. d. Verf.).
70 Zawahiri: »Knights under the Prohpet's banner«.

1990er Jahre Verbindungen zu einer Vielzahl militanter fundamentalistischer Bewegungen aufzubauen. Insbesondere in Ländern wie Pakistan oder Saudi-Arabien, aber auch um einige radikale Prediger in Europa entstanden Zirkel überzeugter Sympathisanten (vgl. ausführlich Gunaratna 2002: 95 ff.). Diese weltweite »islamistische Koalition« erweist sich bei näherer Betrachtung allerdings als ein recht heterogenes Gebilde. Während sich einige terroristische Gruppen der globalen Agenda al-Qaidas anschlossen und teilweise mit ihr fusionierten, wie der ägyptische al-Djihad und einige pakistanische Gruppen,[71] sind bei anderen Bewegungen Anzeichen für eine ambivalentere Haltung erkennbar. Bin Ladens Erklärung zur Gründung der Front gegen »Kreuzzügler und Zionisten« von 1998 trug auch die Unterschrift eines radikalen Anführers der *Gama'at Islamiyya*, Refa'i Ahmad Taha, traf jedoch bei dem Rest der *Gama'at* Führung auf massive Kritik. Daraufhin habe Taha, so Montasser al-Zayat, seine Unterschrift widerrufen; auch für ihn habe der globale Djihad al-Qaidas niemals Priorität gehabt (2004: 73, 99 ff.). Vor allem nach dem 11. September 2001 traten die Ziele Bin Ladens oftmals in Konflikt mit der lokalen Agenda islamistischer Gruppen. Hefner (2002: 761 ff.) beschreibt etwa den Fall der indonesischen Djihad-Miliz, die Kontakte zu al-Qaida unterhalten hatte und von dieser angeblich finanziell unterstützt wurde. Kommandanten der Miliz hatten im August 2000 große Sympathien für Bin Laden geäußert, nach den Anschlägen auf New York distanzierte sich ihre Führung jedoch nachdrücklich von al-Qaida und verurteilte die Gewalttaten. Hintergrund dieses Verhaltens war, so Hefner, die Bedeutung ihrer lokalen Ziele, denen die Gruppe letztlich Vorrang einräumte, und ihre Abhängigkeit von lokaler politischer und finanzieller Unterstützung (Hefner 2002: 762). In ähnlicher Weise verurteilten eine Reihe weiterer terroristischer Bewegungen, darunter die Hizbollah und die Hamas, die Anschläge.

Daß al-Qaidas globale Terrorkampagne eine ernste Bedrohung der westlichen Staatenwelt darstellt, steht nach den Anschlägen des 11.September außer Zweifel. Die globale Dimension ihrer Vorstellungen und Strategie führt zu einem gänzlich neuen Ausmaß ihrer Gewaltkampagne. Daß aus dem weitgehend abstrakten Bezug al-Qaidas auf die islamische *Umma* ein begrenzender Einfluß resultiert, ist nicht zu erwarten. Gleichzeitig scheint die geringe soziale Einbindung der Bewegung ihre Handlungsfähigkeit nicht wesentlich zu beeinträchtigen. Die radikale

---

71 In einer Erklärung von 1998 gab Bin Laden die Gründung einer Internationalen Islamischen Front bekannt, der sich neben dem ägyptischen *Islamischen Djihad* und den *Gama'at Islamiyya* eine Bewegung aus Pakistan und eine Gruppe aus Bangladesch angeschlossen hatten (publiziert in Al-Quds al-Arabi, 23. Februar 1998).

Szene, auf die sich al-Qaida beziehen kann, ist so weitreichend, daß sie nicht notwendigerweise auf Unterstützung durch breitere Bevölkerungsgruppen angewiesen ist. Zwei Zusammenhänge können allerdings als Schwächen der Struktur al-Qaidas ausgemacht werden. Zum einen ist die Allianz radikaler Bewegungen unter dem globalen Banner al-Qaidas eine relativ fragile. Partikulare Zielsetzungen der einzelnen Gruppen könnten hier, unter bestimmten Bedingungen, dazu führen, daß Interessen und Prioritäten auseinanderfallen und al-Qaida marginalisiert wird, bzw. es ihr jedenfalls nicht gelingt, eine »islamistische Internationale« unter ihrer Führung zu vereinen. Andererseits begrenzt ihr Charakter als eine weitgehend autonome, nicht in breitere Bevölkerungsgruppen eingebundene Bewegung die Fähigkeit (insbesondere der Kernstrukturen) al-Qaidas, sich nach massiven Gegenmaßnahmen und Rückschlägen zu regenerieren. Die Rekrutierung neuer Mitglieder ist abhängig von der ideologischen Mobilisierung ihrer Sympathisanten-Szene, welche (unter bestimmten Bedingungen) stärker durch politische Maßnahmen beeinflußbar sein dürfte als dies bei der selbstverständlichen Solidarität im Fall der Unterstützung terroristischer Bewegungen durch die eigene Bevölkerungsgruppe der Fall ist.

## 6. Zusammenfassung

Ausgangspunkt dieser Untersuchung war die Frage nach dem Verhältnis terroristischer Bewegungen zu den von ihnen als Unterstützer anvisierten Bevölkerungsgruppen. In verschiedenen Formen von Terrorismus lassen sich dabei unterschiedliche Beziehungsmuster erkennen. Treffen ethnisch-nationalistische Terroristen mit ihrem Kampf gegen einen äußeren Feind in der Regel zumindest in bestimmten Teilen einer Bevölkerung auf Unterstützung, so hat das Avantgarde-Verständnis sozialrevolutionärer Bewegungen und ihr Ziel einer umfassenden gesellschaftlich-politischen Neuordnung oftmals zur Folge, daß sich die Bevölkerungsgruppen nicht in vergleichbarer Weise mit den Terroristen identifizieren. Religiöse Terroristen schließlich kämpfen sowohl für die Verteidigung als auch für die Erneuerung der religiösen Gemeinschaft, wobei sich stärker revolutionäre und stärker nationalistische Ausprägungen finden, die auf unterschiedliche Reaktionen der Bevölkerung stoßen.

Was folgt daraus für den Umgang mit terroristischen Bewegungen und mögliche Gegenmaßnahmen? An dieser Stelle können lediglich einige Anhaltspunkte gegeben werden. Aus der Untersuchung ergibt sich zunächst die Relevanz des sozialen Kontextes für die Bekämpfung terroristischer Gewaltphänomene. Die Bevölkerung sollte stets als zentrale Bezugsgröße der Terroristen und als maßgeblicher Faktor ihrer Bekämpfung betrachtet werden. Bestmögliche Informationsgewinnung über die sozialen Beziehungen der terroristischen Bewegungen zu den betreffenden Bevölkerungsgruppen ist von ausschlaggebender Bedeutung.

Eine weitere Folgerung, insbesondere im Fall des religiösen Terrorismus, ist das Gebot der Differenzierung und Abwägung für die Wahl der Vorgehensweise. Identifiziert sich eine Bevölkerungsgruppe mit den Terroristen als Teil der eigenen Gemeinschaft, so scheint eine rein »militärische« Bezwingung langfristig wenig Aussicht auf Erfolg zu haben; ebenso ist das Gelingen einer Isolierung der terroristischen Bewegungen und einer politischen Lösung allein gestützt auf moderate Kräfte zweifelhaft. Aus der engeren Anbindung der Terroristen an ein bestimmtes Bevölkerungssegment ergeben sich hier jedoch zugleich Chancen für die Begrenzung der terroristischen Gewalt.

Im Fall mancher sozialrevolutionärer und (revolutionär orientierter) religiöser Bewegungen dürften die Aussichten dagegen besser sein, den »Kampf um die Bevölkerung« zu gewinnen. Entschiedene Maßnahmen gegen die Gewaltbewegungen können hier Erfolge erzielen; notwendig ist jedoch ein maßvolles, im Idealfall partnerschaftliches Vorgehen gegenüber der Bevölkerung und die bestmögliche Garantie ihrer Sicherheit und grundsätzlichen Lebenschancen.

# Literatur

Adams, Gerry: Free Ireland: Towards a Lasting Peace, Dingle 1995 (überarbeitete Auflage).
Ansari, Hamied: Sectarian Conflict in Egypt and the Political Expediency of Religion, in: The Middle East Journal, Vol. 38 (1984), No. 3, S. 397-418.
Appleby, Scott R.: The Measure of a Fundamentalist Leader, in: ders. (ed.): Spokesmen for the Despised: Fundamentalist Leaders of the Middle East, Chicago and London 1997, S. 398-423.
Appleby, Scott R.: The Ambivalence of the Sacred. Religion, Violence and Reconciliation, Oxford 2000.
Arsuzi-Elamir, Dalal: Reaktionen der nahöstlichen Länder auf den 11. September, in: P. Bendel u. M. Hildebrandt (Hrsg.): Im Schatten des Terrorismus. Hintergründe, Strukturen Konsequenzen des 11. September 2001, Wiesbaden: 2002, S. 169-184.
Aust, Stefan: Der Baader Mainhof Komplex, Hamburg 1997 (erw. Aufl.).
Baumann, Michael (Bommi): Wie alles anfing, München 1975.
Berg, Ronald H.: Peasant Responses to Shining Path in Andahuaylas, in D. S. Palmer (ed.): The Shining Path of Peru, New York 1994, S. 101-122.
Bergen, Peter: Heiliger Krieg INC.: Osama bin Ladens Terrornetz, Berlin 2001.
Bishop, Patrick u. Eamonn Mallie: The Provisional IRA, London 1987.

Burton, Frank: The Politics of Legitimacy. Struggles in a Belfast Community, London 1978.
Collins, Eamon: Killing Rage, London 1997.
Coogan, Tim Pat: The IRA, London 2000.
Crenshaw, Martha: Revolutionary Terrorism. The FLN in Algeria, 1954-1962, Stanford 1978.
Darby, John: Legitimate Targets: a Control on Violence?, in: A. Guelke (ed.): New Perspectives on the Northern Ireland Conflict, Aldershot/Brookfield: 1994, S. 46-64.
Degregori, Carlos Iván: Jovenes y campesinos ante la violencia política. Ayacucho 1980-1983, in: Henrique Urbano (ed.): Poder y violencia en los andes, Debates Andinos (1991), Nr. 18, S. 395-417.
Degregori, Carlos Iván: Return to the Past, in: D. S. Palmer (ed.): The Shining Path of Peru, New York 1994, S. 51-62.
Degregori, Carlos Iván: Harvesting Storms: Peasant Rondas and the Defeat of Sendero Luminoso in Ayacucho, in: S. J. Stern (ed.): Shining and other Paths: War and Society in Peru, 1980-1995, Durham u. London 1998, S. 129-157.
Domínguez Iribarren, Florencio: La »ulsteración« de Euskadi, in: E. González Calleja (Hrsg.): Políticas del miedo. Un balance del terrorismo en Europa, Madrid 2002, S. 291-320.
Fandy, Mamoun: Egypt's Islamic Group: Regional Revenge?, in: Middle East Journal, Vol. 48 (1994), No. 4, S. 607-625.
Fetscher, Iring: Ideologien der Terroristen in der Bundesrepublik Deutschland (Abschnitt I: Einleitung), in: I. Fetscher u. G. Rohrmoser: Analysen zum Terrorismus, Bd. 1, Ideologien und Strategien, Opladen 1981, S. 16-37.
Gaffney, Patrick D.: Fundamentalist Preaching and Islamic Militancy in Upper Egypt, in: R. S. Appleby (ed.): Spokesmen for the Despised: Fundamentalist Leaders of the Middle East, Chicago and London 1997, S. 257-293.
Gomaa, Ahmed M.: Islamic Fundamentalism in Egypt During the 1930s and 1970s: Comparative Notes, in: G. R. Warburg and U. M. Kupferschmidt (ed.): Islam, Nationalism, and Radicalism in Egypt and the Sudan, New York 1983, S. 143-158.
Gorriti, Gustavo: Shining Path's Stalin and Trotsky, in: D. S. Palmer (ed.): The Shining Path of Peru, New York 1994, S. 167-188.
Gorriti, Gustavo: The Quota, in: O. Starn, C. I. Degregori, and R. Kirk (ed.): The Peru Reader, Durham u. London 1995, S. 316-327.
Gunaratna, Rohan: Inside Al Qaeda: Global Network of Terror, London 2002.
Hefner, Robert W.: Global Violence and Indonesian Muslim Politics, in: American Anthropologist, Vol. 104 (2002), No. 3, S. 754-765.
Hoffman, Bruce: Holy Terror: The Implications of Terrorism Motivated by a Religious Imparative, in: Studies in Conflict and Terrorism, Vol. 18 (1995), S. 271-284.

Hoffman, Bruce: Inside Terrorism, London 1998.
ID-Verlag (Hrsg.): Rote Armee Fraktion. Texte und Materialien zur Geschichte der RAF, Berlin 1997.
Isbell, Billie Jean: Shining Path and Peasant Responses in Rural Ayacucho, in D. S. Palmer (ed.): The Shining Path of Peru, New York 1994, S. 77-99.
Jaber, Hala: Hezbollah: Born with a Vengeance, New York 1997.
Jansen, Johannes J. G.: The Neglected Duty. The Creed of Sadat's Assassins and Islamic Resurgence in the Middle East, New York 1986.
Juergensmeyer, Mark: The Logic of Religious Violence, in: D. C. Rapoport (ed.): Inside Terrorist Organizations, New York 1988, S.174-193.
Juergensmeyer, Mark: Terror in the Mind of God. The Global Rise of Religious Terrorism, Berkeley u. Los Angeles 2000.
Kepel, Gilles: Muslim Extremism in Egypt: The Prophet and the Pharao, Berkeley u. Los Angeles 1984.
Klein, Menachem: Competing Brothers: The Web of Hamas-PLO Relations, in: B. Maddy-Weitzman u. E. Inbar (ed.): Religious Radicalism in the Greater Middle East, London 1995, S. 111-132.
Kramer, Martin: The Moral Logic of Hizbollah, in: W. Reich (ed.): Origins of Terrorism: Psychologies, Ideologies, Theologies, States of Mind, Washington 1990, S.131-157.
Kramer, Martin: Hizbollah: The Calculus of Jihad, in: M. E. Marty and R. S. Appleby (ed.): Fundamentalism and the State: Remaking Polities, Economies and Militance, Chicago 1993, S. 539-556.
Kramer, Martin: The Oracle of Hizbollah: Sayyid Muhammad Husayn Fadlallah, in: R. S. Appleby (ed.): Spokesmen for the Despised: Fundamentalist Leaders of the Middle East, Chicago u. London 1997, S. 83-181.
Lifton, Robert Jay: Destroying the World to Save it. Aum Shinrikyo, Apocalyptic Violence, and the New Global Terrorism, New York 1999.
Manrique, Nelson: The War for the Central Sierra, in: S. J. Stern: Shining and other Paths: War and Society in Peru, 1980-1995, Durham u. London 1998, S. 193-223.
Merkl, Peter H.: West German Left-Wing Terrorism, in: M. Crenshaw (ed.): Terrorism in Context, Pennsylvania 1995, S. 160-210.
Merton, Robert King: Social Theory and Social Structure, New York 1959 (3.Aufl.).
Münkler, Herfried: Guerillakrieg und Terrorismus, in: Neue Politische Literatur, Jg. 30 (1980), Nr. 3, S. 299-326.
Münkler, Herfried: Ideologien der Terroristen in der Bundesrepublik Deutschland (Abschnitt II: Revolutionäres Subjekt und Strategischer Ansatz), in I. Fetscher u. G. Rohrmoser: Analysen zum Terrorismus, Bd.1, Ideologien und Strategien, Opladen 1981, S. 40-138.
Münkler, Herfried: Ältere und jüngere Formen des Terrorismus: Strategie und Organisationsstruktur, in: W. Weidenfeld (Hrsg.): Herausforderung Terrorismus: Die Zukunft der Sicherheit, Wiesbaden 2004, S. 29-43.

Murphy, Caryle: Passion for Islam. Shaping the Modern Middle East: The Egyptian Experience, New York 2002.
Neidhardt, Friedhelm: Soziale Bedingungen terroristischen Handelns: Das Beispiel der ›Baader-Mainhof-Gruppe‹ (RAF), in: W. v. Bayer-Katte u. a.: Analysen zum Terrorismus Bd. 3: Gruppenprozesse, Opladen 1982, S. 318-393.
Norton, Augustus Richard: Amal and the Shi'a: Struggle for the Soul of Lebanon, Austin 1987.
Norton, Augustus Richard: Hizbollah: From Radicalism to Pragmatism?, in: Middle East Policy, Jg. 5 (1998), Nr. 4, S. 147-158.
Palmer, David Scott: The Revolutionary Terrorism of Peru's Shining Path, in: M. Crenshaw (ed.): Terrorism in Context, Pennsylvania 1995, S. 249-310.
Philipp, Thomas: Islamische fundamentalistische Bewegungen: Zwischen universalem Anspruch und historischer Partikularität, in: P. Bendel u. M. Hildebrandt (Hrsg.): Im Schatten des Terrorismus. Hintergründe, Strukturen, Konsequenzen des 11. September 2001, Wiesbaden 2002, S. 57-69.
Pino, Ponciano del: Family, Culture and »Revolution«: Everyday Life with Sendero Luminoso, in: S.J. Stern (ed.): Shining and other Paths: War and Society in Peru, 1980-1995, Durham u. London 1998, S. 158-192.
Post, Jerrold M, Ehud Sprinzak and Laurita M. Denny: The Terrorists in Their Own Words: Interviews with 35 Incarcerated Middle Eastern Terrorists, in: Terrorism and Political Violence, Vol. 15 (2003), No. 1, S. 171-184.
Ranstorp, Magnus: Hizb'allah in Lebanon. The Politics of the Western Hostage Crisis, London 1997.
Ranstorp, Magnus: The Strategy and Tactics of Hizbollah's Current Lebanonization Process, in: Mediterreanean Politics, Vol. 3 (1998), No. 1, S. 95-126.
Raphaeli, Nimrod: Ayman Muhammad Rabi' Al-Zawahiri: The Making of an Arch-Terrorist, in: Terrorism and Political Violence, Vol. 14 (2002), No. 4, S. 1-22.
Rapoport, David C.: Messianic Sanctions for Terror, in: Comparative Politics (1988), S. 195-212.
Rapoport, David C.: Sacred Terror: A Contemporary Example from Islam, in: W. Reich (ed.): Origins of Terrorism. Psychologies, Ideologies, Theologies, States of Mind, Washington 1990, S. 103-130.
Rapoport, David C.: Comparing Militant Fundamentalis Movements and Groups, in: M. E. Marty and R. S. Appleby (ed.): Fundamentalism and the State. Remaking Polities, Economies and Militance, Chicago 1993, S. 429-461.
Reader, Ian: A Poisonous Cocktail: Aum Shinrikyo's Path to Violence, Copenhagen 1996.
Reader, Ian: Spectres and Shadows: Aum Shinrikyo and the Road to Megiddo, in: Terrorism and Political Violence, Vol. 14 (2002), No. 1, 147-186.
Reinares, Fernando u. Werner Herzog: Baskenland: »Es hat uns unvorberei-

tet getroffen«, in: P. Waldmann (Hrsg.): Beruf: Terrorist. Lebensläufe im Untergrund, München 1993, S. 16-41.

Rosiny, Stephan: Islamismus bei den Schiiten im Libanon, Berlin 1996.

Shabad, Goldie and Francisco José Llera Ramo: Political Violence in a Democratic State. Basque Terrorism in Spain, in: M. Crenshaw (ed.): Terrorism in Context, Pennsylvania 1995, S. 410-472.

Sagiv, David: Fundamentalism and Intellectuals in Egypt, 1973-1993, London 1995.

Scheffler, Thomas: Apocalypticism, Innerworldly Eschatology, and Islamic Extremism, Manuskript, University of Notre Dame, Indiana, 2002.

Scheffler, Thomas: »Wenn hinten, weit in der Türkei die Völker aufeinander schlagen...«. Zum Funktionswandel »orientalischer« Gewalt in europäischen Öffentlichkeiten des 19. Und 20. Jahrhunderts, in: J. Requate und M. Schulze Wessel (Hrsg.): Europäische Öffentlichkeit. Transnationale Kommunikation seit dem 18. Jahrhundert, Frankfurt/New York 2002, S. 205-230.

Schmid, Alex P. u. J. de Graaf: Violence as Communication: Insurgent Terrorism and the Western News Media, Beverly Hills 1982.

Schmid, Alex P. u. Albert J. Jongman: Political Terrorism, Amsterdam 1988.

Schneckener, Ulrich: Netzwerke des Terrors. Charakter und Strukturen des transnationalen Terrorismus, Berlin: Stiftung Wissenschaft und Politik 2002.

Schröm, Oliver: Im Schatten des Schakals. Carlos und die Wegbereiter des internationalen Terrorismus, Berlin 2002.

Schulze, Reinhard: Geschichte der Islamischen Welt im 20. Jahrhundert, München 2002.

Shiqaqi, Khalil: The Views of Palestinian Society on Suicide Terrorism, in: The International Policy Institute for Counter Terrorism (ed.): Countering Suicide Terrorism: An International Conference, Herzliya 2001, S 149-158.

Si Zoubir, Lyes: La population face á la guerre. l'équilibre dans l'attentisme. Politique Étrangére, Jg. 60 (1995), Nr. 2, S. 343-350.

Smith, Michael R.: Taking the High Ground. Shining Path and the Andes, in: D. S. Palmer (ed.): The Shining Path of Peru, New York 1994, S. 33-50.

Smith, M. L. R.: Fighting for Ireland?: The Military Strategy of the Irish Republican Movement, London 1995.

Sprinzak, Ehud: Three Models of Religious Violence: The Case of Jewish Fundamentalism in Israel, in: M. E. Marty u. R. S. Appleby (ed.): Fundamentalism and the State: Remaking Polities, Economies and Militance, Chicago 1993, S. 462-489.

Steinert, Heinz: Sozialstrukturelle Bedingungen des »linken Terrorismus« der 70er Jahre, in: F. Sack und H. Steinert (Hrsg.): Analysen zum Terrorismus, Bd.4/2, Protest und Reaktion, Opladen 1982, S. 388-563.

Starn, Orin: Villagers at Arms. War and Counterrevolution in the Central-South Andes, in: S. J. Stern (ed.): Shining and Other Paths. War and Society in Peru, 1980-1995, Durham u. London 1998, S. 224-257.

Stone, Martin: The Agony of Algeria, New York 1997.
Toth, James: Islamism in Southern Egypt: A Case Study of a Radical Religious Movement, in: International Journal for Middle East Studies, Vol. 35 (2003), S. 547-572.
Troebst, Stefan: Von den Fanarioten zur UCK: Nationalrevolutionäre Bewegungen auf dem Balkan und die »Ressource Weltöffentlichkeit«, in: J. Requate und M. Schulze Wessel (Hrsg.): Europäische Öffentlichkeit: Transnationale Kommunikation seit dem 18. Jahrhundert, Frankfurt/ New York 2002, S. 231-149.
Voll, John O.: Fundamentalism in the Sunni Arab World: Egypt and the Sudan, in M. E. Marty u. R. S. Appleby (ed.): Fundamentalisms Observed, Chicago 1991, S. 345-401.
Waldmann, Peter: Mitgliederstrukturen, Sozialisationsmedien und gesellschaftlicher Rückhalt der baskischen ETA, in: Politische Vierteljahresschrift, Jg. 22 (1981), Nr. 1, S. 45-68.
Waldmann, Peter: Ethnic and Sociorevolutionary Terrorism: A Comparison of Structures, in: D. della Porta (ed.): Social Movements and Violence. Participation in Underground Organizations, Greenwich/London 1992, S. 237-258.
Waldmann, Peter: Terrorismus und Guerilla: Ein Vergleich organisierter antistaatlicher Gewalt in Europa und Lateinamerika, in: Jahrbuch Extremismus und Demokratie, Jg. 5 (1993), S. 69-103.
Waldmann, Peter: Terrorismus: Provokation der Macht, München 1998.
Waldmann, Peter: Der Terrorist und die radikale Gemeinschaft. Am Beispiel Nordirlands und des Baskenlandes, 2003 (Manuskript).
Watanabe, Manabu: Religion and Violence in Japan Today. A Chronological and Doctrinal Analysis of Aum Shinrikyo, in: Terrorism and Political Violence, Vol. 10 (1998), No. 4, S. 80-100.
Wit, Ton de u. Vera Gianotten: The Center's Multiple Failures, in: D. S. Palmer (ed.): The Shining Path of Peru, New York 1994, S. 63-76.
Wördemann, Franz: Mobilität, Technik und Kommunikation als Strukturelemente des Terrorismus, in: M. Funke (Hrsg.): Terrorismus, Bonn 1977, S. 141-157.
Wunschik, Tobias: Baader-Mainhofs Kinder. Die Zweite Generation der RAF, Opladen 1997.
Zayat, Montasser al-: The Road to Al-Qaeda.The Story of Bin Laden's Right Hand Man, London 2004.
Zisser, Eyal: Hizbollah in Lebanon: At the Crossroads, in: B. Maddy-Weitzman and E. Inbar (ed.): Religious Radicalism in the Greater Middle East, London 1997, S. 90-110.

# Peter Waldmann
# Die zeitliche Dimension des Terrorismus[1]

## Vorbemerkung

Es besteht eine auffällige Diskrepanz zwischen dem Zielhorizont und den Zeitvorstellungen westlicher Politiker einerseits, dem Ziel- und Zeitverständnis der Führer rebellischer Untergrundorganisationen andererseits. Denken Politiker und Staatsmänner westlicher Demokratien vorwiegend in Vier- oder Sechsjahreszyklen, eben jenem Zeitraum, der ihnen zur Verfügung steht, um sich an der Regierung zu bewähren oder in der Opposition zu profilieren, so erstreckt sich der Planungshorizont von Guerillastäben oder terroristischen Organisationen über Jahrzehnte und länger. Auch ihr Gedächtnis reicht weiter zurück. So spielt etwa in den Verlautbarungen Bin Ladens der Zeitraum von 80 Jahren eine wichtige Rolle. So lange sei die islamische »Nation« durch den Westen gedemütigt und erniedrigt worden, so daß es nur mehr als gerecht sei, wenn nunmehr die Stunde der Vergeltung schlage. Abimael Guzman, der Führer der peruanischen terroristischen Organisation »Der leuchtende Pfad«, sprach gar von Hunderten von Jahren, in welchen die Massen ausgebeutet worden seien. Um das imperialistische Unterdrückungssystem, das dafür verantwortlich sei, zu besiegen, veranschlagte er ursprünglich eine Zeitspanne von fünfzig bis hundert Jahren (Guzman 1995: 310ff.; Bin Laden, Erklärung vom 7. 10. 2001, nach Times of London).

Die Gegenüberstellung dieser unterschiedlichen Zeitkonzepte ist mehr als eine bloße gedankliche Spielerei. Nimmt man die These ernst, wonach für gegenwärtige und zukünftige Konflikte eine Asymmetrie der Mittel und Methoden zum beherrschenden Merkmal wird, dann haben westliche Staaten und ihre politischen Vertreter ein zentrales Interesse daran, herauszufinden, in welchen zeitlichen Maßstäben jene denken, die die bestehende Ordnung torpedieren wollen. Verfolgen sie Langzeitziele oder kann man davon ausgehen, daß ihre Bewegungen nach wenigen Jahren an Elan verlieren? Lassen sie sich durch militärische Niederlagen, wie sie etwa den Taliban und al-Qaida in Afghanistan zugefügt worden sind, abschrecken oder werden diese als unvermeidbare Rückschläge im Rahmen einer längerfristig ausgerichteten Kampagne hingenommen? Orientieren sie sich mit ihren Zeit- und Zielvorstel-

---

[1] Eine erste, weit kürzere Fassung dieses Essays erschien in P. Waldmann, Terrorismus und Bürgerkrieg, München 2003: 56-86.

lungen mehr am Diesseits oder am Jenseits, denken sie in zyklischen Bewegungen oder verfolgen sie ein lineares Kalkül? Leider tappen wir hinsichtlich dieser Fragen noch weitgehend im Dunkeln. Dies liegt zum einen daran, daß wir generell nur unvollständig über das »Innenleben« terroristischer Organisationen unterrichtet sind (Ausnahmen wie die deutsche RAF und die spanische ETA, die beide sehr gut erforscht sind, bestätigen die Regel).[2] Zum anderen kommt jedoch hinzu, daß der Zeitfaktor in den internen Strategiedebatten dieser Verbände selten explizit thematisiert wird. Er schwingt in den Diskussionen mit, prägt die Reichweite der Pläne und den Umfang der Vorhaben, vermutlich sogar das ganze Selbstverständnis dieser Organisationen, findet aber in deren Verlautbarungen, nach innen wie nach außen, kaum oder allenfalls beiläufig Erwähnung.

Aufgrund dieser Schwierigkeiten erschien es ratsamer, sich bei der vorliegenden Untersuchung auf die gründliche Analyse einer begrenzten Zahl von Fällen zu konzentrieren, als eine Vielzahl terroristischer Bewegungen ohne genaue Kenntnis ihrer Strukturen im Hinblick auf den Zeitaspekt durchzumustern. Bei der Auswahl der Fälle wurde darauf geachtet, daß jeder der drei Haupttypen des Terrorismus, also der ethnisch-nationalistische, der sozialrevolutionäre und der religiöse Terrorismus (Waldmann 1998: Kap. 5 u. 6), in dem Sample mit wenigstens zwei bis drei »Fällen« vertreten ist.[3] Es sind dies: die irische IRA, die baskische ETA und die albanische UCK (für den ethnisch-nationalistischen Terrorismus); die RAF, die argentinischen Montoneros und der peruanische Sendero Luminoso (Leuchtender Pfad) (als Beispiele für den sozialrevolutionären Terrorismus); die libanesische Hizbollah, die israelische Gruppe Gush Emunim und al-Qaida (als Beispiele für religiösen Terrorismus).[4] Vereinzelt werden noch weitere Fälle wie die italienischen Roten Brigaden und die palästinensische Hamas berücksichtigt.

2 Dies liegt, wie unschwer vorstellbar ist, am Mangel an zuverlässigen Daten und Informationen über die innere Struktur und Dynamik dieser Gruppen. Die Wichtigkeit des Themas wurde bereits zeitig erkannt, vgl. Rapoport 1988. Zur ETA siehe Clark 1984 und Dominguez 2002. Die RAF war Ende der 70er, Anfang der 80er Jahre Gegenstand ausführlicher Analysen einer eigens zu diesem Zweck vom Bundesinnenministerium berufenen wissenschaftlichen Arbeitsgruppe, deren Ergebnisse in mehreren Bänden beim Westdeutschen Verlag publiziert wurden.
3 Der vierte Teiltypus, nämlich der Rechtsterrorismus, wird bewußt aus der Untersuchung ausgeklammert. Wie andernorts (Waldmann 1998: 92 ff.) ausgeführt wurde, handelt es sich dabei im wesentlichen um den gesellschaftlich-politischen Status quo verteidigende Bewegungen. Damit entfällt die Relevanz einer von der offiziellen Sichtweise abweichenden Zeitvision.
4 Eine breitere Vorstellung der einzelnen Organisationen bzw. Bewegungen

Unsere Ausführungen gliedern sich in drei Teile. Im ersten werden einige allgemein für das Zeitverständnis terroristischer Bewegungen bezeichnende Züge erörtert. Im zweiten gehen wir auf die jeweils spezifischen Zeitvisionen und Zeitvorstellungen der drei Haupttypen von Terrorismus ein. Der dritte Teil nähert sich terroristischen Bewegungen »von außen«, fragt nach ihrer Lebensdauer, ihrem Ende.

## 1. Zeitpunkte, Zeitwellen, Zeitstrategien

Was den allgemeinen Zugang zum Zeitverständnis terroristischer Bewegungen betrifft, so begnügen wir uns mit der Herausarbeitung von drei Zügen. Zunächst wird auf die Impulswirkung von Schlüsselereignissen sowohl für die Entstehung terroristischer Organisationen als auch für ihre Entwicklung hingewiesen. Eng daran anknüpfend wird aufzuzeigen sein, wie sich in der Geschichte dieser Bewegungen wiederholt Wechsel zwischen Phasen der Konfliktbeschleunigung und einer verstärkten soziopolitischen Mobilisierung, vor allem der Jugend, und Phasen der Verzögerung und der Verlangsamung der Auseinandersetzung vollziehen. Drittens schließlich soll auf die Frage eingegangen werden, wie sich ihr Kampf für die Gewaltakteure selbst darstellt: als Terrorismus oder als eine Form des Guerillakrieges. Diese Frage ist nicht unwichtig, da dem Terrorismus als Offensivtaktik ein gewisses Beschleunigungsmoment inhärent ist, während Guerillakämpfer auf Zeit spielen, das heißt, die Entscheidung des Konflikts hinauszuzögern trachten (Münkler 2002: 54 ff.).

### a) Schlüsselereignisse

Bei so gut wie allen terroristischen Bewegungen stößt man auf zeitlich mehr oder weniger weit zurückliegende Episoden und Ereignisse, von denen eine Impulswirkung eigener Art ausgeht. Mahnzeichen und verpflichtendes Vermächtnis in einem, sorgen sie dafür, daß der jeweilige Konflikt nicht in Vergessenheit gerät, sondern im kollektiven Bewußtsein der jeweiligen Großgruppe präsent bleibt. Handelt es sich um einen bestimmten Tag, auf den das betreffende Ereignis fiel, so bietet seine Jährung den Führern der Bewegung regelmäßig Gelegenheit, zur Fortführung des Kampfes aufzurufen und die Unterstützung der Gemeinschaft für ihn einzufordern.
Besonders reich an solchen historischen Ereignissen, die ihre langen Schatten bis in die Gegenwart hinein werfen, pflegt die Auseinanderset-

würde den Rahmen dieses Aufsatzes sprengen und ist für dessen Zweck auch nicht erforderlich.

zung zwischen ethnisch-nationalistischen Gruppen zu sein. Die Sommermonate in Nordirland sind stets eine von den Sicherheitskräften gefürchtete, äußerst spannungsreiche Phase, in der beide Konfessionsgruppen in aufwendigen, provozierenden Märschen und Umzügen die Wiederkehr der Tage feiern, an denen im 17. Jahrhundert ein militärischer Sieg über die Gegenpartei errungen wurde.[5] Für die republikanisch-katholische Seite ist außerdem die Erinnerung an den Osteraufstand von 1916 zentral, der aufgrund seines raschen Scheiterns wahrscheinlich bald in Vergessenheit geraten wäre, hätten die Briten durch die anschließende Hinrichtung der Verschwörer – was übrigens genau deren Absicht entsprach – nicht die Entstehung eines bleibenden Märtyrerkultes begünstigt (Crenshaw 1984: 250). Heute ist die feierliche Begehung des Ostertages und das Versprechen, das Blut jener Helden sei nicht umsonst geflossen, Bestandteil eines festen Zeremoniells von IRA und Sinn Fein geworden (vgl. die alljährlichen Erinnerungsansprachen in der republikanischen Zeitung »Phoblacht«).[6]

Im Baskenland, dessen weiter zurückliegende Geschichte weniger reich an markanten historischen Ereignissen ist als die nordirische, kommt dem Burgos-Prozeß von 1970, durch den das Franco-Regime ein Exempel an den 16 Angeklagten der ETA statuieren wollte, eine ähnliche Funktion zu. Da Militärs über die Angeklagten zu Gericht saßen, mußten diese mit der Todesstrafe rechnen. Der Mut, mit dem sie auf dem Höhepunkt der Verhandlung geschlossen die Nationalhymne anstimmten und die Situation gewissermaßen »umkehrten«, indem sie das Regime und seine Vertreter in den Anklagestand versetzten, machte nicht nur auf die anwesenden Vertreter der internationalen Presse, sondern auch auf die einheimische Bevölkerung einen tiefen Eindruck.[7]

5 Das Ausmaß der Provokation läßt sich genau dosieren, je nachdem wie die Route verläuft. Führt diese durch ein Gebiet, etwa einen Stadtbezirk, der traditionell von der anderen Konfession als Besitz reklamiert wird, dann ist der Konflikt vorprogrammiert. Vgl. Waldmann 1989: 179.

6 Vgl. etwa Phoblacht v. 24.4.1981: »... Sixty five years after the Easter Rising of 1916 and following twelve years of bloody and courageous struggle we are determined to secure conditions in which all the people of the country will unite in a thirty-two country, democratic, socialist Republic. Nothing less will suffice, nothing else will be accepted ...«
1988: »... Our strategy is clear. It is to sap the political will of the British goverment and the British people to remain in Ireland. The means are limited guerilla warfare against crownforces ...«
1989: »... The countless thousands of martyrs from previous periods of struggle are saluted by comrades, friends and relatives as heroes in the cause of Irish freedom ... We will meet force with force ...«

7 Es kam während des Prozesses zu Streiks und zahlreichen Solidaritätsbekundungen auf regionaler und internationaler Ebene zugunsten der

Fortan hatte die zu jenem Zeitpunkt von den Sicherheitskräften fast aufgeriebene Organisation der Rebellen keine Nachwuchssorgen mehr, strömten ihr doch junge Basken in großer Zahl zu, die für die Sache ihres Volkes, selbst unter Einsatz ihres Lebens, zu kämpfen bereit waren (Elorza 2000: 63).

Ähnliche einschneidende Vorkommnisse und Kollektiverlebnisse wirkten sich maßgeblich auf die Entstehung und das Selbstverständnis der untersuchten sozialrevolutionären und religiös motivierten Gewaltbewegungen aus. So ist davon auszugehen, daß für die Radikalisierung der studentischen Oppositionsbewegung in der Bundesrepublik Deutschland der Tod Benno Ohnesorgs (im Juni 1967) ein Schlüsseldatum war (Waldmann 1986: 408). Die argentinischen Montoneros, die sich als Linksperonisten verstanden, bezogen sich in ihren Aussagen und Berichten regelmäßig auf das Jahr 1955, als die damals regierende peronistische Partei durch einen Militärputsch gestürzt und ihr Führer gezwungen worden war, ins Exil zu gehen. Sie waren davon überzeugt, es sei damals ein Fehler Peróns gewesen, die ihm legal zustehende Regierungsmacht kampflos preiszugeben, ein Fehler, den sie durch ihr eigenes gewaltsames Vorgehen im Nachhinein zu korrigieren trachteten.[8] Eine katalytische Wirkung auf die blutigen Konflikte im Argentinien der 70er Jahre übte auch das sogenannte Massaker von Trelew (1972) aus, als Militärs nach einem fehlgeschlagenen Fluchtversuch mehrerer Guerillaführer und ihres Anhangs aus einem Gefängnis im Süden des Landes eine Reihe der wieder Festgenommenen kurzerhand, das heißt ohne Gerichtsverfahren, erschießen ließen (Moyano 1995: 12, 20). »Rache für Trelew« war eine der gängigen Kampfparolen, mit denen in jener Zeit die linksperonistische Presse den blutigen Konflikt weiter anheizte (Waldmann 1978: 340f.)

---

Angeklagten. Ein ETA-Kommando entführte unmittelbar vor Verfahrensbeginn den deutschen Honorarkonsul, um auf die skandalösen Umstände des Prozesses aufmerksam zu machen. Angesichts des allgemein herrschenden Chaos erklärte das Regime den Ausnahmezustand. Im Ergebnis hat der Prozeß, der ein energisches Signal zur Eindämmung des ETA-Terrorismus darstellen sollte, der Diktatur nur geschadet und sie propagandistisch in Bedrängnis gebracht. Vgl. Clark 1984: 54ff.

8 Aus dem Vergleich läßt sich zugleich ersehen, welche Schlüsselbedeutung besonders bei dieser Art des Terrorismus der subjektiven Perzeption der Aktivisten – meist Studierende und junge Akademiker – zukommt. In Deutschland reichte der Tod eines Menschen aus, um nicht wenige von ihnen zu der Überzeugung gelangen zu lassen, sie hätten es mit einem in seiner Grundstruktur faschistischen Staat zu tun, während es in Argentinien dazu immerhin eines Militärputsches bedurfte, der eine blutige Unterdrückung der Anhänger des abgesetzten Präsidenten nach sich zog.

Im Falle der Palästinenser bedeutete das Jahr 1948, das Gründungsjahr des Staates Israel, einen traumatischen Einschnitt. Viele mußten über Nacht ihre angestammte Heimat verlassen und sahen sich jäh mit einer Situation der Wohnungslosigkeit und materieller Not konfrontiert. In den Memoiren von PLO-Kämpfern kann man nachlesen, daß hier der Keim für ihre Weigerung, die neuen Machtverhältnisse anzuerkennen, und damit für Trotz, Wut und Widerstand gelegt wurde ( Khaled 1973: 23).

Wiederum gänzlich anderer Natur waren die Ereignisse, die zur Gründung der rechtsextremen jüdischen Gruppe Gush Emunim führen sollten, nämlich der Sechs-Tage-Krieg von 1967. Der rasche Sieg Israels wurde von den Anhängern des Rabbis Yehuda Kook als ein »Wunder«, das heißt. als Zeichen begriffen, daß Gott selbst seinem auserwählten Volk beigestanden hatte. Deshalb galt es aus ihrer Sicht alle Hebel in Bewegung zu setzen, um auf dem verheißungsvollen Weg fortzufahren und vor allem dafür Sorge zu tragen, daß gemäß dem göttlichen Auftrag das gesamte Heilige Land alsbald unter israelische Kontrolle komme (Sprinzak 1988: 195 ff.).

Die Beispiele ließen sich fortsetzen. Aus einer allgemeineren Sicht legen sie zwei Schlußfolgerungen nahe. *Erstens* ist davon auszugehen, daß im kollektiven Gedächtnis benachteiligter oder sich als benachteiligt verstehender Bevölkerungsgruppen markante Vorkommnisse gespeichert sind, die, von den aktuellen Führern der Bewegung geschickt benutzt, zur Entfachung bzw. Verschärfung eines bewaffneten Konfliktes beitragen können. Diese einschneidenden Ereignisse müssen nicht positiver Natur sein, die bittere Lektion von Niederlagen ist in der kollektiven Erinnerung nicht minder präsent und läßt sich für die Fortführung des Kampfes ebenfalls instrumentalisieren. Relativ häufig begegnet man dem Mischmuster eines prinzipiellen Scheiterns, dem aber in Form eines heldenhaften Widerstandes und verzweifelter Gegenwehr ein gewisser Hoffnungsschimmer beigemengt ist.

Die Lehren und Botschaften, die aus solchen prägenden Episoden und historischen Schlüsselmomenten herausgelesen werden, können durchaus unterschiedlicher Natur sein, etwa: Nie wieder! (Wir haben uns einmal wehrlos ergeben; das ist uns teuer zu stehen gekommen, weshalb wir künftig Widerstand bis zum Letzten leisten werden) Oder: Eine historische Rechnung ist noch offen und wartet darauf, beglichen zu werden; oder: Wie die Geschichte lehrt, können wir Erfolg haben! Hier eröffnet sich ein beträchtlicher Interpretationsspielraum für die jeweiligen Führer der Bewegung.

*Zweitens* ist es für die Verarbeitung und Verwertung derartiger Ereignisse nicht unwichtig, wie weit sie zeitlich zurückliegen. Sind sie bereits fester Bestandteil der gemeinsamen, mythologisch verklärten Erinnerung einer Bevölkerungsgruppe, so ist ihr Verpflichtungscharakter gleich-

DIE ZEITLICHE DIMENSION DES TERRORISMUS

sam sanktioniert, lasten sie als konstante Vermächtnisschuld auf den Schultern vor allem der jüngeren Generation. Die Frage, mit der sich dann jeder Jugendliche auseinandersetzen muß, ist, inwieweit er dieses Vermächtnis annimmt und sich dazu entschließt, in die Fußstapfen früherer Kämpfer oder gar von Märtyrern zu treten, welche das historische Profil der betreffenden Bewegung bestimmen.

Von diesen geschichtlich mehr oder weniger weit zurückliegenden Schlüsseldaten sind jene aufwühlenden Ereignisse zu unterscheiden, die junge Menschen unmittelbar betreffen, weil sie sie miterleben. Man denke etwa an die Konfrontationen zwischen Studenten und Polizei in einigen deutschen Großstädten, die die deutsche Studentenbewegung von 1967 bis 1970 maßgeblich geprägt haben, oder an die Bedeutung der ersten und zweiten Intifada für die jungen Palästinenser in Israel. Diese Vorkommnisse schneiden viel stärker in den Alltag des einzelnen ein als gelegentliche Gedenkfeiern. Entsprechend ist, abhängig von Lebensalter, Emotionalität und sozialer Nähe zu dem betreffenden Konflikt, die Versuchung weit größer, sich in diesen einzufädeln, Partei zu ergreifen. Das führt uns zum Thema des nächsten Abschnitts.

### b) Mobilisierungsschübe

Sämtliche hier untersuchten Bewegungen wiesen in ihrer Entwicklung Phasen auf, in denen der Geschehensfluß sich aus der Sicht der Beteiligten beschleunigte und intensivierte. Aktionen und Reaktionen folgten rasch aufeinander, ständig passierte etwas, der Konflikt schien in eine Dynamik der Eskalation hineinzugeraten, die zugleich sein Ende absehbar machte. Diesen Beschleunigungsschüben stehen Jahre der Drosselung der Konfliktdynamik gegenüber. Für diese ist bezeichnend, daß nichts Aufregendes geschieht, sich auf Seiten der Rebellenorganisation Verschleiß- und Ermüdungserscheinungen einstellen und unter ihren Mitgliedern der Eindruck um sich greift, in eine endlose Auseinandersetzung verwickelt zu sein. Läßt der Zulauf zu den Gewaltorganisationen in den Routinephasen deutlich nach, so üben diese in »heißen« Zeiten eine beträchtliche Anziehungskraft, vor allem auf männliche Jugendliche, aus.

Um zu verdeutlichen, welche Zeitspannen jeweils gemeint sind, hier die »Beschleunigungsphasen« für einige Organisationen:
ETA: 1969-1979
IRA: 1969-1974
Montoneros: 1969-1973
Rote Brigaden: frühe 70er und frühe 80er Jahre
RAF: späte 60er Jahre
Leuchtender Pfad: 1979-1983
Hamas: 1987-1990; 2000-?

Nicht von ungefähr fiel eine Mobilisierungsphase bei zahlreichen Organisationen in die späten 60er und frühen 70er Jahre. Waren dies doch die Jahre eines generalisierten Jugendprotestes in den westlichen Gesellschaften: gegen Kapitalismus und Imperialismus, den Vietnamkrieg, das Schahregime in Persien usf. Es war die Zeit der erfolgreichen Sabotageakte der Tupamaros in Uruguay, der Verbreitung der Mao-Bibel unter den Studenten und einer generellen Stimmung der Aufmüpfigkeit und Infragestellung herrschender Ordnung, kurzum eines sozialen Klimas von Protest und Widerstand über nationale Grenzen hinweg, von dem auch die bewaffneten Rebellenorganisationen profitierten. Doch bedarf es, wie die Beispiele des Leuchtenden Pfades und der Hamas lehren, nicht unbedingt solch grenzüberschreitender Mobilisierungswellen; es kann auch eine Um- bzw. Aufbruchsituation innerhalb eines begrenzten nationalen Rahmens eine vergleichbare Schubwirkung entfalten.

Diese beruht meistens auf einem Zusammentreffen objektiver Faktoren mit subjektiven Dispositionen bei den Betreffenden (von denen jene, die sich schließlich einer aufständischen Gewaltorganisation anschließen, stets nur eine kleine Minderheit darstellen). Was die objektiven Bedingungen betrifft, die einen Mobilisierungsschub zugunsten von Protest und aufständischer Gewalt auslösen, so läßt sich schwer eine allgemeingültige Aussage formulieren. Beschleunigter sozioökonomischer Wandel, der sowohl Frustrationen bei den Modernisierungsverlierern als auch bei jenen erzeugt, die ihre sozialen Aufstiegshoffnungen nicht erfüllt sehen, kann hier ebenso eine Rolle spielen, wie sich verhärtende politische Fronten oder die generelle Unfähigkeit des politischen Systems, auf außerparlamentarische Oppositionsgruppen flexibel zu reagieren. Von großer Bedeutung pflegt das Aufkommen einer breiten Protestbewegung mit entsprechender Resonanz im öffentlichen Raum zu sein (Waldmann 1998: 120ff.; ders. 1986: 411ff.). Denn sie verleiht den Unzufriedenen, welche auf die grundlegende Veränderung der bestehenden Verhältnisse hinarbeiten, ein neues Gefühl der Macht sowie der Gruppensolidarität. Protestbewegungen bereiten zudem den Boden für eine prinzipielle Infragestellung des staatlichen Gewaltmonopols, weil sie dieses spielerisch durchlöchern, den Aufstand gewissermaßen bereits proben und damit zur Enttabuisierung des Gewaltverbots in der Öffentlichkeit beitragen.

Den genannten Faktoren kommt eine zusätzliche Bedeutung überall dort zu, wo Diktaturen demokratischen Regierungen weichen (in Argentinien und Spanien in den 70er Jahren) oder verkrustete, Minderheiten in Schach haltende Mehrheitsregime aufgebrochen werden (Nordirland, Israel). Hier werden die bewaffneten Vorkämpfer einer neuen politischen Ordnung oft geradezu mit Begeisterung begrüßt und schwimmen als Volkshelden auf einer Woge allgemeiner Sympathie und

## DIE ZEITLICHE DIMENSION DES TERRORISMUS

Bewunderung. Entsprechend attraktiv sind die Gewaltorganisationen in den Augen Jugendlicher (in der Regel mehr bei Jungen als bei Mädchen), die den Anschluß an den scheinbar unaufhaltsam sich vollziehenden politischen Wandel nicht versäumen wollen (Moyano 1993: 79 f.; Reinares 2001: 100 f.).

Dies leitet über zum zweiten Faktorenkomplex, den subjektiven Dispositionen, die den Anschluß an eine Gewaltbewegung im Zuge eines Mobilisierungsschubes begünstigen. Stichwortartig aufgezählt sind dies: (zum folgenden Elorza 2000: 62; Reinares 2001: 102 f.; Stevenson 1996: 2,45 ff.; Smith 1995: 146 f.; Moyano 1993: 76 ff.; della Porta 1993: 116 ff.)

– Ungeduld, Handlungsdrang, Abenteuerlust, das heißt Züge, die generell für Jugendliche, insbesondere junge Männer, bezeichnend sind.
– Politische Naivität und Kurzsichtigkeit. Nicht selten wird die Stärke der in dieser Phase rasch sich ausdehnenden Protest- und Gewaltbewegung maßlos überschätzt, das politische Gewicht der dem Status quo verhafteten Gruppen und die Schlagkraft der Sicherheitskräfte dagegen entsprechend unterschätzt.
– *Entweder:* Idealismus, romantische Opfermystik, die bis zu latenten Todessehnsüchten gehen kann. Diese Züge finden sich vor allem in religiös unterfütterten oder inspirierten Gewaltbewegungen (wobei nicht nur an den Islam, sondern auch an den Einfluß des Katholizismus auf sozialrevolutionäre Bewegungen in Lateinamerika, desgleichen auf einige ethnisch-nationalistische wie in Nordirland und im Baskenland zu denken ist).
– *Oder:* Opportunismus sowie die Anfälligkeit für politische Modetrends. Man hält das Risiko, das mit dem Eintritt in eine Gewaltorganisation verbunden ist, für nicht mehr allzu groß, da man den Sieg der Bewegung nahe glaubt, und schließt sich der vermeintlichen Mehrheitsströmung an.
– Im übrigen begegnet man einer Vielfalt von Motiven, aus denen heraus junge Menschen sich in einer Umbruchstimmung und Phase genereller Erregung einer terroristischen Organisation anschließen. Sie reichen von der Zuversicht, durch diesen Schritt einen raschen Zugang zum Paradies zu finden (Hamas), über die Suche nach sozialen Aufstiegsmöglichkeiten (Lehrer und andere Jungakademiker beim Leuchtenden Pfad) bis hin zur Lösung schierer Subsistenzprobleme (GIA in Algerien).

Fragen wir uns nach den Konsequenzen derartiger periodischer Mobilisierungsschübe, so gilt es zwei Aspekte auseinanderzuhalten: Der eine bezieht sich auf die Jugendlichen bzw. jungen Männer bzw. Frauen selbst, die einer Gewaltorganisation beitreten, der andere auf die organisatorischen Folgen. Was die jungen Menschen selbst betrifft, die aus Idealismus oder Opportunismus im Rahmen einer Mobilisierungswelle den Anschluß an eine terroristische Gruppe suchen, so hängt ihr weiteres Schicksal stark vom organisatorischen Aufbau der Gruppe, deren Positionierung im gesellschaftlichen Umfeld sowie individuellen Umständen ab. Falls sie, was der Normalfall ist, zunächst in der Legalität verbleiben,[9] erhöht sich zunächst die Hektik ihres Lebensrhythmus, weil sie zum einen weiterhin ihrer normalen Beschäftigung nachgehen, daneben, gewissermaßen im Nebenberuf, aber noch der Rolle des Guerillero bzw. Terroristen gerecht werden müssen (Moyano 1993: 78 f.). Mittelfristig ist indessen regelmäßig mit einer gewissen Ernüchterung oder Enttäuschung zu rechnen. Diese Reaktionen erklären sich zunächst daraus, daß der erhoffte baldige »Umschwung«, ein Wechsel der politischen Machtverhältnisse, nicht stattfindet. Doch auch das Leben in der Gemeinschaft der Gewaltaktivisten entpuppt sich meist als mühsamer und konfliktreicher, als es sich die neuen Mitglieder ursprünglich vorgestellt hatten.[10] Ihr Handlungsdrang kommt nur selten zum Zuge, vielmehr verbringen sie einen großen Teil ihrer Zeit mit Maßnahmen zum eigenen Schutz und mit Warten (Dominguez 2002: 81 ff.): Warten auf einen Einsatzbefehl »von oben«, auf die günstige Gelegenheit für einen Anschlag oder einfach darauf, daß der Verfolgungsdruck der Sicherheitskräfte nachläßt. Wenn ein Terrorist in ein befreundetes Drittland ausweicht, weil ihm die Sicherheitskräfte allzu dicht auf den Fersen sind, so muß er sich erst recht mit Geduld wappnen, kann es doch Jahre dauern, bis er in sein Heimatland zurückkehren darf. Auch wenn er gefaßt und verurteilt wird, hat er lange Jahre des Ausharrens vor sich – im Gefängnis.

Was die Gewaltorganisationen und ihre Führer angeht, so stellt der periodische Andrang junger Leute, die um jeden Preis Mitglied werden wollen, aus ihrer Sicht nicht nur einen Vorteil dar. Einerseits kommt es zwar dem von ihnen verfochtenen Anliegen zugute, wenn ihre Popula-

9 Terroristische Organisationen müssen sparsam mit ihren Mitteln umgehen und haben ein Interesse daran, für den Unterhalt von einer möglichst geringen Zahl von Mitgliedern aufzukommen. Diese können freilich nur solange für sich selbst sorgen, wie sie polizeilich noch nicht registriert sind. Einmal fahndungstechnisch erfaßt, müssen sie in den Untergrund abtauchen und fallen damit der Organisation zur Last.

10 Es gibt indes auch einige Berichte über die positiven Seiten der Gruppenbeziehungen im Untergrund, die allerdings regelmäßig Phasen betreffen, in denen sich die Bewegung im Aufschwung befand und auf der Siegerstraße wähnte. So bezeichnet der Argentinier Roberto die Montoneros als eine Ersatzfamilie, wo jeder im Prinzip dazu bereit war, für den anderen zu sterben. Das Mitglied der Roten Brigaden Marco erinnert sich, daß sich innerhalb der Gruppe enge Freundschaftsbande entwickelt hätten und auch bei den kleinen Alltagsproblemen Solidarität geherrscht habe. Moyano 1993: 91; della Porta 1993: 139.

rität steigt, die Anzahl der Anschläge gesteigert werden kann und damit der Druck auf die Regierung zunimmt. Andererseits kann jedoch durch den plötzlichen Zustrom tatendurstiger Aktivisten die Aufnahme- und Schulungskapazität eines Untergrundverbandes von nur begrenzter Größe überfordert werden. Außerdem wächst bei derartigen unkontrollierten Wachstumsprozessen die Gefahr, durch Spitzel der Geheimdienste unterwandert zu werden. In den Führungsstäben dieser Organisationen ist man sich häufig durchaus der Tatsache bewußt, daß ein möglicher Erfolg weniger von Begeisterungs- und Popularitätsschüben als vielmehr von der Zähigkeit und Ausdauer abhängt, mit denen der einmal begonnene bewaffnete Kampf durchgehalten wird (Keena 1990: 78 ff.). Dies bringt uns zum dritten Fragenkomplex dieses allgemeinen Teils, jenem nach der Bedeutung des Zeitfaktors im Rahmen der Strategie dieser Organisationen.

*c) Die strategische Alternative: Verzögerung oder Beschleunigung*

Terrorismus stellt eine offensive Form der Gewaltanwendung dar, Partisanen- und Guerillakrieg gelten dagegen als defensive Strategie. Eine Gruppe, die zu terroristischen Mitteln greift, versucht den Feind aus der Reserve herauszulocken, ihn zu provozieren und zu einer Überreaktion zu verleiten; Terrorismus ist folglich, idealtypisch betrachtet, eine Taktik oder Strategie (je nachdem) der Konfliktbeschleunigung (Wördemann 1977). Guerillaverbände spielen im Gegensatz dazu auf Zeit, sie weichen einer Entscheidungsschlacht aus und trachten stattdessen danach, den Gegner durch eine Taktik der »Nadelstiche« zu zermürben, bis er aufgibt, sich zurückzieht oder zu Verhandlungen bereit ist. Die konträre Rolle des Zeitfaktors in beiden Gewaltformen legt die Frage nahe, wie die jeweiligen Gewaltaktivisten selbst sich und ihr Vorgehen einstufen, als Guerillakampf oder als Terrorismus.

Die Antwort ist nicht ganz eindeutig, doch die Grundtendenz ist klar: Terroristen bezeichnen sich selbst als Freiheitskämpfer, Revolutionäre oder Guerilleros, aber nur ausnahmsweise als »Terroristen« (Cordes 1988; Reinares 1998: 40 ff.). Man muß schon bis zu den Anarchisten des 19. Jahrhunderts, etwa den russischen Sozialrevolutionären, zurückgehen, um auf Gruppen zu stoßen, die sich explizit zu einer terroristischen Strategie bekannten. Die Begründung der russischen Rebellen lautete, es sei vorzuziehen, das Zarenregime durch Einzelanschläge zu Fall zu bringen anstatt eine Massenrevolution abzuwarten, bei der unausweichlich viel Blut fließen werde (Iviansky 1988: 142). Seitdem hat sich die Situation grundlegend verändert. Die Gewaltaktivisten von heute schließen zwar in das Repertoire der von ihnen propagierten Kampfmethoden auch »terroristische Anschläge« ein, doch gleichsam nur widerwillig und nebenbei. Dies hängt nur zum Teil damit zusammen, daß dem Ausdruck Terrorismus mittlerweile eine unzweideutig negative Konnotation anhaftet, weil er die Tötung Unschuldiger einschließt. Politische Außenseiter, die mit Gewalttaten auf sich und ihr Anliegen aufmerksam zu machen suchen, scheuen eine solche Stigmatisierung nicht unbedingt. Wichtiger dürfte das geheimbündlerisch-konspirative Element sein, das bei »Terrorismus« mitschwingt. Der Begriff weckt die Assoziation radikaler Kleingruppen mit abseitigen politischen Ideen, die mangels einer breiteren Anhängerschaft durch spektakuläre Anschläge die Aufmerksamkeit der Öffentlichkeit und insbesondere der Medien zu erregen hoffen. Diesen Eindruck sozialer Isoliertheit weisen die terroristischen Gruppen unserer Zeit entschieden zurück. Regelmäßig behaupten sie, in Vertretung und im Namen umfangreicher sozialer Kollektive, seien es Volksgruppen, soziale Klassen oder religiöse Gemeinschaften, zu kämpfen, die sie faktisch oder virtuell unterstützten. Eher tendieren sie dazu, sich den Status einer Rebellenarmee zu bescheinigen (wie dies etwa die IRA bis 1975 und die Montoneros ab 1974 taten) und teilweise entsprechend offen mit militärischen Einheiten zu messen, als daß sie bereit wären, sich selbst als terroristische Gruppe einzustufen (Smith 1995: 152 ff.; Moyano 1995: 46, 50 ff.; s. auch Crenshaw 1995: 11). Ihre Führer, angefangen von Begin, dem Führer der jüdischen terroristischen Organisation Irgun, die maßgeblich zur Vertreibung der Briten aus Palästina und zur Gründung des Staates Israel beitrug, bis hin zu Bin Laden, werden nicht müde zu betonen, sie führten einen langfristigen Abnützungskrieg (»war of attrition«) gegen einen übermächtigen Feind mit dem Ziel, ihn zu vertreiben oder zum Einlenken zu zwingen (Silver 1984: 43 ff.; Rede Bin Ladens vom 11. 2. 2003, abgedruckt in Financial Times Deutschland vom 12. 2.).

Nun bedarf es keiner langen Ausführungen darüber, was einen Partisanen- oder Guerillakrieg aus der Sicht rein militärisch Unterlegener so attraktiv macht. Alle wichtigen Kriegstheoretiker der jüngeren Zeit, angefangen bei von Clausewitz über Mao Tse-tung bis hin zu van Creveld haben darauf hingewiesen, daß im Rahmen eines asymmetrischen kriegerischen Konfliktes ein aus hochmotivierten Kämpfern bestehender Partisanenverband, der sich breiter Sympathien in der Bevölkerung erfreut und die Vorteile einer unübersichtlichen Topographie zu nutzen weiß, gute Chancen hat, über technisch und numerisch weit stärkere reguläre Truppen schließlich die Oberhand zu gewinnen (van Creveld 1998: 94 ff.; Mao Tse-tung 1966). Die Frage ist folglich nicht, warum sich die Führungsstäbe terroristischer Organisationen durchweg zum Partisanenkrieg bekennen, sondern warum sie so häufig von diesem selbst gewählten Modell abweichen, warum sie anstatt einer Langzeitstrategie des Abnützungskrieges eine zwar offensive, aber in ihren Wirkungen rasch verpuffende Methode terroristischer Anschläge oder Anschlagsserien praktizieren.

Die Antwort dürfte in dem Umstand zu suchen sein, daß Guerillafeldzüge, selbst wenn sie weit weniger aufwendig sind als reguläre Feldzüge, doch keineswegs geführt werden können, ohne daß gewisse Voraussetzungen vorliegen. Die Rebellen mögen dem Feind numerisch weit unterlegen sein, müssen aber eine Mindeststärke aufweisen. Das Gelände muß sich für einen Partisanenkampf eignen, zudem muß ein nicht unbeträchtlicher Teil der Bevölkerung des betroffenen Gebietes hinter den Aufständischen stehen bzw. bereit sein, sie zu decken. Schließlich bedarf es einer zielstrebigen politischen Führung, um einem derartigen Feldzug eine langfristige Perspektive zu verleihen und zu verhindern, daß die pure Eigendynamik des Gewaltgeschehens die Oberhand gewinnt. All diese Bedingungen sind keineswegs selbstverständlich, in vielen Fällen liegen sie nicht oder nur teilweise vor.

Bezüglich der eigenen militärischen Stärke wurde bereits angemerkt, daß sie häufig von terroristischen Gruppen überschätzt wird. Handelt es sich dabei lediglich um einen Irrtum der einfachen Mitglieder, so ist dies nicht weiter tragisch. Wenn dagegen die Führungskader der Organisation deren Kampfpotential zu hoch veranschlagen, so kann dies, wie im Falle der argentinischen Montoneros oder des peruanischen Leuchtenden Pfades, die baldige Dezimierung oder Vernichtung der Rebellen zur Folge haben (Gillespie 1987: 108 ff.; Degregori 1998: 63, 79 ff.). Um so bemerkenswerter ist eine Reform wie die, welche von der Gruppe um Gerry Adams nach 1975 für die IRA durchgeführt wurde. Ihr lag nach einer realistischen Bilanzierung der bisherigen Erfolge und Mißerfolge des bewaffneten Aufstandes gegen die britische »Kolonialmacht« die Einsicht zugrunde, daß die Verluste überwögen und deshalb der Kampf nur auf »kleiner Flamme« fortzuführen sei (Keena 1990: 86 f.).[11]

Guerillakriege bedürfen auch bestimmter topographischer Bedingungen. Das kleine, flache Uruguay, in dem über 30 Prozent der Bevölkerung in der Hauptstadt Montevideo leben, kommt dafür ebensowenig in Frage wie der dicht besiedelte west- und zentraleuropäische Raum, in dem es kaum noch Rückzugsnischen und vom Staat nicht kontrollierte Gebiete gibt (anders verhält es sich auf dem Balkan) (Waldmann 1993).

11 Vermutlich hing diese Schwenkung hin zu einer realistischen Lageeinschätzung mit den ausgedehnten Gefängnisaufenthalten zusammen, denen Gerry Adams und einige seiner engen Weggefährten ausgesetzt waren. Haftaufenthalte machen zwar den einzelnen nicht unbedingt mürbe und einsichtig, zumal der Gruppen- und Solidaritätsdruck, der auf ihm lastet – wenn die Gefangenen nicht, wie in Spanien, auf mehrere Anstalten verteilt werden –, keineswegs nachläßt. Aber sie verschaffen den nötigen Abstand zum alltäglichen Kampfgeschehen, um eine bis dahin verfolgte Strategie grundlegend zu überdenken. Vgl. Keena 1990: 75 f.

Die aus Lateinamerika in den 70er Jahren nach Europa importierte »Stadtguerilla« war im Regelfall nur eine terminologische Beschönigung für terroristisches Vorgehen. Denn in dicht besiedelten Gebieten ist es fast unmöglich, Anschläge auf Einrichtungen und Vertreter der bekämpften Staatsmacht durchzuführen, ohne daß dabei unbeteiligte Dritte zu Schaden kommen. Auf diese Weise verscherzt sich eine Gewaltorganisation aber den Sympathiebonus bei der Bevölkerung, auf den sie qua Partisanenverband angewiesen ist, und verwandelt sich in eine Gruppe, die primär Furcht und Schrecken verbreitet, das heißt: in eine terroristische Gruppe.

Damit ist bereits die nächste Voraussetzung eines Guerillafeldzuges, die erforderliche Unterstützung durch Teile der Bevölkerung des Gebietes, in dem der Kampf ausgetragen wird, angesprochen. Das Problem, die Bevölkerung für sich zu gewinnen, wird von terroristischen Gruppen oft unterschätzt, am augenscheinlichsten durch sozialrevolutionäre Rebellenorganisationen, welche die Massenunterstützung im Zweifel einfach fingieren und nach dem Motto »... und bist du nicht willig, so brauch' ich Gewalt ...« nicht selten mit Zwangsmethoden den vorenthaltenen Beistand einfordern (für Lateinamerika Allemann 1974: 389 ff.). Dabei ist zu bedenken, daß ein auf lange Zeit angelegter Konflikt nicht nur den Feind, sondern auch die eigene Anhängerschaft auf eine harte Probe stellt und mürbe machen kann.[12] Periodische Mobilisierungsschübe, wie sie im vorhergehenden Abschnitt dargestellt wurden, sind ein unentbehrliches Hilfsmittel, um zu verhindern, daß der allgemeine Wille, die Rebellen weiter zu decken, allmählich erlahmt.

Die meisten der aufgezeigten Schwierigkeiten, einen langfristigen Guerillafeldzug erfolgreich durchzustehen, erfahren eine zumindest vordergründige Lösung, wenn auf eine terroristische Strategie umgeschwenkt wird. Terrorismus ist »ökonomischer«, das heißt, er läßt sich mit einem vergleichsweise geringen materiellen und personellen Aufwand praktizieren, er bedarf nicht gewisser natürlicher topographischer Bedingungen (Schluchten, Berge, unwegsames Gelände), und er ist weithin unabhängig von der Unterstützung der Bevölkerung. Dies dürfte der dafür Grund sein, warum Rebellenführer, die sich selbst als Guerilla-

---

12 Anhaltende bewaffnete Konflikte innerhalb eines Landes oder einer Region bedeuten nicht nur ein ständiges Sicherheitsrisiko für die Bevölkerung, sondern schränken auch deren wirtschaftliche, politische und kulturelle Entfaltungsmöglichkeiten ein. Dadurch gerät die Gesellschaft über kurz oder lang in einen Modernisierungsrückstand gegenüber Nachbargesellschaften, was von den Menschen durchaus wahrgenommen wird. Beispiele hierfür bieten Nordirland und der Libanon, beides vergleichsweise entwickelte Länder, die aufgrund der anhaltenden gewaltsamen inneren Konflikte von friedlichen Nachbarländern »überholt« wurden. Zum Libanon siehe Hanf 1990.

kämpfer sehen, phasenweise für eine terroristische Taktik optieren. Bei einer terroristischen Vorgehensweise ist die Gefahr aber noch größer als bei einem langfristig angelegten Guerillafeldzug, daß die vierte oben genannte Erfolgsbedingung, die Wahrung des Überblicks und die Verfolgung einer politischen Strategie, vernachlässigt wird. Terroristische Gruppen vergessen im hektischen Wechselspiel von Provokation und Reaktion allzu leicht ihr ursprüngliches politisches Anliegen und liefern sich der Eigendynamik des Gewaltprozesses aus. Was als taktische Abwechslung gedacht war, gerät zur Dauermethode. Ob und inwieweit terroristische Gruppen imstande sind, diese »Falle« zu vermeiden, hängt nicht zuletzt von ihrer Gesamtvision des Konfliktes ab.

## 2. Zielvision und Zeitverständnis der Hauptformen des Terrorismus

In den folgenden Überlegungen wird von den drei Formen des Terrorismus ausgegangen, die eingangs kurz erwähnt wurden: der ethnischnationalistische, der sozialrevolutionäre (marxistische) und der religiöse Terrorismus; der sog. Rechtsterrorismus wird nicht berücksichtigt. Es soll das jeweils dominante Zeitverständnis herausgearbeitet werden, doch sei bereits an dieser Stelle betont, daß es sich dabei um idealtypische Konstrukte handelt, da es daneben, unterschwellig, stets noch alternative Stränge des Zeitempfindens gibt. Außerdem kann sich dieses im Laufe der »Zeit« verschieben, und schließlich gibt es auch Mischtypen des Terrorismus und entsprechend keine klare zeitliche Orientierung.

Die erste Frage, die in diesem Zusammenhang zu stellen ist, ist die nach der relevanten Bezugsgruppe. Wer bestimmt den zeitlichen Horizont einer terroristischen Bewegung, wer legt die verbindlichen zeitlichen Parameter fest? Es wäre aus unserer Sicht verfehlt, diese Definitionsmacht durchgehend den Terroristen selbst bzw. ihrem Führungsstab zuzuschreiben, da diese, zumindest teilweise, nicht unabhängig von einem breiteren sozialen Umfeld operieren. Vielmehr wird hier folgender Vorschlag gemacht: Was den ethnisch-nationalistischen Terrorismus angeht, so stellen die Terroristen und ihre engere Anhängerschaft, das heißt der Kreis von Personen, der von einem Anthropologen einmal als »radikale Gemeinschaft« bezeichnet wurde (Burton 1978), die ausschlaggebende Bezugsgruppe dar; beim sozialrevolutionären Terrorismus kommt dieselbe Rolle der »selbsternannten Avantgarde« zu, jener meist begrenzten Gruppe intellektueller Führungskader, welche angeblich die Zeichen der Zeit erkannt hat und alles daran setzt, eine sozialistische Revolution herbeizuführen; für religiös inspirierte Gewaltbewegungen scheint uns schließlich die zeitliche Vision der geistlichen Führer die entscheidenden Parameter zu liefern, die auch von den Terroristen akzeptiert werden.

Die realen Verhältnisse holzschnittartig vereinfachend seien hier folgende Hypothesen aufgestellt: Bei ethnisch-nationalistischen Gewaltorganisationen ist eine starke Fixierung auf die *Vergangenheit* vorherrschend. Demgegenüber zeichnet sozialrevolutionäre Bewegungen ein fast blindes Vertrauen in die *Zukunft* aus. Der dritte Typus, die religiös inspirierten Gewaltbewegungen, nehmen insofern eine Zwischenposition ein, als das in Form von heiligen Büchern, gesammelten Lehren etc. vorliegende geistige Erbe, das sie durchweg aufweisen, eine selektive Uminterpretation im Dienste einer besseren Bewältigung der *Gegenwart* erfährt.

Die wenigen von uns untersuchten Fälle (zwei bis drei für jeden Typus) vermögen zwar keinen »Beweis« für die Richtigkeit der Hypothesen zu erbringen. Zumindest sollten sie jedoch ausreichen, um deren Plausibilität zu demonstrieren. Nicht zuletzt geht es uns dabei darum, einen Beitrag zur Entmystifizierung und Entdämonisierung des religiösen Terrorismus zu leisten, indem dessen Verankerung in *dieser Welt* aufgezeigt wird.

### a) Die Geschichte wiederholt sich

Die Zeitvorstellung ethnisch-nationalistischer Bewegungen läßt sich, es wurde bereits gesagt, am besten aus dem Diskurs der von den Gewaltaktivisten und ihrer Anhängerschaft gebildeten »radikalen Gemeinschaft« herauslesen. In den primär von uns herangezogenen Fallbeispielen, dem Baskenland und Nordirland, verfügt die radikale Gemeinschaft über eigene Publikationsorgane, vor allem Zeitungen, mittels deren sie ihr Selbst- und ihr Geschichtsbild verbreitet.

Im Falle der Basken steht im Zentrum ihres Geschichtsmythos die Vorstellung von einem prinzipiell friedfertigen und verträglichen, aber zugleich äußerst wehrhaften Volk, das, wann immer man es in der Vergangenheit angriff, heldenhaft Widerstand leistete. Zwar blieb es ihm regelmäßig versagt, zu siegen, andererseits wehrte es sich aber so tapfer und zäh, fügte dem Feind so große Schäden zu, daß auch weit stärkere Mächte es sich zweimal überlegten, bevor sie es wagten, sich mit den Basken anzulegen (Elorza 2000: 13 ff.; Aranzadi 1981; Payne 1974).

Im einzelnen setzt sich dieser Gesamtmythos aus einer Reihe von Teilelementen zusammen. Da ist zunächst das Haus oder der Hof, der Stammsitz der Familie und zugleich die Keimzelle der Gemeinschaft des baskischen Volkes. Diese Gemeinschaft, der Verbund sämtlicher durch die Bande des Blutes, der Sprache und einer gemeinsamen Abstammung geeinten Basken, trotzt dem Wandel der Zeiten nicht minder wie ihr spezifisches kollektives Selbstbewußtsein, dessen zeitgenössischer Ausdruck der baskische Nationalismus ist. Der Gegenpol zu den Basken sind Spanien und die Spanier. Der Gegensatz zwischen den beiden Volksgruppen ist so groß und grundsätzlich, daß jede Anstrengung, zwischen ihnen eine Brücke schlagen zu wollen, von vornherein zum Scheitern verurteilt ist. Wer sie dennoch unternimmt, läuft unweigerlich Gefahr, zum Verräter an der baskischen Sache, vor allem am heiligsten aller Ziele, dem Streben nach einem eigenen souveränen Staat, abgestempelt zu werden (Elorza 2000: 64 ff.; Zulaika 1985). Zwischen Basken und Spaniern gibt es im Grunde, die Geschichte lehrt es, nur einen Modus der Interaktion: Kampf und Konflikt. Dabei steht das Recht von vornherein auf Seiten des kleinen Volkes, das Jahrhunderte lang durch Madrid kolonialisiert und ausgebeutet worden ist.[13]

Ähnlich starren Vorstellungen, allerdings gemäß der anderen Machtkonstellation mit etwas veränderten Akzenten, begegnet man bei der nordirischen IRA und ihren Anhängern: auch hier ist die Leitvision die der Erringung der nationalen Unabhängigkeit, genauer: der Vereinigung von Nord- und Südirland, der in diesem Falle das Veto Großbritanniens im Wege steht, das nicht bereit ist, Nordirland zu räumen und die protestantische Mehrheit ihrem Schicksal zu überlassen. Auch im nordirischen Fall schwingt ein trotziger Grundton bei den Rebellen mit: wenn man schon die britischen Kolonialherren nicht von der grünen Insel vertreiben könne, so solle diese die Aufrechterhaltung ihres Besatzungsregimes wenigstens möglichst teuer zu stehen kommen. Der Rekurs auf Gewalt und die Verpflichtung, den bewaffneten Widerstand nicht aufzugeben, wird im irischen Fall noch zusätzlich durch die zahllosen Märtyrer untermauert, die im Laufe der Jahrhunderte ihr Leben dem irischen Freiheitsstreben geopfert haben (Crenshaw 1984: 248 ff.; Stevenson 1996: 45, 91 und 120).

Faßt man die beiden Fallbeispiele zusammen, so läßt sich das Zeitverständnis ethnisch-nationalistischer Gewaltbewegungen durch eine starke Orientierung an der Vergangenheit kennzeichnen. Diese manifestiert sich vor allem in den folgenden Zügen:
– eine starre Dichotomie »wir und die anderen«, welche die gesamte

13 Die hier vorgenommene Charakterisierung baskischen Selbstverständnisses und baskischer Eigenart ist aus Platzgründen stark reduziert worden. Etliche Elemente wurden vernachlässigt, beispielsweise die Verkomplizierung der Situation durch zahlreiche Zuwanderer aus den Nachbarprovinzen; das blühende Vereinswesen in der kleinen Region; die Tradition genossenschaftlicher Verbände; der tief verankerte Katholizismus (immerhin wurde im Baskenland der Jesuitenorden gegründet); die traditionelle Spannung zwischen Küstenstädten und dem Hinterland; der Mythos von der traditionellen Gleichheit und Noblesse aller Basken usf.

Geschichte durchzieht und für die Gegenwart bestimmend bleibt. Die Eigengruppe gilt als »gut«, der ihr gegenüberstehende Feind als »böse« und »schlecht«. Folglich stellen die der eigenen Volksgruppe zugefügten Schäden und Leiden Unrecht dar, hingegen muß man sich über die Gewaltopfer der Gegenseite keine Gedanken machen. Sind sie doch nur ein gerechter Tribut dafür, daß diese die unterlegene Minderheit Jahrhunderte lang ausgebeutet und ihr das Recht auf politische Selbstbestimmung vorenthalten hat.

– Verhandlungs- und Vermittlungsbemühungen zwischen den beiden Gegenpolen, Mehrheit und Minderheit, gelten als aussichtslos und letztlich verdächtig. Wer sich dafür einsetzt, läuft Gefahr, zwischen sämtlichen Stühlen zu sitzen und als »Politiker« (ein Etikett, dem der Beigeschmack von Opportunismus anhaftet) oder, noch schlimmer, als »Verräter« eingestuft zu werden. Der geschichtlich bedingten unversöhnlichen Feindschaft zwischen den zwei Großgruppen ist nur eine Form des Umgangs angemessen: Gewalt. Ein hochstilisierter Opfer- und Märtyrerkult auf beiden Seiten trägt das Seine dazu bei, den Mythos der Unvermeidbarkeit einer gewaltsamen Austragung der Differenzen wachzuhalten und junge Männer in seinen Bann zu ziehen.

– Selbst wenn es von vornherein wenig aussichtsreich erscheint, darf man auf Seiten der Minderheit die Hoffnung nicht aufgeben: die Hoffnung, sich eines Tages des von dem Unterdrückerstaat auferlegten Jochs zu entledigen und die politische Unabhängigkeit, die Wiedervereinigung oder wie das Fernziel im einzelnen heißen mag, zu erlangen. Jede Generation ist hier aufs Neue gefordert, den entsprechenden Versuch zu wagen. Aber keiner darf sich wundern, wenn dieser Versuch, ähnlich wie frühere Anläufe, scheitert, die Geschichte sich also gleichsam wiederholt.

Der Einwand liegt nahe, unser Bild des Zeitverständnisses ethnischnationalistischer Bewegungen sei zu holzschnittartig geraten. Es verkürze vor allem deren Bestreben, den Ballast der Vergangenheit abzuwerfen und in eine bessere Zukunft aufzubrechen, unterschiebe ihnen eine allzu fatalistische Einstellung. War nicht in einem früheren Abschnitt von Mobilisierungsschüben die Rede, die für sämtliche Gewaltbewegungen, auch die ethnisch-nationalistischen, bezeichnend seien? Kann man bei letzteren wirklich unterstellen, daß auf ihnen von vornherein der Schatten der Vergeblichkeit liege? Brach sich etwa in der ersten Intifada von 1988-1990 nicht die Hoffnung der gedemütigten palästinensischen Minderheit Bahn, nun würde alles anders werden, man werde die Gängelung und Abhängigkeit von Israel abschütteln und ein eigenständiges, unabhängiges politisches Gemeinwesen gründen?[14]

14 Die Überlegungen zum Palästinenserproblem stützen sich neben einem

## DIE ZEITLICHE DIMENSION DES TERRORISMUS

Gewiß läßt sich nicht leugnen, daß im Rahmen periodischer Protestwellen und Mobilisierungsschübe das ansonsten dominierende, an der Vergangenheit haftende Zeitverständnis ethnisch-nationalistischer Bewegungen vorübergehend zugunsten einer mehr oder minder utopischen Zukunftsorientierung zurückgedrängt wird. Neben dem Umstand, daß derartige Begeisterungsschübe stets nur einen Teil dieser Gruppen erfassen, gibt es jedoch zwei Argumente, die gegen eine Überschätzung dieser zeitweisen Aufbruchstimmung sprechen.

Zum einen zeigt sich bei näherer Betrachtung, daß die Orientierung auf eine bessere Zukunft hin regelmäßig nichts anderes darstellt, als die Rückkehr zu einer Vergangenheit, in der, wie angenommen wird, die betreffende Volksgemeinschaft frei von äußeren Zwängen und in innerer Harmonie zusammengelebt habe (für die Basken vgl. Aranzadi 1981). Dies ist nun nichts Außergewöhnliches, auch revolutionäre Bewegungen tarnen sich oft mit dem Argument, eine ursprünglich intakte Ordnung, ein irgendwie gestörtes Gleichgewicht wiederherstellen zu müssen. Im Falle nationalistischer ethnischer Bewegungen gewinnt diese Vision aber nicht selten ein solches Übergewicht, daß dadurch die Gegenwartsprobleme und die notwendigen Zugeständnisse, die an die aktuellen Machtverhältnisse zu machen sind, gänzlich aus dem Blick geraten.

Der andere Umstand, der skeptisch stimmen muß, ist der faktische Verlauf der Mobilisierungswellen. Auf die »Utopisten« folgen regelmäßig die »Realisten«. Im Falle Nordirlands sah dies so aus, daß die auf Gewaltlosigkeit (nach dem Vorbild der nordamerikanischen civil rights-Bewegung) setzenden Bürgerrechtsdemonstranten alsbald von militanten Protestanten und anschließend von Hardlinern im republikanischen Lager in den Hintergrund gedrängt wurden, womit die Auseinandersetzung zwischen den beiden Konfessionsgruppen in die traditionellen gewaltsamen Bahnen einmündete (Waldmann 1989: 48, 86 ff.) Bei den Palästinensern folgte auf die erste Intifada und den Osloer Friedensvertrag von 1993 nicht nur ein äußerer Rückschlag, weil die Israelis ungeachtet der gemachten territorialen Zusagen ihre Siedlungen unverdrossen weiter in palästinensisches Gebiet hinein ausdehnten. Auch im Inneren der palästinensischen Gemeinschaft setzte sich nach hoffnungsvollen Reformansätzen mit Arafat und seiner Gefolgschaft wieder das

---

eigenen kurzen Aufenthalt des Verfassers in dieser Region auf Gespräche mit Sabine Korstian und Penelope Larzilliéré, die beide über palästinensische Selbstmordattentäter arbeiten und mir einiges von ihren Daten und Papieren zur Verfügung stellten. Was die Nordiren betrifft, so war mir Christian Knoll bei der Dokumentierung ihres Zeitverständnisses behilflich. Ihnen allen sei an dieser Stelle herzlich gedankt. Vgl. auch Larzilliéré 2003.

alte System des Klientelismus und der Vetternwirtschaft durch (Larzilieré 2003 a).

Wie eben angedeutet wurde, hängt die ausgeprägte Vergangenheitsorientierung ethnisch-nationalistischer Bewegungen nicht zuletzt mit der Sozialstruktur und den Autoritätsstrukturen ethnischer Minderheiten zusammen. Großteils handelt es sich dabei um Gemeinschaften mit ausgesprochen traditionalistischen Zügen. Zu diesen zählt unter anderem ein starker innerer Zusammenhalt, gepaart mit einem hohen Ausmaß an sozialer Kontrolle, der sich der einzelne bis in seinen Privatbereich hinein unterwerfen muß. Weitere typische Züge sind die vorrangige Bedeutung sozialer Primärgruppen, vor allem der Familie und weiteren Sippe, der Freunde und der Nachbarschaft, die Betonung der Kontinuität und Solidarität zwischen den Generationen und die Schlüsselrolle verbaler Kommunikation. All diese Elemente schließen sich zu einem dichten Gewebe von an junge Menschen herangetragenen Erwartungen und Verpflichtungen zusammen, die es dem einzelnen schwer machen, aus der Gemeinschaft auszubrechen und einen von ihr unabhängigen, eigenständigen Weg einzuschlagen. Die hier wiederholt erwähnten Protestwellen und Mobilisierungsschübe werden manchmal von den jungen Leuten als Chance verstanden, sich der Bevormundung durch die Älteren zu entziehen, durch eigene Militanz mehr Selbständigkeit zu erlangen.[15] Doch dieser Versuch erweist sich regelmäßig als Illusion, da mittel- und längerfristig derartige Auseinandersetzungen tendenziell den Modernisierungsprozeß behindern und zur Verfestigung überkommener sozialer Strukturen und Autoritätsmuster beitragen.

Für letztere, wie auch für die Generalthese dieses Abschnitts bietet nicht zuletzt der Balkan ein gutes Anschauungsmaterial, wo die blutigen Konflikte der 90er Jahre vorwiegend unter einem ethnisch-nationalistischen Vorzeichen – verstärkt durch religiöse Differenzen – ausgetragen wurden. Experten Südosteuropas heben stets hervor, wie sehr zum Mythos verfestigte Ideen von geschichtlich bedingten ethnischen Polarisierungen und Zwängen kollektiver Selbstbehauptung die Form und Schärfe dieser Auseinandersetzung bestimmt hätten (Troebst 2002; Höpken 2001). Dabei wird, ähnlich wie im Baskenland, bei den Palästinensern und in Nordirland, der Familientradition und den Gewohnheiten ver-

---

[15] Diesen Eindruck hat man auch bei der jugendlichen Anhängerschaft der baskischen ETA, die im Rahmen von »Kale borroka« genannten Ausschreitungen in den baskischen Großstädten (insbesondere San Sebastian) die Erwachsenen drangsalieren, indem sie willkürliche Zerstörungen anrichten und den Verkehr lahmlegen. Sendboten der ETA beobachten diese periodischen Straßenrebellionen genau und versuchen, die wildesten Randalierer für ihre Organisation anzuwerben. Vgl. den Artikel von Walter Haubrich in der Frankfurter Allgemeinen Zeitung vom 15.6.2002: 6

baler Überlieferung eine Schlüsselbedeutung für die eigentümliche, auf geschichtliche Vermächtnisse fixierte Ausrichtung dieser Konflikte beigemessen. W. Höpken geht sogar so weit, die östliche »Vergangenheitskultur« der westlichen »Gegenwartskultur« gegenüberzustellen, eine Verallgemeinerung, die man freilich im Lichte dessen, was hier über das Baskenland und Nordirland ausgeführt wurde, relativieren muß (Höpken 2001: 89 ff.).[16]

Sinnvoller erscheint es, mit Aleida Assmann in all diesen Fällen von einer Technik des *Pastifying* zu sprechen. Damit ist eine Festschreibung, eine Art »Kanonisierung« bestimmter kollektiver Gedächtnisinhalte dergestalt gemeint, daß sie als »verbindlich und wahr« gelten und nicht mehr an ihnen gerüttelt werden darf (Assmann 1999: 3, 18 ff.). So werden feste Wertvorgaben und Verhaltenserwartungen für die jüngeren Generationen geschaffen, die für diese verpflichtend sind und denen auszuweichen schwierig ist. Für die Führer rebellischer Organisationen und Bewegungen heißt das, daß sie mit einem soziokulturellen Kontext zu rechnen haben, der ihnen ein hohes Maß an Ausdauer, Traditionsbewußtsein und Geduld abverlangt. Andererseits stellt ihnen aber der nämliche Kontext nach jedem Scheitern die motivationalen Ressourcen für einen möglichen neuen Gewaltfeldzug zur Verfügung. Gibt es doch, gemäß dem zyklischen Welt- und Geschichtsbild, keine endgültige Niederlage, sondern hat jede Generation die Chance, dort frisch anzuknüpfen, wo die vorangegangene Generation aufgeben mußte.

## b) Die Revolution erzwingen

Wenden wir uns nunmehr den sozialrevolutionären Bewegungen zu, so stoßen wir auf ein ganz andersartiges Zeitverständnis und -gefühl. Lassen wir etwa »Pedro«, ein Mitglied der argentinischen Montoneros, zu Wort kommen, der sich im Rahmen eines »Mobilisierungsschubes« in

16 Neben der Beschwörung der Vergangenheit gibt es eine zweite Konfliktstrategie auf dem Balkan, die mittlerweile Tradition hat: Das Anzapfen der »Ressource Weltöffentlichkeit« zur Durchsetzung der eigenen Ziele. Wie Stefan Troebst aufzeigt, geht diese Gewohnheit bis auf die griechischen Fanarioten im frühen 19. Jahrhundert zurück. Im wesentlichen handelt es sich dabei um ein von Zynismus nicht freies Provokationskalkül: Die machtmäßig weit unterlegenen Minderheitsvertreter greifen den Staat oder Mehrheitseinrichtungen gezielt an, um die zu erwartende repressive Überreaktion zum Anlaß nehmen zu können, sich anklagend an die Weltöffentlichkeit zu wenden und sie zum Einschreiten in Form einer Rettungs- oder Strafaktion zu bewegen. Auch das Vorgehen der UCK im Kosovo folgte weitgehend diesem Muster. Vgl. Troebst 2002; zur albanischen Frage und der UCK: ders. 1999 und Lipsius 1998.

den frühen 70er Jahren der Gewaltorganisation anschloß und rückblikkend die damalige Situation beschreibt (zum folgenden Moyano 1993: 74 ff.). Er betont, es habe sich politisch wie auch kulturell um eine einmalige Konstellation gehandelt, die nicht wiederkehren werde. Dies gelte sowohl für das geistige und politische Klima innerhalb Argentiniens als auch für die grenzüberschreitenden Strömungen und Bewegungen der damaligen Zeit, vor allem die Studentenrevolte und den Neomarxismus. Seine Generation sei der festen Überzeugung gewesen, es anders, besser machen zu müssen als die Generation ihrer Eltern, die tatenlos dem Sturz Peróns durch das Militär 1955 zugesehen hätten. Gewalt, so glaubten er und seine Gefährten, müsse durch Gewalt beantwortet werden. Dabei ging es ihnen, darin liegt ein weiterer Unterschied zu ethnisch-nationalistischen Bewegungen, keineswegs ausschließlich um die eigene, argentinische Gesellschaft. Deren Probleme wurden vielmehr im Kontext der weltweiten Herrschaft des Kapitalismus gesehen, der durch eine sozialistische Revolution ein Ende bereitet werden müsse. Die Vorbilder und Heldenfiguren, die Pedro zu jenem Zeitpunkt inspirierten, waren weniger hervorragende Widerstandskämpfer der älteren und jüngeren argentinischen Geschichte als vielmehr brillante Intellektuelle seines unmittelbaren sozialen Umfeldes (Zur Ideologie der Montoneros vgl. Moyano 1995: Kap. 8; Gillespie 1982: Kap. 2; Waldmann 1978).

Aus einer generelleren und distanzierteren Sicht gelangen Iring Fetscher u. a. zu ganz ähnlichen Erkenntnissen und Schlußfolgerungen, was die Ideologie und Strategie der deutschen RAF betrifft (Fetscher u. a. 1981: 6 f., 179 ff.). Diese habe unter selektiver Verwendung von Theoriefragmenten des Marxismus und unter Verkennung der in Deutschland tatsächlich herrschenden sozialen und politischen Bedingungen die Revolution für machbar erklärt. In ihren Texten sei nicht von den objektiven, sondern ausschließlich von den subjektiven Voraussetzungen eines revolutionären Erfolgs die Rede gewesen. Die Möglichkeit einer revolutionären Veränderung der Gesellschaft wurde damit zu einer reinen Willensfrage für eine entschlossene Elite, sie wurde dem »Primat der Praxis« überantwortet. Im Subjektivismus, Moralismus und Dezisionismus der radikalen deutschen Linken habe sich, so Fetscher, eine extreme Ungeduld und Verkürzung des Zeithorizontes gespiegelt. Ungeachtet der offiziell proklamierten Guerillastrategie, der ein Verzögerungskalkül zugrunde liege, sei man entschlossen gewesen, »hier und jetzt« zuzuschlagen. Dabei spielte – ähnlich wie im argentinischen Fall – die pointierte Absetzung von der Generation der Eltern eine wichtige Rolle, der man politisches Versagen in der Zeit der Nazidiktatur und autoritäre Verhaltensmuster vorwarf.

Besonders deutlich kommt der utopische, alle historischen Bezüge auf die Hinführung zu einem Zukunftsprojekt verkürzende Charakter sozialrevolutionärer terroristischer Bewegungen beim peruanischen Sendero Luminoso zum Ausdruck. Man lese etwa die flammende Rede mit dem Titel »Wir sind die Initiatoren«, die ihr unbestrittener Führer, Abimael Guzmán (»Comrade Gonzalo«), zur Eröffnung der Militärschule der Organisation 1988 hielt (Guzmán 1995; der spanische Originaltext findet sich im Internet unter www.blythe.org.peru-pcp/docssp/iniciad.htm). Da ist von einem Wendepunkt der Zeiten die Rede, die Zeit äußerlichen Friedens ende und die des Krieges beginne. Die ausgebeuteten Massen, Jahrhunderte lang ohne Führung, hätten endlich eine kompetente Führungsinstanz in Gestalt der Kommunistischen Partei gefunden. Eine lange, mühsame, grausame Schlacht stehe bevor, doch der Sieg liege unweigerlich bei den Massen. Das Volk werde sich erheben, im Zorn aufbrüllen und die Reaktionäre an der Gurgel packen. Ströme von Blut würden fließen, denn die reaktionären Kräfte würden ihre Vormachtstellung nicht kampflos preisgeben. Doch das Rad der Geschichte lasse sich nicht zurückdrehen, die Stunde der Weltrevolution habe geschlagen, und Peru sowie die von den Lehren Mao Tse-tungs inspirierte Bewegung Sendero Luminoso befänden sich in ihrem Zentrum. Es gelte rücksichtslos mit Herkommen und Tradition zu brechen, Waffen und Gewalt seien die wichtigsten Geburtshelfer der neuen Ära. Möge der einzelne auch schwach sein und sich an das Alte klammern, so würde er doch vom Schwung des allmächtigen Kollektivs mitgerissen usf.[17]

Versuchen wir, auf der Grundlage der drei Einzelbeispiele einige allgemeine Züge des Zeitverständnisses sozialrevolutionärer Gewaltbewegungen herauszuarbeiten. Folgende sind zu nennen:

– Anstatt in den Dienst der Vergangenheit stellen sich diese Bewegungen eindeutig in den Dienst der Herbeiführung einer besseren Zukunft. Die Geschichte wird vage als eine nimmer endende Abfolge von Ausbeutungsprozessen der Beherrschten durch die Herrschenden und von Klassenkämpfen perzipiert. Worauf es ankommt, ist, die Welt zu verändern, einen Neuanfang zu wagen, radikal mit allem Bestehenden zu brechen. Mit Karl Löwith lassen sich hier mühelos die Umrisse einer extrem gesteigerten (da alle historischen Bezüge kappenden), säkularisierten millenaristischen Zukunftsvision erkennen (Löwith 1961: 11 ff., 38 ff.).
– Diese Vision ergibt sich nicht aus dem konkreten Schicksal eines bestimmten Volkes, sondern wird aus allgemeinen historischen Ge-

---

[17] Zum Sendero Luminoso gibt es, wie zu den meisten hier behandelten Fällen, eine sehr umfangreiche Literatur. Wir begnügen uns mit dem Hinweis auf drei Autoren, die ihn besonders gründlich analysiert und dabei seiner Ideologie gebührende Beachtung geschenkt haben: Degregori 1998; Palmer 1992; Henri Favre 1984.

setzmäßigkeiten abgeleitet, die mit geringfügigen Modifikationen auf jede Gesellschaft zutreffen. In dieser Starrheit des untergelegten Erklärungs- und Entwicklungsschemas liegt die Wurzel für Dogmatismus und für die mangelnde Flexibilität, die die meisten dieser Bewegungen kennzeichnen (Ausnahmen, wie die sehr geschickt operierenden Sandinisten in Nicaragua bestätigen die allgemeine Regel; Waldmann 1983). Die historischen Rollen der kollektiven Akteure sind fest vorgegeben, Varianten, die nicht in das allgemeine Theorie- und Strategieschema passen, werden nicht zur Kenntnis genommen, geschweige denn akzeptiert: Die besitzenden Klassen sind per definitionem reaktionär, die Volksmassen dürsten nach einer revolutionären Erhebung usf.

– Eine gewisse Ausnahme von dem präkonzipierten Klassen- und Revolutionsschema räumen die Revolutionskader nur sich selbst, der intellektuellen Avantgarde der Bewegung, ein. Sie bilden die aufgeklärte Elite, welche die marxistische Lehre auslegt und die Zeichen der Zeit zu deuten weiß. Sollte es an objektiven Anzeichen einer für die Revolution reifen Situation, etwa kleineren lokalen Rebellionen, fehlen, dann vermag die revolutionäre Avantgarde durch ihr eigenes gewaltsames Vorpreschen eine solche Situation zu schaffen. Dies ist, auf einen kurzen Nenner gebracht, die Pointe der sogenannten Focustheorie, die, von Regis Debray und Ernesto »Che« Guevara kreiert, die Erfolgsbedingungen von Castros erfolgreichem Guerillafeldzug auf Kuba im Nachhinein gezielt umdeutete (Debray u.a. 1968; Feltrinelli 1968).

Einige zusätzliche Kommentare mögen die drei Charakteristika ergänzen. Bezüglich des fast durchgehend zu beobachtenden Dogmatismus linksradikaler Gewaltorganisationen ist anzumerken, daß dieser einer der Hauptgründe für ihr überwiegendes Scheitern war. Nur wo Linksbewegungen stärker in der Masse ländlicher Campesinos verankert waren, wie in China und Kolumbien, oder gar aus diesen heraus entstanden, entwickelten sie das notwendige Maß an politischer und taktischer Flexibilität, um sich langfristig zu behaupten. Wo in ihrem Führungsstab hingegen Intellektuelle den Ton angeben, waren sie meistens dem baldigen Untergang geweiht.[18]

Dies wiederum hängt mit der spezifischen Situation der freischwebenden Intelligenz, vor allem in den 60er und 70er Jahren und speziell – aber nicht nur – in Lateinamerika zusammen (Allemann 1974: 415 ff.; Waldmann 1986: 263 ff.). Es waren dies die Jahre der rapiden Ausdehnung der Hochschulen, der aber keine entsprechende Ausweitung des

---

18 Zur komplexen Situation in Italien, wo es zwei terroristische Wellen gab und in der zweiten auch Arbeiter eine gewisse Rolle spielten vgl. Pasquino/Della Porta 1986

Arbeitsplatzangebotes für Akademiker gegenüberstand.[19] Frustriert über die geringen sich bietenden sozialen Aufstiegschancen, schlossen sich viele junge Leute dem Linksradikalismus an, der ein Zukunftsversprechen für sie bereitzuhalten schien.[20] In der chronischen Selbstüberschätzung der Führungskader dieser Organisationen, in ihrer Absage an die Vergangenheit und ihrer Realitätsferne, in all diesen Zügen spiegelten sich getreu die Existenzbedingungen einer Akademikergruppe, die sich von ihrem Elternhaus gelöst, aber in kein anderes soziales Milieu integriert hatte, die sowohl von einer normalen professionellen Karriere als auch von Möglichkeiten politischer Einflußnahme weitgehend abgeschnitten war, so daß ihr als Tor der Freiheit nur die »Flucht nach vorne« blieb.

Freilich darf man die Unterschiede zwischen ethnisch-nationalistischen und sozialrevolutionären Gewaltbewegungen nicht überzeichnen (zumal erstere in den 70er Jahren erhebliche ideologische Anleihen bei den Marxisten machten). Ein wichtiger gemeinsamer Zug von ihnen war und bleibt weiterhin das Vertrauen in die Gewalt als Mittel, bestehende Mißstände zu korrigieren, und als Geburtshelferin einer besseren Ordnung. Eng daran anknüpfend teilen sie auch das Denken in Schwarz-Weiß-Kategorien, die Verteufelung der Gegner sowie die Vorliebe für »Alles oder Nichts«-Optionen, das heißt, die Zurückweisung moderater Zwischenlösungen.

Eine der Hauptzielscheiben der Kritik linksradikaler Gruppen bildeten die Demokratie und Reformregime aller Art. In ihrem moralischen Rigorismus konnten sie darin nur Fassaden oder Tarnhüllen für den in seiner Essenz bösen und deshalb zu vernichtenden Kapitalismus und seine politischen Statthalter erkennen. Gemäß der Devise »je besser, desto schlechter – je schlechter, desto besser« (Allemann 1974: 425; Degregori 1987: 30 f.) erwarteten sie sich von einer Katastrophe die entscheidende Wende. Also setzten sie alles daran, die Gegensätze zu

---

19 In Argentinien studierten in den 60er Jahren bereits 250 000 überwiegend junge Leute, die Quote der Studierenden an einem Jahrgang übertraf damit die Werte der meisten europäischen Länder, z. B. von Frankreich, Schweden und Westdeutschland. Allein in Buenos Aires waren 80.000 Studenten an der staatlichen Universität und den sonstigen Hochschulen eingeschrieben. Waldmann 1986a: 268
20 Mit dieser Formulierung soll nicht unterstellt werden, daß sich junge Leute allein aufgrund sozio-ökonomischer Frustration unmittelbar einer terroristischen Organisation anschlossen. Andere Faktoren, vor allem die Legitimationskrise etlicher Regierungen in der Region und die Aussichtslosigkeit, mit alternativen politisch-gesellschaftlichen Projekten unter den etablierten Parteien Gehör zu finden, trugen ebenfalls dazu bei, sich zu diesem letzten Schritt zu entschließen. Waldmann 1986a: 270 ff.

verschärfen und das Konfliktgeschehen zu beschleunigen, um im Sinne ihrer säkularisierten Heilsvision dem irdischen »Paradies« den Boden zu bereiten.

## c) Außergewöhnliche Zeiten erfordern extreme Maßnahmen

»Paradies auf Erden«, wie es am Schluß des vorangegangenen Abschnitts hieß – klingt das nicht eher nach dem dritten Grundtypus von Terrorismus, nämlich religiös motivierten Gewaltbewegungen, die meist mit fundamentalistischen Strömungen in Verbindung gebracht werden? Bevor wir auf diese Frage eine Antwort zu geben versuchen, seien, wie bei den anderen Grundformen, einige Beispielsfälle kurz skizziert. Wir beginnen mit der jüdischen Gruppe Gush Emunim, dann folgt Hizbollah, an dritter Stelle wird kurz auf Bin Laden und al-Qaida einzugehen sein.

Gush Emunim ist von den Schülern und Anhängern des Rabbis Yehuda Kook gegründet worden, der die Lehrmeinung vertrat, die Juden lebten in einem messianischen Zeitalter, die Rückgabe des verheißenen Landes – Eretz Yisrael – an sie stehe unmittelbar bevor (Sprinzak 1988; Appleby 2000: 81 ff.). Der erfolgreiche Verlauf des Sechstage-Krieges von 1967 erschien dieser Gruppe als ein göttliches Wunder, das die Richtigkeit der These des Meisters bestätigte. Fortan betrachtete sie es, dem Heilsplan Gottes folgend, als ihre vorrangige Aufgabe, dafür einzutreten, daß die jüdische Besiedelung Palästinas zielstrebig fortgesetzt würde und alle heiligen Stätten in jüdischen Besitz übergingen. Wer sie, aus welchen Gründen auch immer, an diesem Vorhaben hinderte, verstieß aus ihrer Sicht gegen das heilige Gesetz, die Thora, und machte sich des Verrats an der jüdischen Sache schuldig. Aus dieser Einstellung heraus erachteten die Mitglieder von Gush Emunim für sich weder das Camp David-Abkommen von 1978 noch die Oslo-Verträge von 1993 als verbindlich. Nachdem die israelische Regierung durch ihre Zugeständnisse an die palästinensische Seite vom göttlichen Heilsplan abgewichen war, glaubte die Gruppe, diesen mit ihren eigenen Kräften voranzutreiben zu müssen. Zu ihren spektakulärsten Vorhaben zählte die Sprengung des Felsendoms in Jerusalem, der als islamischer Sakralbau an einer heiligen Stätte der Juden aus ihrer Sicht einer ständigen Beleidigung des jüdischen Gottes gleichkam. In den Vorbereitungen schon weit gediehen, gelangte das Projekt nur deshalb nicht zur Ausführung, weil kein Rabbi bereit war, seinen Segen dazu zu geben. Dagegen verlief ein Anschlag auf Rabin, den Premier, unter dem die Oslo-Verträge zustande gekommen waren, »erfolgreich«; Rabin wurde getötet. Als Begründung für Rechtsüberschreitungen und Gewaltakte machen Angehörige von Gush Emunim geltend, es gebe gewöhnliche »laws of existence« und außergewöhnliche »laws of destiny«. Ausnahmezeiten wie die, in der sie heute lebten, rechtfertigten dem normalen Recht und Moralempfinden widersprechende Maßnahmen (Sprinzak 1988: 200, 207 f.). Die Schiiten des Libanon, die zweite hier zu skizzierende Gruppe, waren lange Zeit eine wenig beachtete Religionsgemeinschaft. Arm und ohne nennenswerten politischen Einfluß, traten sie nach außen hin eher defensiv auf, im Mittelpunkt ihres religiösen Kultes standen die Hinnahme von Leid und Formen der Selbstkasteiung. Dies änderte sich ab den 60er Jahren, an die Stelle passiver Duldung von Benachteiligung und Unterdrückung trat die Besinnung auf die eigenen Kräfte und aktive Gegenwehr. Eine erhebliche Bedeutung kam dabei zum einen der erfolgreichen Revolution im Iran zu, deren Führer Khomeini die Schiiten im Libanon fortan unterstützte, zum anderen der Besetzung des südlichen Libanons durch israelische Truppen Ende der 70er Jahre und dem damit angestoßenen Impuls nationaler Verteidigung. Die inzwischen entstandene schiitische Organisation Hizbollah machte sich Anfang der 80er Jahre durch wiederholte Selbstmordanschläge einen Namen. Diese bis zu jenem Zeitpunkt wenig gebräuchliche Form des Widerstandes gegen einen rüstungstechnisch weit überlegenen Gegner zog die Aufmerksamkeit der Weltöffentlichkeit auf sich und bewirkte, daß das südlibanesische Territorium nicht nur von den Israelis geräumt wurde, sondern auch die Franzosen und Nordamerikaner ihre nach Beirut entsandten Truppen wieder abzogen (Kramer 1992: 3 ff.; Appleby 2000: 95 ff.).

Bei dem dargestellten Wandel der Religionsgemeinschaft spielten geistliche Führer, die nicht unbedingt aus dem Libanon stammen mußten, eine maßgebliche Rolle. Sie waren es, welche die entscheidende Hinwendung zur Moderne einleiteten und sich auf deren Herausforderungen einließen. Und ihnen war es zu verdanken, wenn Mitglieder und Anhänger von Hizbollah, anstatt weiter geduldig auf die Erlösung zu warten, die Bewältigung ihrer Probleme selbst in die Hand nahmen, indem sie sich daran machten, die Armut zu lindern und die Befreiung von externer Abhängigkeit einforderten. Insbesondere Ayatollah Fadlallah brachte es in einer klugen Mischung von Appell an kollektive Emotionen und deren rationaler Zügelung, von Berufung auf die traditionellen Lehren des Islam und selektiver Akzeptanz der Errungenschaften der Moderne fertig, die Religionsgemeinschaft aus ihrer früheren sozialen Marginalisierung herauszuführen. Bei ihm findet man zudem jenen Realismus in der Einschätzung der Möglichkeiten und Grenzen einer derartigen Bewegung, die man bei den meisten Führern sozialrevolutionärer terroristischer Organisationen vermißt (Kramer 1997: 89 ff., 92 f., 130 ff.).

Was schließlich Bin Laden und al-Qaida betrifft, so begnügen wir uns mit einem kurzen Kommentar. Er bezieht sich primär auf die Frage, inweit sich der Führer der derzeit wichtigsten und mächtigsten internationalen terroristischen Organisation als ein Messias versteht, der sich an die Spitze einer Bewegung mit millenaristischen Zielen gesetzt hat. Wie Thomas Scheffler in einer sorgfältigen Analyse der wichtigsten Verlautbarungen Bin Ladens und seines engsten Mitarbeiterkreises herausgearbeitet hat, kann von derartigen Absichten nicht die Rede sein (Scheffler 2002). Der sich zum Nachfolger des Propheten Mohammed stilisierende terroristische Führer hat kein apokalyptisches Weltuntergangsszenario vor Augen, sondern kämpft für eine Veränderung der Machtverhältnisse in dieser Welt. Wie er wiederholt erklärt hat, sieht er die islamische »Nation« und insbesondere die heiligen Stätten seiner Religion (Jerusalem, Mekka, Medina) durch »Juden und Kreuzzügler« belagert. Sie zu vertreiben, den islamischen Ländergürtel von ausländischem Einfluß freizukämpfen, war ursprünglich sein Hauptziel. Seine Angriffe richteten sich folglich vor allem gegen die USA, weil sie der wichtigste Verbündete Israels sind und darüber hinaus offenkundig eigene Machtinteressen in der Region verfolgen. Doch deuten weitere Anschläge nach dem 11. September 2001, die Symbole und Einrichtungen der westlichen Welt – innerhalb und außerhalb des islamischen Ländergürtels – zum Ziel haben, darauf hin, daß al-Qaida ihren Aktionsradius inzwischen weltweit ausgedehnt hat (Reinares 2003, Kap. 8).[21] Zusammenfassend läßt sich Bin Ladens Gewaltfeldzug als eine Art innerweltlicher Eschatologie beschreiben, das heißt als Versuch, in Reaktion auf die krisenhafte Entwicklung der muslimischen Welt, einschließlich der Korruptheit und Verwestlichung der islamischen Regierungen, den islamischen Religionsgemeinschaften ihre Würde und ihren früheren Einfluß zurückzugewinnen.

Angesichts der Vielfalt mehr oder weniger gewaltsamer fundamentalistischer Bewegungen (Rapoport 1993: 447) ist die Frage berechtigt, inwieweit die von uns herausgegriffenen drei Gruppierungen Repräsentativität beanspruchen können. Unterstellt man diese, so lassen sich aus den Beispielen mehrere Folgerungen ableiten (vgl. Appleby 2000: 57 ff.; Sivan 1992: 71 ff.; Ranstorp 1996; Waldmann 1998: Kap.6):
– Erstens stehen hinter religiös inspirierten Gewaltakten überwiegend Glaubensgemeinschaften, die aus einem Verteidigungsimpuls heraus handeln. Die Situation der Bedrängnis, in der sie sich wähnen, kann

---

21 Wieweit Anschläge, die ein veritables Blutbad anrichteten, wie jener von Bali oder jüngst in Madrid, tatsächlich al-Qaida als Urheber haben, ist schwer zu sagen. Manches spricht dafür, daß die Hauptinitiative bei lokalen Gruppen lag, die für die Operation allerdings das Plazet der Zentralorganisation einholten. Das Ausmaß des intendierten Schadens war dieser eine Garantie dafür, daß die terroristische Botschaft global vernommen werden, d. h. für Schlagzeilen sorgen würde.

subjektiv konstruiert und aus nicht-religiöser Sicht schwer nachvollziehbar sein; im allgemeinen läßt sie sich aber durchaus an empirischen Trends und Fakten festmachen. Dabei kommt zwei Faktoren große Bedeutung zu: das ist zum einen »Land«, ein bestimmtes Territorium, das die betreffende Religionsgemeinschaft für sich beansprucht und das ihr angeblich einmal weggenommen worden ist oder gegenwärtig streitig gemacht wird. Der andere Faktor ist der global sich vollziehende Modernisierungs- und Säkularisierungsprozeß. Er wird regelmäßig als eine Bedrohung empfunden, welche die Existenz und Daseinsberechtigung dieser Gemeinschaften, das heißt letztlich ihre Identität untergräbt.

- In der Auseinandersetzung mit dieser Bedrohung berufen sich religiös motivierte Gewaltbewegungen regelmäßig auf die Tradition: auf heilige Texte, die Lehren der Religionsstifter, religiöse Weisheiten, die von Propheten, exemplarischen Gestalten und deren Schülern verkündet wurden. Diese Wahrheiten und Verhaltensrichtlinien sind zeitlos, sie können nicht einfach übergangen oder an den Rand geschoben werden. Nicht ob sie überhaupt Berücksichtigung finden, läßt sich diskutieren, sondern in welcher Auswahl und auf welche Weise. Mit der Möglichkeit ihrer selektiven Verwendung wächst der Tradition neben ihrer bewahrenden auch eine zukunftsorientierte Funktion zu.

- Das jeweilige Verhältnis zwischen den beiden Polen zu bestimmen und daraus Direktiven für die Bewältigung der aktuellen Situation abzuleiten, ist primär die Aufgabe der geistlichen Führer. Diesen kommt damit eine analoge Definitions- und Gestaltungsmacht für religiös inspirierte Gewaltbewegungen zu wie der »radikalen Gemeinschaft« für ethnisch-nationalistische und wie der »revolutionären Avantgarde« für marxistische Bewegungen. Alle Experten heben den bestimmenden Einfluß der Mullahs, Imame, Ajatollahs, Rabbis, Gurus, Priester, Laienprediger usf. bei Bewegungen, die unter einem religiösen Vorzeichen stehen, hervor. Ihnen obliegt es, die Zeichen der Zeit richtig zu deuten und der Gemeinschaft einen Weg aufzuzeigen, der es ihr erlaubt, einerseits ihrer religiösen Bestimmung treu zu bleiben und sich andererseits zugleich in dieser Welt zu bewähren und zu behaupten (Kramer 1997: 160; Ranstorp 1996: 50; Appleby 2000: 32).

- Zusammenfassend bleibt festzuhalten, daß diese Bewegungen mehrheitlich die Moderne nicht schlechthin ablehnen, sondern sich ihr stellen. Während bestimmte Aspekte der immer weiter um sich greifenden Modernisierungsprozesse, vor allem die Säkularisierung sowie Individualismus und gesellschaftlicher Pluralismus, vehement bekämpft werden, finden andere Aspekte, insbesondere die Entwicklung der Technik, aber auch gewisse soziale Errungenschaften, ihren Beifall (Waldmann 1998: 106; Rapoport 1993: 430).

Nimmt man die vier Züge zusammen, so zeigt sich, daß es verfehlt wäre, religiösen Bewegungen mit fundamentalistischer Tendenz zu unterstellen, sie lebten im Grunde in einer anderen, durch transzendente Heilsvorstellungen bestimmten Welt und Zeit, und trachteten ständig danach, aus dieser Orientierung am Jenseits stammenden Zielvorgaben und Wertparametern bereits in dieser Welt zur Geltung zu verschaffen. Schon beim einzelnen Hamas-Mitglied ist offen, inwieweit sein Selbstmordanschlag aus rein religiösen Motiven (rascher Zugang zum Paradies und seinen »Freuden«) zu erklären ist, und inwiefern nicht auch irdische Motive, wie das Prestige, das mit einem solchen Anschlag verbunden, und die materielle Belohnung für die Familie, die daran geknüpft ist, eine Rolle spielen. Bei der Organisation, die den Anschlag logistisch mit vorbereiten hilft und ihn anschließend propagandistisch ausschlachtet, kann man davon ausgehen, daß eindeutig letztere im Vordergrund stehen, daß sie damit ein Zeichen des Selbstbehauptungswillens der Palästinenser gegenüber den Israelis in dieser Welt setzen will.

Tatsächlich bewegen wir uns hier auf einem unsicheren Terrain. Es gibt Sozialwissenschaftler, die dem sog. religiösen Terrorismus die religiösen Motive schlichtweg absprechen und ihm fast ausschließlich politische Interessen und Ziele unterstellen. Ihnen steht ein Autor wie Mark Juergensmeyer gegenüber, der die Gegenthese vertritt, für aus religiösen Beweggründen handelnde Individuen und Gruppen stelle sich das irdische Geschehen nur als Parallel- und Scheinwelt dar; die eigentliche Realität seien aus ihrer Sicht widerstreitende kosmische Kräfte und Konstellationen, die, in gebrochener Form, ihren Niederschlag in den Konflikten dieser Welt fänden (Juergensmeyer 1988; ders. 1992). Juergensmeyers Ansatz mag im Einzelfall fruchtbar sein. Er hat aber den großen Nachteil, daß der Autor keine Kriterien benennt, nach denen sich die Relevanz und Übertragbarkeit der in der jenseitigen Sphäre ausgetragenen Kämpfe für die Gläubigen im Diesseits bemißt. Andererseits fällt es schwer, einem Interpretationsansatz zu folgen, der sich gänzlich über die religiöse Begründung ihres Handelns durch die Akteure selbst hinwegsetzt und die Antriebskräfte für ihr gewaltsames Vorgehen allein in diesseitigen, primär politischen Zielen sucht. Mag das religiöse Anliegen auch bisweilen bis zur Unkenntlichkeit verwischt oder mit diesseitigen Motiven, etwa nationalistischer oder sozialrevolutionärer Natur, vermengt sein, so sollte man sich doch vor der reduktionistischen Versuchung hüten, seine Existenz ganz zu leugnen und es in anderen Motiven aufgehen zu lassen.

Mit dieser Auffassung schließen wir uns weitgehend dem Standpunkt R. Scott Applebys an, der in den USA eine Studiengruppe über fundamentalistische religiöse Bewegungen geleitet hat. Fundamentalismus wird von ihm definiert als »eine Form religiöser Militanz, durch welche selbsternannte ›wahre‹ Gläubige versuchen, die Erosion religiöser Identität aufzuhalten, die Grenzen der religiösen Gemeinschaft zu befestigen und gangbare Alternativen zu säkularisierten Prozessen und Strukturen zu schaffen« (Appleby 2000: 86). Zu den Verdiensten dieser Definition zählt, daß sie einen Beitrag zur Entdämonisierung fundamentalistischer Bewegungen leistet. Stellt sie doch heraus, daß die verstärkte Grenzziehung fundamentalistischer Gemeinschaften gegenüber ihrem säkularisierten Umfeld nicht primär den Zweck verfolgt, dieses in Bausch und Bogen zu verdammen und zu bekämpfen. Vielmehr geht es darum, einen Schonraum zu errichten, um mit der Religion kompatible Alternativen zu säkularisierten Strukturen und Institutionen zu entwickeln.[22]

Über die Zeitvorstellungen fundamentalistischer Bewegungen ist mit dieser Definition nichts ausgesagt, ebensowenig darüber, ob und wann sie zur Gewalt als Durchsetzungsmittel greifen. Laut Appleby kann religiöser Fundamentalismus in Gewalt umschlagen, tut dies aber nicht zwangsläufig (wie umgekehrt religiös motivierte Gewalt auch von nicht fundamentalistischen Gruppen ausgehen kann) (Appleby 1986: 86). Um zu präzisieren, wann und warum fundamentalistische religiöse Gruppen Gewalt üben, führt er die Formel des *exceptionalism* ein: Außergewöhnliche Situationen lassen die Gläubigen zu extremen, mit normalen moralischen Verhaltenmaßstäben sowie Gesetzen kollidierenden Schritten und Maßnahmen greifen (Appleby 2000: 88 ff.; s. a. Sprinzak 1988: 207 und Qutb 1995). Die Pläne und Anschläge von Gush Emunim entsprachen offensichtlich dem Denkschema des *exceptionalism*, auch die Anschläge der Hamas in Israel oder von Hizbollah im Libanon könnten darunter subsumiert werden. In der Tat scheint uns diese Formel in mehrfacher Hinsicht ein glücklicher Griff und guter Vorschlag zur Lösung der mit dem religiösen Terrorismus verbundenen operationalen und konzeptuellen Probleme zu sein.

Denn erstens bringt sie eine gewisse Ordnung in die für einen externen Beobachter schwer faß- und durchschaubare Ambivalenz religiöser Lehren, die sowohl Frieden als auch bewaffneten Zwist stiften und legitimieren können.[23] Man kann sie dahingehend verstehen, daß es sich heute keine größere Religionsgemeinschaft mehr leisten kann, ihren Anhängern nur Haß gegen Andersgläubige zu predigen. Prinzipiell stellen sich

---

22 Legt man die Definition zugrunde, dann können nicht allzu viele religiöse Bewegungen als fundamentalistisch eingestuft werden. Von den 75 Gruppierungen und Bewegungen, die im Rahmen des »Fundamentalist Project of the American Academy of Arts and Sciences« (AAAS) untersucht wurden, können nur zehn ohne Einschränkungen als fundamentalistisch gelten. Appleby 2000: 102.

23 Appleby stützt sich bei der Herausarbeitung der Ambivalenz des Religiösen in starkem Maße auf den deutschen Religionswissenschaftler Rudolf Otto. Vgl. Appleby 2000: 28 ff.; Otto 1971.

alle unter das Friedens- und Versöhnungsgebot, konzedieren allerdings, daß eine Sondersituation eintreten mag, in der sie sich gezwungen sehen, ihre ewigen »Wahrheiten« mit der Waffe zu verteidigen. Zweitens liefert das Schlagwort von der außergewöhnlichen Situation empirische Kriterien, die einem Forscher erlauben, wenigstens ansatzweise nachzuvollziehen, worin das Bedrohliche und Krisenhafte der Entwicklung besteht, das dazu führt, daß die betroffene Religionsgemeinschaft zu gewaltsamer Gegenwehr glaubt greifen zu müssen. Drittens schließlich eröffnet die Formel auch die Möglichkeit, religiöse Untergangs- und Heilsvisionen (»Apokalypse«, »Millenarismus«) zu berücksichtigen, ohne daß diese zum einzigen, empirisch nicht mehr nachvollziehbaren Kriterium für das Eintreten solcher Situationen gemacht würden.

Für die Frage, wann eine Not- oder Sondersituation vorliegt, wächst erneut den geistlichen Führern der Religionsgemeinschaft eine Schlüsselfunktion zu. Diese müssen nicht unbedingt dem Klerus (wenn es diesen überhaupt gibt) angehören, sondern können auch eine rein informelle Autorität genießen. Sie sind es, die als Mittler zwischen Jenseits und Diesseits, Traditionsbewahrung und der Meisterung aktueller Schwierigkeiten, das letzte Wort darüber haben, wann Kampf und gewaltsames Aufbegehren gerechtfertigt sind. Es gibt mehr als ein Beispiel dafür, daß Gewaltanschläge nicht zur Ausführung gelangten oder eine bestimmte Form der Gewaltanwendung eingestellt wurde, weil die verantwortlichen geistlichen Führer ihre Zustimmung verweigerten (Kramer 1992: 401).[24]

Insgesamt läßt sich bei den religiös motivierten Gewaltbewegungen ein eigenständiger Modus des Umgangs mit der Variable »Zeit« beobachten, der sich sowohl von dem auf die Vergangenheit fixierten Zeitverständnis ethnisch-nationalistischer Bewegungen als auch jenem der sich fast blind einer besseren Zukunft verschreibenden sozialrevolutionären Bewegungen abhebt. Die spezifische Kombination von vergangenheits- und zukunftsbezogenen Elementen beim religiösen Terrorismus scheint uns am besten in der erneut Aleida Assman entliehenen Formel des »Presentifying« aufgehoben zu sein (Assman 1999: 3 ff.). Damit soll unterstrichen werden, daß es vereinfacht wäre, dem Gros fundamentalistischer religiöser Bewegungen die Flucht in eine imaginäre Vergangenheit und ein Sichsperren gegen die Gegenwart zu unterstellen. Vielmehr findet bei ihnen eine partielle Uminterpretation und

---

24 Allerdings macht die bereits erwähnte Eigendynamik des Gewaltprozesses auch vor dem religiösen Terrorismus nicht Halt. Die Gründung von al-Qaida war sicher ursprünglich religiös motiviert. Wieweit dies auch auf die meisten jüngeren Anschläge zutrifft und diese durch den energischen Einspruch eines islamischen Geistlichen hätten verhindert werden können, ist eine andere Frage.

selektive Nutzung religiöser Traditionsbestände statt, um sie als Hilfsmittel zur Bewältigung von Gegenwarts- und Zukunftsprobleme einzusetzen.

## 3. Die terroristische Organisation in der Zeit

Lag der Schwerpunkt der bisherigen Betrachtung auf der Akteursperspektive, das heißt der Frage, was »Zeit« für die Terroristen bedeutet und wie sie damit umgehen, so vollziehen wir nun eine Schwenkung hin zur Perspektive eines externen Beobachters: Wie lange existieren terroristische Organisationen? Über welche Lernkapazitäten verfügen sie? Was wird aus ihnen? Wie enden sie? Dies sind einige der Fragen, die sich aus einem externen Blickwinkel aufdrängen. Leider wurden sie – unseres Wissens – kaum in systematischer Form gestellt.[25] Entsprechend fehlt es an soliden empirischen Untersuchungsergebnissen, auf die der Verfasser zurückgreifen könnte. Der folgenden Skizze haften, mit anderen Worten, alle Schwächen eines ersten Vorstoßes in wenig begangenes Forschungsterrain an. Teils stützen sie sich auf in eigener Regie erhobene Daten, teils auf Forschungserfahrungen aus laufenden und früheren Projekten.

### a) Lebensdauer terroristischer Organisationen

Die Schaubilder (S. 172/173) geben einen Überblick über die Lebensdauer von 55 terroristischen Organisationen in Europa, Nord- und Südamerika und in Nahost. Eine Unterscheidung zwischen terroristischen Organisationen und Guerillagruppen wurde nicht vorgenommen, da beide ineinander übergehen. Dagegen wurde zwischen den Haupttypen des Terrorismus – sozialrevolutionär, ethnisch-nationalistisch, religiös – differenziert.[26] Das ist teilweise insofern problematisch, als sich manche

25 Eine Ausnahme bilden Crenshaw 1991 sowie Pedahzur u. a. 2002; Insbesondere die Arbeit von Crenshaw nähert sich unserer Fragestellung. Sie bezieht sich auf 77 terroristische Organisationen der Nachkriegszeit, umfaßt allerdings auch rechtsterroristische Gruppen. Diese bleiben hier ausgeklammert, nicht zuletzt deswegen, weil sie relativ unstrukturiert und entsprechend kurzlebig sind (Vgl. Crenshaw 1991: 78).
26 Die graphische Darstellung bildet den verkürzten Niederschlag einer weit umfangreicheren Erhebung, die sich u. a. auf folgende Daten bezog: Historisches Schlüsselereignis, aus dem die Organisation ihre Legitimation ableitet (falls vorhanden); Inkubationszeit bis zur Entstehung bzw. Gründung der Organisation; deren Entwicklung unter besonderer Berücksichtigung des Zeitpunktes maximaler Ausdehnung (was Zahl der

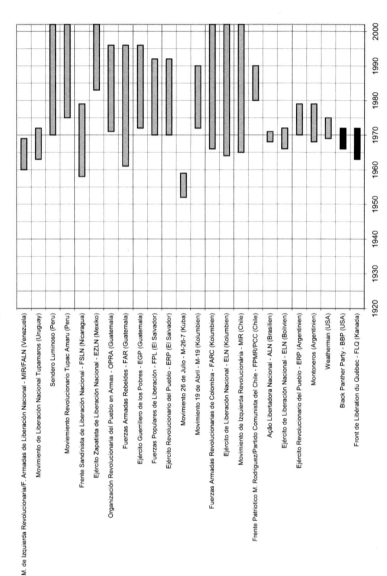

# DIE ZEITLICHE DIMENSION DES TERRORISMUS

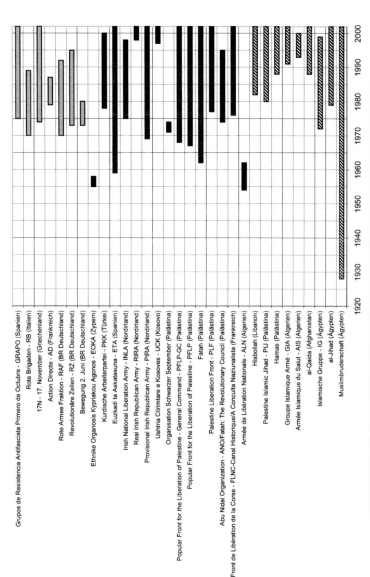

173

Organisationen bzw. Bewegungen nicht eindeutig nur einem Typus zuordnen lassen, sondern eine Mischmotivation aufweisen (vor allem bei religiösen Gruppen gibt es oft eine enge Affinität zu einem ethnisch-territorialen Anliegen). Auch sonst muß man das Schaubild mit einigen skeptischen Fragezeichen versehen. Die Gründung bzw. Auflösung terroristischer Organisationen sind bekanntlich keine öffentlichen Akte, sondern gehen auf interne Beschlüsse dieser Gruppen zurück, von denen Außenstehende (wenn überhaupt) erst im Nachhinein und zum Teil verzerrt Kenntnis erhalten; entsprechend mit Vorsicht sind einschlägige Informationen zu verwerten. Da die Balken nicht unterschiedlichen Existenzformen Rechnung tragen, läßt sich zudem nicht vermeiden, daß Stadien, in denen eine Organisation auf dem Höhepunkt ihrer Entwicklung steht und eine ernsthafte Bedrohung für die Regierung bildet, mit anderen Stadien, in denen ihr nur eine marginale Bedeutung zukommt, gewissermaßen in einen Topf geworfen werden.[27] Dennoch lassen sich aus der Graphik, mit den üblichen Kautelen, einige allgemeine Schlüsse ableiten.

Zunächst fällt auf, wie groß die Zahl der Organisationen ist, die zwei Jahrzehnte lang oder teils wesentlich länger existieren bzw. existiert haben. Dies läßt sich als Hinweis auf die enorme Selbstbehauptungskraft und Zähigkeit dieser Gruppen verstehen, sobald ein gewisser Grad an innerer struktureller Konsolidierung erreicht ist. Dieser Eindruck wird zusätzlich bestätigt durch eine gewisse Polarisierungstendenz, die das Schaubild vermittelt: Eine nicht geringe Zahl von Organisationen löst sich auf oder wird aufgerieben, bevor sie an die 10-Jahresmarke gelangt; ist diese aber einmal überschritten, so ist im Regelfall eine längerfristige Existenz gesichert.[28] Diese hängt im übrigen nicht vom Umfang einer Bewegung oder Organisation ab. Eine Massenbewegung

> Mitglieder anbetrifft); Opferzahlen (insgesamt); Einschätzung des relativen Erfolgs bzw. Mißerfolgs. Die mit viel Mühe und Spürsinn (für verläßliche Quellen) verbundenen Dossiers wurden von Hans-Jürgen Frieß (Amerika) und Yves Brehm (Europa/Nahost) erstellt. Beiden sei an dieser Stelle gedankt. Als äußerst nützlich für die Recherche erwies sich das Nachschlagwerk von J. M. Balencie und A. de la Grange, Mondes Rebelles, Paris 2001.

27 Als Beispiel ist etwa an den Sendero Luminoso zu denken, der in den 80er Jahren die Herausforderung für die junge peruanische Demokratie darstellte, jedoch nach der Gefangennahme seines Führers Abimael Guzman und der Zerschlagung bzw. Selbstauflösung seiner Kader nur noch ein Nischendasein im peruanischen Hinterland führt.

28 Schon 1990, als M. Crenshaw ihre Untersuchung durchführte, konnte über die Hälfte der von ihr berücksichtigten terroristischen Organisationen auf eine Existenzdauer von über 10 Jahren zurückblicken (Crenshaw 1991: 79).

wie die argentinischen Montoneros wurde nach einem verhältnismäßig kurzen Zeitraum völlig zerschlagen, während sich linksextremistische Splittergruppen wie die spanische GRAPO oder der griechische 17. November über Jahrzehnte hinweg halten konnten.

Was die verschiedenen Typen des Terrorismus betrifft, so sticht die beeindruckende zeitliche Kontinuität ethnisch-nationalistischer Gewaltorganisationen ins Auge, von denen etliche schon seit dreißig Jahren und länger existieren. Diese Kontinuität läßt sich nicht nur bei den bekannteren, wie der IRA, der ETA oder den Palästinensergruppen, beobachten, sondern kennzeichnet auch eine nur gelegentlich für Schlagzeilen sorgende Freiheitsbewegung, wie die korsische. Sie läßt die Festigkeit des Bündnisses zwischen den Gewaltaktivisten und einem Teil der Minderheitsbevölkerung erahnen, das sich keinem geringeren Ziel als der uneingeschränkten politischen Unabhängigkeit verschrieben hat. Dagegen ist das Bild, das die anderen beiden Typen bieten, uneinheitlicher. Dies gilt vor allem für den religiös motivierten Terrorismus, über dessen Beharrungskraft, nachdem die meisten Organisationen erst in den 80er Jahren entstanden sind, sich zum gegenwärtigen Zeitpunkt noch kein Urteil fällen läßt. Hinsichtlich der sozialrevolutionären Gruppen präsentiert sich die Bilanz für Europa gemischt: einige waren kurzlebig, andere vermochten sich trotz eines ungünstigen sozialen Umfeldes (dies trifft etwa auf die RAF und die Revolutionären Zellen in der BRD zu) erstaunlich lange zu behaupten. Dagegen ergibt sich aus den Schaubildern klar, daß keine Großregion sozialrevolutionären Gewaltorganisationen einen so guten sozialen Nährboden bietet wie Lateinamerika. Dies dürfte damit zusammenhängen, daß Lateinamerika unter sämtlichen Großregionen das höchste Maß an sozialer Ungleichheit aufweist (Waldmann 2000).

Überhaupt liefern die Schaubilder für die drei erfaßten Großregionen ziemlich klare Verteilungsmuster hinsichtlich der jeweils vorherrschenden Form von Terrorismus. In Lateinamerika dominiert, wie gesagt, eindeutig der sozialrevolutionär inspirierte Terrorismus. Der Kenner weiß, daß selbst da, wo eine Protest- oder Gewaltbewegung unter einem ethnischen Etikett antritt, ihr eigentliches Anliegen meist eine Umverteilung der nationalen Ressourcen ist. Für Europa ist ein Mischmuster bezeichnend, ein Teil der Organisationen bekennt sich zu sozialrevolutionären Anliegen, andere haben ethnisch-nationalistische Ziele auf ihre Fahnen geschrieben. Ebenfalls gemischt fällt die Orientierung im Nahen Osten aus, wo neben nationalistischen Zielen religiöse Motive und Leitideen zunehmend an Bedeutung gewinnen.

Auffällig ist schließlich die weitgehende Übereinstimmung in den Gründungsdaten. Gewiß gab es vereinzelt Vorreiter, die schon vor 1965 in Erscheinung traten. Die weit überwiegende Zahl sozialrevolutionärer und ethnisch-nationalistischer Organisationen ist jedoch zwischen

1965 und 1975 entstanden, so daß man von einer wahren Gründerwelle in jener Zeit sprechen kann. Dabei waren durchaus auch Nachahmungseffekte mit im Spiel, wie sich etwa aus dem Umstand ersehen läßt, daß die Welle in Europa, was die sozialrevolutionären Bewegungen betrifft, mit leichter Verzögerung gegenüber Lateinamerika und Nordamerika einsetzte, offenkundig Impulse aufnehmend, die von jenseits des Atlantiks stammten. Der religiöse Terrorismus gewann nach dem Schaubild erst ab den 80er Jahren an Breite und Bedeutung, was weitgehend mit dem Bild übereinstimmt, das Experten von seiner Entwicklung zeichnen.[29]

## b) Beendigung oder Transformation des Konflikts

Wie aus den Schaubildern zu ersehen ist, ziehen sich Konflikte mit Guerillaverbänden oder terroristischen Gruppen oft in die Länge (*protracted conflicts*). Die Frage stellt sich, wie sie beendet werden bzw. welche Lösung sie nach den bisher vorliegenden empirischen Daten erfahren können. Bei ihrer Beantwortung lassen wir die Fälle eines Sieges oder einer klaren Niederlage der Rebellen außer Betracht, weil sie zu einer eindeutigen Situation führen (David 1996/97; differenzierend Crenshaw 1991: 73, 80 ff.); ebenfalls vernachlässigt werden können jene Fälle, in denen die terroristische Organisation zwar fortexistiert, jedoch nur als Erinnerungsposten an eine turbulente politische Vergangenheit, ohne die aktuellen politischen Verhältnisse nennenswert zu beeinflussen. Was hier interessiert, sind die nicht wenigen Fälle, in denen ein eigentümliches Machtpatt eintritt: Weder die Regierungsseite noch die Terroristen oder Guerilleros sind in der Lage, politisch-militärisch einen eindeutigen Sieg zu erringen, was zugleich bedeutet, daß jede Seite über hinreichende Vetomacht verfügt, um dem jeweiligen Gegner essentielle Schäden zuzufügen.

Unsere These lautet, daß in solchen Fällen eine Art Institutionalisierung des Konfliktes zu erwarten ist. Die vorsichtige Formulierung soll andeuten, daß der Institutionalisierungsprozeß nicht formeller Natur sein muß, sondern sich auch informell vollziehen kann. »Institutiona-

[29] Nach David C. Rapoport stellt Terrorismus ein wellenförmig verlaufendes Phänomen dar. Er sieht vier Hauptwellen seit Mitte des 19. Jahrhunderts: die anarchistische, die antikolonialistische, die neomarxistische und die fundamentalistisch-religiöse. Jede Welle hat ihren Höhenpunkt und verbraucht sich irgendwann, ihre Dauer entspricht in etwa der einer Generation. Behält Rapoport recht, so ist auch das Ende der letzten Welle des religiös inspirierten Terrorismus, die um 1985 herum einsetzte, in fünf bis zehn Jahren absehbar. D. Rapoport, 2001: 419-425. Ähnlich Pedahzur, Eubank, Weinberg 2002: 146.

lisierung« bedeutet stets eine gewisse gegenseitige Anerkennung der in den Konflikt involvierten Parteien. Daraus ergibt sich, was die Rebellen betrifft, nicht selten ein eigentümlicher Rollenwechsel, der auch ihr Zeitverständnis nicht unberührt läßt: Gruppen bzw. Verbände, die in militanter Weise auf einen Wechsel der Herrschaftsverhältnisse hinarbeiten, verwandeln sich unmerklich in Machtfaktoren, die, ohne es explizit einzugestehen, ein gewisses Interesse an der Aufrechterhaltung des gesellschaftlich-politischen Status quo haben; die nicht mehr ein Spiel des »Alles oder Nichts« betreiben, sondern ihre Einflußsphäre auszuweiten trachten, ohne ihren Besitzstand an Macht zu gefährden. Und die nicht mehr in eine offene Zukunft hinein planen, sondern sich und ihren Anhängern Rechenschaft über den erfolgreichen oder erfolglosen Einsatz ihrer Methoden und Mittel innerhalb eines gewissen Zeitraums ablegen müssen.

Drei Formen der formellen bzw. informellen Institutionalisierung derartiger Konflikte lassen sich erkennen, die jeweils durch ein Beispiel skizzenhaft belegt werden sollen:
– Friedensverhandlungen (Nordirland)
– Aufteilung des Territoriums (Kolumbien)
– Funktionale Machtteilung (Baskenland)
Über Verhandlungslösungen bei bewaffneten Konflikten, ihre Bedingungen und Erfolgschancen, ist bereits ziemlich viel gearbeitet worden, so daß wir uns insoweit kurz fassen können (statt aller Licklider 1993; Krumwiede/Waldmann 1998). Dabei kann man davon ausgehen, daß die Untersuchungsergebnisse, zu denen man bei der Analyse von Bürgerkriegen gelangt ist, sich mit gewissen Einschränkungen auch auf die asymmetrischen Gewaltkonflikte zwischen Terroristen oder einer Guerillaorganisation und einem Staat übertragen lassen. Für alle diese internen bewaffneten Auseinandersetzungen ist von zentraler Bedeutung, daß die »Falken«, das heißt jene, die auf einen militärischen Sieg über den Gegner gesetzt haben, zu der Überzeugung gelangen, auf diesem Wege lasse sich der Konflikt nicht beenden, es bedürfe vielmehr einer einvernehmlichen Lösung. Soll das ausgehandelte Friedensabkommen tatsächlich greifen, ist es außerdem erforderlich, daß es von sämtlichen relevanten Konfliktakteuren mit getragen und als verbindlich akzeptiert wird (Krumwiede/Waldmann 1998: 325 f.). Solange beispielsweise in die Verhandlungen über das künftige Schicksal Nordirlands die Partei Sinn Fein, der politische Arm der IRA, nicht einbezogen war, konnten diese schwerlich eine effektive Beendigung der bewaffneten Auseinandersetzung herbeiführen.

Das Karfreitagsabkommen vom April 1998, das den rund dreißig Jahre währenden *troubles* in Nordirland durch einen Waffenstillstand ein Ende setzte, löste diese Voraussetzungen ein, weshalb ihm denn auch von maßgeblichen Experten bescheinigt wird, einen irreversiblen

Friedensprozeß in Gang gesetzt zu haben. Gleichwohl hat es, wie regelmäßigen Zeitungsnotizen zu entnehmen ist, nicht vermocht, den Gewaltübergriffen definitiv Einhalt zu gebieten und eine Periode politischer Stabilität in Ulster einzuleiten. Das ist weniger erstaunlich, als es oft dargestellt wird. Ein Waffenstillstand oder Friedensvertrag nach einem langen inneren Konflikt bietet, wie die Erfahrung lehrt, keine Garantie für die endgültige Einstellung der Kampfhandlungen. Nicht selten werden die Waffen später wieder aufgenommen, wird die Auseinandersetzung fortgeführt (David 1996/97). Ob dies vermieden werden kann, hängt nicht allein davon ab, inwieweit die Konfliktparteien ihre Kriegsziele durch das Abkommen eingelöst sehen, sondern auch davon, ob im Frieden ihr weiteres materielles Auskommen gesichert ist. Und selbst wenn durch den Friedensschluß die politischen Kampfhandlungen beendet werden, heißt dies keineswegs, daß Gewalt als Durchsetzungsmittel keine Rolle mehr spielt. Ihr Einsatz verlagert sich oft nur aus der politischen Sphäre in jene der Kriminalität.[30] Verhandlungslösungen dürfen, mit anderen Worten, als Zäsur nicht überschätzt werden; der Konflikt erfährt dadurch eine Institutionalisierung oder Transformation, wird jedoch meistens weder definitiv gelöst noch beendet.

Ist im Falle eines Waffenstillstandes und daran sich knüpfender Friedensverhandlungen die angestrebte Lösung offizieller Natur, so kommt es beim zweiten hier dargestellten Modus der Konfliktinstitutionalisierung, der Teilung des Territoriums, nicht unbedingt zu einer förmlichen Einigung der Gegner. Im Gegenteil, im Falle Kolumbiens, der uns dabei vor Augen schwebt, mußte die Regierung Pastrana ihre über einen längeren Zeitraum mit der Guerillaorganisation FARC geführten Verhandlungen schließlich ohne greifbares Ergebnis abbrechen. Dennoch würde auch hier das Bild einer Bewegung Aufständischer, die sich in einer kompromißlosen Konfrontation mit dem kolumbianischen Staat befindet, in die Irre führen, weil sich bereits seit längerem eine informelle Machtteilung zwischen den beiden Kontrahenten abzeichnet.[31]

Diese Machtteilung schlägt sich am deutlichsten in der Aufteilung des kolumbianischen Staates in mehrere Hoheitsgebiete nieder. An sich ist es nicht prinzipiell neu, daß der kolumbianische Staat außerstande ist, die volle Kontrolle über das riesige, teils stark zerklüftete Territorium auszuüben. Seit jeher war seine Herrschaftsgewalt auf die Hochebenen, vor allem die großen Städte, konzentriert, mußte er es hinnehmen, daß

---

30 Als aktuelles Beispiel bietet sich El Salvador an, wo inzwischen mehr Menschen umgebracht werden als vor dem Friedensabkommen von 1992. Vgl. H. Zinecker 2004: 155 ff.
31 Die Literatur zum bürgerkriegsähnlichen Konflikt in Kolumbien ist kaum noch überschaubar. Als Sammelbände, die einen guten Überblick geben, bieten sich an S. Kurtenbach 2001 und C. Bergquist u. a 2001.

in den tief eingeschnittenen Flußtälern und an den schwer zugänglichen Abhängen der Kordilleren alternative Mächte (Großgrundbesitzer, Rauschgiftbarone, Minenbesitzer, Kriminelle) das Sagen hatten. Neu ist indessen der Umstand, daß der größte Teil der weder vom Staat noch von den parastaatlichen rechtsextremistischen Verbänden beherrschten Gebiete von einer einzigen alternativen Macht, den linksextremistischen Guerillaorganisationen, okkupiert und kontrolliert wird. Pastrana trug dieser Entwicklung Rechnung, indem er zeitweise an den mächtigsten Guerillaverband, die FARC, ganz offiziell ein bestimmtes Gebiet abtrat. Selbst wenn dieses Zugeständnis nach dem Scheitern der Friedensverhandlungen widerrufen wurde, hat sich dadurch am Zustand einer Aufteilung des Landes in mehrere Hoheitszonen wenig geändert. Sie schlägt sich in folgenden Strukturmerkmalen nieder:
- Die Guerillaverbände halten große Teile des Landes besetzt und üben in ihnen staatsähnliche Funktionen aus: stellen die Verwaltung, bestimmen den Schlüssel der Güterverteilung, sorgen für die Aufrechterhaltung der öffentlichen Sicherheit und Ordnung (Zinecker 2002: 381-388).
- Sie haben es aufgegeben, in den von ihnen okkupierten Gebieten die Bevölkerung für den revolutionären Kampf zu mobilisieren und begnügen sich statt dessen damit, sie mit den typisch staatlichen Mitteln des Zwangs und der Auferlegung von Abgabepflichten zu kontrollieren und disziplinieren. Ihr territorialer Expansionsdrang hält sich in Grenzen. Offenbar zielen sie nicht mehr darauf ab, das ganze Land zu erobern, sondern nehmen mehr und mehr territoriale Besitzstandsinteressen wahr, versuchen ihre Herrschaft in den besetzten Gebieten auszubauen und zu befestigen.
- In wirtschaftlicher Hinsicht steht das von der Guerilla errichtete staatsähnliche Gebilde auf soliden Beinen und ist keineswegs auf externe Finanzhilfen angewiesen. Neben der Revolutionssteuer liefern vor allem die Protektion und teilweise Kontrolle des Rauschgifthandels sowie das zur Perfektion entwickelte Geschäft der Geiselnahme und Erpressung von Lösegeldern die erforderlichen Mittel, um den zivilen und militärischen Verwaltungsapparat der Rebellen zu unterhalten.

Insgesamt ist das von ihnen konstruierte Herrschaftssystem am ehesten mit einem autoritären Regime zu vergleichen – auch was den veränderten Stellenwert der Zeit anbetrifft. Autoritäre Diktaturen müssen bekanntlich den Bürgern keine Rechenschaft in Form periodisch stattfindender Wahlen ablegen. Dennoch stehen sie unter einem gewissen Legitimierungsdruck, müssen auf Dauer, wie alle Regierungen, eine Leistung vorweisen, die ihre Existenz rechtfertigt. Darin liegt ein wesentlicher Unterschied zu einer die bestehenden Verhältnisse rundweg ablehnenden linksextremen Rebellenorganisation, die ein reines Zukunftsversprechen darstellt.

Die dritte Form der Institutionalisierung bewaffneter Konflikte haben wir funktionale Machtteilung genannt, das Beispiel, auf das wir uns dabei beziehen, ist die baskische ETA. Die ETA gilt als aufständische Organisation par excellence, die ihren unerschütterlichen Willen, nicht zu ruhen, bis die kleine Region definitiv aus dem spanischen Staatsverband in die politische Unabhängigkeit entlassen wird, durch eine nicht abreißende Serie von Bombenanschlägen zum Ausdruck bringt. Diese auch von mir geteilte Sichtweise wurde bei meinen letzten Aufenthalten im Baskenland aufgrund einer Reihe von Beobachtungen und Gesprächen, die ich geführt habe, erschüttert. Ich frage mich nunmehr, ob die ETA nicht unmerklich einen partiellen Positionswechsel vorgenommen hat und zu einem Bestandteil der Herrschaftskoalition im Baskenland geworden ist; ob es nicht insbesondere eine informelle funktionale Arbeitsteilung zwischen der bürgerlich nationalistischen Partei, dem PNV, der die Regierung stellt, und den illegalen Gewaltaktivisten gibt.

Die Tatsache, daß die Zahl der Anschläge seit geraumer Zeit tendenziell rückläufig ist, entkräftet die These keineswegs. Denn etablierte Machtverbände haben es – im Unterschied zu relativ schwachen aufständischen Gruppen – nicht nötig, ihr Sanktionspotential ständig herauszustellen, sondern können es sich leisten, es durch gelegentliche, sorgfältig orchestrierte Strafmaßnahmen zu unterstreichen. Daß die ETA mittlerweile zu den fest etablierten Machtorganisationen im Baskenland zu zählen ist, kann aus mehreren Umständen geschlossen werden:
– Der Gewaltverband hat nach wie vor keine ernsthaften Rekrutierungsprobleme, was die Anwerbung neuer Mitglieder betrifft. In Form der von ihm mit begründeten und geförderten radikal baskischen Jugendbewegung steht ihm ein Reservoir an einsatzbereiten Nachwuchskräften zur Verfügung.
– Ebensowenig scheint die ETA vor finanziellen Schwierigkeiten zu stehen. Abgesehen davon, daß sie die Gelder aus früheren Beutezügen (Bankraub, Geiselnahme) gut angelegt hat und sparsam wirtschaftet, kann sie nach wie vor auf die »Revolutionssteuer« als Einnahmequelle zählen. Dieses auf immer breitere Kreise der baskischen Bevölkerung ausgedehnte Tributsystem – wer nicht zahlt, muß mit einem Knieschuß rechnen – scheint sogar wieder besser zu funktionieren als vor drei Jahren.
– Schließlich verfügt die ETA über ein exzellentes, weit in die baskische Bevölkerung hinein reichendes Informations- und Spitzelsystem. Wer sich, privat oder öffentlich, kritisch über die Organisation äußert oder gar klar gegen sie Stellung bezieht, muß damit rechnen, in Form von Warn- und Drohbriefen zur Konformität ermahnt zu werden, auf die, falls er nicht einlenkt, jederzeit ein Anschlag folgen kann. Nir-

## DIE ZEITLICHE DIMENSION DES TERRORISMUS

gendwo in Europa gibt es so viele Menschen, die eines ständigen bewaffneten Geleitschutzes bedürfen, wie in der kleinen Region.[32] Als Organisation, die über ein beträchtliches Macht- und Einschüchterungspotential verfügt, wirbt die ETA nicht mehr um die Gunst der Leute, sondern versucht, sie durch Drohungen gefügig zu machen. Sie verzichtet darauf, der Anwalt aller Basken zu sein und treibt die Polarisierung zwischen dem radikal nationalistischen Block und jenen, die gegen die politische Unabhängigkeit sind, voran, in der Hoffnung, letztere stigmatisieren und zunehmend in eine Randposition abdrängen zu können. Diese aggressive Haltung kann die kleine Organisation nur einnehmen, weil sie sich der stillschweigenden Rückendeckung durch ihren mächtigen Verbündeten, die Baskische Nationalpartei (PNV), sicher weiß. Deren langjähriger Chef Arzallus soll das arbeitsteilige Verhältnis zwischen den beiden nationalistischen Organisationen einmal auf den folgenden einprägsamen Nenner gebracht haben: Ihr schüttelt den Baum, und wir ernten die Früchte.

Die hier dargestellten Formen und Fälle teils formeller, teils informeller Institutionalisierung bewaffneter Konflikte sollen zeigen, daß die Vorstellung verfehlt ist, diese ließen sich schlagartig beenden. Abgesehen von einer rein politischen oder militärischen »Lösung« ist vielmehr eher mit ihrer institutionellen oder pseudoinstitutionellen Transformation zu rechnen. Die Rebellenverbände mutieren zu Organisationen des Machtestablishments, was nicht ohne Auswirkung auf ihre politischen Ziele und ihr Zeitverständnis bleibt. Die einmal entfesselte Gewalt läßt sich ebenfalls nicht in einem dezisionistischen Akt eindämmen, sondern behält ihre Rolle als gängiges Durchsetzungsmittel, selbst wenn sich ihr Anwendungsschwerpunkt aus dem politischen in den kriminellen Bereich verlagert.

---

32 Die Informationen und Beobachtungen, auf denen der Abschnitt über die Rolle der ETA beruht, stammen aus den Jahren 2002 und 2003. Selbst wenn sich das Blatt inzwischen gegen die ETA gewendet, diese in die Defensive geraten sein sollte, bleibt davon die Gültigkeit des aufgezeigten Grundmusters einer informellen Arbeitsteilung zwischen Regierung und Rebellenorganisation unberührt. Dieses Grundmuster liegt stets dann nahe, wenn einer Minderheit ein politisches Vertretungsorgan zugestanden wird, dessen Kompetenzen jedoch begrenzt sind. Wirft die israelische Regierung der palästinensischen Autonomiebehörde, insbesondere Arafat, nicht regelmäßig vor, informell mit den gewaltsamen Befreiungsorganisationen wie Hamas und Djihad zusammenzuarbeiten?

## Zusammenfassung

Asymmetrische Machtkonstellationen, wie sie derzeit weltweit zu beobachten sind, fordern zu asymmetrischen Konfliktstragegien heraus (Münkler 2002: 48). Nachdem die westlichen Staaten, allen voran die USA, einen rüstungstechnischen Vorsprung und ein militärisches Übergewicht erlangt haben, die ihren Gegnern jede Chance nehmen, sich mit ihnen in einer regulären kriegerischen Auseinandersetzung zu messen, haben diese alternative Methoden der Gegenwehr und des Angriffs entwickelt. Insbesondere Guerillabewegungen und terroristische Organisationen[33] waren erfinderisch darin, einerseits die spezifischen Schwachstellen moderner Staaten aufzudecken, und andererseits eigene »Ressourcen« zu mobilisieren, um diese zu treffen und ihnen Schaden zuzufügen. Die Kategorie »Zeit« stellt eine solche Ressource im weitesten Sinne dar. Angesichts der Schnellebigkeit der westlichen Welt, angesichts der Kurzatmigkeit des politischen Betriebes und des ständigen Erfolgsdrucks, dem politische Führer der westlichen Demokratien ausgesetzt sind, liegt es für deren konsequente Widersacher nahe, diese Ressource zu ihrem Nachteil auszuschlachten. In unserer Untersuchung haben wir versucht nachzuweisen, wie dies im einzelnen geschieht und geschehen ist.

Wir stießen auf *Schlüsselereignisse* in der Vergangenheit und Gegenwart, die von den Führern der Rebellen benützt werden, um die Aktualität des Konfliktes zu unterstreichen und die Bereitschaft der Mitglieder und Anhänger der eigenen Bewegung, sich in ihm kämpferisch zu engagieren, nicht erlahmen zu lassen. Eine vergleichbare Funktion erfüllen periodische *Eskalations- und Mobilisierungsschübe*, welche, vor allem junge Leute ansprechend, die Brisanz und Wichtigkeit des Konflikts ins allgemeine Bewußtsein heben und die meist trügerische Vorstellung erzeugen, der Sieg oder zumindest ein Teilerfolg der Rebellen stehe unmittelbar bevor. Auf der anderen Seite, gewissermaßen komplementär zu kurzfristigen Teilerfolgen, wurde herausgearbeitet, daß die meisten dieser Bewegungen auf »Zeit« setzen, das heißt, in einer *langfristigen Gewaltkampagne auf niedriger Flamme* ihren staatlichen Gegner mürbe und reif für weitgehende Zugeständnisse zu machen hoffen. Diese Langzeitperspektive des Konflikts wird häufig durch *ideologische Konstruktionen* abgestützt, die von weit ausgreifenden geschichtlichen Zyklen und Wellenbewegungen ausgehen, welche die augenblickliche Konfrontation in ihrer Bedeutung relativieren und das Bewußtsein einer

---

33 Wir nennen beide Gewaltformen hier in einem Atemzug, da die Unterschiede zwischen ihnen, die konzeptuell durchaus bedeutsam sind, wie unter 1c aufgezeigt wurde, in der Praxis oft verschwimmen.

zwangsläufigen historischen Entwicklung zugunsten der Aufständischen erzeugen.

Allerdings hat die Analyse auch deutlich gemacht, daß die von den Rebellen prinzipiell bevorzugte Langzeitperspektive sich – logistisch bedingt – nicht immer konsequent durchhalten läßt und teilweise bereits an den eigenen ideologischen Vorgaben scheitert. So wurde auf das Paradox hingewiesen, daß die Gewaltorganisationen, die nach ihrem eigenen Selbstverständnis einen langfristigen Abnützungskrieg gegen den jeweiligen »Unterdrückerstaat« führen, sich faktisch oft auf eine terroristische Kampagne einlassen, die auf einem kurzfristigen Provokationskalkül beruht. Dieser Widerspruch wurde damit erklärt, daß es nicht selten an den erforderlichen Voraussetzungen für einen in großen Zeiträumen denkenden Partisanenkrieg fehlt (geographische Rückzugsräume, soziale Unterstützung durch ländliche Bevölkerungsgruppen), so daß die Rebellen als Notlösung auf die zwar spektakuläre, jedoch längerfristig weniger erfolgsträchtige Taktik des Terrorismus ausweichen. Was die ideologischen Prämissen betrifft, so eignen sich sowohl ethnisch-nationalistische Langzeitvisionen als auch ohnedies unter einem langfristigen Vorzeichen stehende religiöse Heilsideen sehr gut zur Legitimierung eines derartigen Gewaltfeldzugs, der unter Umständen erst nach Jahrzehnten zu greifbaren Ergebnissen führt. Hingegen hat sich gezeigt, daß sozialrevolutionären Utopien marxistischer Prägung offenbar ein Moment des Vorwärtsdrängens und der Ungeduld inhärent ist, das, von Mittelschichtintellektuellen ohne Machterfahrung und soziales Gespür aufgegriffen und umgesetzt, einer Langzeitstrategie diametral zuwiderläuft und die betroffenen Gruppen bzw. Bewegungen wiederholt geradewegs in die Katastrophe führte.

Insgesamt ist die durchschnittliche Lebenszeit terroristischer bzw. Guerilla-Organisationen gleichwohl beachtlich. Dies dürfte damit zu erklären sein, daß sie, selbst wenn sie weit davon entfernt bleiben, ihre hoch gesteckten Ziele zu erreichen, doch meistens die notwendige Kraft haben, um sich als Verband in einem überwiegend feindlichen soziopolitischen Umfeld zu behaupten. Sicher spielen hier auch das tolerante politische Klima und die letztlich eingeschränkten Möglichkeiten polizeilicher Kontrolle eine Rolle, welche für liberal-demokratische Regime, in denen die meisten dieser Organisationen sich eingenistet haben, bezeichnend sind. Aus demselben Grunde sollte man, was die Beendigung dieser Konflikte betrifft, nicht allzu optimistisch sein. Werden die betreffenden Organisationen nicht zerschlagen oder lösen sie sich nicht aus freien Stücken auf, so zieht sich die Abarbeitung des Konfliktes meist lange hin. Eher ist mit ihrer »Institutionalisierung« in der einen oder anderen Weise zu rechnen, als daß man auf ihre baldige »Lösung« oder »Beendigung« hoffen darf.

# Literatur

Allemann, Fritz René: Macht und Ohnmacht der Guerilla, München 1974.
Appleby, Scott: The Ambivalence of the Sacred. Religion, Violence and Reconciliation, Lanham 2000.
Aranzadi, Juan: Milenarismo Vasco. Edad de oro, etnia y nativismo, Madrid 1981.
Assmann, Aleida: Zeit und Tradition. Kulturelle Strategien der Dauer, Köln u. a. 1999.
Balencie, Jean Marc u. De la Grange, Arnaud (ed.): Mondes rebelles. Guerillas, Milices, Groupes Terroristes, Paris 2001.
Bergquist, Charles; Peñaranda, Ricardo; Sánchez, Gonzalo (ed.): Violence in Colombia. Waging War and Negotiating peace, Wilmington 2001.
Burton, Frank: The Politics of Legitimacy. Struggles in a Belfast Community, London 1978.
Clark, Robert B.: The Basque Insurgents. ETA, 1952-1980, Wisconsin 1984.
Cordes, Bonnie: When Terrorists do the Talking: Reflections on Terrorist Literature, in: D. C. Rapoport (ed.): Inside terrorist organizations, London 1988, S. 150-171.
Crenshaw, Martha: The Persistence of IRA Terrorism, in: Y. Alexander u. A. O'Day (ed.): Terrorism in Ireland, New York 1984, S. 246-271.
Crenshaw, Martha: How Terrorism Declines, in: Terrorism and Political Violence, 3. Jg. (1991). Nr. 3, S. 69-87.
Crenshaw, Martha: Thoughts on Relationg Terrorism to Historical Contexts, in: dies. (Hrsg.): Terrorism in Context, Pennsylvania 1995, S. 3-24.
David, Steven R.: Internal war. Causes and Cures, in: World Politics, Vol. 49 (1996/97), No. 3, S. 552-580.
Debray, Régis u. a.: Guerilla in Lateinamerika. 11 Aufsätze zur Focustheorie, Berlin 1970.
Degregori, Carlos Iván: Reaping the Whirlwind: the Rondas Campesinas and the Defeat of Sendero Luminoso in Ayacucho, in: K. Koonings u. D. Krujit (ed.): Societies of Fear: The Legacy of Civil War, Violence and Terror in Latin America, London 1998, S. 63-87.
Degregori, Carlos Iván: Sendero Luminoso. El desafío autoritario, in: Nueva Sociedad, No 90 (1987), S. 25-34.
della Porta, Donatella: Italien: Terrorismus aus Solidarität, in: P. Waldmann (Hrsg.): Beruf: Terrorist. Lebensläufe im Untergrund, München 1993, S. 116-141.
Dominguez, Florencio: Dentro de ETA. La vida diaria de los terroristas, 2. Aufl., Madrid 2002.
Elorza, Antonio: Vascos guerreros, in: ders. (ed.): La historia de ETA, Madrid, 2000, S. 13-74.
Favre, Henri: Pérou: Sentier lumineux et horizons obscurs, in: Problémes d'Amérique Latine, No. 72, (1984), S. 2-28.

## DIE ZEITLICHE DIMENSION DES TERRORISMUS

Feltrinelli, Giangiacomo (Hrsg.): Lateinamerika – Ein zweites Vietnam? Texte von D. Bravo, F. Castro, R. Debray, E. Che Guevara u. a., Hamburg 1968.
Fetscher, Iring; Münkler, Herfried; Ludwig, Hannelore: Ideologien der Terroristen in der Bundesrepublik Deutschland, in: I. Fetscher u. G. Rohrmoser: Ideologien und Strategien. Analysen zum Terrorismus 1., Opladen 1981, S. 16-273.
Gillespie, Richard: Soldados de Perón. Los Montoneros, Buenos Aires 1987.
Guzman, Abimael: We are the Initiators, in: O. Starn, C. J. Degregori u. R. Kirk (ed.): The Peru Reader, London 1995, S. 310-315.
Hanf, Theodor: Koexistenz im Krieg. Staatszerfall und Entstehen einer Nation im Libanon, Baden-Baden 1990.
Höpken, Wolfgang: Gewalt auf dem Balkan-Erklärungsversuche zwischen »Struktur und Kultur«, in: ders. u. M. Riekenberg (Hrsg.): Politische und ethnische Gewalt in Südosteuropa und Lateinamerika, Köln u. a. 2001, S. 53-96.
Iviansky, Zeev: The Terrorist Revolution: Roots of Modern Terrorism, in: D. C. Rapoport (ed.): Inside Terrorist Organizations, London 1988, S. 129-149.
Juergensmeyer, Mark: The Logic of Religious Violence, in: Rapoport D. C. (ed.): Inside Terrorist Organizations, London 1988, S. 172-193.
Juergensmeyer, Mark: Sacrifice and Cosmic War, in: ders. (ed.): Violence and the Sacred in the Modern World, London 1992, S. 101-117.
Keena, Colm: A Biography of Gerry Adams, Dublin 1990.
Khaled, Leila: My People Shall Live. The Autobiography of a Revolutionary, London u. a. 1973.
Kramer, Martin: Sacrifice and Fratricide in Shiite Lebanon, in: M. Juergensmeyer (Hrsg.): Violence and the Sacred in the Modern World, London 1992, S. 30-47.
Kramer Martin: The Oracle of Hizbollah. Sayyid Muhammad Husayn Fadlallah, in: R. S. Appleby (ed.): Spokesmen for the Despised. Fundamentalist Leaders of the Middle East, Chicago 1997, S. 83-181.
Krumwiede, Heinrich u. Waldmann, Peter (Hrsg.): Bürgerkriege: Folgen und Regulierungsmöglichkeiten, Baden-Baden 1998
Kurtenbach, Sabine (Hrsg.): Kolumbien zwischen Gewalteskalation und Friedensuche, Frankfurt am Main 2001.
Larziliére, Pénélope: Le »martyr« palestiniens, nouvelle figure d'un nationalisme en echec?, in: A. Diekhoff u. R. Leveau (ed.): Israeliens et Palestiniens: La guerre en partage, Paris 2003, S. 80-109.
Larziliére, Penelope: Palästinensische »Märtyrer«: eine vergleichende Analyse von Selbstmordattentätern, Manuskript, Warwick 2003 (zitiert mit Larziliére 2003a).
Licklider, Roy (ed.): Stopping the Killing. How civil wars end, New York/London 1993.
Lipsius, Stephan: Untergrundorganisationen im Kosovo. Ein Überblick, in: Südost-Europa, 47. Jg. (1998), S. 75-82.

Löwith, Karl: Weltgeschichte und Heilsgeschehen, 4. Aufl., Stuttgart 1961.
Mao Tse-tung: Theorie des Guerilla-Krieges, Hamburg 1966.
Moyano, Maria José: Argentinien: Die »unehelichen« Kinder Peróns, in: P. Waldmann (Hrsg.): Beruf: Terrorist. Lebensläufe im Untergrund, München 1993, S. 70-96.
Moyano, Maria José: Argentina's Lost Patrol. Armed Struggle 1969-1979, New Haven and London 1995.
Münkler, Herfried: Die neuen Kriege, Hamburg 2002.
Otto, Rudolf: Das Heilige. Über das Irrationale in der Idee des Göttlichen und sein Verhältnis zum Rationalen, München 1971 (Erstauflage 1917).
Palmer, David Scott (ed.): The Shining Path of Peru, New York 1992.
Pasquino, Gianfranco u. Della Porta, Donatella: Interpretations of Italian Left-Wing Terrorism, in: P. H. Merkl (ed.): Political Violence and Terror. Motifs and Motivations, Berkeley u. a. 1986, S. 169-189.
Payne, Stanley G.: El Nacionalismo Vasco. De sus origenes a la ETA, Barcelona 1974.
Pedahzur, Ami; Eubank, William und Weinberg, Leonard: The War on Terrorism and the Decline of Terrorist Group Formation: A Research Note, in: Terrorism and Political Violence, Vol. 14 (2002), No. 3, S. 141-147.
Qutb, Sayes: Milestones, Dehli 1995.
Ranstorp, Magnus: Terrorism in the Name of Religion, in: Journal of International Affairs, Vol 50 (1996), No 1, S. 41-62.
Rapoport, David C. (ed.): Inside Terrorist Organizations, London 1988.
Rapoport, David C.: Comparing Militant Fundamentalist Movements, in: M. E. Appleby u. R. S. Appleby (ed.): The Fundamentalist Project: Fundamentalism and the State-Remaking Politics, Economics and Militance, Chicago 1993, S. 429-461.
Rapoport, David C.: The four Waves of Modern Terrorism, in: Current History (Dec. 2001), S. 419-425.
Reinares, Fernando: Terrorismo y antiterrorismo, Barcelona 1998.
Reinares, Fernando: Patriotas de la muerte. Quiénes han militado en ETA y por qué, Madrid 2001.
Reinares, Fernando: Terrorismo global, Madrid 2003.
Scheffler, Thomas: Apocalypticism, Innerworldly Eschatology, and Islamic Extremism, Manuskript, University of Notre Dame, Indiana, 2002.
Silver, Eric: Begin. A Biography, London 1984.
Sivan, Emmanuel: The Mythologies of Religious Radicalism: Judaism and Islam, in: M. Juergensmeyer (ed.): Violence and the Sacred in the Modern World, London 1992, S. 71-81.
Smith, Michael L. R.: Fighting for Ireland? The Military Strategy of the Irish Republican Movement, London 1995.
Sprinzak, Ehud: From Messianic Poineering to Vigilante Terrorism: The Case of Gush Emunim Underground, in: D. C. Rapoport (ed.): Inside Terrorist Organizations, London 1988, S. 194-216.
Stevenson, Jonathan: »We Wrecked the Place.« Contemplating an End to the Northern Irish Troubles, New York 1996.

## DIE ZEITLICHE DIMENSION DES TERRORISMUS

Troebst, Stefan: Kommunizierende Röhren: Makedonien, die Albanische Frage und der Kosovo-Konflikt, in: Südosteuropa-Mitteilungen, 39. Jg. (1999), No. 3, S. 215-229.

Troebst, Stefan: Von den Fanarioten zur UCK: National-revolutionäre Bewegungen auf dem Balkan und die »Ressource Weltöffentlichkeit«, in: J. Requate u. M. Schulze Wessel (Hrsg.): Europäische Öffentlichkeit. Transnationale Kommunikation seit dem 18. Jahrhundert, Frankfurt/New York 2002, S. 231-249.

von Buttlar, Madelaine: Irland: Die Geschichte wiederholt sich, in: P. Waldmann (Hrsg.): Beruf: Terrorist. Lebensläufe im Untergrund, München 1993, S. 42-69.

Waldmann, Peter: Ursachen der Guerilla in Argentinien, in: Jahrbuch für die Geschichte von Staat, Wirtschaft und Gesellschaft Lateinamerikas, Bd. 15 (1978), S. 295-348.

Waldmann, Peter: Alte und neue Guerilla in Lateinamerika – Folgen und Folgerungen aus der Revolution in Nicaragua, in: Verfassung und Recht in Übersee, 16. Jg. (1983), S. 407-433.

Waldmann, Peter: Guerilla Movements in Argentina, Guatemala, Nicaragua and Uruguay, in: P. H. Merkl, (ed.): Political Violence and Terror. Motifs and Motivations, Berkeley u. a. 1986, S. 257-282.

Waldmann, Peter: Wann schlagen politische Protestbewegungen in Terrorismus um?, in: A. Randelzhofer u. W. Süß (Hrsg.): Konsens und Konflikt. 35 Jahre Grundgesetz, Berlin/New York 1986, S. 399-428.

Waldmann, Peter: Ethnischer Radikalismus. Ursachen und Folgen gewaltsamer Minderheitenkonflikte, Opladen 1989.

Waldmann, Peter: Terrorismus und Guerilla: Ein Vergleich organisierter antistaatlicher Gewalt in Europa und Lateinamerika, in: Jahrbuch Extremismus & Demokratie, 5. Jg. (1993), S. 69-103.

Waldmann, Peter: Terrorismus. Provokation der Macht. München 1998.

Waldmann, Peter: Gesellschaftliche Ungleichheit und gesellschaftliche Machtverhältnisse, in: W. Hirsch-Weber, u. D. Nolte, (Hrsg.): Lateinamerika: ökonomische, soziale und politische Probleme im Zeitalter der Globalisierung, Hamburg 2000, S. 51-61.

Wördemann, Franz: Mobilität, Technik und Kommunikation als Strukturelemente des Terrorismus, in: M. Funke (Hrsg.): Terrorismus. Untersuchungen zur Strategie und Struktur revolutionärer Gewaltpolitik, Bonn 1977, S. 140 -157.

Zinecker, Heidrun: Kolumbien und El Salvador im longitudinalen Vergleich. – ein kritischer Beitrag zur Transitionsforschung aus historisch-struktureller und handlungstheoretischer Sicht, Habilitationsschrift, Leipzig 2002.

Zinecker, Heidrun: El Salvador nach dem Bürgerkrieg. Ambivalenzen eines schwierigen Friedens, Frankfurt/New York 2004.

Zulaika, Joseba: The Tragedy of Carlos, in: W. Douglas (ed.): Basque Politics: A Case Study in Ethnic Nationalism, Reno/Nevada 1985, S. 309-331.

# Hamed Abdel-Samad
# Radikalisierung in der Fremde?

## Muslime in Deutschland

### Vorbemerkung[1]

Inwieweit geht von Muslimen in Deutschland eine terroristische Gefahr aus? Diese Frage, die die Beobachter seit Jahren beschäftigt, ist nach den Ereignissen des 11. September 2001 in den Mittelpunkt der öffentlichen Diskussion gerückt. Das Zusammenleben zwischen Muslimen und Christen, das bereits vor den Anschlägen nicht unproblematisch war, wurde dadurch noch stärker belastet. Plötzlich gab es bezüglich der muslimischen Gemeinden in Deutschland einen »Klärungsbedarf«, der sich vor allem auf ihre Beziehungen zu terroristischen Organisationen und ihre Rolle bei den Radikalisierungserscheinungen unter jungen Muslimen in Deutschland bezog. Obwohl alle etablierten islamischen Organisationen sich deutlich von den Anschlägen distanziert und sich erneut zu den Grundlagen der Demokratie bekannt haben, erwiesen sich diese »Lippenbekenntnisse« nicht als ausreichend, um die gegen sie gerichteten Vorbehalte auszuräumen.

Die Deutschen mußten mit Bestürzung feststellen, daß drei der mutmaßlichen Attentäter von New York und Washington jahrelang unbehelligt und unauffällig unter ihnen gelebt und von Deutschland aus ihre Tat geplant hatten. Fassungslos fragten sich die Menschen, wie es dazu kommen konnte, daß ein junger Akademiker, wie Mohamed Atta, der in Deutschland acht Jahre lang studiert hatte, ein Flugzeug mit dem Ziel entführen konnte, in ein Hochhaus zu rasen und Tausende Unschuldige mit in den Tod zu reißen. In einer Welle der Hysterie und des Mißtrauens wurde hektisch eine Antwort auf diese Frage gesucht und auch schnell gefunden: Es soll sich bei den Tätern um sogenannte »Schläfer« gehandelt haben, die schon mit einem Mordauftrag ins Land gekommen waren, jahrelang unauffällig hier lebten und dann losschlugen, als sie den Befehl dazu bekamen. Die Schläfertheorie kommt aus dem Archiv des Kalten Krieges. Ein Schläfer war ein sowjetischer Spion, der sich im Westen jahrelang unauffällig aufhielt, bis er einen Auftrag bekam. Auch die sicherheitspolitische Antwort auf den 11. September in

---

[1] Bei der Diskussion über die Anlage der Arbeit und bei der Gestaltung und Korrektur des Manuskripts konnte ich die Hilfe von Prof. Dr. Peter Waldmann, Dr. Peter Guggemos, Dr. Carsten M. Walbiner und Dr. Heinrich-W. Krumwiede in Anspruch nehmen. Ihnen gilt mein herzlicher Dank.

Deutschland griff zu früher erprobten Rezepturen. Die sogenannte »Rasterfahndung« sollte durch Überwachung von Bankkonten, Telefonrechnungen und weiteren Daten der Verdächtigen Hinweise auf ihre Motive und Lebensführung liefern. Verdächtig war jeder junge Muslim, besonders wenn er aus dem arabischen Raum stammte.

In diesem Zusammenhang stellen sich folgende Fragen: Welche Faktoren begünstigen die Radikalisierung, und welche Rolle spielt dabei die Diasporasituation der Betroffenen? Welche Rolle spielt die Religion? Welche Rolle spielt das Ursprungsland, inwieweit ist das Gastland für den Radikalisierungsprozeß verantwortlich? Welche Gefahr geht von den islamischen Organisationen in Deutschland aus? Ist Deutschland eine Zielscheibe des islamistischen Terrorismus?

Um eine Antwort auf diese Fragen zu finden, ist es nicht ausreichend, allein die Biographien der mutmaßlichen Attentäter des 11. September zu konsultieren. Um zuverlässige Ergebnisse zu erreichen, muß man die komplexe Situation der muslimischen Diaspora eingehend untersuchen. Bei solchen Forschungsvorhaben stehen westliche Wissenschaftler häufig vor drei Hindernissen:

– Eine eurozentristische Denkweise verleitet dazu, mit einem eurozentristischen analytischen Ansatz nach Interpretationen für Phänomene zu suchen, die ihre Wurzeln nicht in Europa haben. Oft werden die eigenen Ängste, Stereotypen und Vorurteile so zum Ausgangspunkt für die Fragestellung der Forschung. Zudem kennen sich viele Forscher in den Denkstrukturen religiöser Menschen wenig aus und unterscheiden unzureichend zwischen (normaler) islamischer Religiosität und islamischem Fundamentalismus.

– Eine in Europa und besonders in Deutschland herrschende »Kultur des schlechten Gewissens«, die das Verhältnis zu Muslimen und Juden aufgrund historischer Ereignisse wie Kreuzzüge, Kolonialismus oder Holocaust prägt, führt dazu, daß manche Wissenschaftler sich unangenehme Fragen nicht stellen und dazu tendieren, sie auf eine diplomatische Art und Weise zu umgehen. Deshalb neigen viele Forscher dazu, den Islam und die Muslime als unschuldige Opfer zu stilisieren, ohne tiefer in die Problematik einzusteigen.

– Ein Hindernis stellt auch die relative Verschlossenheit der muslimischen Gemeinden dar, die kaum geneigt sind, ihr Umfeld über sich und ihre Religion zu informieren und es in der Regel vorziehen, sich in erster Linie mit sich selbst und ihrer Anhängerschaft zu beschäftigen. Manchmal beschränken sie sich auch auf apologetische und wenig objektive Verlautbarungen. Auch gilt es zu berücksichtigen, daß sich manche Muslime, um sich selbst nicht zu gefährden oder um andere nicht zu verletzen, verstellen oder mit der Wahrheit großzügig umgehen.

Aber auch muslimische Forscher in der Diaspora haben ihre Schwierigkeiten, wenn sie sich mit der Diasporasituation der Muslime beschäftigen. Es besteht oft die Gefahr, daß sie sich zu stark mit ihrem Forschungsobjekt identifizieren oder die eigenen individuellen Erlebnisse und Erfahrungen für allgemeingültig oder maßgebend halten. Manche meinen auch, es sei ihre Aufgabe, den Islam zu verteidigen und ihn in der bestmöglichen Form zu präsentieren. Andere wiederum haben im Forschungs- und Medienbereich eine Art Marktlücke entdeckt, und meinen, Erfolg haben zu können, wenn sie den Islam oder die Muslime als Bedrohung darstellen. (Diese Rechnung geht manchmal auf, da sie als Muslime, die vermeintlich über bessere Islamkenntnisse verfügen, als glaubwürdiger erscheinen als westliche Forscher.) Einige der Exilanten haben ihre Herkunftsländer unter extremen Umständen verlassen müssen und haben deshalb »offene Rechnungen« mit der Heimat. Dies kann ihre Interpretationen des Islam und der islamischen Diaspora negativ beeinflussen.

## 1. Problemstellung, Hypothesen, Forschungsdesign und Vorgehensweise

Ziel der Studie ist die Prüfung der gängigen, in der Öffentlichkeit weit verbreiteten Annahme, daß religiöse Muslime anfälliger für Radikalisierung und militante Ideologien als »Verweltlichte« oder »Westlichorientierte« sind. Bei der Analyse werden zwei Arten von Vorgehensweisen gewählt:

– Auswertung relevanter Literatur – insbesondere Biographien der Attentäter des 11. September –, um Aufschlüsse über Etappen und Begünstigungsfaktoren des terroristischen Radikalisierungsprozesses gewinnen zu können.

– Auswertung von Interviews, die auch dazu dienen sollen, die von Widersprüchen und Spannungszuständen gekennzeichnete Situation junger Muslime in Deutschland besser verstehen zu können. Auf diese Weise sollte es möglich werden, plausible Annahmen über ihre potentielle Anfälligkeit für politische Radikalisierung zu formulieren. Zu diesem Teil gehören auch meine eigenen Einschätzungen und Interpretationen, die ich aufgrund meiner Vorkenntnisse und Erfahrungen in Deutschland vornehme.

Außerdem wird erörtert, inwieweit die gängigen Vorstellungen berechtigt sind, islamische Gemeinden und Organisationen seien Brutstätten des Terrorismus und Gewaltrhetorik sei Indiz der Gewaltbereitschaft. Auch auf die Frage, ob Deutschland und die Deutschen zentrales Zielobjekt des islamischen Terrorismus sind, wird kurz eingegangen. Im

Resümee werden Vorschläge für integrationspolitische Maßnahmen, die zur Vorbeugung des Radikalismus bei Muslimen dienen, skizziert.

Die vorliegende Studie basiert in erster Linie auf einer intensiven Befragung von 65 Muslimen, die ich in mehreren deutschen Städten 2002 und 2003 durchführte. Bei den Befragten handelte es sich vornehmlich um arabische Studenten. Außerdem wurden Muslime der sogenannten ersten Generation (»Gastarbeiter«) und zweiten Generation interviewt. Die Auswahl der Befragten erfolgte nach folgenden Kriterien: Alter (maximal 40), Aufenthaltsdauer in Deutschland (mindestens zwei Jahre) und Gesprächsbereitschaft. Die politische Haltung (also etwa die Haltung gegenüber dem Terrorismus) war *kein* Auswahlkriterium. Denn das Ziel war es, die Gedankenwelt »normaler« Muslime kennen zu lernen. Bei der Zusammenstellung des Sample wurde aber darauf geachtet, daß sowohl praktizierende Gläubige als auch religiös eher Indifferente zu etwa gleichen Teilen vertreten waren. Bei dem Zustandekommen der Interviews haben persönliche Kontakte eine große Rolle gespielt. Die Dauer der Interviews variierte zwischen dreißig Minuten und sechs Stunden. Die meisten Interviews dauerten ca. drei Stunden. Die meisten Befragten waren zum Zeitpunkt der Befragung zwischen 26 und 38 Jahre alt. 25 der Befragten waren Araber (vornehmlich aus der Nahostregion), 29 waren Türken (auch Deutsche türkischer Abstammung). Von den Befragten waren 40 Studierende (darunter 9 Frauen). 23 der Befragten waren Sympathisanten oder aktive Mitglieder in islamischen Vereinen.[2] Rund die Hälfte der Befragten gehörte zu den regelmäßigen Gemeindebesuchern.

Anfangs habe ich Fragebögen ausfüllen lassen, mußte aber bei deren Auswertung feststellen, daß diese Methode völlig unzureichend war, um einen realistischen und differenzierten Einblick in die Haltung junger Muslime und ihre Denkstrukturen zu erlangen. Gerade nach dem 11. September und nachdem viele junge Araber bei der Polizei vorgeladen wurden, um über ihre Meinung zu den Anschlägen, ihre Lebensgewohnheiten und ihre Haltung zu Deutschland befragt zu werden, war es nicht ratsam, die Befragten mit standardisierten, »papierenen« Fragen allein zu lassen. Ich konnte beobachten, daß die meisten Antworten auf die Fragen in den Fragebögen eher ängstlich und auf eine scheinheilige Weise friedfertig waren. Sie spiegelten die Realität und tatsächliche Haltung der Befragten nur in einem unzureichenden Maße wider. Die Vorbehalte waren teilweise so groß, daß sich viele von vornherein weigerten, die Fragen mit eigener Handschrift zu beantworten, um keine belastenden Beweise gegen sich zu hinterlassen. Der daraufhin vollzogene Umstieg auf qualitative Interviews ermöglichte es mir, durch lange

---

2 Wobei die Schwierigkeit in der Abgrenzung eines regelmäßigen Gemeindebesuchers vom aktiven Mitglied liegt.

persönliche Gespräche und gleichzeitige Sinninterpretation des Gesagten, das Vertrauen vieler Befragter zu gewinnen, und dadurch mehr Einblick in ihre Geschichte, Prozesse und ihre Deutungsmuster zu erlangen. Die meisten waren zu einem offenen Interview nur unter der Bedingung bereit, daß ihre Anonymität nicht verletzt würde. So konnte ich kein Tonbandgerät für die Aufnahme der Gespräche benutzen und in vielen Fällen durfte ich nicht einmal mitschreiben. Mit Hilfe von Gedächtnisprotokollen konnte ich die Gespräche rekonstruieren. Aus diesem Grund sind die Zitate manchmal nur sinngemäß wiedergegeben. Auf Wunsch vieler Befragter durften keine persönlichen Angaben in den Fußnoten erfolgen. Manche waren immerhin damit einverstanden, ihre Herkunftsländer oder Region zu nennen. Das alles stellt gewiß ein formelles forschungstechnisches Problem dar, doch mir blieb keine andere Alternative.

Zusätzlich wurden für einen Kapitelabschnitt Ergebnisse von Interviews verwertet, die ich im Jahr 2002 unter 100 (vorwiegend jugendlichen, insbesondere studentischen Mitgliedern und Sympathisanten) der Muslimbrüder in Ägypten durchführte.

## 2. Überprüfung von Attentäter-Biographien im Hinblick auf Faktoren, die möglicherweise zur Radikalisierung beitrugen

Die uns zu Verfügung stehenden Lebensläufe mutmaßlicher Attentäter vom 11. September verraten uns leider nur wenig über ihren Werdegang. Alles, was wir über die Täter wissen, stammt von Menschen, die den mutmaßlichen Terroristen gewöhnlich nur temporär nahe standen. Deswegen ist es schwierig, zuverlässige Einblicke in ihre tatsächliche Gedanken- und Gefühlswelt zu erlangen. Über drei der Attentäter und über ein weiteres mutmaßliches Mitglied der al-Qaida wissen wir mehr als über alle anderen. Es handelt sich um den Ägypter Mohamed Atta, den Libanesen Ziad Jarrah, den Franzosen marokkanischer Abstammung Zacaria Moussaoui und den Tunesier Nizar Trabelsi.

### a) Persönlichkeitsstrukturen

Die Analyse der Biographien belegt, daß Terroristen unterschiedliche Persönlichkeits-strukturen haben und die Annahme unzutreffend ist, sie zeichneten sich durch besondere psycho-pathologische Charaktermerkmale aus (vgl. Waldmann 1998: 138 ff.). In einem Interview mit der ägyptischen Zeitung Al-Hayat betonte der Vater von Mohamed Atta, daß sein Sohn eher sanft und weich und – soweit er ihn kannte – sogar apolitisch war (Washington Post 22. 9. 2001: A01).

Jeder, der Mohamed Atta kannte, beschrieb ihn als höflich, freundlich und verantwortungsbewußt. Peter H., ein Studienkollege Attas, betonte, daß ihm selten ein so ausgeprägt religiöser und zugleich intelligenter Mensch begegnet sei. »Bei Gelegenheit korrigierte er mich bei grammatikalischen Fehlern, bei meiner Wortwahl, er beherrschte unsere Sprache bis in die kleinsten Nuancierungen hinein – obwohl er erst zwei Jahre in Deutschland war« (Die Zeit 66/2001).

Peter H., der erst vorhatte, mit Atta gemeinsam die Diplomarbeit zu schreiben, ist dessen »ungeheuere Präzision im Denken« in Erinnerung, gepaart mit der Fähigkeit, bei Bedarf »geschickt und virtuos« zu reagieren, wenn es plötzlich auftretende Schwierigkeiten zu meistern galt. »Wenn es nach links nicht mehr weiterging, dann ging er eben nach rechts und erreichte auch so sein Ziel.« »An Kompromisse und an Umwege war er mehr gewöhnt als jeder Europäer (...) Er wirkte wie ein sehr erwachsener, ein sehr reifer Mensch. Wie jemand, der mit sich und seinem Tun zufrieden ist« (Die Zeit 66/2001).

Attas Hingabe an die Religion und seine »prophetische« Selbsteinschätzung gehen aus der Widmung in seiner Diplomarbeit über die Altstadt von Aleppo hervor. Er zitiert aus dem Koran, Sure 6, Vers 162: »Sprich: Mein Gebet und meine Opferung und mein Leben und mein Tod gehören Allah, dem Herrn aller Welten« (Washington Post 22. 9. 2001: A01).

Ein Psychologe vermutet, daß es sich bei Atta um eine zwanghafte puritanische Persönlichkeit gehandelt hat, die von einer Ambivalenz zwischen Gehorsamkeit und Hingabe einerseits und Ressentiment und Herausforderung andererseits geprägt gewesen ist. Diese Mischung erkläre nicht nur seine Dualität im Handeln, sondern auch seine Bereitschaft, sein Leben für die »gerechte Sache« zu opfern (Immelman: *http://www.csbsju.edu/Research/Atta.html*). Wenn man diese Interpretation weiterspinnt, könnte man ein vereinfachtes Denken, das die Welt in schwarz-weiß und nach dem Freund-Feind-Schema einteilt, mitverantwortlich für die »aggressive Opferbereitschaft« machen, die am Ende dazu führte, nicht nur sich selbst, sondern auch Tausende Unschuldige in den Tod zu reißen.

Es scheint, daß auch innere Zerrissenheit, geringe Frustrationstoleranz und die Unfähigkeit, mit Widersprüchen umzugehen, zu Radikalisierung beitragen können. Die Biographien von Nizar Trabelsi, Ziad Jarrah und Zacaria Moussaoui, auf die an verschiedenen Stellen in diesem Kapitel Bezug genommen wird, mögen über die Umstände der Radikalisierung mehr Erkenntnisse bringen.

Der junge Tunesier Nizar Trabelsi kann als eine Art Gegenbeispiel zu Atta gelten. Er kam 1989 nach Deutschland, um Fußballprofi zu wer-

## RADIKALISIERUNG IN DER FREMDE?

den. Gegenwärtig sitzt er als mutmaßlicher Terrorist im Gefängnis. Sein Leben ist von ständigem Wechsel und kontinuierlichem Abstieg gekennzeichnet (vgl. zum folgenden: Fichtner 2001: 78 ff.). Im Gegensatz zu Atta war er leichtsinnig und unzuverlässig. Seine deutsche Ex-Frau spricht vom schizophrenen Nizar: »Er war wie zwei Menschen, es gab den anständigen Nizar, und es gab das ›Arschloch‹ Nizar, von der einen auf die andere Minute. Er war wie ein Chamäleon.« Besonders religiös war Nizar nicht. Sein Leben als Nachtmensch war ausschweifend. Er hatte auch regelmäßige und intensive Erfahrungen mit harten Drogen. Ihn interessierte in erster Linie seine Karriere als Fußballer. Er unterzeichnete einen Vertrag mit Fortuna Düsseldorf, kam aber nie zum Einsatz. Danach wechselte er mehrmals den Verein, war aber überall nur Reservist. Er heiratete eine deutsche Frau, die sich 1996 von ihm scheiden ließ. Wenige Minuten nach dem Scheidungsurteil im Gericht kniete Nizar vor seine Ex-Frau nieder und machte ihr erneut einen Heiratsantrag. Zur Zeit sitzt er in einem belgischen Gefängnis. Ihm wird vorgeworfen, als Mitglied des Terrornetzwerks al-Qaida einen Anschlag auf die amerikanische Botschaft in Paris geplant zu haben. Er ist ein Beispiel für das gescheiterte Lebensprojekt eines Einwanderers. Obwohl er ein hoch motivierter und talentierter Fußballer war, konnte er nie in einem deutschen Fußballverein Fuß fassen, vermutlich »weil er sich schwer tat, die deutsche Ordnung anzunehmen«, meinte der Präsident des Wuppertaler SV, bei dem Trabelsi zeitweise unter Vertrag stand. Er schied zunächst aus der zweiten Bundesliga, später aus der Oberliga aus. Gegen ihn wurde mehrmals wegen Diebstahls, Betrugs, Verstoßes gegen das Waffengesetz und gegen das Betäubungsmittelgesetz ermittelt. Danach begann seine Suche nach Rettung und Umorientierung. Vielleicht war seine Hinwendung zum radikal-terroristischen Islamismus ein letzter verzweifelter Schritt, um die Rolle des Dauerreservisten und Versagers zu verlassen und sich von diesem Stigma zu befreien. Trabelsi lernte den Islamismus in London kennen. Für die Anschläge des 11. September scheint er von seiner Organisation nicht als Hauptakteur vorgesehen worden zu sein. Die Fahnder vermuten, daß er auch als Terrorist hinter besser ausgebildeten und zuverlässigeren Attentätern zurückstehen mußte, bestenfalls Reservist war.

Obwohl sich Trabelsi und Atta in vieler Hinsicht deutlich unterscheiden, läßt sich doch eine Gemeinsamkeit ausmachen. Beide scheinen die Eigenart besessen zu haben, ihr Bewußtsein, ihre Wahrnehmung und ihr Verhalten zu spalten. Dies geschah nicht immer nur zum Zwecke der Tarnung. Vielmehr könnten wir das als Ausdruck des Dualismus und der inneren Zerrissenheit deuten, unter denen die beiden litten – und vermutlich viele andere Terroristen ebenfalls.

## b) Empfänglichkeit für Radikalismus aufgrund der Bedingungen in der Heimat

Am 22. September 2001 beschrieb die Washington Post die Ursachenkette der Attentate mit folgenden Worten: »Rage was born in Egypt, nurtured in Germany, inflicted on US«.
Woher stammten das Ressentiment und der Dualismus, die die Persönlichkeit des Perfektionisten Attas kennzeichneten? Lag das womöglich an seiner ambivalenten Haltung sowohl gegenüber seiner Heimat Ägypten als auch gegenüber dem Gastland Deutschland? Die rapide, sich immer weiter beschleunigende Amerikanisierung seiner Heimat, der Einzug der Moderne in den arabischen Raum, »das passte ihm nicht, überhaupt nicht« berichtete ein Studienkollege des Ägypters. Er stand den Errungenschaften der westlichen Welt skeptisch gegenüber« (Die Zeit: 66/2001).
Atta stammt, wie die meisten Attentäter, aus einer wohlhabenden Familie. Peter H., der bereits erwähnte Studienkollege Attas, der Mitglieder der Familie seines ägyptischen Freundes (die Schwester, den Vater) kennenlernte, charakterisierte sie als: »oberes Bürgertum, eine wohlhabende Welt«. Und dennoch konnte keine Rede von Zufriedenheit und Ausgeglichenheit beim Sohn sein. Die Stimmung Mohamed Attas sei wie bei vielen anderen intellektuellen Ägyptern, die H. kennen lernte, geprägt gewesen von »Verbitterung und Depression«. Das Gefühl, »ohne Zukunftsaussichten« zu leben, habe die Bereitschaft gefördert, auf andere »schnell mit Verärgerung oder Verachtung« zu reagieren.
Mohammed Atta äußerte sich sehr selten zu seiner Haltung zum Westen oder zu Amerika. Doch einmal hat er gegenüber einem Kollegen seine Verbitterung über die »weltweiten Giftmülltransporte« nach Ägypten geäußert. »Er war diesbezüglich sehr sensibel, sein Gerechtigkeitssinn kannte da keine Grenzen« (Die Zeit: 66/2001).
Die einzig ernst zu nehmende Opposition in Ägypten wird von den islamischen Bewegungen betrieben. Auch wenn man nicht besonders religiös ist, zeigt man sich als Oppositioneller solchen Bewegungen gegenüber solidarisch. In Zeiten, als die ägyptische Regierung mit aller Härte gegen die Islamisten vorging, besuchte Atta mit seinem deutschen Kollegen sein Heimatland. Damals ließ er sich einen Bart wachsen. Damit wollte er offensichtlich demonstrieren, so Volker Hauth, Attas Studienkollege, daß er zu den Islamisten stand und sich gegen die Regierung in Ägypten stellte, die seiner Meinung nach die religiösen Menschen wie Kriminelle behandelte und gleichzeitig sich dem Westen außenpolitisch und wirtschaftlich auf beschämende Art und Weise beugte. Von den korrupten »fetten Kühen« in Ägypten wollte sich der junge

Revolutionär nicht verschlingen lassen (Washington Post 22. 9. 2001: A01). Mohammed Atta kam nach diesem Besuch in der Heimat wie ausgewechselt nach Deutschland zurück. Er lächelte nicht mehr und wurde immer introvertierter. Ihm wurde deutlich, daß er weder in Ägypten noch in Deutschland gute Zukunftsaussichten hatte. Er wollte nach dem Abschluß seines Studiums als Stadtplaner nach Ägypten zurückkehren. Er hoffte darauf, einen Platz im System zu finden, wo er Einfluß nehmen konnte, um die islamischen Viertel vor den Touristen zu retten. Er hatte einem deutschen Studienkollegen gegenüber offenbart, daß er Hochhäuser haßte. Aber er kam langsam zu der schmerzhaften Erkenntnis, daß es sehr schwierig sein würde, in seinem Arbeitsbereich von ihm abgelehnte Modernisierungsprozesse in Ägypten zu stoppen, denn für Menschen wie ihn schien es in Ägypten keinen Platz zu geben. In Deutschland konnte und wollte er aber auch nicht bleiben, unter anderem, weil seine inzwischen streng orthodoxe religiöse Haltung ihn hier isolierte. Er wird als ein Mensch von großer Sensibilität für soziale Fragen beschrieben. Er soll sich nach einer Mission, die den Tod lohnte, gesehnt haben. (A Mission to die for: http://www.abc.net.au/4corners/atta/interviews/ und Washington Post: A fanatic's quiet path to terror). Es mag sein, daß die seelischen Schmerzen aufgrund seiner Entwurzelung nicht nur für sein starres Festhalten an der Religion, sondern auch für den Anschluß an eine radikale Gruppe mitentscheidend gewesen sind.

## c) Doppelte Entfremdung und Marginalisierung

Marginalität ist »gekennzeichnet durch enge Beziehungen von Personen zu unterschiedlichen Gruppen bei ungeklärter Zugehörigkeit« (Heckmann 2002: 7). Diese Lage, so Heckmann, führt zu »Verhaltensunsicherheit, Stimmungslabilität, Orientierungszweifel, Handlungsbefangenheit, einem Gefühl der Isolierung und Machtlosigkeit, Minderwertigkeitsgefühlen« (Heckmann 2002: 8). Die marginale Position entsteht nicht direkt durch die Zugehörigkeit zu mehreren Gruppen, eher führen die Durchlässigkeit zwischen den Gruppen und die undefinierte, ungeklärte Zugehörigkeit zu dieser Position. Weder die Loyalität noch die Feindschaft gegenüber einer Gruppe wird explizit ausgesprochen. »Die marginale Lage bewirkt einen Kulturkonflikt und Identitätsunsicherheit« (Heckmann 2002: 8). Die drei Konstituierungsfaktoren, die Heckmann als Voraussetzungen für die Entstehung der marginalen Lage anführen kann, sind: (1) die Existenz einer Minderheitskultur, (2) ein Hierarchieverhältnis zwischen der Mehrheits- und Minderheitsgruppe und Mehrheits- und Minderheitskultur, (3) bi-kulturelle Bestimmung und doppelte Sozialisation zwischen Elternhaus und Schule und unterschiedliche kulturelle Welten zwischen Arbeitsplatz und Familie (Heckmann 2002: 8).

Für die meisten ist es viel einfacher, ihre Zugehörigkeit durch eine Religion, Gemeinde, ethnische Gruppe oder Hautfarbe zu definieren, als mit einem Fuß in einer Welt und mit dem zweiten in einer anderen Welt zu stehen. Es ist auch immer einfacher zu wissen, wer man nicht ist und was man nicht will, als zu wissen, wer man wirklich ist und was man genau will.

Als Beispiel für einen derart doppelt entfremdeten Marginalen kann Zacaria Mousaoui, ein Franzose marokkanischer Abstammung, gelten. Er befindet sich seit August 2001 in Untersuchungshaft. Ihm wird vorgeworfen, der zwanzigste Mann der Terrorgruppe des 11. September gewesen zu sein.

Er kam als kleines Kind mit seinen marokkanischen Eltern nach Frankreich. Schon drei Jahre nach seiner Geburt und wenige Monate nach der Emigration ließen sich die Eltern scheiden. Zusammen mit drei Geschwistern folgte er der Mutter von Stadt zu Stadt, ohne eine spezielle Bindung zu einem bestimmten Ort entwickeln zu können. Teilweise verbrachte er seine Kindheit im Waisenhaus, da die Mutter nicht in der Lage war, für vier Kinder zu sorgen. Diese Zeit empfanden die Kinder als eine »Auszeit«, so der Bruder Zacarias. Die Mutter erzählte ihren Kindern wiederholt, daß sie adlige und (nach islamischem Verständnis) heilige Vorfahren in Marokko hätten, was die von Armut, Diskriminierung und Rassismus in der fremden Gesellschaft geprägte Gegenwart umso unerträglicher erscheinen ließ. Nicht nur als Araber, sondern auch als schwarze Araber waren die Mousaouis doppelt diskriminiert. Auch innerhalb der maghrebinischen Gemeinde waren die Mousaoui-Kinder nicht akzeptiert, da sie weder arabisch konnten noch sich im Islam auskannten. Die Mutter versuchte, sie von der arabischen Gemeinde abzuschirmen (Mousaoui 2002: 63). Zacaria wußte also nicht, ob er Franzose, Araber oder Schwarzer war. Obwohl er selbst eine weiße französische Freundin hatte, pflegte er zu sagen, daß alle Franzosen Rassisten seien. Sein älterer Bruder Abd Samad war sein Weggefährte und Schutzpatron. Die beiden waren unzertrennlich. Das scheint für beide die Auswirkungen der Diskriminierung gemildert zu haben. Zacaria war sehr ambitioniert und stellte hohe Ansprüche an sich. Eine gute Ausbildung und sozialer Aufstieg waren seine Hauptziele. 1991 flüchtete er vor dem französischen Rassismus nach England, um dort seinem Studium nachzugehen. Er erlebte in England eine zweite Diasporasituation. Auch den Engländern warf er vor, nur scheinbar tolerant zu sein (Mousaoui 2002: 99 ff.). Nach zehn Jahren scheiterte seine Beziehung mit seiner Freundin, weil sie ihm nicht nach England folgen wollte. Nun war Zacaria einsam in London, ohne Freundin und ohne Freund. Auch

## RADIKALISIERUNG IN DER FREMDE?

war er zum ersten Mal von seinem älteren Bruder getrennt. »Die jungen Muslime, die nach London kommen, haben keine Ahnung von den Gesetzen der britischen Gesellschaft. Sie finden sich in einem fremden Land wieder, das nicht unbedingt sehr gastlich ist und in dem Ausländer geduldet werden, solange sie sich nicht zu weit von ihren Landsleuten entfernen. Zacaria fühlte sich als Franzose nicht recht wohl in seiner Haut und spricht als Marokkaner nicht einmal Arabisch. Zu welcher Gemeinschaft sollte er sich zählen? Seine Verlorenheit hat sicher dazu beigetragen, sein Zugehörigkeitsgefühl zu einer Gruppe zu fördern, die ihn bei sich aufgenommen hat.« (Mousaoui 2002: 143) Es ist interessant, daß Zacaria sich nicht in Frankreich, sondern erst später in England radikalisierte. Ohne Familienangehörige oder Bekannte scheint sich hier seine Isolierung und sein Zugehörigkeitsbedürfnis bis zu einem Grad gesteigert zu haben, der seine Anwerbung durch al-Qaida entscheidend erleichterte.

Ein weiteres Beispiel für die Radikalisierung eines Marginalen ist der Halbmarokkaner Said Bahaji, der auf der Fahndungsliste des FBI steht. Bahaji hat ebenfalls in Hamburg studiert, so wie die drei mutmaßlichen Terror-Piloten Atta, Jarrah und Al-Sheihi, zu denen er Kontakt gehabt haben soll. Die Ermittler glauben, daß der Marokkaner für die Logistik der Anschläge zuständig war. Er wird daher auch als »Kopf« der Hamburger Gruppe bezeichnet. Das deutsche Verteidigungsministerium bestätigte Berichte, wonach Bahaji für einige Monate bei der Bundeswehr diente und dann wegen Diensttauglichkeit entlassen wurde (WDR Aktuell http://online.wdr.de/online/news2/katastro-phe_worldtradecenter/fahndung.phtml). Bahaji wurde in Marokko als Sohn eines marokkanischen Vaters und einer deutschen Mutter geboren und kam erst mit neun Jahren nach Deutschland. »Natürlich war er für die Marokkaner ein Ausländer und für die Deutschen auch«, sagte seine Mutter (Aust/Schnibben 2001: 197). »Für Studenten aus der dritten Welt und aus islamischen Ländern, vor allem wenn sie nicht aus den Metropolen kommen, stellt sich die zentrale Identitätsfrage: Wie viel Verwestlichung ist noch mit Loyalität gegenüber meiner Herkunft verträglich ...? Bedeutet Verwestlichung auch Illoyalität gegenüber den Gruppen in der eigenen Gesellschaft, für deren Lage man als junger Mann mit ausgeprägtem Gerechtigkeitsgefühl besondere Sensibilität hat?« (Heckmann 2002: 10).

Die Emigrantenmilieus und Organisationen scheinen eine entscheidende Rolle bei der Entstehung oder der Entschärfung der marginalen Lage zu spielen. Für »Binnenintegrierte« (Integrierte in den Strukturen der Einwanderer-communities) scheint die Gefahr gering sein, in eine derartige Situation zu geraten, während andere, die sich am Rande der Gemeinde bewegen, ohne stärkere Bindungen zu den anderen Mitgliedern zu pflegen, eher marginalisierungsgefährdet sind. »Marginale Positionen bei Neuzugewanderten bilden sich vermutlich vor allem bei Personen, die nicht über Kettenmigration und im Familienverband, sondern allein zuwandern« (Heckmann 2002: 10).

## d) Emotionale und soziale Isolierung

Einiges spricht für die Hypothese, daß emotionale und soziale Isolierung den Anschluß an radikale Gruppen erheblich begünstigen. Als die wichtigsten Formen der Isolierung können unterschieden werden:
(1) *Selbstisolierung*: Man kommt in die Fremde mit Ängsten, seine Identität, Sitten und Religion zu verlieren. Aus Angst vor den negativen Einflüssen der Gastgesellschaft versucht man, sich gegen sie abzuschirmen. Dies gelingt nur denjenigen, die sich in andere Strukturen einbinden können, die der Heimat ähnlich sind, wie zum Beispiel religiöse, nationale und kulturelle Vereine.

Der Libanese *Ziad Jarrah*, einer der mutmaßlichen Terrorpiloten, war kein religiöser Muslim, er war sehr westlich orientiert, hatte regelmäßig Erfahrungen mit Frauen und Alkohol und war von Freunden umgeben. Plötzlich stand er einsam in Hamburg da, nachdem sein Cousin in Greifswald geblieben war. Aysel, seine türkische Freundin, studierte in Bochum. Aus seiner Biographie erkennt man, daß der Student, obwohl er nicht einmal das Vordiplom hatte, seinen Eltern erzählt hatte, er stehe vor dem Abschluß (Der Spiegel 38/2002). Das war die Zeit, als er *Mohammed Atta* begegnete. Die Familie war weit weg im Libanon, und weit und breit gab es keine Freunde, die ihm helfen konnten, seine Konflikte zu lösen. Und dann tauchte ein junger Ägypter auf, der sich in einer ähnlichen Situation befand, und brachte ihn zur Religion und zu al-Qaida.

(2) *Isolierung durch Diskriminierung und Marginalisierung in der Gastgesellschaft*: Wenn einem die Mitgliedschaft in der Aufnahmegesellschaft verweigert wird und man auch noch Diskriminierung erdulden muß, ist die Isolation eine zwangsläufige Reaktion. Doch Diskriminierung darf nicht als der wichtigste Faktor der Isolierung oder der Radikalisierung gesehen werden. Die Biographien der Täter, mit Ausnahme der von *Moussaoui*, weisen nicht auf ernsthafte Erfahrungen mit Diskriminierung hin. Das Gefühl, im Gastland nicht gewollt zu sein und von der Heimat und der Familie nicht mehr gebraucht und vermißt zu werden, beschleunigt den Isolierungsprozeß. Wenn man die Heimat als korrupt, das Gastland als unmoralisch ansieht und somit keine Bindung mehr an einen bestimmten Ort hat, eröffnen sich irreale Räume mit imaginären Zeitvorstellungen. Diese dienen als eine Alternative zu Heimat und Gastland.

Übertriebene Religiosität und blinder Idealismus isolieren enorm und

## RADIKALISIERUNG IN DER FREMDE?

lassen kaum Möglichkeiten für Austausch oder Verständigung mit den anderen. Ein junger Mensch in einer derartigen Lage könnte dazu neigen, aus seinem Leben ein Experiment zu machen. (Das Selbstwertgefühl bei Menschen mit gut funktionierenden sozialen Bindungen dürfte wesentlich stärker sein.) Isolation führt zur Schwarzweißmalerei. Dies wiederum führt zu einer pessimistischen Haltung, die mehr von Schwarz als von Weiß ausgeht. Die Welt wird nach dem Freund-Feind-Schema interpretiert, der Freundeskreis wird immer kleiner, das Lager der (gedachten) Feinde vergrößert sich mehr und mehr.

(3) *Gruppenisolation*: Man schließt sich einer radikalen islamischen Organisation an, die bestrebt ist, ihre Mitglieder von der Außenwelt zu isolieren. Die Organisation versucht auch, familiäre und gesellschaftliche Pflichten zu relativieren. Die Hingabe soll angeblich nur Gott und der »guten Sache« gelten. Familienangehörige, die der radikalen Linie nicht folgen, werden sogar zu »Feinden« deklariert. Die Gruppe kontrolliert das moralische und soziale Verhalten ihrer Mitglieder. »Schwächen der Selbstkontrolle werden durch Fremdkontrolle kompensiert« (Heckmann 2002: 13).

### e) Die Nähe zu einer radikalen Gruppe oder einem charismatischen Führer

In der Biographie von Osama Bin Laden lesen wir, daß er erst durch den charismatischen Scheich Abdullah Azzam, einen früheren palästinensischen Djihadführer in Afghanistan, richtig in den afghanischen Djihad hineingezogen wurde (zum folgendem: Pohly/Duran 2001: 24-29). Der Milliardärssohn Bin Laden lernte Azzam bei einem Besuch in Pakistan Anfang der 80er Jahre kennen. Scheich Abdullah Azzam spielte eine wichtige Rolle bei der Auslegung und Ausprägung der Begriffe Djihad und Märtyrertum für Osama Bin Laden. Scheich Azzam betonte immer, ohne Djihad nicht leben zu können, ohne Djihad wie ein Fisch im Sande zu sein. Sein sehnlichster Wunsch scheint 1989 in Erfüllung gegangen zu sein, als er bei einem Attentat in Pakistan ums Leben kam. Azzam, auch als »Vater der afghanischen Araber« bekannt, wurde Bin Ladens Lehrer, der ihn in der Ideologie des Djihad unterwies. Es ist interessant, daß Bin Laden nicht in seiner Heimat Saudi-Arabien zum Radikalen wurde, sondern in Pakistan. Noch interessanter ist es, daß Azzam, einer der Mitbegründer der *Islamischen Bewegung für die Befreiung Palästinas HAMAS* den Märtyrertod nicht in Palästina, sondern ebenfalls in Pakistan fand. Nach dem Märtyrertod seines Lehrers hatte Bin Laden die besten Voraussetzungen, selbst der neue charismatische Führer zu werden. Immerhin ließ der Multimillionär den Luxus und das abgesicherte Leben hinter sich, um seine Glaubensbrüder in Afghanistan bei ihrem Kampf gegen die sowjetische Invasion zu unterstützen. Sein gesamtes Vermögen stellte er in den Dienst des Djihad. Das hat die Anhänger von Bin Laden und die Djihadikämpfer überall in der islamischen Welt fasziniert, die nicht nur Achtung vor Bin Ladens Hingabe und seiner Opferbereitschaft haben, sondern auch Parallelen zwischen seiner Biographie und der des Propheten Mohammed entdeckt haben. Wie der Prophet stammt auch Bin Laden von der arabischen Halbinsel und kämpft für die Befreiung von Mekka. Und wie der Prophet ging Bin Laden ins Exil, etablierte dort eine islamische Gemeinde, um die heiligen Städte des Islam zurückzuerobern (vgl. Scheffler: 12). Die Tatsache, daß die größte Macht der Welt Bin Laden zum Staatsfeind Nummer eins erklärte, hat ihn in den islamischen Ländern sehr populär gemacht, wo er früher außerhalb der islamistischen Kreise kaum bekannt war. Fast alle strukturellen politischen Veränderungen in der islamischen Welt waren im Laufe der Geschichte mit einem charismatischen Führer verbunden. Historische Persönlichkeiten wie Omar Ibn Al-Khattab, der zweite Kalif des Islam, in dessen Zeit sich der Islam außerhalb der arabischen Halbinsel verbreitete, und Salah al-Din, der Jerusalem von den Kreuzfahrern befreite, sind allgegenwärtige Figuren in der islamischen Welt. Muslime glauben an eine Aussage des Propheten Mohammed, wonach Gott der islamischen *Umma* alle einhundert Jahre (und zwar zu Beginn eines jeden Jahrhunderts) einen Mann schicke, um den Glauben der Gemeinde zu erneuern. Obwohl der Islam Personenkult verbietet und obwohl der Prophet Mohammed immer allein den Koran und nicht sich selbst in den Vordergrund stellte, neigt die Mehrheit der Muslime dazu, all ihre Hoffnungen auf eine selbstlose, mutige und gerechte Person zu setzen, die alles richtig machen und die Reformen vorantreiben wird.

Wenn ein einsamer oder ein doppelt marginalisierter Mensch in der Fremde auf eine charismatische Persönlichkeit trifft, die ihr die Welt in einfachen und schlüssigen Worten erklärt, kann das der Anfang einer Karriere in einer radikalen Gruppe sein. Es scheint sich für Menschen, die nirgendwo Halt und Anerkennung finden und die keine klaren Ziele oder Pläne haben, anzubieten, all ihre Hoffnungen an eine einzige Person oder Gruppe zu binden. Wie Heckmann es formuliert, bieten islamistische Organisationen Jugendlichen, die sich in einer marginalen Lage befinden,»(a) ein stabiles Zugehörigkeitsgefühl und eine soziale Identität, (b) ein geschlossenes und schlüssig erscheinendes Weltbild, (c) eine Handlungsperspektive, die dem idealistisch denkenden Menschen als Beitrag oder einzig richtiger Weg zur Beendigung von Ungerechtigkeiten dargestellt wird. Sie scheinen Antworten zu bieten auf die als Demütigung der islamischen Welt empfundene Politik westlicher Mächte. (d) Mit dem Sektencharakter islamistischer Organisationen hängt zusammen, daß sie sich als religiöse, moralische und politische Eliten verstehen: für die Minderwertigkeitsgefühle und Selbstzweifel des *marginal man* ein attraktiver Weg sind, aus diesen Problemen herauszukommen« (Heckmann 2002: 10). Heitmeyer (Heitmeyer u. a. 1997: 16) berichtet von einem jungen Türken, der sein Leben vor der Hinwendung zum Islamismus als eine Art Hölle darstellt.»Wenn er von seiner Vergangenheit erzählt, malt er diese in düsteren Farben: ›Mein Leben war Dreck, Spielhallen waren mein Zuhause, ich liebte Alkohol und deutsche Mädchen.‹ Jetzt fühlt er sich geläutert und glaubt an die Überlegenheit des Islam.« Wenn man sich einer Gruppe anschließt, werden die individuellen Erfahrungen und Verletzungen, die man in der Heimat oder in der Fremde erlebt hat, Teil einer kollektiven Erfahrung oder Kollektivverletzung. Bald redet man nicht mehr von den Tücken des »kleinen Teufels«, der einen zur Sünde verführt, sondern vom großen Plan des »großen Teufels«, der versucht, die Ressourcen der Muslime für sich zu beanspruchen und die Jugend als Hoffnungsträger zu schwächen. Die neue Weltordnung, die militärische, politische und wirtschaftliche Überlegenheit des Westens werden oft im Kontext einer Fortsetzung der Kreuzzüge und des Kolonialismus interpretiert.

## *f) Anwerbung, Rekrutierung und Trainingslager*

Der Bruder von *Zacaria Mousaoui* erzählt über die Umstände, die die Anwerbung von jungen Muslimen durch radikale Organisationen begünstigen:»Die Anwerber gehen nach dem gleichen Muster vor. Zuerst machen sie junge Opfer aus, die gewollt oder gezwungenermaßen aus ihrer Familie entwurzelt sind. Diesen jungen Leuten ohne erwachsene Bezugspersonen fehlt die moralische Stütze, die in einer Familie vom Vater, von der Mutter, den Geschwistern oder auch von den Freunden verkörpert wird« (Mousaoui 2002: 140 f.). Zuerst fangen sie mit emotionalen Diskussionen über die dramatische Lage in Palästina, Tschetschenien oder dem Irak an, dann wird an den Stolz appelliert. Der Islam brauche Männer, die sich vor dem Tod nicht fürchten. Folgende Aussage des Propheten Mohammed scheint in einem besonderen Maße die Muslime in der Diaspora zu motivieren:»Der Islam ist als Fremder geboren und wird als Fremder zurückkehren.« Viele interpretieren diese Aussage so, daß die Wiedergeburt des Islam durch Muslime in nichtmuslimischen Ländern erfolgen wird. Die Anwerber bieten Jugendlichen zwei Erfolgsaussichten auf einen Schlag: aus ihrer verzweifelten Lebenssituation auszubrechen und gleichzeitig zur Avantgarde des Islam zu gehören, die die Renaissance des islamischen Reiches vorbereitet. Das Trainingslager ist der Ort, wo der Auszubildende endgültig von seiner Geschichte, Familie und sozialen Umgebung getrennt und der

Sinn für Realität und Rationalität beseitigt werden soll.[3] Es scheinen vor allem Minderwertigkeits- und Machtlosigkeitsgefühle zu sein, die Jugendliche in die Arme extremistischer Organisationen treiben. Diese geben den Jugendlichen ihr Selbstwertgefühl und ihre Handlungsfähigkeit zunächst zurück, um ihnen dann später wieder alles abzuverlangen. Anfangs bieten sie ihnen eine Möglichkeit, endlich die Verantwortung an sich zu reißen und die Zügel ihres Schicksals selbst in die Hand zu nehmen. Später aber lassen sie sie glauben, daß sie nichts wert sind, damit sie zur Selbstaufopferung bereit werden. Am Anfang zählt der einzelne als Mann und als Avantgardist, dann zählen nur Gott und der Glaube, schließlich ist nur noch die Gruppe wichtig, und ganz am Ende steht einzig und allein das ›Projekt‹ im Vordergrund.

*g) Die Rolle der Religion:*
*Trifft die »Radikalisierungsthese« zu?*

Die gängige Annahme im Westen lautet: Der Islam birgt in sich ein großes Potential für Gewalt, und gläubige Muslime sind anfälliger für Intoleranz und Radikalismus als westlich Orientierte. Die Muslime dagegen beteuern, der Islam bedeute wortwörtlich »Frieden« und habe mit Gewalt und Terror nichts zu tun.[4]

Wenn man die Biographien der mutmaßlichen Attentäter vom 11. September daraufhin untersucht, welche Rolle die Religion im Radikalisierungsprozeß gespielt hat, stellt man fest, daß es sich häufig nicht um Menschen handelt, die ihre Kindheit und Jugend in Koranschulen verbracht haben, sondern um Menschen, die mit dem Westen sehr vertraut waren. »Sie haben durchwegs moderne Lebensläufe aus säkularen, dem westlichen Lebensstil zugeneigten Mittel- und Oberschichten, die durch Bekehrungserlebnisse gekennzeichnet sind« (Kermani 2002: 27).

Die Tante von Ziad Jarrah, einem der mutmaßlichen Attentäter des 11. September, der aus dem Libanon stammt, wollte nicht glauben, daß ihr Neffe radikal war und so eine abscheuliche Tat hatte begehen können: »Wie konnte das passieren, unserem Ziad, der so westlich war und so neugierig, verliebt in seine Freundin und versorgt vom Vater? Unser Ziad war kein Fanatiker und nicht ziellos, er war doch nicht einmal religiös.« Ziad wurde nicht religiös erzogen, er wurde sogar auf christ-

---

3 Vgl. die eindringliche Schilderung bei Moussaoui 2002, der sich auf die Berichte ehemaliger »Rekruten« stützt, die den Trainingslagern entkommen sind und von einem wahren Martyrium mit Gehirnwäsche und Indokrination (u. a. durch systematische Erniedrigung) erzählen.
4 Zur Ambivalenz, die *allen* Religionen – also nicht nur der islamischen – eigen ist, vgl. Appleby 2000.

liche Schulen geschickt. Er durfte trinken, ausgehen und sich mit Mädchen amüsieren (Der Spiegel 38/2002).

Zacaria Moussaoui war auch kein gläubiger Muslim, bis er Frankreich verließ, um in London zu studieren. »Geld hat ihn immer interessiert. Sein Motor war sozialer Aufstieg«, erinnert sich sein großer Bruder (SZ 28. 10. 2002). Er war über zwanzig Jahre alt, als er zum ersten Mal eine Moschee in London betrat. Er wurde auch nicht religiös erzogen. »Seine marrokanische Mutter hatte stets Wert darauf gelegt, daß er und seine drei Geschwister keinen Umgang mit Arabern haben sollten. Sie wollte aus ihnen echte Franzosen machen« (SZ 28. 10. 2002: 3). Sein Bruder meint: »Für Zacaria, der aufgrund seiner Herkunft Muslim ist, hatte diese religiöse Ungewißheit enorme Auswirkungen. Und ich denke, daß dies auch für all jene zutrifft, die in den Ausbildungslagern von al-Qaida in Pakistan waren« (Mousaoui 2002: 64).

Moussaoui fehlte in der fremden Londoner Gesellschaft ausreichendes eigenes Wissen über den Islam. Er war – wie sein Bruder bemerkte – einer Gruppe ausgeliefert, die seine isolierte Lage erkannte. »Die Anwerbung meines Bruders war aufgrund seiner völligen Unkenntnis in Glaubensfragen umso einfacher. Er war unbedarft und hatte weder entsprechende Grundkenntnisse noch die nötige geistige Standhaftigkeit, um sich dagegen zu verteidigen« (Mousaoui 2002: 143).

Mohammed Atta ist nahezu der einzige, der über Jahre hinweg streng religiös war und seine Religion ernst nahm, trotzdem scheint er kurz vor dem Anschlag aus dem Gleichgewicht geraten zu sein. Es gibt Berichte, nach denen der junge Ägypter wenige Tage vor dem Anschlag in New York in einem Stripteaselokal mehrere Wodka getrunken hat (Die Zeit 66/2001).

Der jetzige islamische Fundamentalistenführer in Großbritannien, Abu Hamza, war noch vor ein paar Jahren Türsteher in einem Londoner Bordell. Und Bin Laden selbst lernte das Nachtleben in Kairo und Beirut kennen, bevor er die religiöse Initiation erlebte und sich dem Djihad in Afghanistan anschloss. Ayman Al-Zawahiri, der zweite Mann im Netzwerk al-Qaida, ist ein Arzt aus bester ägyptischer Familie. Sein Großvater war der erste Generalsekretär der Arabischen Liga (Kermani 2002: 27).

Tamim Adnani war die rechte Hand von Abdallah Azzam und ein Freund Bin Ladens. In den 80er Jahren war er oft in Amerika, um Spenden für die Mudjahidin in Afghanistan, die damals gegen die Sowjets kämpften, zu sammeln. Er hielt Vorträge über die Bedeutung des Djihad und die zu erwartende Belohnung für die Märtyrer. Er selbst starb 1990 nicht den Märtyrertod, sondern erlag in Orlando einem Herzschlag, ausgerechnet beim Besuch von Disney World (Kermani 2002: 26).

All diese Biographien schildern nicht arme, zurückgebliebene, ungebildete, unerfahrene und naive Menschen, die ihr Leben in religiöser Abgeschiedenheit verbrachten. Es sind eher Menschen, die vieles erlebt haben und Wanderer zwischen den Welten waren und sich wohl hauptsächlich wegen ihrer Verunsicherung und Isolierung radikalen Organisationen anschlossen. Sie hatten verschiedene Ziele und Perspektiven vor Augen, ehe sie sich zu einer terroristischen Karriere entschlossen. Die Religion war nicht Motivationsfaktor ihres terroristischen Handelns, sie wurde vielmehr zur Legitimierung dieses Handelns eingesetzt.

Es handelt sich bei diesen Personen häufig um Konvertiten, die die Religion erstmals oder nach Abschweifungen als Re-Konvertiten neu entdeckten. Sie wuchsen nicht in die religiösen Strukturen hinein, sondern suchten Zuflucht in der Religion nach Enttäuschungen oder Überforderungen. Konvertiten bzw. Re-Konvertiten scheinen besonders anfällig für übertriebene Religiosität und moralischen Purismus zu sein. (Es ist allgemein bekannt, daß ehemalige Raucher intoleranter sind gegenüber dem Rauchen in ihrer Gegenwart als Nichtraucher, die noch nie geraucht haben.)[5]

## 3. Ergebnisse der Interviews: Migrationsspezische Identitätsprobleme und Radikalisierungsprozesse

*a) Zur Situation der Befragten und ihrer auf den Westen und Deutschland bezogenen Deutungsmuster*

Je nach Grund und Dauer des Aufenthalts in der Fremde interpretieren die Diasporamuslime die nichtmuslimische Aufnahmegesellschaft und die Rolle der in ihr lebenden Muslime in unterschiedlicher Weise.

Die meisten muslimischen Zuwanderer können mit Begriffen wie *Dar al-Harb* (Haus des Krieges) oder *Dar al-Aqd* (Haus des Vertrages),[6]

---

5 In diesem Zusammenhang verdient Interesse, daß auch das Leben des gegenwärtigen amerikanischen Präsidenten von einer religiös bestimmten biographischen Wende gekennzeichnet ist. Nach einem »sündigen« Leben mit Alkohol usw. erlebte er eine christliche Bekehrung, die sein Leben vollständig verändert haben soll. Als Präsident scheint er nicht gewillt zu sein, das »Böse« in der Welt zu tolerieren und scheint die Vision zu verfolgen, die Welt von »Schurken« zu befreien.

6 In der frühislamischen Geschichte wurden die von Muslimen beherrschten Gebiete *Dar al-Islam* (Haus des Islam) benannt. Die feindlichen Territorien nannten die Muslime *Dar al-Harb* (Haus des Krieges) und die nichtmuslimischen Gebiete, die einen Friedensvertrag mit den Muslimen schlossen, erhielten den Namen *Dar al-Aqd* (Haus des Vertrags). Im Haus

die in der muslimischen Theologie Verwendung finden und bisweilen auch von westlichen Forschern benutzt werden, um die Haltung der Muslime gegenüber andersgläubigen Gesellschaften zu erläutern, nichts anfangen. Die Mehrheit der von mir Befragten war nicht in der Lage, ihre Beziehung zu Deutschland klar und unzweideutig zu definieren. Theologische Vorgaben und geschichtliche Determinanten scheinen nur für wenige eine Rolle bei der Definition ihrer Beziehung zu Deutschland zu spielen. Viele verlassen sich vielmehr auf ihre eigenen Erfahrungen in der fremden Gesellschaft. Koranzitate und Geschichtsmaximen werden häufig nur bemüht, um eigene (gute und schlechte) Erfahrungen zu bestätigen. »Es steht nicht im Koran, wie Deutschland ist«, sagte mir ein iranischer Arzt in einem Interview, der Deutschland als »die beste Demokratie auf der Erde« bezeichnete.

Die meisten Zuwanderer der ersten Generation aus dem islamischen Raum in Deutschland sehen sich auch nach Jahrzehnten des Aufenthaltes entweder als Exilanten oder als Emigranten. Sogar solche, die mittlerweile deutsche Staatsbürger geworden sind, definieren Deutschland nicht als ihre Lebensmitte. Für viele von ihnen ist das Gastland nicht mehr als ein Ort, wo sie sich vorläufig aufhalten, um Geld zu verdienen und danach in die Heimat zurückzukehren. Oft antworten sie auf die Frage ihrer Kinder: »Wann kehren wir zurück?« mit »bald«, genauso wie es die deutsche Mehrheit gerne hört. Selbst wenn diese Rückkehr sich im Laufe der Zeit für die meisten als eine Illusion erweist, führt dieser Rückkehrmythos dazu, daß die Emigranten ihre Beziehung zum Gastland auf das Nötigste reduzieren. In den meisten Fällen und unter normalen Umständen identifiziert sich die muslimische Diaspora in Deutschland nicht mit der Aufnahmegesellschaft, noch ist sie ihr feindlich gesinnt, sondern sie nimmt eine eher indifferent-neutrale Haltung ihr gegenüber ein. »Deutschland interessiert mich nicht. Ich mag die Deutschen nicht, ich hasse sie nicht. Wichtig für mich sind nur die zwei »F«: Familie und Fabrik. Egal ob in der Türkei, in der Schweiz, Amerika oder Deutschland, Familie und Fabrik gut, alles gut!«, sagte mir (bzw. meinem Übersetzer) ein türkischer Befragter aus der ersten Generation.

Die zweite und dritte Generation glaubt allerdings nicht mehr an den Rückkehrmythos der Eltern. Diejenigen, die sich als Inländer betrachten, haben es am schwersten, denn einerseits sind viele von ihnen mit der Lebensführung der Eltern nicht völlig einverstanden und versuchen sogar, aus der Familie auszubrechen, andererseits werden sie von der Aufnahmegesellschaft nicht als Inländer wahrgenommen und anerkannt. Sie werden zwar nicht aus der »zweiten Heimat« verbannt, jedoch bleibt ihnen die hiesige Gesellschaft teilweise verschlossen.

des Islam sowie im Haus des Vertrages durften Muslime leben und Geschäfte mit den Mitmenschen schließen.

Einige muslimische Emigranten sehen die Gastgesellschaft als eine Alternative, da sie mit den Verhältnissen in ihrer Heimat nicht zufrieden sind. Andere wiederum sehen die hiesige Gesellschaft im Kontext einer Weltverschwörungstheorie, die davon ausgeht, daß jeder westliche Mensch, gewollt oder nicht gewollt, an einem Plan zur Vernichtung des Islam beteiligt sei. »Der Islam ist die einzig übrig gebliebene Kraft in der Welt, die Kapitalismus, Globalisierung und der Alleinherrschaft des Westens ernsthaft Widerstand leistet. Deswegen will der Westen den Islam vernichten. Sie können aber nicht eine Milliarde Muslime ausrotten, deswegen täuschen sie die Mehrheit der Muslime mit Worten wie ›Demokratie‹ und ›Freiheit‹. Diejenigen, die sich nicht täuschen lassen und den Widerstand fortsetzen, werden ›Terroristen‹ genannt«, meinte ein Student, der Bin Laden als »Strafe Gottes« an den Mächtigen sieht.

Ein anderer Befragter, der sich im Koran auskennt, sieht die Konflikte im Zusammenhang mit einer göttlichen Ordnung: »Ich bin kein Anhänger von Bin Laden und ich glaube nicht, daß Gewalt gegen Zivilisten die Lösung ist (...). Bin Laden ist eine gefährliche Macht, und Amerika ist eine gefährliche Macht. Gott plagt eine Macht mit einer (anderen) Macht (läßt die Mächtigen zusammenprallen), um den Ausgleich auf der Erde zu bewahren und die Menschen zum Nachdenken zu bringen (...). Im Koran steht geschrieben: »Und würde Gott nicht die einen Menschen durch die anderen im Zaum halten, so wären gewiß Klöster und Kirchen und Synagogen und Moscheen niedergerissen worden, worin der Name Gottes oft genannt wird. Gott wird sicherlich dem beistehen, der Ihm beisteht. Gott ist fürwahr allmächtig, gewaltig« (Koran: 22:40).

Nicht wenige sehen in ihrem Aufenthalt in der Fremde einen Beitrag zur Völkerverständigung. Von mehreren Befragten hörte ich eines der friedlichsten Zitate des Koran: »Ihr Menschen, wir haben euch von Mann und Frau erschaffen und euch zu Völkern und Stämmen gemacht, daß ihr einander kennen möchtet. Wahrlich der Angesehenste unter euch ist der Gerechteste« Koran: 49:13).

*b) Die Konfrontation mit der westlichen Moderne in der Heimat*

Die Berührung mit der Fremde beginnt bereits in der Heimat. Der erste Besuch eines jungen Mannes vom Land in der Großstadt ist oftmals Anlaß eines Kulturschocks. Ein Befragter, der aus einem Dorf in einem arabischen Land stammte, erzählte mir, daß er bei seinem ersten Besuch in der Hauptstadt schockiert gewesem sei, als er sah, daß Frauen Auto fuhren. Er sagte: »Ich dachte, jetzt fahren sie Auto, morgen nerven sie uns in allen Bereichen des Lebens. Das haben uns die Amerikaner gebracht!«

## RADIKALISIERUNG IN DER FREMDE?

Die erste Begegnung mit Touristen oder die Arbeit in der Tourismusbranche bedeuten auch eine Konfrontation mit der Fremde. Werbung für westliche Markenprodukte erreicht mittlerweile jeden Slum in der islamischen Welt. Die Kriterien für Glück, Reichtum und Schönheit werden vom Westen definiert. Die Mehrheit der Menschen in diesen Ländern kann sich die westlichen Produkte nicht leisten. Westliche Touristen zeigen offen ihren Reichtum und haben Zugang zu Orten, welche die Einheimischen nicht betreten dürfen. Sie schöpfen mit Gleichgültigkeit die natürlichen Ressourcen des jeweiligen Landes ab. In Urlaubsländern, in denen es ein massives Wasserproblem gibt, wo die Menschen sehr sparsam mit Wasser umgehen müssen, beobachten die Einheimischen, wie die Touristen Unmengen von Wasser in Hotelanlagen, Swimmingpools und auf Golfplätzen vergeuden. »Sie haben uns sogar unser Trinkwasser weggeklaut«, sagte mir ein Tunesier. Mit zunehmendem Massentourismus wächst die Angst unter den Einheimischen vor der Verfremdung der eigenen Kultur und der Entweihung der heiligen Orte und Städte. Doch für viele junge Menschen bietet sich die Arbeit in der Tourismusbranche häufig als einzige Beschäftigungsalternative an. Die Touristinnen werden von den jungen Einheimischen öfter als unmoralisch bezeichnet, trotzdem kommt es häufig zu Liebschaften und sogar Eheschließungen zwischen jungen Muslimen und Touristinnen. Diese Haltung zu Tourismus und Touristen ist bezeichnend für das gespaltene Verhältnis vieler Muslime gegenüber dem Westen. Die Auseinandersetzung mit der Moderne belastet vor allem die neue Generation. Kulturelle und religiöse Identität steht häufig für junge Menschen in den islamischen Ländern im Widerspruch zu persönlicher, wirtschaftlicher und politischer Erfüllung. Für die neue Generation bildet die Identitätsfindung ein zentrales Thema. Es handelt sich um die Generation von Mohammed Atta, dem mutmaßlichen Attentäter vom 11. September. Diese ägyptische Generation steckt in einem Dilemma: Einerseits ist sie von den Eltern streng traditionell erzogen worden, andererseits sieht sie sich den zahlreichen Verführungen der Moderne ausgesetzt. Stau ist der am besten passende Begriff, der die Lage solcher Menschen in den meisten islamischen Ländern bezeichnen kann: Energiestau, Stau auf den Straßen, auf der Suche nach Arbeit, auf dem Weg zur Arbeit, am Arbeitsplatz, falls man überhaupt Arbeit findet. Kulturstau und kulturelle Konfusion begleiten junge Menschen auf der Suche nach Orientierung und Anerkennung. Sie stehen in einem gespaltenen Verhältnis zum Westen, seiner Kultur und seinen Werten. Einerseits sind sie begeistert von der technischen Entwicklung und den westlichen Produkten und genießen diese auch, soweit sie sich das leisten können, andererseits fühlen sie sich bedroht, überholt und gedemütigt von der westlichen Zivilisation. Je öfter solche jungen Menschen in Berührung mit der westlichen Zivilisation in ihrer Heimat kommen, desto stärker nimmt ihre Faszination zu oder auch ihre Angst, von dieser Zivilisation überflutet zu werden. Ihre imaginäre Vorstellung von Überflutung durch den Westen führt öfter zu einem blinden Aktionismus. Der Westen eignet sich ideal für die Rolle des Schuldigen, der dafür verantwortlich gemacht wird, daß die islamische Welt den Anschluß an die Moderne verpaßt hat. Doch für viele spielt der Westen auch die Rolle eines Hoffnungsträgers, von dem sich die islamische Welt die Instrumente der Moderne (z. B. Wissenschaft und Technik) entleihen kann. Die Ambivalenz der Beziehung junger Muslime zu ihrer Tradition einerseits und den Errungenschaften der Moderne andererseits wurde oft in der in Ägypten durchgeführten Befragung deutlich. Manche dieser Muslime suchen Zuflucht vor der »Modernisierungsfalle« in islamischen Bewegungen, deren Motto »al-Islam huwal-hall« (der Islam ist die Lösung) lautet. Islamismus scheint insbesondere für junge Universitätsabsolventen, die politisch und wissenschaftlich eher halbgebildet sind und mit mehr Fragen als Antworten, mit viel jugendlichem Elan, aber ohne eine genauere Berufs- und Lebensplanung die Universitäten verlassen, besonders attraktiv zu sein. Die meisten der von mir in Ägypten befragten Islamisten führen die Rückentwicklung der islamischen Welt auf zwei Faktoren zurück:

(1) die Entfernung der Muslime von den Fundamenten ihres Glaubens und die damit verbundenen Legitimations- und Identitätsverluste;

(2) die feindliche Haltung des Westens gegenüber dem Islam und den islamischen Ländern, die Einmischung der westlichen Großmächte in deren interne Angelegenheiten und die ausländische Kontrolle ihrer Bodenschätze und Ressourcen.

Das Verhältnis der Muslime zum Westen wird nicht zuletzt von zwei alten Begriffen und einem aktuellen Konflikt belastet. Es handelt sich um die Begriffe Kreuzzüge, Kolonialismus und den Nahostkonflikt. Daneben bewegen folgende Konflikte die Emotionen der Muslime und sind Anlaß für eine Art psychischer Kollektivverletzung: der Konflikt zwischen Indien und Pakistan um Kaschmir, der Konflikt auf dem Balkan, der Krieg in Tschetschenien, das Kurdenproblem, der Konflikt zwischen Islam und Christentum in den afrikanischen Staaten mit starken religiösen Minderheiten, die Probleme der muslimischen Minderheiten in China und auf den Philippinen und nicht zuletzt der Krieg gegen den Irak. Verschwörungstheorien sind oft die Antwort auf politische Fragen und ungelöste Konflikte. Die Dauerpräsenz der US-Truppen auf dem – im islamischen Verständnis »heiligen« – Boden von Saudi-Arabien und die bedingungslose Unterstützung für Israel, aber auch die westliche Unterstützung von autoritären Regimen im Nahen Osten, die Minderheiten und Andersdenkende unterdrücken, oder auch die Wirtschaftspolitik des Westens werden als Bestätigung der »Theorie« angeführt, daß die westlichen Mächte die Welt kontrollieren und den Islam als potentielles Hindernis aus dem Weg räumen wollen.

## RADIKALISIERUNG IN DER FREMDE?

Erfahrungen mit Autorität und Gewalt spielen ebenfalls eine gewichtige Rolle. Staatsterror, Folter, frühere Aufenthalte im Gefängnis und Demütigungen in der Heimat belasten junge Menschen. »Das kann nur einer nachvollziehen, der das selbst erlebt hat«, meinte Montasir Al-Zaiyat, ein renommierter Islamistenanwalt in Ägypten im Interview. Zaiyat war ein Mitglied der islamischen Organisation Djihad und saß in der ägyptischen Haft neben Ayman Al-Zawahiri, dem zweiten Mann in der Terrororganisation Al-Kaida. Das Gefühl, seitens der Autoritäten in der Heimat durch Ungerechtigkeit und Repression gedemütigt worden zu sein, wird auch nach der Emigration nicht sobald verschwinden. Auch medial vermittelte Gewalt wird in die Psyche vieler Menschen eingraviert. Die Bilder des Massakers von Sabra und Schatila, die Berichte über ethnische Säuberungen auf dem Balkan und das harte Vorgehen der russischen Armee in Tschetschenien beunruhigen Muslime, auch wenn sie Tausende von Meilen vom Geschehen entfernt leben. Die Live-Berichterstattung über den Irakkrieg und die vor der Kamera vorgeführten Opfer verschärfen das Gefühl der Erniedrigung und Handlungsunfähigkeit der Muslime überall auf der Welt. »Hol dir eine Weltkarte und richte deinen Finger mit geschlossenen Augen wahllos auf eine Stelle auf dieser Karte, dann öffne die Augen, und du wirst deinen Finger an einer Stelle finden, wo islamisches Blut zu Unrecht vergossen wird«, sagte ein Befragter.

### c) Kulturschock und Entfremdungsprobleme muslimischer Emigranten in Deutschland

Der Begriff »Kulturschock« ist an sich zu simpel, um die komplexen Prozesse, die ein junger Muslim in einer fremden Gesellschaft durchläuft, zu beschreiben. Denn es geht um mehr als um die Auseinandersetzung mit zwei sehr unterschiedlichen Kulturen. Verortung, Integration, Heimat, kulturelle Herkunft und kulturelle wie persönliche Identität sind Fragen, die sich in aller Schärfe erst stellen, wenn jemand sich zum Leben in der Fremde entscheidet. Die Wahrnehmung der eigenen sowie der fremden Identität ist stark subjektiv gefiltert. Besonders entscheidend sind die ersten Eindrücke und die damit verbundenen Gefühle, aber auch die Frage, inwieweit die eigene »Sozialkompetenz« ausreicht, sich in der neuen ungewohnten Umgebung zurechtzufinden (Guggemos/Abdel-Samad 2003). Fraglich ist nicht nur, wieviel Verwestlichung die von der Herkunftskultur geprägte Identität verträgt und wie viel mitgebrachte Identität sich im »Westen« bewahren läßt, sondern auch was »fremd« in der eigenen Identität und was »eigen« in der Fremde ist. Die Normen einer »Konsum-, Spaß- und Leistungsgesellschaft« sind den meisten Muslimen fremd. Viele junge Muslime, vor allem die männlichen, empfinden die Orientierung von Deutschen an diesen Gesellschaftsnormen als eine Art »kulturelle Gewalt« der westlichen Gesellschaft und fühlen sich dagegen machtlos. Muslimische Frauen scheinen mit derartigen »fremden« Normen weniger Probleme zu haben. So sagte mir eine junge Muslima: »Die [muslimischen] Jungs haben mehr Probleme mit Deutschland als wir [Frauen]. Wir sind irgendwie diplomatischer und anpassungsfähiger. Außerdem ist es für uns leichter, unsere Keuschheit und Tugend zu bewahren. Wir können uns besser verstecken und manchmal so tun, als wären wir gar nicht in Deutschland (...). Die Jungs fühlen sich leichter provoziert und angegriffen (...). Für sie sind Identität, Rivalität und Überzeugungsarbeit viel relevanter als für uns.« Ein junger Muslim demonstrierte mir seinen Unmut über das Konsumverhalten der Deutschen mit einem Zitat aus dem Koran: »Die aber ungläubig sind, die genießen und fressen wie das Vieh, und das Feuer wird ihre Wohnstatt sein« (Koran: 47:12). Ein anderes Zitat aus dem Koran, genannt von einem anderen Befragten, weist in ähnlicher Weise auf die kritische Einstellung vieler junger Muslime gegenüber in Deutschland gängigen Emanzipations- und Konsumnormen hin: »Und du siehst, wie viele von ihnen wettlaufen nach Sünde und Übertretung und dem Essen verbotener Dinge. Übel ist wahrlich, was sie tun« (Sure 5, Vers 62).[7] Doch es darf nicht der Eindruck entstehen, daß die Muslime prinzipiell gegen Konsum sind. Trotz aller Vorbehalte gegenüber dem Westen werden westliche Konsumgüter (natürlich auch Waffen überall) in der islamischen Welt sehr nachgefragt. In der Heimat gibt es viele Möglichkeiten, Tradition und Moderne miteinander zu kombinieren und zu »versöhnen«, indem man gewissermaßen den Islam modernisiert oder die Moderne islamisiert. In der Fremde aber sieht sich der Zuwanderer sowohl von der muslimischen Diaspora als auch von der Gastgesellschaft mittelbar oder unmittelbar ständig gedrängt, »Farbe zu bekennen«, sich für *eine* Richtung, für Tradition *oder* Moderne zu entscheiden. Die realen kulturellen Widersprüche und Spannungen, denen die meisten Muslime (zumal die jungen) ausgesetzt sind, werden in der Fremde deutlicher und kommen intensiver zum Ausbruch. In dieser Situation bietet sich Religion an als Schutz vor oder Alternative zu einem westlichen Zivilisationsmuster, das den Werten von Spaß und Konsum und der Lebenseinstellung von »Gott ist tot«, huldigt. Religion läßt sich aber nur in der Gemeinde praktizieren. Für viele Muslime erweist sich die Freiheit in der Fremde als Fata Morgana, die entweder unerreichbar oder bedrohlich ist. Unter Freiheit verstehen viele Muslime das Recht auf Selbstbestimmung und Mitsprache. Selbst wenn sich

---

[7] Öfter gaben mir die Befragten bruchstückhafte Hinweise auf bestimmte Stellen aus dem Koran. Ich habe das Zitat dann während des Gesprächs oder bei der Wiedergabe vervollständigt.

## RADIKALISIERUNG IN DER FREMDE?

dem neu Zugewanderten eine Tür der Freiheit öffnet, bleiben ihm doch öfter mehrere andere Türen verschlossen. Nichtbetroffene vermögen die seelischen Qualen nicht zu ermessen, die beim ambitionierten *newcomer* aus der Enttäuschung und Zurückweisung entstehen können, gerade nachdem dieser eventuell das Streben nach Freiheit und Anerkennung in der Fremde mit der Demontage seiner Werte und der Verdrängung seiner kulturellen Identität bezahlt hat. Anders als die Menschen in der Heimat, die einen Konflikt auch rational und praxisbezogen interpretieren können, neigt die Diasporagemeinschaft häufig dazu, zu Konflikten in den Herkunfts- bzw. Heimatregionen in einem praxisfernen dogmatischen Purismus Stellung zu beziehen. Nehmen wir den Nahostkonflikt als Beispiel, so können wir beobachten, daß besonders unversöhnliche Töne und besonders kompromißlose Haltungen vor allem in Kreisen der muslimischen und jüdischen Gemeinden in den USA und Europa zu beobachten sind. Während die Menschen vor Ort miteinander ringen und verhandeln, um praktikable Lösungen zu finden, glauben in der Diaspora die wenigsten an Dialog und die Möglichkeit vernünftiger Kompromisse. Während in Israel regelmäßig Tausende mit der Forderung an die eigene Regierung auf die Straße gehen, die besetzten palästinensischen Gebiete zu verlassen und die jüdischen Siedlungen zu räumen, hört man so gut wie keine Kritik an der israelischen Politik seitens der jüdischen Diaspora, obwohl mehr Juden im Ausland leben als in Israel selbst. »Die Diaspora hat ein schlechtes Gewissen. Die Leute sagen: Uns geht's hier gut. Es steht uns nicht zu, den Menschen in Israel zu sagen, was sie tun und lassen sollen. Wir sollen sie einfach unterstützen, meinen sie«, antwortete Avi Primor, der ehemalige israelische Botschafter auf meine Frage: »Warum ist die Diaspora emotionaler und kompromißloser als die Menschen zu Hause?« Es gibt Tausende von Palästinensern, die täglich nach Israel fahren, um dort zu arbeiten. Ein Palästinenser, den ich in Deutschland dazu befragte, nannte diese Menschen Kollaborateure und Verräter. »Solche Leute sind daran schuld, daß wir bis heute keinen eigenen Staat haben. Sie verkaufen unsere Sache für ein Paar Schekel [die israelische Währung].« Heute reisen Bosnier von bosnischen Dörfern in serbische, um dort billigen Mais zu kaufen. Viele von ihnen haben Familienmitglieder im Krieg verloren. Trotzdem geht das Leben für sie weiter. Denn sie haben zunächst einmal ganz elementar zu überlegen, wie sie ihre Kinder ernähren können. Ein Bosnier, der die Region verließ, als der Krieg ausbrach und heute in der Bundesrepublik lebt, sagte mir, er könne sich nie vorstellen, einem Serben die Hand zu reichen oder durch serbische Gebiete zu fahren. In der Fremde gönnen sich nicht wenige den Luxus, Konflikte in der fernen Heimat in wirklichkeitsfremden, emotionalen Kategorien zu bewerten und eine unflexible Haltung einzunehmen. Eine derart starre Haltung wird oft von einer übertriebenen Religiosität begleitet, die sich als eine Art »symbolische Rückkehr« interpretieren läßt. Diese soll als eine Art Wiedergutmachung oder Entschädigung gegenüber der Heimat und der Familie dienen, denen man den Rücken gekehrt hat.

Ein Emigrant kommt in der Regel mit einem bestimmten »Lebensprojekt« in die Fremde und interessiert sich wenig für die Umstände im Gastland. Genauso wenig interessiert sich das Gastland für das »Lebensprojekt« des Neuzugewanderten. Von ihm werden lediglich Loyalität und die Erfüllung der Aufgabe, für die er einwandern durfte, erwartet.

Viele der Hoffnungen, die Menschen in die Emigration treiben, bleiben für die meisten – auch nach einem langen Aufenthalt in der Fremde – unerfüllt. Die Wünsche nach Reichtum, Freiheit, Unabhängigkeit und Mitsprache gehen nur für sehr wenige in Erfüllung. Für arme Neuzuwanderer bleibt auch in der Fremde das Verhältnis von Armut und Reichtum unverändert. Auch wenn man in der Fremde finanziell besser gestellt ist als zu Hause, ist man hier doch wiederum meistens der ärmere. Neidgefühle sind oft zu beobachten, wenn ein Ausländer über die finanzielle Situation der Deutschen spricht. »Der Kühlschrank ist voll, das Bankkonto ist voll, und wenn irgendwas schief läuft, bezahlt die Versicherung. Sie überlassen nichts dem Schicksal (...). Man kommt von der warmen Wohnung ins warme Auto. Nur wir spüren die Kälte, die Deutschen nicht«, sagte ein Student. In der Fremde gehört man zu einer unterprivilegierten Minderheit. Vielfältige Abhängigkeiten vom Gastland – von der Aufenthaltsverlängerung, vom Asylverfahren, vom Arbeitgeber oder von der Sozialhilfe, von der deutschen Ehefrau – bestimmen den Aufenthalt eines Ausländers in Deutschland. Diese Abhängigkeiten verletzen den Stolz eines Mannes aus dem Orient. Man könnte statt »Stolz« auch »Männlichkeit« sagen, denn die Worte »Mann« und »Stolz« sind in vielen arabischen Begriffen miteinander verflochten.

Fremd ist auch vielen Muslimen der deutsche Umgang mit Konflikten und Aggressionen. Menschen, die aus Kulturen kommen, die es erlauben, Konflikte auch mit lauten Worten und handgreiflich auszutragen, können ihre Aggressionen nicht ausleben, wenn sie es mit Deutschen zu tun haben. Sobald man lauter wird oder eine aufgeregte Geste macht, gilt man als unzivilisiert und gewaltbereit. Drei Befragte erzählten, daß Angestellte in einer Behörde, mit der sie es zu tun hatten, sofort die Polizei gerufen hätte, nur weil sie sich lautstark geäußert hätten. »Bei uns kommt die Polizei – wenn überhaupt – erst wenn Blut geflossen ist«, meinte einer von ihnen.

Die Offenheit der Deutschen im Hinblick auf den Umgang mit Alkohol und Sexualität schockiert oft männliche Muslime, die damit vorher keine Erfahrungen gemacht haben. Sexuelle Enthaltsamkeit in einer Gesellschaft zu üben, die freizügig mit Sexualität umgeht, ist für einen jungen Muslim äußerst belastend. Viele Befragten machen den freien Umgang der Deutschen mit Sexualität und Alkohol für die »schwachen sozialen Bindungen in den deutschen Familien« verantwortlich. Oft provoziert der offene Umgang der Deutschen mit Sexualität junge Muslime, die entweder noch keine sexuellen Erlebnisse gehabt haben, oder, nachdem sie die »verbotenen Früchte« gekostet haben, von Schuldgefühlen und Gewissensbissen geplagt werden. Diejenigen, die nicht aus religiösen Gründen, sondern aus Mangel an Möglichkeiten keinen Zugang zu Sexualität haben, projizieren oft ihre Frustration auf das sexuelle Verhalten im Gastland. Menschen, die bereits Heiratspläne oder aber eine Familie haben, kritisieren zwar auch die deutsche Sexualmoral, fühlen sich aber dadurch nicht allzu sehr provoziert oder bedroht. Die offene Ausübung der Religion sowie die Beachtung der moralischen Vorstellungen der Kollektivgesellschaft dienen in der Heimat als eine Art Entlastung. In einer westlichen Gesellschaft aber können sie zu einer Belastung werden. Denn wenn man nicht in eine Gemeinde eingebettet ist, die strikte Religionspraxis würdigt, isoliert man sich durch seinen religiösen Eifer. Manchmal führt dies zum übertriebenen Festhalten an der Religion, oft aber zu normativer Desorientierung und moralischer Verwirrung. »Ich weiß nicht mehr, ob es richtig ist, Sex vor der Ehe zu haben oder nicht. Wenn ich mit Muslimen rede, glaube ich, daß es nicht richtig ist. Wenn ich aber mit Deutschen länger zusammen bin, kommt meine Überzeugung wieder ins Schwanken. Ich glaube, Moral hängt davon ab, wo du bist und welche Leute in deiner Umgebung leben«, meinte ein arabischer Student. Auch die eher marginale Stellung der Religion in der Gesellschaft sowie der in Deutschland übliche »aufgeklärte« Umgang mit den heiligen Symbolen verunsichern Menschen, für die das Heilige unantastbar ist. Ein arabischer Student, den ich interviewt habe, berichtete mir, daß er entsetzt gewesen sei, als sein deutscher Studienkollege einen Witz erzählte, in dem er Jesus und Maria und die unbefleckte Empfängnis verspottete. »Wie kann eine Gesellschaft, die ihre eigene Religion nicht versteht und gar nicht respektiert, unsere verstehen oder respektieren?«, kommentierte der arabische Student, der Jesus und Maria, wie sie im Koran dargestellt sind, als ihm heilige Figuren betrachtet. Die Relativierung des Heiligen bzw. die Relativierung der *Sünde* verunsichern einen Muslim in der Diaspora. Im emanzipierten Deutschland hat der Begriff »Sünde« kaum noch einen Platz. Nur im Zusammenhang mit Steuerhinterziehung oder Nichtberücksichtigung der Verkehrsregelungen wird der Begriff »Sünde« gebraucht. Oder wenn eine Dame, die auf Diät ist, eine große Tafel Schokolade verspeist, wird sie vielleicht sagen, »heute habe ich gesündigt«. Für einen Muslim dagegen sind Begriffe wie »Sünde«, »Teufel« und »die Strafe Gottes« allgegenwärtig. Zitate aus den heiligen Schriften und sinnstiftende Meta-Erzählungen – als Mittel der Kommunikation und Konfliktbewältigung – sind in Europa nicht mehr anerkannt und nicht mehr selbstverständlich. Viele Muslime fühlen sich in der westlichen Gesellschaft mißverstanden und neigen öfter dazu, den Islam zu verteidigen. Ein deutscher Student, den ich über seine Erfahrungen mit muslimischen Kommilitonen und Kollegen befragte, erzählte, daß er eines Tages mit einem muslimischen Freund in einer Kneipe saß und mit ihm Bier trank. Der deutsche Student fragte ihn nach dem Alkoholverbot im Koran und der Araber fing an, das Alkoholverbot rational zu verteidigen, obwohl er selbst gerade Alkohol trank. Er ging sogar einen Schritt weiter und fing an, von all den großartigen Seiten des Islam zu berichten.»Er war total westlich in jeder Hinsicht, und ich konnte mit ihm über alles vernünftig und differenziert diskutieren, aber wenn es um den Islam ging, da hörte der Spaß auf, er wurde emotional und fühlte sich genötigt, Erklärungen abzugeben. Ich hatte das Gefühl, daß er versucht hat, mich zum Islam zu bekehren«, meinte der deutsche Student. Fast alle Befragten beschwerten sich über die Berichterstattung über den Islam und die Konflikte in der islamischen Welt. Bosnier und Palästinenser sind empört, daß die deutschen Medien den Konflikt auf dem Balkan und den israelisch-palästinensischen Konflikt lediglich als Bürgerkriege darstellen. Nach einem langen Aufenthalt im Ausland ändert sich die Beziehung des Emigranten zu seiner Heimat. Beim ersten Heimatbesuch nach der Emigration fühlen sich viele von der eigenen Familie verkannt. Die Familie lernt im Laufe der Zeit, ohne den Sohn zurechtzukommen. Der Sohn stellt fest, daß er sich nicht mehr nahtlos in die heimatlichen Strukturen einfügen kann. Deswegen kehren viele nach dem ersten Besuch in der Heimat enttäuscht zurück. Sie stellen fest, daß sich viel geändert hat, ohne genau zu wissen, ob sich ihre Heimat gewandelt hat, oder ob sie sich selbst geändert haben. Diese »Heimat-Problematik« ist wohl bei Studenten am gravierendsten. Die neuen Eindrücke und Einsichten stehen im Gegensatz zu dem ursprünglichen romantischen und idealistischen Bild der Heimat, wo das Wetter schöner und die Menschen glücklicher und freundlicher sind. Viele schämen sich nach der Rückkehr zuzugeben, daß sie nun von der Heimat enttäuscht sind. Manche von der Heimat enttäuschte Studenten suchen nach Möglichkeiten, um auch nach dem Studienabschluß weiter im Gastland bleiben zu können. Allerdings muß nach dem bisher geltenden Ausländerrecht ein ausländischer Student die Bundesrepublik verlassen, sobald er sein Studium abgeschlossen hat. Kurz vor dem Studienabschluß steht der ausländische Student unter enormem Entscheidungs- und Zeitdruck. Er steht vor der Wahl, in seine Heimat zurückzukehren, wo er Reintegrationsmaßnahmen versäumt hat, oder er muß nach einer Möglichkeit zu suchen, einen neuen Aufenthaltsstatus im Gastland zu erlangen. Das gilt allerdings nur für diejenigen, die ihr Studium erfolgreich abschließen. Es gibt aber viele, die aus verschiedenen Gründen nicht zum Abschluß gelangen. Es ist für Studenten eine große Schande, in ihre Heimat zurückzukehren, ohne das erreicht zu haben, wofür sie ihr Land verlassen hatten. Die Angst, Familie und Verwandte und manchmal ganze Dörfer zu enttäuschen, führt dazu, daß diese jungen Menschen versuchen, in der hiesigen Gesellschaft unterzutauchen oder ihren Aufenthaltsstatus durch Eheschließung mit einer Deutschen zu ändern. Doch sind ihre Chancen auf dem Beziehungs- und Arbeitsmarkt eher gering.

Nahezu keiner der Befragten gab zu, unter Identitätskonflikten zu leiden. Doch wenn man »zwischen den Zeilen liest«, kann man feststellen, daß das eigentliche Problem junger Neuzuwanderer, die auf eigene Faust den Weg in die Fremde suchten, in der Regel die Identitätsunsicherheit ist. Das Spannungsverhältnis zwischen den mitgebrachten starren Rollen- und Identitätsmustern und westlichen Vorstellungen, die nicht selten von Ambivalenz und Relativität gekennzeichnet sind, ist noch belastender als die Auswirkungen von Diskriminierung oder sozialer Benachteiligung. Im Westen vermißt ein junger Muslim etwas Absolutes, das er als Zentrum anerkennt, das ihn im Leben leitet und begleitet. Der deutsche Konjunktiv, das »könnte sein, muß aber nicht«, und das »sowohl als auch« erschweren es jungen Muslimen, sich normativ zu orientieren und verbindliche Entscheidungen zu treffen. Die »Zentrumlosigkeit« und das »Ende der Metaphysik« schüren bei ihnen die Angst, daß sich alles auflöst und die Grenze zwischen dem »Heiligen« und dem »Normalen«, zwischen dem Fremden und dem Eigenem langsam entschwindet. Ein Befragter sagte, daß diese Relativität junge Muslime »vor sich selbst nackt auszieht und ihre geschickt versteckte Doppelmoral, persönliche Dualität und die Schwachstellen ihrer Kultur vor Auge führt«, was sie dieser Gesellschaft »nie verzeihen« könnten. Dieser Befragte war nahezu der einzige, der seine Doppelmoral explizit zugab: »Bis ich dreizehn war, war ich ein anständiger Muslim und Mitglied der Gemeinschaft zu Hause. Ich habe die Hierarchie akzeptiert und respektiert. Als ich meine Sexualität entdeckte, begann meine harmonische Einheit mit der Gemeinschaft zu schwanken. Von da an mußte ich ein Doppelspiel beherrschen: mich in der Moschee wie ein Engel verhalten und woanders wie ein Teufel, ein harmloser Teufel. In Deutschland ging das Spiel weiter, obwohl es nicht notwendig war, denn es gab in der Nähe keine Gemeinschaft mehr. Aber ich war in meiner Mentalität gefangen. Durch eine bittere Erfahrung wurde mir meine Doppelmoral auf eine schreckliche Art und Weise klar. Anfangs machte ich Deutschland sowohl für meine Doppelmoral als auch für meine bittere Erfahrung verantwortlich. Aber irgendwann hatte ich für ein neues Spiel keine Energie mehr. Ich mußte den Verlust eines Teils meiner Identität in Kauf nehmen, um hier nicht verrückt zu werden.« Für die meisten ist jedoch eine derartige positive Entwicklung eher die Ausnahme. Die meisten spielen weiter oder suchen Hilfe in den alten Strukturen.

### d) Zwischenfazit: Potentielle Implikationen für den politischen Radikalisierungsprozeß

Für diese Analyse wurden keine Attentäter befragt (»Gefängnisinterviews« mit Attentätern haben bereits eine gewisse Tradition in der Terrorismusforschung), und es wurde auch nicht versucht, bekennende politisch Radikale als Interviewpartner zu gewinnen. Vielmehr wurden 65 ganz normale, durchschnittliche (vornehmlich studentische) junge Muslime, die sich in Deutschland aufhalten, befragt, und die Fragen waren ganz überwiegend im vorpolitischen Raum angesiedelt. Das Hauptziel der Interviews war es nicht nur, den – angeblichen – Zusammenhang von Religiösität und Radikalisierung zu überprüfen. Es sollte auch ein umfassendes Bild der migrationsspezifischen Probleme und Problemwahrnehmungen der Befragten gewonnen werden. Die referierten Probleme und Problemwahrnehmungen der Befragten dürften typisch, wenn auch nicht im strikten Sinne repräsentativ für die große Gruppe der jungen Muslime sein, vor allem der studentischen, die sich in Deutschland aufhalten.

Über die möglichen Implikationen der in den Interviews genannten Sachverhalte und Ansichten für den politischen Radikalisierungsprozeß läßt sich lediglich spekulieren.

Die durch den »Kulturschock« verursachten Spannungszustände und Identitätsprobleme wurden ausführlich geschildert. Sie können aber, wie der nächste Abschnitt deutlich macht, innerhalb der Migranten-Gemeinschaftsmilieus wirksam entschärft werden. Sie dürften sich nur im Ausnahmefall im politischen Radikalismus entladen. Potentiell anfällig hierfür dürften, wenn man von Einsichten ausgeht, die den Biographien der Attentäter des 11. September entnommen sind, insbesondere sozial isolierte Individuen sein. Für sie sind auch radikale Gruppen attraktiv, weil sie »Gemeinschaft« versprechen, und radikale charismatische Führer, weil sie »Sicherheit« verheißen.

## 4. Annahmen auf dem Prüfstand

### a) Die Rolle der Religion (Ergebnisse der Interviews)

Es gibt nicht »den einen Islam«, wie es auch keine einheitliche islamische Ideologie, weder in den islamischen Ländern noch in der Diaspora, gibt. Das gleiche gilt auch für die Muslime selbst. Je nach Herkunftsland, Grund des Aufenthalts in der Zielgesellschaft, persönlicher Geschichte, Bildungsniveau und Sozialstatus variiert das Islamverständnis der Muslime in der Fremde. Allgemein läßt sich aber feststellen, daß die muslimische Diaspora tendenziell eher wertkonservativ ist. Zu beachten ist auch, daß die in der Fremde Lebenden emotional-verletzbarer als die Daheimgebliebenen sind, wie schon ein arabisches Sprichwort sagt: »In einem fremden Land kann sogar der Hase dein Kind beleidigen«. Der Islam in der Fremde unterscheidet sich deutlich vom Islam in der Ursprungsgesellschaft. Damit ist nicht der Islam als Glaube gemeint, sondern die Art und Weise, wie nach dem Islam gelebt wird. In der Ursprungsgesellschaft mit muslimischer Mehrheit bildet der Islam als Glaube und Praxis den Alltag, der von einer gewissen Gelassenheit, Selbstverständlichkeit und einem Automatismus gekennzeichnet ist. Ein explizites Bekenntnis zum Islam ist in der Regel keine Notwendigkeit.

Die muslimische Diaspora sieht sich demgegenüber mit der Herausforderung konfrontiert, als Minderheit in einer nicht-muslimischen und zudem säkularisierten Gesellschaft leben zu müssen. Deswegen erhöht sich für Emigranten die Bedeutung der Religion. In der Fremde bietet sie auch Identitätssicherheit, Geborgenheit und Trost. Deshalb sind Religion, Heimatverbundenheit, ethnische und kulturelle Identität in der Diaspora kaum voneinander zu trennen. Religion wird in der Fremde zum Ersatz für die *Umma*, die große muslimische Urgemeinschaft, für die Heimat und in manchen Fällen auch für die Familie. Das Festhalten an der Religion bringt einem Respekt und Ansehen innerhalb der konservativen Kreise in der Diaspora und bietet gleichzeitig eine Möglichkeit zur »symbolischen Rückkehr« zu Sippe und Heimat. »An Beispielen für das zähe Festhalten an der überkommenen Religion in der Diaspora mangelt es nicht: erwähnt seien etwa die deutschen Protestanten, die Mitte des 19. Jahrhunderts nach Südchile auswanderten und dort inmitten des Araukanergebietes ländliche Siedlungskolonien errichteten; die Rolle des Katholizismus bei den Iren in den USA oder jene des Talmud bei den über die gesamte westliche und teilweise auch östliche Welt verstreuten jüdischen Gemeinden bis zur Gründung des Staates Israel« (Waldmann: Vortrag vom 28. 01.2003).

In langen Leitfadengesprächen mit arabischen Studenten und Emigranten der zweiten Generation fiel auf, daß diejenigen, die eingebettet sind in Familie und religiöse Tradition, viel selbstsicherer und bestimmter auftreten als jene, welche sich selbst gern als »liberal« oder »nicht besonders religiös« bezeichnen. Personen, die in religiösen Familien aufgewachsen sind und selbst ebenfalls religiös geworden sind, zeigen sich zwar der hiesigen Gesellschaft gegenüber skeptisch und distanziert, sind aber zufriedener mit ihr, den hiesigen Strukturen und mit ihrem Leben im allgemeinen als jene, die keinen oder nur wenig religiösen Hintergrund haben. »Die Deutschen sind zum Teil Muslime, aber sie wissen es nicht. Islam ist Disziplin, und die Deutschen sind diszipliniert. Islam ist Freiheit, Sauberkeit und Menschenrechte, und all das gibt es hier in Deutschland. Moral und Familie ist eine andere Geschichte. Wir sind

›Moralmuslime‹ und die Deutschen sind ›praktische Muslime‹. Wenn die Deutschen auch unsere Vorstellung von Moral und Familie übernehmen, werden sie die perfektesten Muslime werden. Aber das wird nicht passieren, glaube ich. Deswegen hoffe ich, daß wir (Muslime) von den Deutschen Menschenrechte, Demokratie und Disziplin lernen. Wir haben diese Sachen theoretisch im Koran, aber die Deutschen haben sie auf dem Boden« (Interview 43). Eine derart positive Einstellung ist typisch für viele, die sich gläubige und praktizierende Muslime nennen.

Bei einigen Befragten war festzustellen, daß Kinder religiöser Eltern besser Deutsch sprechen und besser in der Schule abschneiden als Kinder nicht-religiöser Eltern. Dieses Phänomen findet vermutlich seine Erklärung darin, daß Bildung im Islam als eine religiöse Pflicht gilt. »Verlangt nach Wissen, selbst wenn ihr nach China müßt!«, zitierte ein türkischer junger Vater den Propheten Mohammed (Interview 29).

Auffällig war, daß Beschwerden über Diskriminierung und Fremdenhaß in Deutschland insbesondere von Emigranten kamen, die sich als nicht religiös bezeichneten. »Als Muslim hast du keine Chance in dieser Gesellschaft«, meinte ein Befragter, der fast stolz darauf verwies, noch nie in einer Moschee gewesen zu sein. Bei manchen »nicht religiösen« Muslimen war eine Art regelrechter »Affinität« zu Diskriminierung zu beobachten. Sie scheinen sich nicht ungern in der Rolle des »Diskriminierten« zu sehen, weil sie hiermit ihre eigenen Versäumnisse und schwachen Leistungen im Gastland entschuldigen und rechtfertigen können. Demgegenüber sagte ein anderer Befragter, der sich als religiös sieht: »Als Muslim mußt du sehr fleißig sein, um dich hier zu beweisen« (Interview 33). Seine gute berufliche Position und die Erfolge seiner Kinder in der Schule mögen ihre Wurzeln in dieser Haltung haben. Ich konnte auch beobachten, daß junge gläubige Muslimas, die das Kopftuch tragen, sich in Deutschland wohler zu fühlen scheinen als andere ohne Kopftuch.

Man könnte spekulieren, auch wenn es politisch »unkorrekt« klingen mag: Diskriminierung kann auch positive Ergebnisse zeitigen. Sie trägt vermutlich zumeist zur Demoralisierung von Diskriminierten bei, unter Umständen kann sie aber zu mehr und größeren Leistungen stimulieren.

Während die Gläubigen betonen, daß jeder für seine Taten selbst verantwortlich ist, neigen Nichtreligiöse dazu, den »Druck der Straße« und die zahlreichen Verführungen in Deutschland für ihr »Abirren« verantwortlich zu machen. Bei den Befragungen fiel zudem auf, daß die meisten, die fromm sind und regelmäßig praktizieren, sowohl von negativen als auch von positiven Seiten der deutschen Gesellschaft und deren Einflüssen auf sich selbst berichten, während ein nicht praktizierender, nach außen westlich orientierter Muslim dazu neigt, die Gesellschaft hier teilweise negativistisch zu dämonisieren. Typisch für einen frommen

## RADIKALISIERUNG IN DER FREMDE?

Muslim dürfte folgende Meinungsäußerung sein: »Gott hat gute und schlechte Sachen geschaffen. Ich glaube nicht, daß er will, daß wir die schlechten Sachen selber kaputt machen, er hat uns Verstand gegeben, um gute Sachen auszusuchen und schlechte Sachen beiseitezulassen.« So antwortete ein Befragter auf meine Frage, ob ein Muslim Gewalt anwenden darf, um das Gute zu gebieten und das Böse zu »verbieten« (Interview 33).

Gläubige Muslime befürworten generell »Gehorsam« gegenüber der jeweiligen »Obrigkeit«. Sie sind sich in der Regel darin einig, daß die jeweiligen *ulil-amr*, also die Befehlshaber und Führungspersonen in den politischen Institutionen, für Ordnung, Sicherheit und Gerechtigkeit verantwortlich sind. Auch wenn die *ulil-amr* nicht moralisch und nicht sonderlich gerecht sind, folgt man ihren Befehlen, schon um Spaltungen und Unruhen zu vermeiden. Die Geschichte der diktatorialen Regime in der arabischen und islamischen Welt beweist, daß diese Haltung dem Herrschenden gegenüber eher die Regel und nicht die Ausnahme darstellt. Der Schluß liegt nahe, daß ein religiöser und praktizierender Muslim, der die Religion nicht nur als letzten Anker gegen Frustration oder als Schutzschild gegen schlechte Einflüsse benutzt, viel toleranter sein kann als einer, der sich mit den Grundlagen seiner Religion nicht identifiziert. Ein mittelalterlicher islamischer Geistlicher (Al-Imam Al-Schafi'i) schrieb einmal: »Ich liebe die Gläubigen, auch wenn ich mit ihnen nichts am Hut habe, und ich hasse die Sünder, selbst wenn ich mit ihnen die Sünden teile.« Nämliches gilt für die Reaktionen auf den 11. September. Während sich viele gläubige Menschen zumindest von den Terroristen deutlich distanzierten, kamen die makabersten Kommentare, die eine Schadenfreude nicht verbergen konnten, von areligiösen Menschen. Ein Befragter, der im Fragebogen auf die Frage »Wie war ihre Reaktion auf den 11. September?« mit »Ich war schockiert« geantwortet hatte, erzählte mir später, als das Gespräch lockerer wurde, daß das Bild von den stürzenden Türmen des World Trade Center wie die schönste Geburtstagskarte für ihn gewesen sei, die er je bekommen habe (Interview 19). Eine ähnliche Antwort bekam ich interessanterweise von zwei arabischen Christen, die ähnliche Prozesse wie ein Muslim in der Fremde durchlebten. Beide haben ein schlechtes Gewissen, weil sie sich zu sexuellen Abenteuern im Westen hinreißen ließen. Einer von ihnen erzählte, seine Mutter sei eine große Bin Laden-Anhängerin. Die meisten gläubigen Muslime, die ich zum 11. September befragte, verabscheuten die Anschläge auf Zivilisten. Viele wiederholten religiöse Argumente gegen diese Anschläge, wie: »Selbst im Krieg sollt ihr keine Frauen und keine Alten töten, keine Kinder erschrecken, keine Bäume abschneiden und die Körper der gefallenen Feinde nicht beschädigen.« Die Mehrheit akzeptierte die Idee des Selbstmords nur im Falle der Verteidigung. Von allen Befragten wurde scharf zwischen den Attentätern des 11. September und den palästinensischen Selbstmordattentätern unterschieden. Sowohl die religiösen als auch die wenig religiösen Befragten billigten den Selbstmordattentätern in den besetzten palästinensischen Gebieten und in Israel Selbstverteidigungsmotive zu. Zu den Themen Geld, Sexualität und Alkohol äußerten sich die Frommen viel gelassener als die Nicht-Praktizierenden. Sie finden es nicht in Ordnung, wie mit diesen drei Dingen in Deutschland umgegangen wird, aber sie brechen bei ihrer Kritik nicht in schiere Wut aus, wie dies bei einigen »Liberalen« zu beobachten ist. Junge Fromme zeigten eher eine individuelle, nicht aber eine kollektive Interpretation moralischer Gefahren: »Es schadet uns nicht, wenn andere sündigen. Nur wenn wir selbst sündigen, ist es schlimm«(Interview 55). Oder: »Sie haben Geld, aber wir haben Zufriedenheit« (Interview 11). Und: »Sie genießen jetzt und wir genießen im Jenseits« (Interview 26). Das moralische Überlegenheitsgefühl und die Gewißheit, daß die Gläubigen von Gott belohnt werden, relativieren für viele die materielle Überlegenheit der Deutschen und mindern die Auswirkungen der Diskriminierung. Diejenigen, die ihren Gott schon gefunden haben und keinen Zweifel daran haben, werden nicht so sehr provoziert, wenn sie andere hören, die den Tod Gottes bejubeln oder bezweifeln, daß er jemals »gelebt« hat. Auch diejenigen, die nicht genau wissen, wie sie zu diesem Gott stehen, oder Angst haben, ihn wieder aus den Augen zu verlieren, können es kaum ertragen, wenn irgend jemand etwas Abfälliges über diesen ›Gott‹ sagt.

Aus den Interviews geht eindeutig hervor, daß gläubige Muslime in der Regel nicht zum Radikalismus neigen und es ganz verfehlt wäre, sie als potenzielle Terroristen zu sehen. Bei Menschen, die im Glauben gefestigt sind, ist nicht die emotionale und soziale Isolation zu konstatieren, die eine günstige Voraussetzung für Radikalisierung zu sein scheint. Neben individuell-spiritueller Erfüllung verspricht Religiosität auch soziale Anerkennung und zwar sowohl in der Heimat als auch in den – zumeist konservativen – Kreisen der Diaspora. Die Beachtung religiöser Pflichten erfordert regelmäßige Gemeindebesuche, und hier wird man als religiöser Muslim schnell als *Bruder* bezeichnet.

## b) Islamische Gemeinden und Organisationen in Deutschland und das Problem der Gewaltrhetorik

Den organisierten islamischen Milieus[8] in Deutschland werden nicht selten Fundamentalismus, Islamismus, Integrationsverweigerung, Ghettobildung, Haßpropaganda, Ablehnung von Demokratie und Pluralis-

---

8 Es wird hier der Ausdruck »organisierte islamische Milieus« benutzt, da es schwierig, ja unmöglich ist, eindeutig zwischen islamischen Gemeinden

mus und sogar die Nähe zu terroristischen Organisationen vorgeworfen. Eine Studie von Heitmeyer u. a. kritisiert die Verschlossenheit solcher Milieus und ihre Zurückgezogenheit in einem abgeschirmten »hermetischen Rahmen« (Heitmeyer u. a. 1997: 191). Sie äußert den Verdacht – ohne dies beweisen zu können –, daß einige dieser organisierten Milieus Beziehungen zu Terrororganisationen unterhielten (29). Persönliche Religiosität wird als eine Alternative zu Mitgliedschaft in fundamentalistisch orientierten islamischen Organisationen genannt (32), die Häufigkeit von Gemeindebesuch seitens der Jugendlichen wird implizit als ein bedrohliches Phänomen dargestellt (88).

Die zentrale These von Tibi (2002: 23-30) in seinem Buch »Die islamische Zuwanderung, die gescheiterte Integration« lautet, daß die Zuwanderer nicht nur »Armutsflüchtlinge« seien, sondern auch »Vertreter politischer Bewegungen (Islamismus, ethnischer Nationalismus), die in Europa ihre Logistik ausbauen«. Der islamische Wahrheitsanspruch stehe, so Tibi, in Widerspruch zum religiösen Pluralismus. Tibi schreibt den offenen Grenzen des Westens, die neben Migrationsprozessen auch die Mobilität der Terroristen erleichterten, sowie einer am Prinzip Multikulturalismus orientierten Politik eine gewisse indirekte Mitverantwortung für den 11. September zu. Er bietet ein Modell, das er »Euro-Islam« nennt, als Alternative zum fundamentalistischen Islam an. Er versteht dieses Konzept als die Versöhnung von religiösem Glauben und säkularer Vernunft im Rahmen des Pluralismus (Tibi 2002: 293).

Während der Verfassungsschutz von rund 30 000 islamischen Fundamentalisten in Deutschland ausgeht, rechnet Tibi allein in Deutschland mit 100 000 Extremisten, die »Europa islamisieren wollen« (Tibi: Vortrag in Augsburg vom 7. 3. 2003). Auf meine Frage, wie er auf diese Zahl käme, antwortete er, daß man *bestimmte* Moscheen beobachte, wo Fundamentalisten verkehren. Man kalkuliere, wie viele Menschen regelmäßig ein und ausgehen, und so komme man auf diese Zahl. Somit wird also der reine Gemeindebesuch als Indiz für die Zugehörigkeit zu einer fundamentalistischen Vereinigung interpretiert.

Was Tibi und viele Beobachter mit einer derartigen Argumentation außer acht lassen ist die Tatsache, daß viele Muslime einfach diejenige Moschee besuchen, die in ihrer Nähe liegt. Auch kommen viele nicht in und Organisationen zu unterscheiden. So spricht z. B. Schiffauer (2000) zumeist von »Gemeinden« anstatt von »Organisationen«. Dies erklärt sich damit, daß es keine gewissermaßen »organisationsfreien« Moscheen gibt, sondern sie jeweils von unterschiedlichen religiösen Organisationen kontrolliert werden bzw. ihnen zugeordnet sind. Es wird geschätzt, daß etwa die Hälfte der Moscheen dem (mit dem türkischen Staat verbundenen) »Präsidium für Glaubensangelegenheiten« unterstellt ist und die »Nationale Sicht« bzw. Milli Görüs die nächstgrößere Gruppe bilden (Schiffauer 2000: 32).

eine Moschee, um zu beten oder die Islamisierung Europas zu planen, sondern lediglich, um an Sonn- und Feiertagen Lebensmittel zu kaufen oder sich für fünf Euro die Haare schneiden zu lassen, denn die Moschee ist nicht nur ein Ort des Gebets. Die großen Gemeinden halten ein umfassendes Angebot für ihre Zielgruppe bereit, das von Gebetsräumen, Lebensmittelläden mit einheimischen Spezialitäten bis zu Sportvereinen reicht. Sie setzen sich für den Bau islamischer Friedhöfe ein und organisieren Pilgerfahrten nach Mekka usw. Viele Menschen, die nicht unbedingt mit der Ideologie der Gemeinde einverstanden sind, besuchen die Gemeinde regelmäßig, um von diesen Angeboten Gebrauch zu machen. Auch ist es problematisch, strikt zwischen »fundamentalistisch« und »nicht fundamentalistisch« orientierten Moscheen unterscheiden zu wollen. Denn der religiöse Wahrheitsanspruch, der dem pluralistischen Gemüt als »fundamentalistisch« erscheint, ist *allen* Religionen eigen (man denke etwa an das katholische Unfehlbarkeitsdogma). Nicht wenige Moscheen, die als »fundamentalistisch« etikettiert werden, wären wohl besser als »orthodox« bzw. »strenggläubig« zu bezeichnen. Auch ist zu berücksichtigen, daß es innerhalb der religiösen Organisationen (vor allem innerhalb der großen) unterschiedliche Strömungen gibt.

Viele Deutsche verbinden die Gewalttaten einiger kurdischer PKK-Anhänger Anfang der 90er Jahre in Deutschland mit islamistischen Organisationen. In der Tat werden 80 Prozent der politischen Gewalttaten von Muslimen in Deutschland vom Verfassungsschutz den radikalen Kurden zugeschrieben. Diese berufen sich dabei allerdings nicht auf den Islam, sondern auf ihre ethnische und nationale Identität. Ihre Gewalt richtet sich auch gegen muslimische Gebetsstätten und türkische Gemeinden. Die restlichen 20 Prozent verteilen sich in der Hauptsache auf andere *inner*islamische Auseinandersetzungen (Spuler-Stegemann 2002: 58).[9]

Manche Beobachter sehen auch in Verlautbarungen einiger islamischer Organisationen einen Hinweis auf verfassungsfeindliche Tendenzen. Erwähnt wird in diesem Zusammenhang die islamische Gemeinschaft Milli Görüs (IGMG), die mit 26 000 Mitgliedern die größte islamische Organisation in Deutschland ist (Verfassungsschutzbericht 2002: 160). Die verfassungsfeindliche Haltung der Milli Görüs will der Verfassungsschutzbericht mit folgendem Zitat aus einer internen Veran-

9 Gerade im Angesicht der gängigen Negativeinschätzung islamischer Gemeinden und religiöser Organisationen sei hervorgehoben: Sie können auch eine *positive* Rolle bei der Integration der Jugendlichen in die Gesellschaft spielen. Denn die Integration der Jugendlichen in die organisierten islamischen Milieus (Binnenintegration) bietet ihnen eine Alternative zu Drogen und Kriminalität und entschärft unter Umständen ihr Radikalisierungspotential und ihre Gewaltbereitschaft.

staltung belegen: »Einst waren die Europäer unsere Sklaven, heute sind es die Muslime. Dies muß sich ändern. Heute sind wir abhängig von den Ungläubigen. Sie wollen unsere Religion verbieten. (...) Wir müssen die Ungläubigen bis in die tiefste Hölle treiben« (Verfassungsschutzbericht 2002: 161 f.). Die politischen Ziele beschreibt ein Funktionär von Milli Görüs wie folgt: »Was ist die Absicht der AGMG? (frühere Bezeichnung der IGMG) Besteht diese darin, die schönsten Moscheen zu errichten oder die Miete für Gebäude und Vereine zu bezahlen? (...) Ja, alle diese Ziele müssen wir realisieren, aber unsere Intention geht darüber hinaus, unsere Intention besteht darin, weltweit die gerechte Ordnung an die Macht zu bringen« (Verfassungsschutzbericht 1995 zitiert in Spuler-Stegemann 2002: 72). In den achtziger Jahren hat die Milli Görüs-Organisation folgende Aussage zur hiesigen Gesellschaft gemacht: »Der Europäer ist ein Atheist und Götzenanbeter, ein Wucherer, Kapitalist, Sozialist, Zionist, Kommunist und Imperialist, ständig brünstig und besoffen, ehebrecherisch und materialistisch. Er hat sich dem Teufel verschrieben. Sie sind Agenten und Spione. Sie können als Arzt auftreten, als Krankenpfleger, als kluger Lehrer, als Gewerkschaftler, aber alle sind sie Feinde des Islam« (Nirumand 1990: 51).

Wenn man solche Aussagen hört, kann man an den friedlichen Absichten derartiger Organisationen zweifeln. Es gibt aber eine plausible Erklärung für ihre militant-unversöhnliche Rhetorik. Meines Erachtens stellen auch islamische Organisationen wie Milli Görüs (zumindest ihre Mehrheitsfraktion) die in Deutschland herrschende demokratische Ordnung nicht in Frage, sind aber gleichzeitig bemüht, den ideologischen Anliegen der Jugendlichen und einiger *hard core*-Mitglieder zu entsprechen. Darüber hinaus schätzen sie die Finanzspritzen, die sie aus den Golfstaaten im Namen der *Da'wa* oder zur Verbreitung des Islam und der Bewahrung der muslimischen Identität bekommen. Ihr Dilemma besteht darin, daß sie nur bei einer gleichgewichtigen Beachtung dieser drei Faktoren überlebensfähig sind. Deswegen sind sie oft zu einem weiten Spagat gezwungen: Einerseits zeigen sie sich den Deutschen gegenüber von ihrer demokratischen Seite, und wenn diese sich umdrehen, reden sie über die Verbreitung des Islam und die islamische Ordnung, selbst wenn sie wissen, daß diese Ziele Utopien sind. Sie können ihren Anhängern aber nicht sagen, daß die Ideale, für die sie einstehen, unerreichbar sind. Sie können ihnen nicht offenbaren, daß sie vornehmlich damit beschäftigt sind, die Kontinuität der Organisation, zumindest deren Status quo zu sichern. Sie müssen ihren Anhängern, wenn sie sie halten und neue hinzu gewinnen wollen, das Gefühl vermitteln, daß sie an einer visionären Mission teilnehmen und die Zukunft gestalten werden.[10]

10 Viele Mitglieder dieser Organisationen wissen, daß die meisten der von

Die meisten Organisationen akzeptieren die Grundprinzipien einer säkularisierten Gesellschaft. Das Wort »Säkularisierung« darf allerdings nicht explizit ausgesprochen werden, denn es hat für Muslime einen negativen Beigeschmack, der mit Existenzialismus oder mit der Leugnung Gottes verbunden ist. Alle Mitglieder der Vereinigung Milli Görüs, die ich befragte, betonten, daß sie, trotz aller Einwände, mit ihrem Leben in Deutschland mehr oder weniger zufrieden sind. Der Imam einer Milli Görüs-Moschee sagte mir: »Ich war in Frankreich und habe gesehen, daß Muslime dort weniger Freiheit haben als wir in Deutschland.« Auch wenn einige Emigranten sich lautstark über Deutschland beschweren, sollte man »nicht immer alles ernst nehmen, was sie unter sich sagen«, sagte mir eine junge Türkin im Interview, denn »dieselben, die sich über Deutschland beschweren, sind es, die mit ihren deutschen Pässen und deutschen Autos in der Türkei angeben«.

Durch eine betont antiwestliche und antiamerikanische Gewaltrhetorik zeichnen sich insbesondere arabische Islamisten aus. Angesichts der Tatsache, daß nicht nur in Arabien, sondern auch in Vietnam, Panama, Kolumbien, Chile, Japan und in anderen Gebieten der Erde die Menschen der – zum Teil aggressiven – Machtpolitik der Vereinigten Staaten ausgesetzt waren, fragt sich, warum gerade manche Muslime nicht nur so viele Vorbehalte gegenüber dem Westen im allgemeinen und den USA im besonderen haben, sondern zum »Kampf gegen den Westen« aufrufen. Zudem stellt sich die Frage, warum die muslimische Diaspora unter den Diasporagruppen als besonders problematisch gilt.

Meines Erachtens dürften verletzter Stolz (die Araber gelten als besonders stolz) und die Unzufriedenheit der Muslime mit ihrer marginalen Rolle in der Welt mit verantwortlich sein für die unversöhnliche Haltung mancher Muslime gegenüber dem Westen. Die Muslime sehen sich als Träger einer Weltkultur und können sich nicht mit der Tatsache abfinden, daß sie an den Rand der Welt gedrängt worden sind. Aus ihrer Sicht macht man ihnen sogar das Recht auf Selbstbestimmung streitig. Sie müssen zusehen, wie ihre internen Angelegenheiten vom Westen und besonders von den USA eigenwillig geregelt und bestimmt werden, ohne daß sie ein wirksames Mitspracherecht haben. Das Gefühl der Machtlosigkeit und Demütigung ist meines Erachtens die Hauptursache für die Vorbehalte gegenüber dem Westen. Dies findet seinen Ausdruck auch in der Rhetorik. Ein Gedicht des zeitgenössischen

> ihnen angestrebten Ideale unerreichbar sind.« »In meiner Gemeinde benutzen die Intellektuellen einen Begriff namens *kizil elma* oder »roter Apfel«. Dieser Begriff steht für uns für die Ideale und Ziele unserer Gemeinde. Wir wissen, daß die meisten dieser Ziele nicht oder nur sehr schwierig erreichbar sind. Aber wenn wir das von vornherein sagen, entmutigen wir uns gegenseitig und verlieren die Existenzberechtigung unserer Gemeinde« (Interview 52).

arabischen Dichters Nezar Kabbani, der keineswegs Fundamentalist ist, beschreibt pointiert, warum es zu Ressentiments gegenüber Israel und dem Westen kommt: »Kein Andalusien haben wir mehr. Alles haben sie uns weggenommen. Sie haben uns unsere Olivenbäume und das Öl gestohlen. Auch Jesus haben sie von uns und das Licht aus den Moscheen gestohlen. Nach fünfzig Jahren leben wir in einer Heimat aus Fata Morgana. Es ist keine Versöhnung, was sie uns anbieten, sondern eine euphemistische Form der Vergewaltigung.« »Keine Versöhnung« ist auch der Titel eines Gedichtes von Amal Dunqul: »Versöhne dich nicht, selbst wenn sie dir viel versprechen. Nimm an, ich würde dir beide Augen ausreißen, und später an deren Stellen zwei Diamanten einpflanzen, würdest du dann dein Augenlicht wieder haben? Es sind Sachen die weder käuflich noch ersetzbar sind, was sie uns weggenommen haben« (Dunqul 1995: 394).

Die Idee der Unversöhnlichkeit im arabischen Diskurs ist jedoch oft nur ein symbolischer Ausdruck der Verbitterung, die ihre wortwörtliche Bedeutung im Bild verliert. Es ist bekannt, daß die arabische wie auch die türkische Sprache sehr bildhaft, symbolisch und rhetorisch ist. Semantische Ausschmückungen und Übertreibungen werden häufig gebraucht. So bedeutet die Sequenz: »Ich werde von deinem Blut trinken!«, nicht mehr als: »Ich werde es dir zeigen«. Aussagen wie: »Wir werden das Mittelmeer in eine Hölle verwandeln!«, oder: »Wir werden Israel ins Meer werfen!«, wurden oft mißverstanden und in ihrem Bedeutungsgehalt überschätzt. Auch Versuche, den Gegner durch eine bombastische Rhetorik einzuschüchtern, werden häufig irrtümlich als klare Kriegserklärungen oder Kampfansagen aufgefaßt. Man denke in diesem Zusammenhang an »historische« Reden von Saddam Husseins vor der Irak-Invasion, wo er wiederholt ankündigte: »Wir werden den Tataren und Mongolen unserer Zeit [den Amerikanern] zum Selbstmord vor den Mauern von Bagdad verhelfen« (Al-Jazeera 8. 2. 2003). Der irakische Informationsminister *Sahaf* wurde während des Krieges durch seine unglaubliche rhetorische Fehldarstellung des Kriegsgeschehens als eine Art »Medienstar« weltberühmt. So sprach er am Tag, als die amerikanischen Soldaten in Bagdad eingedrungen waren, von der absoluten Niederlage der Amerikaner. Der europäische Beobachter ordnet derartige Aussagen falsch ein. Er denkt an seine eigene Geschichte, wo Aussagen wie: »Wollt ihr den totalen Krieg?«, ganz andere Dimensionen hatten.

Meistens versucht die arabische Rhetorik durch blutrünstige Metaphern lediglich die eigene Machtlosigkeit und Handlungsunfähigkeit gegenüber dem Gegner und der eigenen Anhängerschaft zu vertuschen. Vergleicht man diese Aussagen mit denen von Bin Laden, so fällt auf, daß er auf Rhetorik weitgehend verzichtet, knapp und eher sachlich seine Botschaften verkündet.

Doch die Beziehung der Muslime zum Westen ist nicht nur durch Ressentiment gekennzeichnet. Vielmehr ist eine eigentümliche Haßliebe für die Beziehung vieler jungen Muslime zu den USA bezeichnend. Im Anschluß an antiamerikanische Demonstrationen ist ein Besuch bei McDonald keine Seltenheit, und viele sind von Amerika und seiner Technik fasziniert und würden gerne dorthin auswandern. Bei der Auswertung der von mir durchgeführten Interviews im Milieu der Muslimbruderschaften in Ägypten war als Paradoxon zu konstatieren, daß rund 80 Prozent der Befragten die USA für die aktuellen Probleme der islamischen Welt mitverantwortlich machten, sich aber gleichzeitig rund 68 Prozent vorstellen konnten, in den USA zu arbeiten oder zu studieren.

Die zwei Schreckwörter *Scharia* und *Djihad* werden oft im Zusammenhang mit Religion und Religiosität der Muslime gebraucht, was viele Menschen in Deutschland im Hinblick auf die muslimische Präsenz im Westen beunruhigt. Obwohl seitens der intellektuellen Muslime öfter gesagt wird, Djihad bedeute lediglich, »Anstrengung im Leben«, und sei nicht mit »Heiliger Krieg« zu übersetzen, wird die Vorstellung vom Djihad als Kampf im Dienste des Glaubens von den meisten Muslimen akzeptiert. Auch in der Fremde fühlen sich Muslime verpflichtet, aktiv für ihren Glauben einzutreten. Es gibt jedoch keine klaren Richtlinien, wie sich ein Muslim für seinen Glauben einsetzen soll. Manche sehen in der Unterstützung der Muslime in umkämpften Ländern wie Tschetschenien und Palästina eine Einsatzmöglichkeit. In den meisten Fällen beschränkt sich dieser Einsatz auf moralische und finanzielle Unterstützung durch Spendensammlungen. In der idealen Vorstellung vieler Muslime ist der Tod während des Kampfes für den Islam das höchste Ziel, doch in der Realität distanziert sich die Mehrheit von Kämpfen und Kriegen. Schließlich gehört der Djihad nicht zu den Pflichten oder den fünf Säulen des Islam, auch wenn die Fundamentalisten ihn als die *sechste Säule* bzw. die *abwesende Pflicht* bezeichnen. Als »abwesende Pflicht« wird der Djihad von ihnen deshalb bezeichnet, weil die Mehrheit der Muslime ihn nur abstrakt-ideologisch, nicht aber durch konkrete Handlungen unterstützt. Nur sehr wenige sind tatsächlich bereit, Familien und Kinder hinter sich zu lassen, um sich dem kriegerischen Djihad anzuschließen.

Die These vom »Kampf der Kulturen« macht seit Jahren Furore. Es handelt sich eher um einen Kampf der gegenseitigen Ängste und Mißverständnisse. Ein Indiz dafür, daß man nicht im Wortsinn vom »Kampf der Kulturen« sprechen sollte, ist die Tatsache, daß die islamischen Massen – auch wenn sie sich nicht deutlich genug vom Terror des 11. September und dem »revolutionären« Diskurs eines Bin Laden distanziert haben – doch seinem Aufruf zu Rebellion und Massenerhebung nicht gefolgt sind. Wenn Bin Laden ruft »Freiheit für Palästina!«, antwortet die Masse: »Amen!«. Wenn er sagt, die Amerikaner sollen die muslimischen heiligen Stätten verlassen, antworten die meisten Muslime: »Jawohl, das sollen sie!« Wenn er aber von ihnen verlangt, ihr bisheriges Leben aufzugeben, die Waffen zu ergreifen und ihm in die große Schlacht zu folgen, spätestens dann lassen die Massen ihn im Stich. Die Tatsache, daß viele Muslime die Ideologie und den Diskurs von Bin Laden gutheißen, besagt nicht, daß sie auch die Mittel befürworten, die er verwendet. In dieser Hinsicht unterscheiden sich die islamischen Massen nicht allzu sehr von den Massen in Südamerika, Rußland, China und Indochina, wo auch nicht selten klammheimliche Freude über den 11. September als eine Art Demütigung der USA zu beobachten war. Allerdings äußerten sich Muslime lautstärker und verbalradikaler.

In der Diaspora steht die Rhetorik oft im Dienste der Identitätsbewahrung und Abgrenzung zum Gastland. Aus Identitätsunsicherheit und aufgrund von Marginalisierung sehen sich manche muslimische Jugendliche gedrängt, sich der deutschen Gesellschaft gegenüber unversöhnlich und kämpferisch zu geben. Junge Muslime, die sich auffallend islamisch kleiden und dazu neigen, herausfordernde Kampfparolen zu verwenden, mögen als Problem empfunden werden. Sie sind aber in der Regel harmlos, denn sie wollen durch ihr auffallendes Aussehen und ihre Kampfrhetorik lediglich ihre ethnisch-religiöse Zugehörigkeit auszudrücken oder ihre Umgebung provozieren, indem sie ihre Andersartigkeit und Besonderheit demonstrieren. (Jemand, der im Untergrund terroristische Anschläge plant, hat demgegenüber kein Interesse daran, seine Umgebung durch auffallendes Aussehen oder lautstarke Gewaltrhetorik auf sich aufmerksam zu machen. Mit »höflich« und »unauffällig« wurden die mutmaßlichen Attentäter des 11. September von Menschen beschrieben, die ihnen früher nahe standen.)

*c) Die Generationenfrage*

Die Integrationsproblematik stellt sich insbesondere in der zweiten Generation der Migranten. Verschiedentlich ist die Besorgnis geäußert worden, daß Migrantenkinder wie Angehörige von »Parallelgesellschaften (Luft 2002: 47) mit geringer deutscher Sprachkompetenz in einem kulturellen Milieu heranwüchsen, das den für Deutschland maßgeblichen »Wertekanon« nicht anerkenne (Luft 2002: 73). Man könnte es auch als alarmierend werten, daß gerade Angehörige der zweiten Generation – insbesondere akademisch gebildete – den Ton beim Radikalisierungsprozeß der Kaplan-Gemeinde angegeben und dort Führungspositionen übernommen haben. Sie scheinen von dem Anspruch »fasziniert« zu sein, »die elitäre Vorhut einer islamischen Revolution« zu bilden (Schiffauer 2000: 12).

Derartige auf die zweite Generation der Migranten bezogene Besorgnisse und Befürchtungen sollte man aber nicht übertreiben. Schließlich handelt es sich bei der Kaplan-Gemeinde um eine Mini-Gruppe, die zwar sehr bekannt ist, aber nicht einmal 2000 Mitglieder haben dürfte. Und es gibt durchaus seriöse Untersuchungen, die die These, die zweite Generation der Migranten zeichne sich durch mangelnde Eignung und Neigung zur Integration in die deutsche Gesellschaft aus, widerlegen. So hat Frese (2001) bei einer Intensivbefragung junger türkischer Muslime in Bremen herausgefunden, daß sie zwar ähnliche familiale Werte haben, wie es für fundamentalistische Muslime typisch ist, man aber andererseits konstatieren kann: »Die Mehrheit der befragten Jugendlichen schätzt ... in aller Regel demokratische Werte und die bundesdeutsche Verfassungsrealität als deren Ausdruck überaus hoch« (305). Sie lehnen eine Integrationskonzeption, die von ihnen »Verdeutschung«, eine die Unterschiede nivellierende Assimilierung, verlangt, ab und streben eine Integration als Muslime in Deutschland an. »Sie nehmen für sich (und stellvertretend für die Muslime in der Türkei) die Möglichkeit, die Religion auszuleben, als Menschenrecht in Anspruch und vertreten dabei vehement Pluralismus als ein taugliches gesellschaftliches Konstitutionsmerkmal« (305). An ähnliche Interviewerfahrungen und Überlegungen knüpfe ich an, wenn ich später für eine Binnenintegration als Voraussetzung für eine Integration in die Gesamtgesellschaft plädiere.

Das politische Radikalisierungspotential der zweiten Generation der Migranten schätze ich als eindeutig geringer ein als das der ersten Generation. Zwar befindet sich auch die zweite Generation in einer marginalen gesellschaftlichen Lage und ist Identitätskonflikten und Zugehörigkeitsunsicherheit in besonderem Maße ausgesetzt, sie dürfte jedoch weniger anfällig für organisierte Gewalt und militante Ideologien sein. Vor allem ist schwer vorstellbar, daß ein Angehöriger der zweiten Generation einen Terrorakt in Deutschland, das bis zu einem gewissen Grade »sein« Land ist, verübt. Auch wenn viele Emigrantenkinder der zweiten Generation sich von den Deutschen als Volk distanzieren oder von Diskriminierung und Fremdenhaß berichten, haben sie doch starke Bindungen zu Deutschland als Land, die sie nicht leugnen können. Die meisten von ihnen sehen sich nicht als Deutsche, sie identifizieren sich aber mit den Städten, wo sie geboren oder aufgewachsen sind. Neuzugewanderte dagegen haben in der Regel so gut wie keine Identifikation mit Deutschland. Da sie keine Vorgeschichte im Lande haben, fällt es ihnen leichter, Deutschland mit abstrakten Begriffen wie »der Westen«, »der Kapitalismus« oder »der Teufel« zu beschreiben. Kinder der zweiten Generation haben ihr Leben in Deutschland verbracht, erhielten eine deutsche Sozialisation in der Schule, und trotz aller Probleme und Schwierigkeiten, fällt es ihnen schwer, das Land auf vage abstrakte Begriffe zu reduzieren, die terroristisches Handeln erleichtern.

## RADIKALISIERUNG IN DER FREMDE?

Emigrantenkinder der zweiten Generation sind sowohl im sozialen als auch im Bildungssystem besser integriert als Neuzugewanderte, etwa arabische Studenten oder Flüchtlinge. Ihre Chancen auf dem Beziehungs- und Arbeitsmarkt sind deutlich besser. Außerdem sind die meisten von ihnen keine Einzelkämpfer, sondern bewegen sich in der Regel im Kreise ihrer altersgleichen Landsleute.

Diese postive Sichtweise wird durch empirische Studie der Europäischen Kommission (EU-Socio-Economic Research), die die Situation der zweiten Generation junger Emigranten in Deutschland, Frankreich und Großbritannien vergleicht, bestätigt. Diese Studie kommt zum Ergebnis, daß die Mehrheit der Emigrantenkinder in diesen drei Ländern eher zu einer Akkulturation in Form einer »Jugendkultur« tendiert (ebd.: 59).

Die Studie faßt die Ergebnisse (15 f.) wie folgt zusammen:
- Es gibt einen hohen Grad an allgemeiner Zufriedenheit der Jugendlichen mit ihrem Leben in den drei Ländern.
- Rund 70 Prozent der Jugendlichen berichten nicht von Diskriminierung
- Es gibt keine weit verbreitete Radikalisierung unter Jugendlichen der zweiten Generation. Dementsprechend ist es unsinnig, sie als eine Art »Zeitbomben« zu betrachten.
- Trotz vieler Probleme erhalten Emigrantenkinder eine bessere Ausbildung und haben bessere Berufsaussichten als ihre Eltern.
- Die ethnischen Medien haben nur einen geringen Einfluß. Emigrantenkinder ziehen die gleichen Medien vor wie ihre einheimischen Altersgenossen in den drei Ländern.
- Mehr als 80 Prozent der Jugendlichen schätzen ihre Sprachkompetenz als gut oder ausgezeichnet ein.

Die Studie zeigt die Stärken und Schwächen der drei Integrationsmodelle in den drei Ländern. Frankreich hat Stärken in der Ausbildung und bei der Akkulturation der Emigrantenkinder, zeigt aber Schwächen bei deren Integration in den Arbeitsmarkt. Das französische *melting-pot*-Modell führte zu Assimilation und stärkerer Identifikation mit dem Land. Auch Großbritannien erreichte durch das multikulturelle Modell ein hohes Maß an Identifikation der Emigrantenkinder mit dem Land, jedoch ist die ethnische Ungleichheit in Ausbildung und Arbeit eindeutig. Während Jugendliche der zweiten Emigrantengeneration in Deutschland wenig politische Rechte und wenig Identifikation mit dem Land aufweisen, sind sie in das Ausbildungssystem (nicht so sehr das Bildungssystem) und in den Arbeitsmarkt besser integriert. Auch ist die zweite Emigrantengeneration nicht vom Wohlfahrts- und Sozialsystem ausgeschlossen.

Viele Neuzugewanderte haben die gleichen Probleme wie die zweite Generation, jedoch nicht die Privilegien wie diese. Zum Beispiel dürfen ausländische Studierende nur beschränkt arbeiten und haben kein Recht auf soziale Leistungen in Deutschland.

Die zweite Generation hat keine Lebensmitte außerhalb Deutschlands. Die meisten verbinden ihr Herkunftsland nur mit dem Ort, wo ihre Großeltern leben oder wo sie im Sommer Urlaub machen. Sie können sich nicht problemlos am Ursprungsland orientieren oder sich nahtlos in die Strukturen der Heimat einfügen. Für sie ist Deutschland nicht lediglich eine Alternative.

Für die zweite Generation der Migranten hat die Zugehörigkeit zur islamischen Religionsgemeinschaft eine erheblich andere Bedeutung als für die erste Generation. Wenn ein Emigrantenkind sich nicht an der Tradition und Religion orientiert und den Einflüssen der Aufnahmegesellschaft erliegt, wird es nicht isoliert, denn es gibt viele Jugendliche der zweiten Generation, die sich von der Religion losgesagt haben. Für einen Neuzugewanderten könnte solch ein Schritt fatale Folge haben.

Zusammenfassend: Einiges spricht für die Hypothese, daß Emigrantenkinder der zweiten Generation weniger anfällig für militante Ideologien und Terrorismus sind als Neuzugewanderte. Sie sind keine geeigneten Kandidaten für kalkulierte und organisierte Terrorgewalt gegen Deutschland. Jedoch kann natürlich spontane Gewalt aus Wut und Frustration auch bei ihnen nicht ausgeschlossen werden.

### d) Einschätzung der Terrorismusgefahr in der Bundesrepublik

Wenn eine französische Firma in Nordafrika oder eine britische Firma im Nahen Osten investieren will, heißt es unter der Bevölkerung: »Die Besatzer wollen zurückkommen!« Wenn sich aber eine deutsche Firma für eine Investition entscheidet, zweifelt man in der Regel nicht an den guten Absichten der Deutschen, die gemeinhin als tüchtig, aufrichtig und fair gelten. Das Deutschlandbild in der arabischen und islamischen Welt ist positiv besetzt, unter anderem, weil Deutschland nie Kolonialmacht im Nahen Osten war. Nur ein einziges Mal standen deutsche Truppen (während des Zweiten Weltkrieges) in Nordafrika, und dies Ereignis war für die meisten Araber Anlaß zur Hoffnung, sich nach langen Jahrzehnten endlich von der britischen bzw. französischen Kolonialherrschaft befreien zu können. Auch heute unterhält Deutschland so gut wie keine militärische Präsenz im arabischen Raum. Deutschland kämpfte im Zweiten Weltkrieg gegen Großbritannien, die USA und Frankreich, also jene drei Länder, die der arabischen Welt als »Feinde« galten. Geschwächt durch den Krieg gegen Deutschland konnten Frankreich und Großbritannien ihre Kolonien in Nordafrika und im Nahen Osten nicht länger halten. Und somit ist Deutschland – getreu

## RADIKALISIERUNG IN DER FREMDE?

dem Motto »Der Feind meines Feindes ist mein Freund« – in der Vorstellung vieler Muslime keiner postkolonialistischen Verschwörung gegen den Islam verdächtig. Viele Muslime verbinden »Deutschland« mit Tüchtigkeit und Wertarbeit »made in Germany«. Wenn Intellektuelle an Deutschland denken, kommen ihnen Namen wie Goethe, Schiller, Rilke und Novalis in den Sinn. Selbst das dunkelste Kapitel der deutschen Geschichte wird von Muslimen und Arabern nicht unbedingt negativ gesehen. So makaber es klingen mag, der Holocaust wird nicht in seiner realen Bedeutung wahrgenommen, und es gibt sogar einige Araber (vor allem Fundamentalisten), die ihn wegen der langjährigen Auseinandersetzung mit Israel leugnen oder doch zumindest vergessen machen wollen. Manche gehen sogar einen Schritt weiter und suchen im Holocaust eine Bestätigung für ihren Haß gegen Israel, unter dem Motto: »Wir sind nicht die einzigen, die sie nicht mögen!« Es kann davon ausgegangen werden, daß in Deutschland keine große islamistische Terrorismusgefahr in Analogie zu den Ereignissen vom 11. September besteht – weder von innen noch von außen. Wenn Terroristen und manche Fundamentalisten von der »großen Schlange« reden, deren Kopf abgetrennt werden müsse, ist nicht Deutschland gemeint. Wenn man die Demonstrationen auf den arabischen und islamischen Straßen näher betrachtet, stellt man fest, daß immer die gleichen Parolen skandiert und die gleichen Flaggen verbrannt werden. Keine dieser Parolen richtet sich direkt gegen Deutschland, und die deutsche Flagge taucht auf keiner dieser Demonstration auf. Momentan erreicht die Beliebtheit Deutschlands in der islamischen Welt gar einen Höhepunkt, vor allem wegen der konsequent ablehnenden Haltung gegen die amerikanische Intervention im Irak. In den arabischen Medien wurde die Haltung des Bundeskanzlers öfter gewürdigt als in Deutschland selbst.

Im übrigen ist das Profil Deutschlands viel zu blaß, um als überzeugendes Feindbild für die Terroristen dienen zu können. Terroristen unterscheiden zwischen dem »internen«, dem »nahen« und dem »entfernten« Feind. Mit dem »internen Feind« meinen sie die Machthaber in den von ihnen umkämpften Gesellschaften. Als »naher Feind« gilt Israel und als »entfernter« die USA. Islamische Terroristen kämpfen in erster Linie gegen die Regime in ihren Heimatländern. Wenn sie einen externen Gegner auswählen, handelt es sich um einen Gegner, der auf islamischem Boden militärisch präsent ist, oder einen Feind, der die Regime unterstützt, gegen die sie kämpfen. Sie versuchen den »entfernten Feind« aus der Reserve zu locken, um mehr Legitimation für einen universalen Djihad zu finden. Sie hoffen, daß er durch übertriebene Reaktionen die sonst indifferenten Massen dazu stimuliert, sich dem Djihad anzuschließen. Deutschland würde als »Feind« gelten, sollte es seine Militärpräsenz in Afghanistan verstärken, sich am Krieg gegen den Terrorismus außerhalb Afghanistans sichtbar beteiligen oder Israel verstärkt mit Waffen beliefern. Aber selbst dann wird Deutschland vermutlich nicht direkt in das Schußfeld der Terroristen geraten.

Nur wenn man annimmt, daß Terroristen ihre Ziele und Opfer wahllos aussuchen, um ihre Schlagkraft unter Beweis zu stellen, kann man spekulieren, daß sie irgendwo im »Westen« – so auch in Deutschland – zuschlagen werden. Wenn man allerdings Waldmanns These für richtig hält, daß Terrorismus eine »Kommunikationsstrategie« ist (Waldmann 1998: 17), und daß Terroristen nicht nur Angst und Schrecken in den Reihen des Feindes verbreiten wollen, sondern auch auf Zustimmung, Unterstützung und Sympathie bei ihren Anhängern und deren Umgebung hoffen, dann stellt sich die Frage, inwiefern ein Terroranschlag in Deutschland aus Sicht der Terroristen und ihrer Anhängerschaft sinnvoll sein sollte. Terroristen suchen in ihrem Kampf gegen die USA[11] symbolträchtige Ziele, die die wirtschaftliche, politische und militärische Macht des von den USA dominierten »Westens« repräsentieren. Das Oktoberfest und die »Love Parade« gehören nicht zu diesen symbolträchtigen Zielen. Auch wenn Bin Laden oder seine Stellvertreter Deutschland ausdrücklich vor Terroranschlägen warnen, ist Deutschland weiterhin ein unattraktives Ziel. Derartige Drohungen können als Versuch interpretiert werden, die USA zu schwächen, indem sie Angst bei ihren Verbündeten schüren.

Die Gefahr für Deutschland scheint weniger aus Afghanistan oder Saudi-Arabien zu kommen als aus einer Angst und Zukunftsparanoia, die sich nach dem 11. September breit gemacht hat. Hiermit soll nicht gesagt sein, daß es kein die Bundesrepublik angehendes Terrorismusproblem gibt. Man kann nicht gänzlich ausschließen, daß auch Deutschland gefährdet ist. Wohl aber kann festgestellt werden, daß die Gefahr in Deutschland geringer ist als sie sich in der Wahrnehmung vieler Menschen darstellt.

## Resümee und Vorschläge für integrationspolitische Maßnahmen zur Vorbeugung des Radikalismus bei Muslimen

Die Ergebnisse der Studie lassen sich folgendermaßen zusammenfassen:
– In ihrer religiösen Überzeugung Gefestigte neigen weniger zum Radikalismus als »konvertierte« oder »rekonvertierte« ehemalige »Liberale«. Sowohl die Analyse von Biographien der Attentäter des 11. September als auch die Auswertung der Interviews berechtigen zu dieser zentralen Schlußfolgerung.

11 Rushdie 2001: 45.

## RADIKALISIERUNG IN DER FREMDE?

- Die religiös-ethnischen Enklaven bzw. Einwanderermilieus beherbergen in der Regel keine potentiellen Terroristen. Die Diaspora fördert nicht die Gewaltbereitschaft, sondern begünstigt politischen Quietismus und Konservativismus. Für Terrorismus potentiell anfällig sind vermutlich Personen, die weder in einer religiös-ethnischen Community noch in der Gastgesellschaft richtig integriert sind.
- In der Diaspora wird der Islam vorwiegend als Quelle der ethnischen Bestimmung und Kontinuität verstanden. Dementsprechend sind religiöse und ethnische Community miteinander identisch.
- Es gibt Anlaß zur Annahme, daß eine Integration in das religiös-ethnische Einwanderermilieu (Binnenintegration) zwar zur Segregation von der Gastgesellschaft beitragen kann, zugleich aber Tendenzen zu einer politischen Radikalisierung, die möglicherweise durch den »Kulturschock« genährt werden, entgegenwirkt.
- Wenn manche Organisationen politische Ziele verfolgen, dann sind diese Ziele in der Regel nicht auf das Gastland, sondern auf die Ursprungsheimat gerichtet.
- Gewaltrhetorik muß nicht auf Gewaltbereitschaft hindeuten. Dies gilt insbesondere für die – nicht im Wortsinn ernst zu nehmende – arabische Gewaltrhetorik.
- Es gibt weltweit eine Terrorismusgefahr, und kein Land kann sich vor dieser Gefahr sicher wähnen. Trotzdem kann es als unwahrscheinlich gelten, daß Deutschland zum Zielobjekt von Terroristen wird, die sich auf den Islam berufen. Es ist jedoch nicht auszuschließen, daß derartige Terrororganisationen Deutschland als Vorbereitungsraum benutzen oder amerikanische oder israelische Einrichtungen im Land angreifen.

Die im folgenden vorgeschlagenen integrationspolitischen Maßnahmen entsprechen den Ergebnissen der Analyse. Es ist deutlich geworden, daß eine Integrationskonzeption, die die »Verdeutschung« von Muslimen anstrebt, vermutlich nicht selten dazu beiträgt, die Radikalisierungsgefahr zu vergrößern, statt sie zu verringern. Denn eine solche Integrationskonzeption wird als Bedrohung der Identität verstanden. Zu fragen ist vielmehr, ob eine erfolgreiche Integration in die Gesamtgesellschaft nicht zunächst eine erfolgreiche *Binnenintegration* (Integration in die religiös-ethische Einwander-*Community*) voraussetzt.[12] Dementsprechend wird vorgeschlagen:
- Den jungen Muslimen in Deutschland sollten konkrete Möglichkeiten zur Identitätswahrung angeboten werden (dabei würde ihre Identi-

---

12 Vgl. zur Problematik den bahnbrechenden Aufsatz von Elwert 1982, an den auch Frese (2002) anknüpft. Vgl. in diesem Kontext auch Waldmann 1974.

fikation mit Deutschland vermutlich nicht in Mitleidenschaft gezogen). Dies könnte in dreifacher Hinsicht geschehen: (1) Das Festhalten der jungen Muslimen an ihrer kulturell-religiösen Identität sollte nicht als Bedrohung, sondern als gute Voraussetzung für Integration gelten. (Dies würde vermutlich dazu führen, daß sie von der Politisierung kulturell-religiöser Symbole Abstand nehmen.) (2) Der Zugang dieser jungen Menschen zu ihren Wurzeln und ihrer Kultur könnte durch spezielle Bildungsangebote, Propagierung der Mitgliedschaft in gemäßigten islamischen Vereinen, Moscheenbau gefördert werden. Dies würde wahrscheinlich zu einer stärkeren Identifikation mit Deutschland beitragen. (3) Auch für Personen, die die deutsche Staatsbürgerschaft nicht besitzen, sollte eine möglichst volle staatsbürgerliche Integration angestrebt werden.[13]

– In diesem Zusammenhang sollte man eine Symbol-Politik der Annäherung und des Entgegenkommens nicht geringschätzen. Als Beispiel sei genannt: Öffentliche Glückwünsche an die in Deutschland lebenden Muslime anläßlich ihrer religiösen und kulturellen Feste seitens des Bundeskanzlers und des Bundespräsidenten würde einen starken Eindruck bei Muslimen hinterlassen, die sich durch solche symbolische Gesten geehrt und anerkannt fühlen.

– Das »Modell Lauingen« sollte Schule machen, wo sich der Bürgermeister persönlich für den Bau einer Moschee einsetzte und dadurch das Vertrauen der türkischen Gemeinde gewinnen konnte. Im Gegen-

13 In diesen Zusammenhang gehören auch integrationspolitische Maßnahmen gegenüber Studenten, die für den Verfasser naturgemäß eine besondere Bedeutung haben. So könnte z. B. das Auswärtige Amt in Zusammenarbeit mit den Botschaften und Generalkonsulaten islamischer Staaten in der BRD Handlungsperspektiven für muslimische Studierende schon vor dem StudienabSchluß entwickeln. Reintegrationsmaßnahmen im Herkunftsland oder Integration in den Strukturen des Gastlandes könnten dadurch erleichtert werden. Der Student darf auf keinen Fall in eine Lage gebracht werden, in der er sich als eine Art »Einzelkämpfer« durch seinen Aufenthalt in Deutschland »boxen« muß. Die Konsulate und das Auswärtige Amt könnten regelmäßige Veranstaltungen organisieren, um die Probleme der muslimischen Studierenden zu besprechen und über aktuelle politische Themen zu diskutieren. Studierende, die nach dem StudienabSchluß in die Heimat zurückkehren, prägen das Deutschlandbild in ihren Ländern und somit die Einstellung und Erwartungen der aus diesen Ländern in die BRD Zugewanderten. Die Betreuung an den Hochschulen sollte verbessert werden. In den ersten Aufenthaltsmonaten sollte für ausländische Studierende ein spezieller Landeskundeunterricht angeboten werden, der über Sitten und Gebräuche informiert und politische Bildung vorsieht. Die strengen ausländerrechtlichen Bestimmungen sollten gelockert werden.

zug konnte auch die Stadt von den türkischen Gemeinden mehr Integrationsbemühungen fordern.
- Strukturreformen der etablierten islamischen Organisationen sollten unterstützt und diese als Gesprächspartner gewonnen werden.
- Die religiöse Bildung junger Muslime sollte auch dadurch unterstützt werden, daß der Islamunterricht für muslimische Schülerinnen und Schüler zugelassen wird.
- Deutschland sollte nicht weiter seine eigenen Ausländer produzieren. Wer in Deutschland geboren wird, sollte automatisch die deutsche Staatsbürgerschaft erhalten.
- Diese integrationspolitischen Aktionen wären durch Maßnahmen zu begleiten, die auf eine Sensibilisierung gegenüber Muslimen abzielen. Sinnvoll wären zum Beispiel interkulturelle Schulungen und Trainingskurse zu den Befindlichkeiten von Muslimen für Menschen, die mit Muslimen arbeiten, etwa Mitarbeiter im Sozialamt, Arbeitsamt, in den Schulen und den Ausländerbehörden der Universitäten.

Als Muslim hat der Verfasser das Recht, mit Nachdruck Eigenanstrengungen der Muslime anzumahnen:
- Muslimische Gemeinden sollten nicht nur demokratische Prinzipien formell anerkennen, sondern diese auch in den eigenen Strukturen beherzigen.
- Muslime sollten sich unzweideutig vom Terrorismus und von Gewaltparolen distanzieren.
- Muslime sollten anstatt Verschwörungstheorien zu folgen nach vernünftigen Erklärungen des Weltgeschehens suchen.
- Imame in den Moscheen sollten gut Deutsch beherrschen, nicht zuletzt um deutsche Gäste besser über den Islam aufklären zu können.
- Muslime sollten sich von der traditionellen Rolle der unterprivilegierten, diskriminierten und mißverstandenen Minderheit distanzieren. Sie sollen nicht darauf warten, daß der Westen von sich aus ein faires Bild des Islam zeichnet, sie müssen selbst das Bild des Islam verbessern, denn der Islam wird nicht nur vom Westen, sondern auch von vielen Muslimen mißverstanden und falsch dargestellt. Sie sollten auch nicht darauf warten, daß die deutschen Institutionen für sie Integrationsmodelle und Lebensprojekte entwerfen; sie sollten vielmehr selbst eigene Integrationsmodelle und Vorschläge präsentieren.
- Als größte Minderheit in Deutschland sollten die Muslime zunächst unter sich ein Beispiel liefern für Toleranz und Akzeptanz von Vielfalt. Keine muslimische Gruppe (etwa die Schiiten und Alleviten) dürfen von Sunniten marginalisiert und als Muslime in Frage gestellt werden. Wenn sie von der Mehrheit ernst genommen werden wollen, sollten sie ihre internen ideologischen und ethnischen Unterschiede und Streitereien hinter sich lassen und sich mit einer einzigen Stimme

den deutschen Institutionen und der Öffentlichkeit als Gesprächspartner präsentieren können. Auch auf nicht-muslimische Minderheiten (etwa die orientalischen Christen und die jüdischen Gemeinden) sollten Muslime zugehen und den Dialog intensivieren. Juden in Deutschland dürfen von Muslimen nicht mit der israelischen Armee gleichgesetzt werden.

Man sollte anerkennen, daß der Dialog bestimmte Grenzen hat. Oft wird der Dialog in Form einer anspruchsvollen Auseinandersetzung hauptsächlich unter Intellektuellen geführt. Der Dialog sollte auch auf einer persönlichen Ebene von Mensch zu Mensch stattfinden, an Orten, wo Deutsche und Ausländer einander nicht ausweichen können, wie zum Beispiel am Arbeitsplatz oder in der Schule. In der Schule könnten die zum Teil guten Beziehungen zwischen deutschen und ausländischen Kindern entwickelt und in deren Familien hineingetragen werden. Man sollte gleichwohl akzeptieren, daß es auf beiden Seiten auch Menschen gibt, die nicht an Dialog und Austausch interessiert sind. Diese Menschen sind nicht unbedingt fremdenfeindlich bzw. Integrationsverweigerer; sie wollen unter Umständen einfach leben und leben lassen, und eine solche Haltung sollte man im Rahmen der Demokratie respektieren.

## Literatur- und Quellenverzeichnis

Appleby, R. Scott: The Ambivalence of the Sacred. Religion, Violence, and Reconciliation, Lanham u. a. 2000.
Aust, Stefan u. Schnibben, Cordt: Geschichte eines Terrorangriffs, Stuttgart u. München 2002.
Bayerisches Staatsministerium des Innern: Verfassungsschutzbericht 2002, München 2003.
Dunqul, Amal: Neue Aussagen zum Krieg der Araber. Die gesamten poetischen Werke, Kairo 1995.
Elwert, Georg: Probleme der Ausländerintegration. Gesellschaftliche Integration durch Binnenintegration, in: Kölner Zeitschrift für Soziologie und Sozialpsychologie, Jg. 34 (1982), Nr. 4, S. 717-731.
EU Socio–Economic Research: Effectiveness of National Integration Strategies Towards Second Generation Migrant Youth in a Comparative European Perspective, Final Report of Project ERB, Socio-Economic Research (TSER) Programme, Directorate General Science, Research and Development, European Commission, Coordinator of the Project: Prof. Dr. Friedrich Heckmann, Bamberg 2001.
Frese, Hans-Ludwig: Den Islam ausleben. Konzepte authentischer Lebensführung junger türkischer Muslime in der Diaspora, Bielefeld 2001.
Heitmeyer, Wilhelm, Joachim Müller und Helmut Schröder: Verlockender

Fundamentalismus. Türkische Jugendliche in Deutschland, Frankfurt am Main 1997.

Heckmann, Friedrich: Islamische Milieus: Rekrutierungsfeld für islamische Organisationen?, Symposium des Bundesamtes für Verfassungsschutz: Politischer Extremismus in der Ära der Globalisierung, Bamberg 2002.

Guggemos, Peter u. Hamed Abdel-Samad: Räumliche Dimension des Terrorismus, Manuskript, Augsburg 2003.

Kermani, Navid: Dynamit des Geistes, Martyrium, Islam und Nihilismus, Göttingen 2002.

Kreitmeier, Klaus: Allahs Deutsche Kinder – Muslime zwischen Fundamentalismus und Integration, München 2002.

Luft, Stefan: Droht die Gefahr islamisch geprägter Parallelgesellschaften in deutschen Städten?, in: R. C. Meier-Walser u. R. Glagow (Hrsg.): Die islamische Herausforderung – Illusionen und Realitäten, München 2002, S. 47-73.

Moussaoui, Abd Samad: Zacaria Moussaoui, Mein Bruder, Zürich 2002.

Nirumand, Bahman (Hrsg.): Im Namen Allahs, Köln 1990.

Pohly, Michael u. Khalid Duran: Osama Bin Laden und der internationale Terrorismus, München 2001.

Schiffauer, Werner: Die Gottesmänner. Türkische Islamisten in Deutschland, Frankfurt am Main 2000.

Spuler-Stegemann, Ursula: Muslime in Deutschland. Informationen und Klärungen, Freiburg u. a. 2002.

Scheffler, Thomas: Apocalypticism, Innerwordly Eschatology, and Islamic Extremism, Paper prepared for the conference »In Multiple Voices: Challenges and Opportunities for Islamic Peacebuilding After September 11«, April 12-13, 2002, Joan B. Kroc Institute for International Peace Studies, University of Notre Dame, Indiana.

Steinbach, Udo: Muslime in Deutschland, Weimar 2000.

Tibi, Bassam: Islamische Zuwanderung, die gescheiterte Integration, Stuttgart u. München 2002.

Tibi, Bassam: Muslime in Deutschland, Stuttgart 2001.

Tietze, Nikola: Islamische Identitäten – Formen muslimischer Religiosität junger Männer in Deutschland und Frankreich, Hamburg 2001.

Waldmann, Peter: Terrorismus. Provokation der Macht, München 1998.

Waldmann, Peter: Der Begriff der Marginalität in der neueren Soziologie, in: Civitas.

Jahrbuch für Sozialwissenschaften, Bd. 13, Mainz 1974, S. 127-148.

*Vorträge und Zeitungsartikel*

Hooper, John: The Shy, Caring, Deadly Fanatic Double Life of a Suicide Pilot, The Observer: War on Terror – Observer Special, Special Report: attack on America, Sept. 23, 2001, http://www.observer.co.uk/waronterrorism.

Der Spiegel: 38/2002 – Fünf Lebens eines Mörders.

Die Zeit (Dossier) 66/2001: Der Terrorpilot von Flug 011.
Fichtner, Ulrich: Allahs Reservist, Der Spiegel 43/2001.
Finn, Peter: A Fanatic's Quiet Path to Terror. Rage Was Born in Egypt, Nurtured in Germany, Inflicted on US, Washington Post Foreign Service, Saturday, September 22, 2001.
Immelman, Aubrey: The Personality Profile of September 11 Hijack Ringleader Mohamed Atta Unit for the Study of Personality in Politics, http://www.csbsju.edu/Research/Atta.html.
A Mission to Die for, http://www.abc.net.au/4corners/atta/interviews/.
Salman Rushdie: Der saure Apfel des Islam, FAZ, 5. 11. 2001.
Süddeutsche Zeitung vom 28. 10. 2002, Nr. 249, S. 3.
Tibi, Bassam: Muslime in Deutschland, Vortrag in Augsburg, Medienzentrum, 07. 03. 2003.
Waldmann, Peter: Deutschland – Nährboden für den radikalen Islamismus?, Vortrag, Universität Augsburg, 28. 1. 2003.
WDRAktuell, http://online.wdr.de/online/news2/katastrophe_worldtradecenter/fahndung.phtml.

# Hinweise zu den Autoren

*Peter Waldmann*, geb. 1937, Professor em. für Soziologie an der Philosophischen Fakultät 1 der Universität Augsburg. *Arbeitsschwerpunkte:* Kriminalsoziologie und Soziologie des abweichenden Verhaltens; Entwicklungssoziologie, vor allem bezogen auf Lateinamerika; ethnische Konflikte, Minderheitenprobleme, Nationalismus; Politische Soziologie, insbesondere autoritäre Regime, aufständische Gewalt und Unterdrückungsgewalt; Rechtssoziologie, formelle und informelle Normensysteme, Situationen der Regellosigkeit (Anomie). Zum Terrorismus hat er u. a. publiziert: *Terrorismus. Provokation der Macht* (1998); *Terrorismus und Bürgerkrieg. Der Staat in Bedrängnis* (2003).

*Heinrich-W. Krumwiede*, geb. 1943, Dr. phil. habil., Politikwissenschaftler in München; früher wissenschaftlicher Mitarbeiter an der Stiftung Wissenschaft und Politik (SWP) und apl. Prof. für Politische Wissenschaft an der Universität Augsburg. *Veröffentlichungen u. a.: Politik und katholische Kirche im gesellschaftlichen Modernisierungsprozeß. Tradition und Entwicklung in Kolumbien* (1980); Hrsg. (mit W. Grabendorff und J. Todt), *Political Change in Central America* (1984); (mit D. Nolte), *Chile: Auf dem Rückweg zur Demokratie?* (1988); Hrsg. (mit P.Waldmann), *Politisches Lexikon Lateinamerika* (1992); Hrsg. (mit P. Waldmann), *Bürgerkriege: Folgen und Regulierungsmöglichkeiten* (1998); (mit D. Nolte), *Die Rolle der Parlamente in den Präsidialdemokratien Lateinamerikas* (2000).

*Stefan Malthaner* studierte Politikwissenschaften, Völkerrecht und Soziologie an den Universitäten Augsburg und Bonn. Er arbeitete als Intern im *Terrorism Prevention Branch* der Vereinten Nationen in Wien, nahm an mehreren, teils internationalen Forschungsprojekten zum Thema Terrorismus teil und promoviert derzeit über die Entstehung global operierender Terrororganisationen in Ägypten.

*Hamed Abdel-Samad*, geb. 1970 in Giseh, Ägypten. Er erwarb 1993 den B. A. in Englisch und Französisch an der Universität Ain Shams in Kairo, war 1999 bis 2000 Austauschstudent an der Universität Kwansei Gakuin in Japan. 2003 M. A. in Politikwissenschaft, Englische Literaturwissenschaft und Englische Sprachwissenschaft an der Universität Augsburg. 2003 war er am internationalen Erziehungsbüro der UNESCO in Genf tätig. Seit Januar 2004 Wissenschaftlicher Mitarbeiter am Lehrstuhl Islamwissenschaft an der Universität Erfurt. Zahlreiche Zeitungsartikel über ausländische Studierende und Muslime in Deutschland.